三木清研究資料集成

第1巻　三木清全集未収録論文・随筆

津田雅夫 編
室井美千博・宮島光志 編・解説

クレス出版

三木清研究資料集成の刊行にあたって

岐阜大学名誉教授　津田雅夫
三木清研究会事務局長　室井美千博
富山大学大学院教授　宮島光志

今般、クレス出版より『三木清研究資料集成』を刊行するにあたり、まずその内容について検討し、以下のような基本方針の下に作業を続けてきました。

一　現行の『三木清全集』に収録されている三木清の諸著作は、「親鸞」原稿以外は収録しない。
二　『全集』に収録されていない論文・随筆・書信、翻訳、対談・座談はできる限り収録する。
三　三木清の哲学・思想についての論考・資料は、三木の生きた時期のものを収録する。
四　思想的回顧を含めて、三木清についての回想は、没後まもなくのもののみとする。

その結果、全6巻の構成で刊行することになりました。

今、こうした形で三木清の研究資料集成を刊行することの意義が改めて問われています。まさに時代は再び、三木の強調した「不安の時代」の到来が語られる状況になっています。既存の歴史観が崩壊し、道筋の見えない状況が出現しつつあります。

「不定なもの」が社会を支配しています。それゆえ単に分析や統計だけでは見えてこない部分を明らかにすることが求められます。このような時こそ、三木の言う「構想力」の働きが、その解明のための鍵となるのではないでしょうか。

三木清は戦前、大陸進出が不気味な拡大を続けるなか、その《現実》を明らかにする働きを「構想力の論理」のうちに求めようとしました。現実の動きを探る論理が問われています。三木はその時代の要求に応えようと、必死に思索を展開しようと試みました。

その探求は不幸にも未完のままに終わりましたが、今日、鋭いアクチュアリティーをもって迫ってきます。改めて三木清を読む意義は増していると考え、三木清の思索世界へのより広い知見とより深い理解に資することを期して、ここにこの研究資料集成を刊行いたします。

二〇一八年　八月

目　次

第1巻　三木清全集未収録論文・随筆

■論文・小説・戯曲・随筆■

■書評・読書■

■アンケート回答・通信■

■推薦の辞■

（谷川徹三を勉強する会編「三木清　未公表書簡
『谷川徹三への手紙』」、二〇一二年四月一五日）

※所蔵表記のないものは個人蔵

論文・小説・戯曲・随筆

内容

※手書き原稿に一部見切れが発生しているが、原本のままである。そのため、見切れで読みにくいと編集部で判断した箇所には、参考までに一部テキストを貼りこんだ。

7

勝利者　（禁無断上場）

場所．瀬戸内海海岸の某海水浴場．左手には洋風の赤塗の旅館、傍いて日本式の旅館二三軒．氷店．玉突場等海濱に沿ふて並ぶ．右手は一條の河流海に入り、それに隠れる橋見ゆ。沖には火三つ四つ。

8

時．晩夏の夜

人物．二人の青年．唐土．上月．

一人の女．破魔．

上月．いよいよ休暇も終りになりましたね。もうそろそろ帰り仕度をしなければなりませんね。

破魔．えゝ．ほんとうに夢のやうですわ。

破魔　えゝ、ほんとうに夢のやうですわ。

上月．そうです．全く夢でした。あ、．僕は此處で位．夢幻的に、詠嘆的に暮したことはありませんでした。

破魔(あわてゝ)．詠嘆的にですつて？．まあ。

上月．破魔さん．僕のいふことは多分．貴方には解せられないでせう。どう云つたらゝ、でせう。僕はある美しいものを憧憬(ためらつて)……といふよりまあ夢み

10

てゐたのです。

破魔．それはどんなことでせう。

上月．想像して下さい。僕はこれ以上説明する勇氣をもちませぬ。

破魔（微笑みながら）．では．あの藝術上のことで。

上月（失望の表情にて）分りました。貴方と僕との距離は非常に遠いものでした。恰

僕との距離は非常に遠いものでした。恰

度大きな河を距てゝ僕等は話しあつてゐたのです。(詠嘆的に) 凡ては僕の誤でした。

破魔 (驚いた様子にて引退き) 御免なすつてね。何か妾(わたし)の云つたことがお氣に障つて……

上月 いえ。

破魔 (冷静に反つて) ではお話しして戴きた

12

いものですね。貴方の所謂美しきものに

就きまして、

上月、……

破魔（こゝろもち俯きたる上月の顔を近寄り

て見乍ら）あのほんとに何ですの。

上月、勿論貴方の考へになつた藝術上の

意義もあります。……しかし……

（上氣して）僕の美しきものと云つたのは

（上氣して）僕の美しきものと云ったのは

13

恋なんです。

破魔（平静をよそうて）あら、まあ。

上月　破魔さん、恋は美しきものではないでせうか。

破魔（極めて平然として）えゝ、そして貴方の女といふのは？

上月（熱情を押へて）誰でせう。

破魔　誰でせう。

上月．年は十九でね．親子三人で此處へ避暑に來てゐる女學生なんです。親は神戸のある銀行の頭取でね。その女は今水明館に宿を取つてゐます。そして、平常（ふだん）赤い鼻緒の雪駄を好んではいてゐるので、それがまた非常に美しいのです。

破魔（少し顏を赤めて）．まあ。

上月（感激して．女を抱かんとして．あるも

15

のに恐れたる如く、止め、顫えつゝ、え、

この女なんです。

破魔、止して下さい。ね、そんな話はもう

止さうぢやありませんか。

上月(少し失望して)え、(諦めしても、

如く)止しませう。

破魔(微笑しつゝ)、貴方、近頃執筆してをら

るゝんぢやさうですね。何んなものを書

いてゐらつしやるの。

上月　え、、三百枚あまりの長篇小說を書きかけたんですが、なかく進まないのです。どうも氣分が沈滯し勝ちなものですから。

破魔　脫稿の上は何かへお出しになるのでせう。

上月　雜誌に載せる約束にしてゐるんです。

藝術家は全く自由ですからね。僕等の世界は先進も後進もないのです。その人の藝術そのものに價値はあるのですからね。他の社会のやうに諂ひや媚びは必要がないのです。

破魔（男のいふことを熱心に聞き入る）さうですね。

上月、貴方は自由を思ひませぬか。内生活

18

の豊富を思ひませぬか。囚れた人ほど悲惨なものはないのです。藝術家は最も幸福な人間です。

破魔・妄何んだか貴方が懐しくなりましたわ。

上月・ワイルドの云つたごとく藝術は至上です。藝術あつての生活・藝術あつての人生ですからね。

19

破魔（近きつゝ）貴方、懐しいお方ね。

上月（熱して）おゝ、懐しく思つて下さい。

永久にね。僕も貴方を懐しく思ひますから。ね、い、でせう。

破魔（あわてゝ）しつ、静に。

上月（顫へつゝ）破魔さん、

破魔、しつ静に。誰か來るやうです。

上月（気を取り直して）唐土でせう。

（唐土二人に近く）

上月．唐土．散歩に來たのかね。

唐土．君達を探したよ。

破魔．お氣の毒でしたね。唐土さん．貴方今晩大変遅かつたのね。

唐土．えゝ．近日歸宅せねばならないから手紙を二三通書いてゐたのです。

上月．さう云へば．僕等はまた陰氣な敎室

に閉ぢ籠められて嫌な講義を聞かされるだね。

唐土（皮肉に）さう云はあ君學校を退くがいゝさ。（女の方を向いて優しく）今日あの社會の工場を見たのはどうでした。面白かつたでせう。

破魔（平気なく）えゝ、

唐土 あの事業はあれで中々有望なんです

・何しろ日本では珍しいものですからね
。あの會社では非常な利益があると云つてゐました。

破魔　でも、外國には沢山あるのでせう。

唐土　いゝえ、外國でもあまり発展してゐないやうですね。あそこでは百五十人ほど使つてゐるやうですが、世界でゝも大きな方でせう。

上月．僕はそこらを歩いて來るよ。これが最後の散歩になるかも知れないから。破魔さん．貴方どうです。お歩きにならなくって。

唐土．上月．君一人歩いて來給へ。破魔さん．貴方行つちや不可(いけ)ませぬよ。あの山の鼻端(はな)に土地の者の話では狐が出るさうですぜ。そして若い女をよくだますさう

です。僕が上月君のかはりに話し相手に
なりませう。嫌なの。
破魔（ためらつて）どうしやう（極めて小聲に）
上月　こんな美しい夜に散歩しなくちや。
唐土　君も一緒に行かうぢやないか。
唐土　君一人行つて來給へ。それとも破魔
さん。貴方ばどちら。
破魔　さあ。

唐土．上月、破魔さんは君が好きださうだぜ．奢らなくちや不可んぜ。

上月（決然と）ぢや．僕は一人出掛けることにしやう。

唐土．君は破魔さんとゆつくり話し給へ。

（上月七八歩右手に歩み去りしが、女に執着するもの、如くまた二三歩二人の方へ歩き歸りて、天を仰ぎて立つ。）

26

上月．破魔さん．唐土君．

破魔、え、．

上月（感激したる調子にて）空を仰いで御覧なさい。少女の瞳のやうな星がいくつもいくつもまたゝいてゐるぢやありませぬか。

破魔．まあ美しい空ですこと。

上月．（唐土に）君あの星座は何んと云った

上月（唐土に）君あの星座は何んと云った

27

かね。

唐土　オリオンさ。いゝ名だね。君　星霧も見えるね。

破魔　貴方がた　どの星なんです。

唐土（女の手を取りて指しながら）それ、この方向　ね、見えるでせう。

破魔（笑ひながら）そんな方向でしたの。妾共ばかり探してゐたわ。星の空はいゝわね。

上月（失望したる如く）ぢや僕はあちらへ歩くことにしやう。

（上月微に日頃愛誦するボードレルの詩の一節を歌ひながら去る。二人暫くこれを見送る）

唐土　破魔さん、貴方は全く ひどいね。僕を嫉（や）かして。

破魔（極めて真面目に）何がです。

唐土。僕がゐないとすぐ上月と密々話（ひそ〳〵話）をするのだもの。

破魔。妾。上月さんとそんなことを云つてゐないわ。

唐土（落付いて）では上月の例の藝術論を聞いてゐなさつたの。上月は全く君を崇拝してゐるし、君もそろそろ上月を崇拝し始めたのでせう。

30

破魔。そんな嫌なこと云つこなしよ。

唐土。ぢやその方は止よすとしやう。だが、破魔さん一つ考へて戴きたいものね。極めて眞面目に。貴方は眞実上月の藝術論にかぶれてゐるのでせう。

破魔。でも上月さんの話は面白いんですもの。それにね。あの感じ入つた調子で涙を溜めながら話しされるのは面白いんよ。

31

唐土。貴方はまだ子供です。藝術家なんかは口にばかり高慢こどばかり云ってゐますが、最も惨めな生活してゐるんです。一寸悲しければ、泣いたと云ひ、少し恋しければ、我恋は生命よりも強しと云ひ、浅草の遊女を捉へて「我が君」だとか「恋人」だとか云ってゐるんです。たとへば‥‥

破魔。たとへば‥‥‥‥

32

唐士．たとへば貴方がですね．上月のやうな自称藝術家の妻となるとしませう、そして夫が淺草通をして得意然たるのを見たとき、貴方は、貴方の良心はですね。これを許すことが出來ませうか。

破魔．あゝ、

唐士．若い女は．虚榮と幻影とを真面目になつて喜んでゐます。然しそれらは．患慘にも遠からず破壊されなければならぬものです。

33

破魔。どうでせうか知ら。

唐土。貴方は、まだ僕の云ふことが信ぜられないのです。パンは人生の最初のそして最終の問題ではありませんか。力のある人間が勝利者です。

破魔(考へ入りて黙し、暫くして)貴方の意見に賛成しますわ。

唐土．有難たう。（突然に）．あゝ眩暈（めまひ）がして倒れさうだ。破魔さん．破魔さん。

破魔．（驚いて、男に近寄りて抱く）唐土さん．しつかりしなさい。妾ですよ。しつかりしない。（此間女は騒しく振舞ふ）．

唐土．（暫く眼を閉ぢて女に抱かれてありしが．不意に眼を見開きて笑ふ）あはゝゝ。

破魔（再び驚いて）あら、貴方。

（女は抱きたる手をひく。）

唐土（極めて快活に）あはゝ。全くいゝ気持だつたよ。今一度抱かれて見たいね。

（途端に上月は洋風の旅館の方より閑に二人に近き来る。無言、不安の色見ゆ。二人これを知らざるもの、如し。）

破魔、貴方まあひどいのね。妾を困らせて

36

遇いてい、氣持だなんて。

唐土.（大聲にて）あは、、。

（上月二人の傍に來る。）

上月. 面白さうだね。何にい、話でもあるのかね。

破魔（あわて、平靜に反り。）貴方はや歸って來なすつたの。妾全く知らなかつたわ。

唐土さんの藝術家論を聞き入ってゐたも

のですから。

上月（恨めし氣に唐土を見つゝ）あゝさうですか。唐土の意見は、そしてどうなんです。僕と一致しますかね。

破魔　それが全く反對なんですから可笑しいのです。貴方は藝術家を幸福だとお云ひだし、唐土さんは馬鹿だとおつしやるんですもの。どうでせう。貴方がたゝ

で意見をたゝかはして妾に聞せて戴いて
は。
上月（嘆息して）あゝ。破魔さん、僕は人と
面と向つて議論が出來ない男です。
破魔（極めて冷かに）あら、貴方弱いのね。
唐土（冷笑しつゝ皮肉に）どうだ上月君、こゝ
で争論して見やうではないか。破魔さんが審
判官といふ格でね。

判官といふ格でね。

39

上月（眼に涙を浮べ、泣聲になりて）

物質的に強いものが最後の勝利者だ。

唐土、どうだか知らん。

破魔、さうでせうか知ら。

上月（諦めしもの、如くに決然と）唐土、君アイスクリームで淡い離別（わかれ）をしやうぢやないか。僕は明日の午後愈〻此處を立たなくちやならないから。

40

唐土．まあい、だないか。発作的に歸宅する必要はないだらう。僕と一處にしやうぢやないか。

上月（詠嘆的に）僕は愛する人の他人に奪はれて行くのを見るに忍びない性分（たち）だからね。

破魔（冷笑して）まあ．何んと弱い人でせう。氣の毒な人ですこと。

う。氣の毒な人ですこと。

41

唐士．それにしても明朝送別會を開くことにしたらいゝだらう。どうでせう．破魔さん。

破魔．さうですね。それがいゝでせう。そしたら妾未熟ですけど三味線でもひいてみますわ。

唐士．それ、君、破魔さんが君のために三味線をひいて下さるんだよ。

上月（悲しげに）僕は君達の恋の戯れを見ることが出來ない。

唐土　勝手にし給へ。

上月（ためらつて）—君は酷（むご）い男だね。ぢや愈々つき合つて呉れないのだね。よし、一人行かう。あゝ（詠嘆的に）人生は到底孤独だ。

（上月去る。二人は冷笑する如く見送る。上月去らんとして未練残りて去る能はず。五六間距て、さまよひ歩く。二人これを知らず。)

唐土。あはゝ、到頭行って仕舞った。然し氣の毒な男だね。

破魔。あんな男が多いのでせうか。

唐土。少くないやうですね。

破魔、貴方は好いお方ね。

唐土。愛して下さい。

（唐士、熱し來りしものゝ如く身を悶えつゝわづかに撿制す）

破魔　えゝ、

唐士　愛して下さい。

（堪らなくなりて女に抱きつき烈しく接吻せんとす。）

破魔（驚きて身を退かんとして思ひ切りし如く、男に近き、二人しかと相抱く。女男の接吻を受く。）あゝ。

上月（驚きて、二人の傍に走り来んとして

仆れ砂地に伏して泣く。）

あゝ、物質的に強いものは、最後の勝利者

だ。

破魔（男の抱擁よりはなれて）あゝ、

唐土、あゝ。

（この時、月は雲を破りて出て、光は二人

の上に流る）

幕

宿命児

清

113

宿命児（つゞき）

良吉はその頃から自分の果敢ない運命をしみじみと心に感じ初めた。そして　それは彼の心に著しくなげやりの氣分を増長せしめたのであつた。

「宿命に弄れる児」。彼は或る時こういふ句を考へ出して悲しんだ。彼の生活からは活氣が去つて仕舞ひ、だんだん撿束のないしだらの日が重なつて行つた。省察の力は消え入つて仕舞つて、停滞した氣持にずんぶり浸つて寢轉んで暮した。文藝の方も一向手に就かなくなつて、買ひ集めて本箱に並べた書籍をあてどもなく眺めてゐるのみであつた。

「どうしてこんなになつたのであらう」

彼は漠然とこんなことを考へて見ることもあ

つたが、今はそれをどうしやうといふ氣力も彼にはなかつた。麻痺された神経と、墮落した官能と、疲勞した筋肉との生を續けて行くにさへ、彼の心は沈滞し過ぎてゐた。彼の女もいつしか彼の内から去つてゐた。

如何なる運命でも肯定しやうといふあきらめは彼にはなく、そしてまたこれを否定しやうといふ勇氣も彼には考へられなかつた。彼の母は堪へかねて或る朝こんなことを言つた。それでも発心したといふ兄な默つてゐた。「ねえ、良や、お前も少しは妾の身になつて考へてみて呉れるが好い」。母の言ひ出しは何うであつた。良吉は愼し氣に母の顔を見上げたが耐へられないといつた風で直ぐ眼を外らせた。溫しい堅氣なそしてどこか士族の育ちのやうな所のある母は、上氣して頬を紅く染めてゐた。

「ねえ、お前も十七にもなつて分らないことはないだらう。此の逆辛（から）い世の中がお前のやうにさうして遊んでゐて暮せるかよう考へてみなさるがいゝ。いくら呑氣さうに見える人でも皆んなそれ相當に苦心といふものをしてゐるんだよ。なあ、いゝかい。お前の近頃の態度（ざま）はまあ何（ど）うしたんだらう」。

母の眼は段々湿つて來た。兄はぷいと家を出て行つた。良吉はだらつと疊の上に眼を流して母の云ふことを聞いてゐた。

「お前さん少し運動なさるがいゝ。さうすれば体(からだ)の意勢もよくなつて勉強も出來るだらう。今少し勉強しなけれりあ。兄さんはせつせと、働いてゐるのに濟まないだらう。な、皆んなお前のためだから。この世は遊んで行かる

119

れば旨(うま)いものだけど」。

良吉には母の眼から滲んで出る涙が見えたけれども、それが別に氣の毒だとも可憐(いと)しいとも彼の痲痺された感情には映らなかつた。

其の日一日、彼は前と同じやうにうとうとうとして暮した。次の日も次の日も同じことであつた。彼の心には母の言葉が何の權威も持たなかつたやうであつた。

蒸し暑い晩であつた。珍らしくも螢が一匹飛んだ夕暮であつた。母は晩飯が済んだとき良吉にまた意見をした。今度は母は熱した口吻で言つた。その時良吉は寝てゐた。

「えゝ、良吉、あれほど此間言つて置いたのに分らないのかえ。情ない。お前の兄さんが可憐しいわえ。そんなことで。ぼんくらめが。」

良吉は煩くなつたので立つて行かうとした。

母も立ち上がつた。その時彼女(かれ)は熱し切つてゐた。

「え、、ほんとうに」。と口早に云つて激した母は良吉を右腕で強く突いた。士気質(さむらひかたぎ)の彼女の力は強かつたので良吉はよろよろ二三歩蹌いて漸く障子に手をつつぱつて立つた。母はもう袖で顔を被ふて泣いてゐた。其の時恰度兄は居なかつた。

良吉の沈滞してゐた心もこれには興奮されずには居なかつた。彼は家を出て行つたとき、ふと或る物で頭を打たれるやうな氣がした。

彼の弱い弱い心は、一時の感情の迸発に狂つてしまつたやうであつた。そして情眠に疲れた彼の肉体は、この激動を制することが出來なかつた。

彼は山の麓の小路に傍ふて走つた。

「死なう！死なう！」

良吉は、もう感情の暴風雨の中へ身を投じてゐた。彼は同じ「死」といふ言葉を繰り返しながら宵闇の路を、彼の父の投身したと云はれる池の方へ走つた。六月(みなづき)の山の氣は冷くそして重かつた。彼の繊弱な体は若葉の呼吸する憂愁の氣で、緊々(ひしひし)としめられた。五町も走つて來た時は、彼は呼吸遣が苦しくなつたので緩に歩まねばならなかつた。こうした運動のために血の循環（めぐり）が非常によくなつて、頭の奥底に喰ひ込んでゐた妄念は、彼から洗ひ出されて彼の心には理性が芽生え初めた。「死なう！「死なう！」彼は今迄かうしたことを考へてゐたのが馬鹿らしく思はれるやうになつて、微笑んだ。彼の微笑は恐怖であらねばならなかつた。

良吉は今までの激しい感情の發作や「惡」を叫んだ聲はみんな父から遺傳されたものだと思つたときは恨しかつた。「宿命に弄れる兒」彼ははたこの言葉を呟いて長い〳〵冥想に耽つて歩いた。

田舎の夜路は流石に寂しかつた。良吉はと

もすれば泣きたい如な氣分になるのを抑へながら山路から下りて街道に出て東へ歩いた。村の端の飲食店では掛行燈が浪漫的な光を投げてゐた。べつたりと肉の付いた尻の大い仲居が入口に立つて客を呼び込まうと待つてゐた。

「良吉さん。お這入りやす。」

酌女は、沈思しながら歩いて行く良吉に、嫌な嬌態(しな)をして媚を送って、白い笑をしながら云った。

「うん　いや」

良吉は氣のない返事をして無理に流眼で女を眺めた。

「おほゝゝ。　あのまあ、あんた好(え)え人があるんぢやすといふ蒼い顔だこと。貴方(あんた)まあ死んでだすあ。病氣なんだっかい。」

女は袖を振り拂ひながら去つた。

良吉は、女の口から「貴方(あんた)まあ死んでださあ」と言葉を聞いて苦しかつた。彼は、突然向き反(かは)つて、自分の家の方へ素知らぬ振りをして歩いた。今度は別の意味で「死」ことが彼の頭を占めた。「本當に死んで仕舞ふかも知れない」といふ疑念で胸が一杯になつて、彼は眼を湿した。

「先づ生理的に死から逃れる方法が俺には必要だ。運動だ！肉体的労作だ」。

彼はこう考へたとき甦つたやうな思がした。

その夜、彼はいつになくよく眠つた。その次の日から彼は己の運命を否定しつゝ動いて行つた。そこに彼の精神の躍進があつた。それと同時に彼は癩病を病ひ始めた。

終。

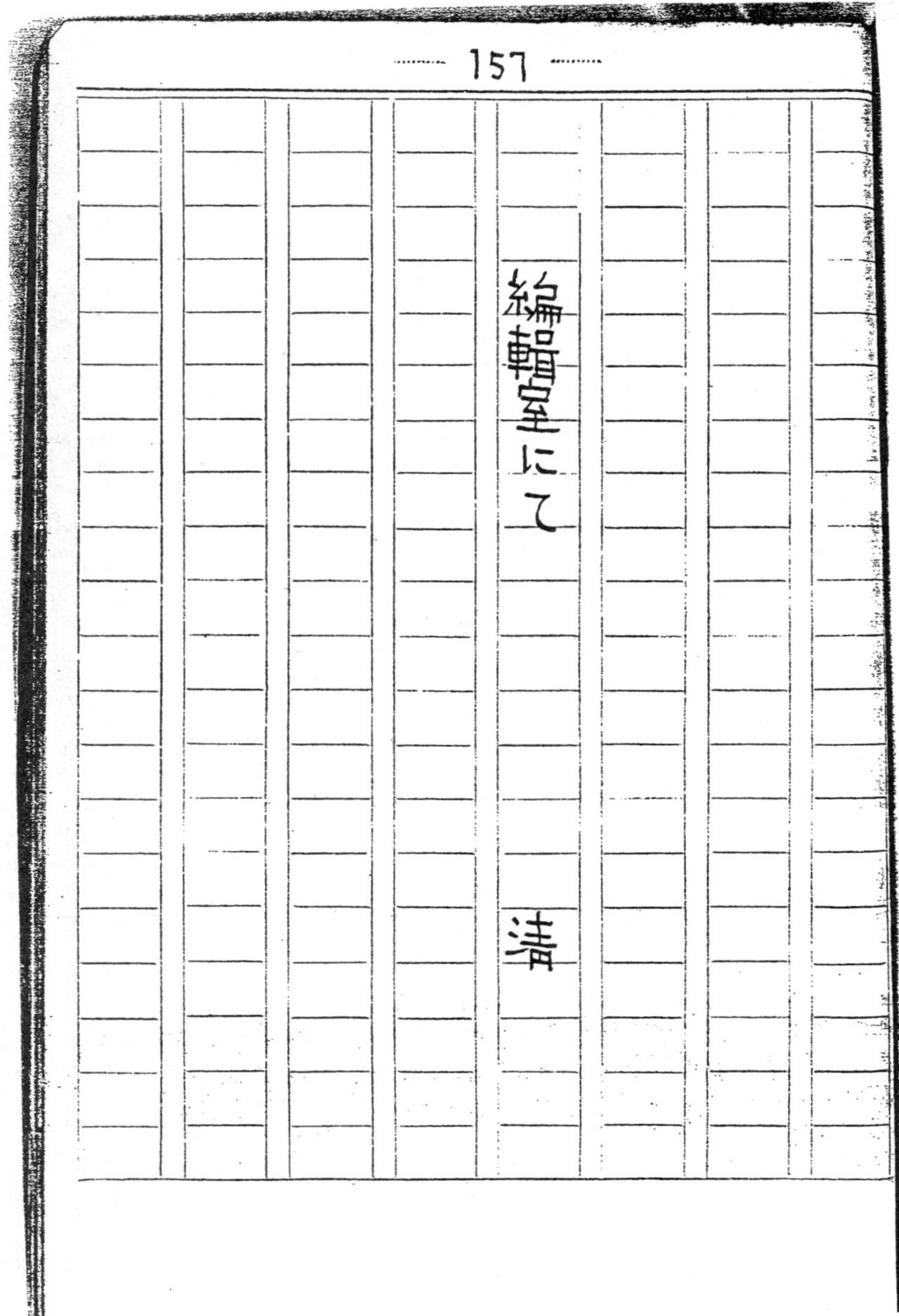
157

編輯室にて

清

アヤカシ

編輯室にて

唯今編輯を終りました。外では蛙の聲がしきりにしてゐます。アヤカシのために努力して下さる皆様が一入懐しう思はれます。今月は二册一度に作るといふお約束でしたのに、またまた一册しか出來なかつたのは殘念でございます。これも皆さまが旅行や研究のために原稿を下さる餘暇がなかつたためですから致し方がありませぬ。次號は九月十五日を編輯日と定めて置きますから、どうか沢山原稿が戴けるやうに今からお願ひ致します。新秋を期して本誌も大々的飛躍を試みたいものだと考へてゐます。最後に皆さまの作品を批評して戴かせて貰ひませう・いえ・どうしてほんの味はつた後の氣分を書かせて戴くだけなんです。

×　×　×、×　×

、片岡美津廣君へ、君の文章は貴族的の感じが致します。洹えた垢抜けのしたものです。そしてそれだけ私は君の文章から流れてくる力を感ずることが弱うございます。作品は「小さく固つてゐる」といつた古林君の批評が当つてゐるやうた思はれます。君にお願ひ申したいのは今少し思想の流れのある作品を試みて戴きたいことです。「汽車」なんかを讀んで殊にさう思ひました。「白樺」仕に出てゐる懐しい作品と云ふのが君の文章や構想をよく表はしてゐませう。でも君の創作さるゝ時間の短い割合に沢山なものを書かるゝのは感心の外ありませぬ。

、衣笠静夫君へ、君の態度は全く真面目です。軽薄な所が少しもありませぬ．然しそれだけ詩人に適わしいサムシングを欠いでゐるやうな物足りなさを感じます。詩も歌も誠に難解で私には分り難いところが多うございます。多分、君は考へて考へて詩や歌を作られて居る、のぢやないかと思ひます。君のものは複雑な彫刻を見るやうで私達のライフから縁の遠いものです。また嫌に理屈つぽいものがありますね。「世界の男子に」なんかことにさう思ひました。あ、したものを詩形であらはすのは非常に窮屈なものではないでせうか。技巧のための技巧を棄て、無技巧の技巧に入ることや、真情の囚はれざる発露や、官能の純粋な作用は歌なんかに殊に必要なことではないでせうか。そこになると片岡さんや松井さんの嫌味のない技巧のうまいのに今更ながら驚かれます。

、松井了穏君へ、　漱石の作品が好きな君の文章は比較的彼れの影響が多いでせう。然し作品と文章の技巧とが時々離れさうになるのは、惜しいものです。「謹慎」を読んでさう思ひました。だから君の性格描寫（二人以上を取扱つてゐるとき）は不成功に終ることが多いのでせう。同じ「講談」の片瀬と先生との思想や性格の差などは殆んど認められないほどです。会話なんかは無口な君だけに拙い方でせう。君の文章上の技巧には・然しながら感心されます。「蝦蟆の巣」は面白うございました。

、山本實君へ、君の作品は大抵唐突の間に書かれたものが多いのですから、こゝで君の作品を批評するのはちとお気の毒に思はれます。然し忌憚なく云はして下さるならば君は作の要点だけを抜書きしたやうなものだと思はれます。大作の草稿の筋書を讀むやうな落付かない物足りなさを感じます。今少し作品文章共に技巧が

168

願はしうございます。

勝原雅太君へ、私は君に就いて多く知りませぬ。唯一言云つて置きたいのは君が今号の「森」のやうな作品を書かないやうに勉めらるゝことです。もしも一度は過ぎねばならぬ経路であるとしても早く脱せられんことを君の進歩発展のために祈ります。

、古林 梟君へ、君のものに就いては別た「分離か合致か」と題して書いてゐますからこゝでは批評致しませぬ。今号にそれも載せる筈でしたが種々の都合で脱稿が出來ませんでした。來月号に屹度載せませう。

、皆さんに。いろいろ馬鹿なことを到頭書いて仕舞ひました。旧い記憶をよびをこして最も簡単に書いたゝめ穿つてゐないところ、足らないところが多からうと思ひます。お許し下さい。（大人に就て推論することもありませう）私も始めて劇作に筆をそめました。これは感興にまかせて書き上げて仕舞つたため、自分ながら足らない（と思ふ）ところの多いのでございます。必要あり（か）がましたらいづれ校正して見るつもりです。今後も劇作に勉めて見やうと思ひます。それにつけても同情のある批評をして下さらんことが・何より願はしうございます。

「宿命児」は、自分でも嫌な作品ですが、お約束もあることですから兎も角載せて見ました。こうした作品は、私の此頃の気分から餘程かけはなれたものです。

終りに皆さまの健康と発展を祈ります。

172

八月十九日

午前八時十七分

アヤカシの幸多からんこと、を祈

りつ、

清一

詩人としての批評家に答ふ

『祖國』の編輯者はその創刊號に拙著『唯物史觀と現代の意識』に關する批評を掲載された。數多き新刊書のうち特に私の小著が先づその「學界彈正臺」にのぼせられたことを、私は恐らく光榮とせねばならぬであらう。筆者は簑田胸喜氏である。既に昨年十二月『原理日本』誌上に於て、今は問題の書に收められてゐる拙稿「マルクス主義と唯物論」を論評された簑田氏が、再び筆を驅つて私の著述を批判されたのはまた多分私の光榮とせねばならぬところであらう。簑田氏は、若し私の記憶にして誤ないならば、同じ雜誌に於て西田幾多郎博士、河上肇博士を數度論議された人である。私はこれら學界の先生、先進たちと並んで今や簑田氏にとつて問題の人となりつつあることをまた恐らく光榮とせねばならぬであらう。だが私は「恐らく」と云ふ。それはそこで私がつねに排撃されてゐるためではないのである。たとひ私が徹底的に論破されてゐるとしても、若しそれが學問的態度によつて學問上の根據からさうであるならば、私は必ず私が問題とされたことだけをさへ絶對的に光榮とするであらう。然るに恨むらくは私は簑田氏の議論に於て何等の學問的なるものをも見出し得ないのである。私はそこにたかだか情熱家、或ひは詩人としての簑田氏を感じ得るのみである。これらの資格も固よりそれ自身としては、他の限定を伴はないならば、價値ある、尊敬すべきものである、けれど私は簑田氏に於ては情熱家としては餘りに反動的であり、詩人として餘りに散文的であるのを見ずにはゐられない。これ私の光榮が一箇の幻滅に終る所以である。

みづから幻影を作つてこれに眞面目に對するのは詩人の特權である。簑田氏は私の幻影を創造された。だが簑田氏よ、恐れられること勿れ、怒られること勿れ、幻影の正體はこの種の情熱に不幸にして値しないのである。私がマルクスの名を語り、唯物史觀を論ずるの故をもつて、私は簑田氏にとつて恐怖と憤怒との目的物であるマルクスを信仰し宣傳する「僧侶」として現はれるに到つた。然るに眞實には、私はひとりの哲學學徒としてマルクス學をどこまでも學問的に取扱つてゐる筈である。私は敢て哲學學徒としてと云ふ、なぜなら私は少くともこれまでのところマルクス主義の戰術、戰略を説明乃至は宣傳したことがないばかりでなく、またその學說上の個々の命題を一々眞理として裏書したこともないからである。私の研究の當面の意圖が何處にあるかは、簑田氏と雖も、若しいま少し冷靜に綿密に私の書物を讀まれるならば理解されることが出來た筈である私は既にこの書の序文の中で云つてゐる、「……方法的なるものに關しては一の共通の意圖のもとに繋り合つてゐる。私はそれらのものに於て理論の系譜學を目論見たのである。如何にして一定のイデオロギーは出生し、成長し、崩壞し、そして新しいものによつて代られるか、の系統を理解することが私の企てに屬してゐた。」何故か、私の文章を引用するに當つて各の論文の冒頭を掲げられる習慣のある簑田氏が單にこの句を引用されないばかりでなく——小泉信三教授は『三田學會雜誌』八月號に於て拙著を紹介批評されるに際して現にこの句を引かれてゐる——、それを全く不注意に見逃されたか、或ひは少くともしか粧はれてゐるのである。氏よ、失禮でないならば、私は氏に御注意申し上げる、多くの著書にあつて、その序文は著者が自己の述作を回顧し反省しつつ書いたものであつて、內容的には跋文の意味をもつてをり、從つて著者の目的を知るために極めて重要である。私はかくも不注意なる讀書の仕方をされつつある簑田氏がそのあらゆる手段をもつて克服されやうとしつつあるマルクス、殊に彼の『資本』の如き難解の書は、何等これを理解されることなくただ徒らに攻擊の矢を放つてゐられるのではないかを疑はざるを得ないのである。私の意圖はマルクス學の學問として構造を哲學的に闡明するにあつた。私は單純にマルクスを辯護しなかつた筈である。私はマルクス主義の學問的性質を一般に學問的意識の發展過程そのもの並びにこれに關する一般的理論のうちで解明しようと試みた。この私の意圖を私はこの十月に創刊號を出した我々の雜誌『新興科學の旗のもとに』の中で「科學批判の課題」といふ論文に於て一層明瞭に論じておいた。簑田氏の論文を讀まれた方々が若し右の拙稿を一讀して下さるならば幸ひである。そして私は簑田氏がこの私の論文を今度こそは精讀して下さることを切望する。

簑田氏の批評中恐らく學問的意味を有する唯一つのものは斯うである、私が『ヘーゲルとマルクス』なる拙著中の論文に於て、哲學は時代の子である、といふヘーゲルの言葉を引用されて、「それならば何故、それと同じことが、否それ以上のことがマルクス主義には適用されぬのであるか」と反問される。不注意なる氏よ、私の書物の表題は既に「唯物史觀と現代の意識」となつてゐるではないか。私はマルクス學をあらゆる時代を超越した永遠の眞理として說明したのではなく、特にそれを「現代の意識」として理解したのである。かく云へば簑田氏は問はれる、「十年以上も同時代人として生息したヘーゲルとマルクスとの間の距離は死後既に半世紀を越ゆるマルクスと我々の時代との間のそれに比較すれば、原理的には零を去るほんの僅かである。」記憶を新たに喚び起されるがいい。マルクスは、ドイツが資本家的な生産の仕方に於てラインの彼方なるイギリス及びフランスより遲れて發展したこと、從つてドイツには經濟學の生きた地盤の缺けてゐたこと、それ故にドイツが經濟學を出來上つた商品としてイギリスやフランスから輸入したこと、そしてマルクスの理論がその模範的な場所をイギリスにとることによつて成立したこと、等々のことを述べてゐるではないか。ヘーゲルとマルクスとの距離の重大なる所以である。その後のドイツに於ける資本主義の急激なる發展はドイツを立派な帝國主義の國と化し、世界大戰の導火線たらしめたことは周知の事實である。簑田氏の心配されるまでもなく、マルクス主義の内部にも既にマルクスからレーニンまでの發展があつた、それは今なほ發展しつつある。然しそれにも拘らずそれを一箇のマルクス主義の名で呼んで差支ないことは、マルクスに於ては未發展であつた帝國主義の理論を樹てたレーニンがみづからマルクス主義者をもつて名附けてゐるのを見ても分るであらう。恰も哲學の領域に於てカントからヘーゲルまでの發展を一箇に總括し得ると同樣である。そこでクローナーの如き人が『カントからヘーゲルまで』といふ題で書物を公にしても不思議はないのである。私が「現代」といつてゐるのは資本家社會のことである。我々の今の社會が資本主義の社會であるといふことは殆ど凡ての學者が、從つてブルジョア經濟學者と雖も認めてゐるところである。そしてそれが一二年前に始つたものでもなく、また昨日終つたものでもないことは、簑田氏も御承知であらう。唯物史觀に立たず却つて獨自なる宗教史觀に立つたマックス・ウェバーの如き人でさへ、現代を資本主義の時代として特徴づけてゐる。私はマルクス主義を現代の意識と云ふ。それがみづから發展することとの必然性は拙著の中で理論と實踐との辯證法的統一の理論によつて明瞭にしておいたと思ふ。若し簑田氏の謂れる「現代」の意味をつきつめれば、それは今の刻々の瞬間を意味することとなり、かくては氏の言葉、「唯物論は唯心論と共に、二十世紀の科學たる心理學前期の、即ち十九世紀の丁髷哲學である、」もひとつのまづい洒落に過ぎなくなるではないか。氏にとつて唯一の科學であると見えるヴントの心理學については、心理學の内部で有力な反對があるばかりでなく、今日哲學では再び形而上學に還る要求が相當に强く現はれてゐるのである。心理學の信奉者たる氏は、マルクス主義に反對される前に、先づ心理學、殊にヴントの心理學に對する反對に對して勇敢に戰はるべきである。

上のことから氏が如何に悪しき歴史家であるかは窺ひ知り得られるであらうが、なほひとつの例をとつてこのことを明かにしよう。簑田氏は私の謂ふ無産者的基礎經驗が歴史性をもたぬと主張されるのである。氏に云はせれば、多分、日本的無産者的基礎經驗とでも云はねばならぬのであらう。『原理日本』の主筆たる氏はこのことを要求されるに相違ない。だが、事實はどうするのだ。試みに東京の銀座通に出られよ、そして四つ角に立たれるならば恐らく何處ででも壯大なる銀行の聳え立つてゐるのを見出されるであらう。金融資本の支配は日本に於ても發展した。株式會社の組織と機能とは日本だけに特有なのがあるのではない。アメリカのスチール株の騰落は兜町の人々の一喜一憂の種となる。日本も世界資本主義の一環である。モダーンボーイやモダンガールの出現も偶然ではなく、彼等に日本魂がないことも不思議がるには當らない。凡ての存在がその個性――簑田氏の謂ふ歴史性――を埋沒せしめることこそ――私は敢へて全然喪失するとは云はない――まさに現代の歴史的特徴である。それが商品生産社會の特徴である。從つて無産者は無産者としてインターナショナルな意味を有し、特に「日本的」なるものがあり得ない。私は個性の價値そのものを何等否定する者ではない、むしろ個性の價値を尊重すればこそ、尊重すればするだけ現代の特徴たる存在の凡庸化の事實を正直に見究め、これを克服すべき途を思はざるを得ないのである。だがこれの克服の途は現實の嚴密なる分析を全然無視する原理日本主義によつて與へられるとは全然信じ得ないのである。

簑田氏に於ける事實の無視の他の例をとらう。氏は云ふ、「あるがままの事實を仔細に見る時、何處に氏の所謂ひとといふが如き普遍的抽象的の範疇が存在し、存在の凡庸性、もしくは中和性と名づけられるものが存在するのであるか。」このことについて私は氏がアリストレスを研究され、またハイデッガーの『存在と時間』を讀まれることを希望しようとはしない。また氏がタルドの『輿論と群衆』を繙いて少しく社會學者となられることを希望するのも無理かも知れない。だが氏は氏が日常つねに「ひとが……と云つてゐた」といふ言葉をみづからも用ゐられ、他人からも聞かれる事實を思ひ起さるべきである、そしてこの場合「ひと」が何を意味するかを反省さるべきである。ドイツ語の man、フランス語の on の意味を考へられるがよい。そしてその上でもう一度拙著を讀み直されたい。若し氏がその中に於ける私の「事實」の分析を不十分であると考へられるならば近く『新興科學の旗のもとに』於て發表さるべき私の論文「常識の概念」を見て戴きたいと思ふ。しかし簑田氏よ、そのときにも注意されたい、私は氏がわざわざ圏點を附して記してをられるやうに、「全ての言葉または言葉一般」が存在を中和するとは嘗ても云はなかつたし、また今後とても云はないであらう。私もまた詩の存在することを知つてゐる。だが私はそこで詩のことを議論してゐない筈だ。氏は問題がいづこにあるかを先づ把握さるべきである。尤も詩についても我々は不幸にして根本的に相違した意見をもつてゐるやうである。氏は私が存在の凡庸性を說くの故をもつて、恰もその故にまさに「詩の解らぬ、子規の所謂月並、凡庸、中和、思想家たることを不隨意に告白した」とせられる。しかし日常平板のことを歌つても詩にはなり得る。氏のやうに云へば、そこらの俳諧の宗匠の方が石川啄木よりも詩人であり、ムツソリニを歌ふ人は詩人であつても名も無き勞働者を歌ふ者は詩人でない、といふことになりはしないであらうか。だから氏にとつては氏の崇拜されるヴントを詠んだ次の言葉、「知的分析的學究生活を偏倚せしめざりしヴント氏の內的生命力よ」、等々、(『原理日本』にはこの種のものが歌として「日本詩歌」壇に滿載してある) が秀逸なる歌であることが出來、またあらざるを得ないのである。氏は私に勸めらるに、詩を理解するためにパスカルなど讀まずにゲーテを讀め、と云はれる。私は氏に向つて、ゲーテは私の愛讀する人のひとりであることを告げると共に、氏が詩を論ぜられる前に先づパスカルを原文で讀誦されてそこに稀に美しき詩がなきかを知られんことをお願ひする。更に私は、詩の言葉と學問の言葉とがその用法を異にすると、そして我々の今關係してゐるのは學問のことであるといふことを、確實にされることを希望する。

私は讀者諸氏をあまりに多く煩はすことを欲しない。全文支離滅裂なる簑田氏の批評に於ける不徹底、矛盾を一々指摘することは、もはや我々にとつて何等學問上の利益を齎さないであらう。日本主義者簑田胸喜氏が今後或ひは少しでも安心されることがありはしないだらうかとの親切から次のことだけは申し上げておきたい。私は固より日本を愛し、日本の文化を尊重する者である。そしてマルクス主義もまた決して文化の傳統の破壞的なる力であるのみでなく、却つて文化の傳統を重んずる。このことについては前記の拙稿「科學批判の課題」の中でも述べておいた。しかるに現在の社會狀態はまさに文化の傳統の破壞を行ひつつある。最近に於ても中等教育の實業化などといふことが叫ばれて傳統的な人文教育は次第に推し退けられつつある。圓本競爭などを見ても分るやうに、學者や藝術家の間にさへ資本の支配は限なくゆきわたりつつある。この狀態は偶然に起つたのではなく、まさに資本家社會の機構が將來したところのものである。人間の存在の物質化は現代社會の客觀的なる事實であつて、マルクス主義の唯物論はこの事實を事實として表現するのみであつて、決して理想としての唯物主義ではないのである。そしてマルクス主義は、この狀態にあつて美しき文化の傳統の發展し得る途はこの社會を實踐的に克服するの外ないと說く。それは單なる意識の變革によつて若くは精神の修養によつてでなく、資本主義社會の機能の科學的分析によつて、この克服の途を示すのである。更に、日本主義者の謂ふ日本とは如何なる日本であるか。嘗て日本の名に於て全體の日本人が代表されたことがあるであらうか。日本主義者は、例へば日本精神として武士道を說く、しかし武士とは少數の支配階級の名である。大衆は過去の歷史に於てつねに非人間的存在として埋れてゐた。無產大衆の解放が完全に實現されるときに於てこそ初めて、全體的に現實的に日本精神も現はれ得るのである。

それにも拘らず簑田氏は云はれる、「マルクスはいまだに死にきれず幽靈となつて迷つて出てゐる。」詩人簑田氏の眼には凡てが幽靈として幻影化される。この幽靈と戰ふために氏はあらゆる非現實的なる武器を用ゐられる。だが幽靈ならば放つておかれるがよい。それは明日の日が出るまでに消え失せてしまふであらう。しかし簑田氏は、世の多くの論者のやうに、マルクス主義をもつて宗教であるとされる。マルクスは理論も大衆を捉へれば物質的なる力となると云つた。理論が實踐的なる力となるや否や或る宗敎的なものとしてひとに映ずることは屢ある。ソクラテスやプラトンの理論は、それが實踐的な力をもつてゐたときには、人々には宗敎として映じた。今日多くの人たちにマルクス主義が宗敎として映ずるのは、それが實踐的な力を現實に所有するといふことを示すだけであつて、決してそれが理論でないといふことの證明ではないのである。嘗て浦賀の沖に二艘の黑船が着いたとき、人々は怪物の到來として恐れた。しかるに五十年後の日本は無數の黑船をみづから作つて世界に於ける最大商船國或ひは最大海軍國として自己を誇るやうになつた怪物あに恐るるに足らん。尤もマルクス主義が單なる幽靈として現はれ、その學問的本質に於て問題とされてゐない限り、私は今後もはや簑田氏と議論することを必要としない。私は學問を先つ問題としてゐるのである。目下多忙なる私にとつては幽靈の話なら、夏のひと夜、本鄉座あたりで四谷怪談でも觀るだけで澤山である。

——三木　清——

社會科學に於ける自然辯證法

法政大學教授　三木清

◇

社會科學の領域に於て、近來辯證法と云ふ言葉が盛に用ひられる。其の多くはマルキシズムに關する社會科學の研究に於て用ひられるのであつて、所謂辯證法的唯物論又は唯物論的辯證法と云ふのが夫れである。マルキシズムにあつては此の辯證法なるものが最も肝要なる論理である。故に反マルクス主義を標榜 てマルキシズムに反對する人々の多くが、此の辯證法に對して反對意見を提出して、盛に攻撃するのである。卽ち兩者の中心論爭となるものは主として辯證法の問題である。然しながら此の中心題目となる辯證法は、九分迄は社會辯證法に關する是非の論爭であつて、自然界に辯證法の論理を適應した、又は自然現象間にも辯證法が行はれると云ふ所謂自然辯證法に就いては殆んど論ぜられない。之は何故かと云ふに自然現象が果して辯證法的に行はれつゝあるか、又は自然界にも果して應用されるかに就いて、辯證論者自身にも未だ確乎たる見當が付かないからである。故に自然辯證法は此點に最も興味があると云はねばならない。

◇

抑も、辯證法を考へ出したのは誰であるか、夫れはマルクスではない、マルクス以前既にヘーゲルが此の考へを持つて居た、然しヘーゲルの辯證法は精神辯證法であつて、辯證法に因 て宇宙精神は實現されると考へた。彼の精神辯證法の説く所に因れば、精神の發展過程に三段階がある、卽ち最初に最も純粹なる精神がある。彼の言葉に因れば之が an sich であつて、軈て之は他のものに、für sich のものに、卽自然に變化するのである。然し此處に云ふ自然とは自然界を指すのでは無くて、思性的な自然、換言すれば精神なき精神を云ふのである。次に此の二過程を綜合して第三段に第一段の自己自身に還るのである。ヘーゲルの言葉で云へば an und für sich の狀態となる。然し第一段階の精神は第三段階に於て、更に具體的になる、之がヘーゲルの所謂絕對精神であつて、自分を外に出した第二段階の世界が卽自然である。此の意味から云へばヘーゲルも亦自然に就いて考へたと云ふべきであつて、彼の精神辨證法を以て自然哲學と呼ぶ所以も此處にあるのである。然し乍ら當時の自然科學者達はヘーゲル哲學の自然をば形而上學であつて、決して經驗的な實證的なもので無いと排斥したので、此處からヘーゲル哲學の崩壞は起つた樣である。

然らば唯物論的辨證法の說く所は如何。唯物論的辨證法の根柢に置かれるものは、ヘーゲルの夫れの如く精神には非ずして、物質自然である。而して此の物質、自然そのものが辨證法的發展をなすものである。ヘーゲルに於ては、先づ精神を出發點として、之に因つて全ゆる社會關係、自然現象を說明したのであるが、マルクスにあつては實證的經驗的事實に立脚して、之に因つて全ての現象を解釋するのである。マルクスの辨證法は其の實證的にあると云ふ點に於て一つの特色を有して居るのである。故にマルクスの辨證法に關する理論は人間の頭腦に因つて生産されたものでは無くして、現實の社會關係、自然現象そのものから汲み取つたものである。殊にマルクス主義理論の中でも、社會に關する硏究は比較的他の理論的構成に比して雄大に作られてある。マルクスの『資本論』やレーニンの「國家理論」等は其の典型である。

◇

然しながら著名なるマルクス主義者と呼ばれる人々でも自然に關して、辨證法を云々する者は至つて少い。自然に就いて之を相當具體的に說いた者は彼のエンゲルスである。彼の「反デューリング論」には自然と辨證法に關して可なり長く述べ、自然は辨證法のブロベであると云つて居る。然し自然辨證法に就いては明瞭には說かれないで、單にエンゲルスが自然にも辨證法が行はれて居る事を漠然と感知したに過ぎぬ程度のものである。自然に辨證法があるか、此の大問題は其後のマルクス主義者、殊にロシャのそれを甚だ惱ました問題である。

人間は自然の一部分であり、自然の一定の發達段階に表はれたものである。故に若しも自然に辨證法が行はれて居るならば、當然人間の集團たる社會にも辨證法は行はれる道理である。此の問題はマルクス主義理論にとつては極めて重要なる決定的な意義を有する。然るに前述した如く自然辨證法に就いては果して自然現象が辨證法の法則通りに起りつゝあるかに多大の疑問がある。此の點はマルキシズムにに玉に瑕と云はねばならないが、此點に關して重要な材料となるものは、エンゲルスの遺稿である。之はエンゲルスが英國留學當時書いたもので、マルクス、エンゲルス研究所長リヤザノフに因つて最近出版され、マルクス、エンゲルス、アルヒーフ第二卷に載せられて居る。エンゲルスは其の死去前に原稿は總て彼の弟子であるベルンシユタインに保管せしめた。ベルンシユタインは其後原稿を整理して之を出版したが、自然辨證法に關する論文は彼の友人である一自然科學者に見せた所が、該論文は全然價値なしと云はれたので、其の出版を思ひ止まつたのである。其後相對性原理で有名なアインシユタインに之を見せた所が彼も亦此の論文を一笑に附したさうである。

ヲルガニズイス、即有機體を全體と部分との關係に於て特殊的に考へて見ると、全體は部分が集まつて成るものであり、部分は夫々相互に關係があつて特殊な機能を營む、カントに因れば自然は因果律に、原因結果の關係に全運動を制約される。自然科學の目的は此の因果律を發見するにある、故に有機體の原理即目的論と因果の原理の關係は全く異つた Ordnung（オルドヌング） のものである。前者は主觀的であるが、後者は客觀的である。前者は反省的判斷力に關係する、故に研研のイデオロギー即フオイリステイシユ、プリンチープであり、後者はベスチインメンデス、プリンチープである。

◇

辨證法に於ても正に之と同樣であつて、研究對象となるものが辨證法的であるか、又は精神を對象の中に持込んで、對象の内に辨證法を求めるかゞ既に問題となる。又進化論とか有機體とかを取つて見ても之等はイデーに過ぎないものではないかと云ふ事も問題となる。何となればダーヴインの進化論は如何なる點から彼は暗示を得たかと云へば、マルサスの人口論を讀んで進化論のイデーを得たのである。此のイデーを現存の動物關係に適應して初めて生物の進化が論ぜられる樣になつた。夫れ故に進化論の見解は決して自然そのものから生れたものでは無くして、社會生存のイデーから生れたものである。蜜蜂の生活を研究した學者が、蜜蜂の間に分業が行はれて居ると考へるのも、人間社會に分業が行はれて居るからして、其の關係を蜜蜂生活に當てはめたものである。分業の概念が人間社會の經濟的な概念である事から見ても之は分る。かくの如く、人間社會に行はれて居る關係、法則から得たイデーをそのまゝ自然に持込んで自然も亦かくの如き關係、法則を持つものであると云ふ事を見出す。之は有機體に就いても同樣であつて、有機體の部分が相互に關係して、各部分は特殊なる機能を爲すと云ふ事は、人間社會に於て各人が相互扶助に依つて相依り相助けて生活して居ると云ふ事實のイデーをそのまゝ自然に持込んで有機體にもかゝる關係が行はれて居ると云ふに過ぎない。然し人間がイデーから得た世界觀は明瞭なるものでなくて、ぼんやりして居る、從つて之を自然に適應して、若しも自然にも其の關係が行はれて居ると、初めて人間のぼんやりしたイデーも明瞭となるのである。所が此關係を更に逆に社會に持込む事がある。故に國家は有機體とか、社會は進化するとか云ふ樣な事が云へるのである。社會をメハーニッシュに考へるかヲルガーニッシュに考へるかは夫々時代に因つて異るものとしなければならない。自然科學勃興時代にはメハニズムス一點張りであつたが、其後種々に變遷して來て居る、辨證法も亦同樣な關係にあるのではあるまいか、人間の社會關係が辨證法的に行はれて居るが故に、社會關係から得た辨證法のイデーをそのまゝ自然に持込んだのではあるまいか、然りとすれば辨證法も亦イデーに過ぎなくて經驗とは意義を異にした論理と云はねばならない。

◇

自然科學勃興當初之に其の行くべき方向を與へたものは哲學者であつた。之からしてメハニズムス又はヲルガニズムス等が出でゝ、自然科學は發達したのである。然しながら凡ての學問は一樣に平均して發達するものではない。其の間幾分かの不平均がある。例へば藝術に於いても、音樂繪畫彫刻凡て同一に發達するものではない。一時の時代には一定の學問のみが進步すべき客觀的狀勢にある。進步すべき狀勢にあるものゝみが進步する。イデーを外部から、動植物學に持込む場合も、イデーを持込むに都合宜き條件にあるものゝみが發達する。學問にも人間的なものゝプリマートがあつて、之が自然に適用された場合進化論等となるのである。然し外部から自然界に移入される上述のイデーたるや、決して靜的、固定的なものでは無くて、常にイデーそのものからして流動變化極まりないものである。以上の事を前提として私は論を進めて見たいと思ふ。

辨證法とは如何なるものであるか、此處にAなるものがあるとする。やがてAの對立物たる non A なるものを生じ、Aと non A とを綜合してBなるものが生ずる。辨證法的發展とはヘーゲルの所謂正反合、此處で云へばA、非A、Bの發展過程を云ふのである。然しAと非Aとの對立は青と赤とが如きものではない。青と赤とは色に於て差異は認められるが決して矛盾せる關係にあるのではない。矛盾するとは內容的に制約されたるものに對し云はれ得る。ヘーゲルの云ふ有と無とは矛盾せるものであつて之等は絕對的な對立をなす。故に矛盾せる關係は極めて例の少いものである。殊に自然現象に於ては殆んど無い。だからして自然辨證法の成立はなか〱困難である。從來多く自然辨證法に於ては、コントレールとコントラテイクトーリアルとを一緒にして考へて居る。レーニンは其の例として陰電氣と陽電氣とを擧げて居るが、之はコントレールな關係にあつて矛盾せるものではない。ブルジョアとプロレタリアの對立にしても實踐的な領域に於てのみ矛盾するものである。だからして次の點は良く考ふべきである。差異とは黑板と人間と云ふ樣な關係にあり、コントレールとは同範疇に屬するものゝみを云ふ、例へば青と赤の如し、次に矛盾せる關係と云ふものは、社會關係に於ては實踐的存在であるが、自然に於ては稀有である。かくして自然科學の領域に於て辨證法的に考へ樣とするのは無理と云はねばならない。强いて考へ樣とすれば必然にコントレールと矛盾とを混合せざるを得ない。

辨證法は運動に關する論理であるが、運動そのものが旣に矛盾だと云ふのである。例へばA點からB點に彈丸が飛ぶとするに、A點からB點迄行くには先づその中間にある0點を通過しなくてはならない。A點から0點迄行くには又其の中間にあるD點を通過せねばならない。かくする時は結局彈丸はA點にあると同時にA點にあつてはならない事になる。卽ち彈丸は運動して居ると同時に靜止して居なければならない。之を運動の矛盾と云ふのである。此の事は旣に早く希臘のツエノンがアキレスと龜の競爭に於て取扱つた問題である。アキレスと龜とが競爭するやうにアキレスが走つて龜の初めに居た所に達した時には龜は幾何か進んで居る。更に龜の居た所にアキレスが達した時には龜は、矢張幾分か進んで居る。かくの如くする時はアキレスは永久に龜に追付けないのである。

◇

次に辨證法では生成と云ふ事が云はれるが之も例へばAがCになるにAでありながら非Aでなければならない、決して固定した絶對立的なものを考へない。之がその特長である。エネルギーが熱に移動する時にも其の境界は明瞭に判斷し難い。生成と云ふ事は全ゆる場合を通じて行はれて居る。人間の身體にしても一分一秒毎に變化して行く。處が往々矛盾と云ふ事を履き違へて男と女は盾矛して居る。故に之を綜合して子供が出來る故、之も辨證法だとする人がある、之などは完全に誤りであつて男女は性別はあるが決して矛盾するものではない。實踐的存在としての社會關係には盾矛はあるが、自然界に事實矛盾があるかどうかは頗る疑はしい。唯社會關係に於ける矛盾の原理を自然に適用した場合に於て、偶自然現象の說明がそれに因つて幾分か明瞭になつた場合に於てのみ、自然にも辨證法があると云はれ得るのである。だが然し自然科學の目的は依然として因果律の發見であつて、之は究極に於ては變る事は無いと思ふ。唯その究極に至る過程に於て色々の變化に遭遇し、或る場合に於て辨證法が云々されるのである。

唯物論的辨證法では人間を自然の一部として考へる。此處に於ては最早辨證法は無意義である。今自然を人間社會の一部に引入れ、人間的自然として自然を考へる時は辨證法は有意義である。例へば机を作る場合、木は自然であるが此場合人間とは實踐的な關係に立つ、即ち人間と自然とは辨證法的統一をなして居る。人間が自然に働きかけると同時に又自然は人間に反作用する。人間は路を作る事に因つて自然を變化させるが、路を作つた事に因つて人間自身も亦變化する。自然は人間的となり人間は自然的となる。此處に初めてカルチユアがある。かゝる場合の自然は自然科學の云ふ所の自然とは異つた自然である。だからして之を純粹な自然辨證法だと稱する事は出來ない。

以上述べた事を最後に要約して見ると、辨證法なるものは人間社會の社會關係から生れたものである。故に主觀的な見方である。之を自然に適用する事に因つて自然科學が進步するか退步するかは別問題としても、辨證法は目的論であつて、因果的ではない。唯自然に適用する場合に於て注意すべきは、差異と矛盾とコントレールの三段階を區別すべきである。自然を人間に對立したものとして、人間社會の一部として考へる時は辨證法は自然に於ても成立するが、其他の場合に於ては自然辨證法は成立しない。現今ロシアのマルクス主義者が自然に辨證法を求めて而して後に社會辨證法を說かんと苦心して居るのを見ても、自然辨證法の證明はなかゝゝの難問題であると云はねばなるまい。——（完）——

文化危機の産物——大学の機能を徹底させよ——

三木　清

文部省では愈知識人の生産制限に着手するといふ。これは現存する社会的矛盾の当然の帰結であつて、今更驚くにあたらぬことかも知れない。この生産制限は知識階級の就職難に対する、そしてそれに起因する思想悪化に対する対策だといふことである。

×

この問題は決して単に知識人のみの問題と考へられてはならぬ。知識階級の就職難は孤立した現象ではなく、寧ろ一般的な失業状態の一つの場合と見らるべきである。今日知識人は知識人である故に就職難であるといふよりも、一般的な失業状態が支配してゐる故に知識人も就職難に陥らざるを得ないのである。それだから反対に、もし景気が回復するものとして、労働者の失業がなくなる時がくるとすれば、知識階級の就職問題も恐らく生じて来ないであらう。その時にもなほ知識人が単に知識人である故に就職出来ないとすれば、それは彼等の特権階級意識によるものといふべく、か丶る意識を打破するためにも、高等教育を受ける者の益増加することが望ましいとさへいいはれよう。

×

高等教育収容者を半減しようとするのは、社会の一般的な文化の向上を犠牲にして、知識階級の「特権」を維持しようといふのであらうか。それは社会の文化発展の犠牲において少数の知識人に特権を与へることにより、彼等をことごとく資本家の忠実な番頭にとどめておかうといふのであらうか。ここでも社会的矛盾は文化の危機として表現されてゐるのである。そのことは今度の問題がいはゆる思想問題の対策として取扱はれてゐることによつても明瞭であるであらう。

然し思想の悪化といふことにしても、知識人自身の就職難にのみもとづくものではない。純真な青年学生をそのやうに単なる利己主義者と見立てることは危険である。一般的な社会的不安にして除かれない限り、思想問題はなくならないであらう。学生の多くが属する中産階級は、その子弟を高等教育機関に送らないことのみによつて、現在たどりつつある没落の過程から脱し得るであらうか。

×

誰の手を煩はすまでもなく、少くとも私立学校についていへば、最近の深刻なる不況の結果、入学者の減少することが却て何よりも憂慮されつつあるのである。まづ中等学校において現れる入学者の減少が大学に影響して来るのは数年後のことであらう。今日の問題は入学者の増大を憂へることよりも、優秀な才能をもちながら資力乏しきため、高等教育を受け得ない者が増加するのを如何にして救ふべきかといふことでなければならない。もし高等教育志望者が減少しないものとすれば、その収容者半減の結果当然、今日に数倍する恐るべき試験地獄を現出するであらう。試験の弊害は極度に達するであらう、それは知識人を無気力ならしめるばかりでなく、絶望に追ひやるであらう。

×

それ故に問題があるとすれば、一般に現在の如き目的をもつて大学へはいらうとする志望そのものをなくすることでなければならぬ、そのためには大学が「特権」を与へる「職業教育」機関でないといふことを徹底させることが必要であらう、大学卒業者の特権が廃止されねばならぬ、大学のコースをとらなくとも、それと同程度の職業的知識の得られる道が大いに開発され、大学卒業者と同様の権利と就職の機会が与へられるべきである。そして大学自身に就いていへば、それは一層多く「研究」機関たるの性質をもち、従つて学術の研究志望者には大学予科、高等学校等のコースをとらなくとも自由に入学し得るやうに改革さるべきであらう。

入学者を半減する事によつて直ちに教授の数を半減し得ると信ずるのは甚しき早計である。教授の数は学問の分化と専門化とにも依存するのであつて、学生の数にのみ関係するのでない。大学が研究機関たるの性質を更に多く具へること、なれば、今日の教授数といへども決して多くはなからう。固より学問の専門化の弊害の方面も認められねばならぬ。併しそれは当然「講義の自由」即ち例へば交通政策の教授も理論経済の講義をなし得るやうにすることによつて匡正さるべき性質のものである。況んや私立大学にあつては、誰の手を煩はすまでもなく、近年における経営難の結果、教授数は既に過度に減少しつ、ある。

×

大学に研究機関の性質を一層多く有せしめるためには、学生に「転学の自由」が認められねばならない。講義の自由と転学の自由とは分つべからざるものであり、その前提は今日の大学の有する性質と機能との改革である。それら二つの自由は恐らく大学に新生命を吹き込むことが出来るであらう。然しながら大学の入学者制限問題をいはゆる思想問題と結びつけざるを得ない現在の社会においてそれらの自由が与へられると期待され得るであらうか。知識人の生産統制が成功し得るか否か甚だしく疑問であり、寧ろ我々は今度の問題をも普遍的な文化危機の一表現として受取らざるを得ない。(終)

(『東京朝日新聞』朝刊、一九三二年八月二十二日)

宗教と文藝

三木清

一

宗教と文藝との密接な關係を現はすものとしてひとは宗教的文藝の存在の事實を指し示すことが出來よう。過去の偉大な文藝上の作品のいくつかは文字通りの意味で宗教的文藝であつた。すでに聖書そのものがかくの如き最上級の文藝作品と見做され得る。ダンテの『神曲』の如きもさうである。しかるに單にいはゆる「宗教的文藝」ばかりでなく、過去の文藝作品の多くは一層廣い意味で宗教の地盤の上に立ち、宗教と結びついてゐた。例へば、ホメロスの如きも當時のギリシアの民衆的宗教を離れては理解されないであらう。

かくて我々がここに宗教と文藝との關係を特別に取り出して問題とするとき、その意味は次の如きものでなければならぬ。一定の時代に於ける種々なるイデオロギーの間には相互作用の關係が成り立つてゐる。科學と哲學、哲學と宗教、等々、は相互にはたらきかけ合ふ。かかる相互作用のひとつの場合として、我々は今宗教と文藝との關係を問題にしようとするのではない。むしろ我々は、そのやうな相互作用を認めつつも、なほかつ宗教と文藝とは、例へば文藝と法律、宗教と科學、などの間に於けるよりも、何等か特別に親密な、内面的な關係に立つてゐるのでないかどうか、を問題にするのである。この問題はもちろん本質上の、原理上の問題として提出されねばならぬ。如何なる個々の宗教家が勝れた文藝家であつたか、如何なる個々の文藝作品が勝れて宗教的であつたか、を我々は問うてゐるのではない。宗教家が文藝家であるといふことは、政治家が文藝家であるといふことと同じく、單に偶然的なことであり得る。もし宗教家が文藝家である場合が、科學者が文藝家であるなどの場合よりも一層多いとしても、我々の問題は、それが單に偶然的な事實であるか、それともそれは宗教と文藝との間に存する一層內面的な、本質的な聯關の現はれであるか、といふことである。

宗教と文藝との間にはたしかにこのやうな內面的な關係が存在するやうに見える。蓋し兩者は共に感情をもつてその本質的な器官とするやうに考へられるからである。この點に於て宗教と文藝との關係は、宗教と科學若しくはその他のものとの關係よりも、或る特別に親しいものがあると思はれる。尤も單にその點からだけでは、文藝が宗教に對して爾餘の諸藝術がこれに對するよりも何等か特別な關係をもつてゐるとは云はれ得ない。感情をその本質的な器官とするといふ點では、あらゆる藝術が等しくさうであると見られ得るからである。もし文藝が他の諸藝術よりも一層密接に宗教に結びつく可能性があるとすれば、それは文藝が言語による藝術として有する二つの特性のためでなければならぬ。第一に文藝は、建築、彫刻、繪畫の如きに比して、あらゆるイデオロギーの形態の宗教に等しく適合し、これを適應的に藝術的に表現し得るといふ特性をもつ。第二に文藝の素材たる言語は、繪畫、彫刻、建築等の素材であるものよりも、一層非物質的であり、一層いはば精神的であつて、この點で非物質的、精神的であることを本性とする宗教的內容のための一層よき手段であり得る。かくて宗教家が自己の體驗の最深なるもの、最奧なるものを直接に語り出すとき、それはおのづから文藝の形式を具へるに到る。例へば、聖フランチエスコに於ける場合を見よ。ひとはまた『イミターショ・クリスチ』の最も單純な言葉のうちに於てさへ、美しき詩を感じないであらうか。或ひはパスカルを想ひ起すがよい。

尤も宗教がかくの如くいはば自然的に、直接的に文藝と結びつくといふことは、宗教思想が宗教思想として文藝に對して親和な態度をとるといふこととは同じでない。みづからは勝れた文藝家でありながら、なほかつ思想上は文藝に對して敵對的態度をとるといふ思想家も存在する。プラトンの如きがさうであつた。彼みづからは文藝に心をひかれながら、また文藝上傑作に數へられる諸對話篇の作者でありながら、プラトンは、哲學上では藝術に「模倣の模倣」としての低き價値しか認めず、且つその理想國から詩人を追放しようとした。恰もそのやうに、宗教は文藝と自然的には格別に親しいものであるにも拘らず、イデオロギーとしては宗教が文藝に對して排斥的、敵對的關係に立つといふことは全く可能である。蓋し宗教はそれ自身のうちに超越的傾向を含む。一切のこの世のものを超越せる神的なる絶對的價値に對しては、この世のものの總ては全く取るに足らぬ相對的價値しかもたぬ。この世のもののうちに於ける價値の高下、區別と雖も、かかる絶對的價値の前には無に等しい。この世の如何なる美しきものにも心をひかれず、現世的なもの、人間的なものの一切に執着することなく、却つてこれを超越するところに宗教の本質は横たはる。反文化的な、少くとも文化に對する無關心な傾向は、何等かの程度であらゆる宗教に含まれてゐるやうに見える。かくの如き文化反對的或ひは文化無關心的な態度は、超越的傾向の最も著しい宗教に於てばかりでなく、むしろ逆に内在的傾向の最も勝つた宗教、即ち神祕主義的宗教に於て、また最も露はである。蓋し神祕主義はその本性上自然主義につらなり、そして自然主義は文化に反對の傾向を伴ふからである。このやうにして宗教の本質的な内容のうちに一切の文化に對する或る敵對的な關係が含まれてゐるとするならば、文化の一形態として藝術も素よりその例外をなし得ないであらう。それのみでない、藝術はこの場合他の種類の文化形態よりも一層惡い關係にあるとさへ見られることが出來る。なぜなら藝術はその本性上特に人間的な (spezifisch-menschlich) ものであると考へられるからである。カントが既にそのことを認めた。彼によれば、理論理性が人間もその一部分である總ての自然界を支配し、實踐理性が人間以外の理性的存在の一切についても妥當するに反して、美的理性はただ感性的理性的存在である人間にのみ關係する。「快適は理性なき動物にも妥當する。美はただ人間、即ち動物的にしてしかもまた理性的なる存在に對してのみ妥當する。善はしかし一切の理性的存在一般に對して妥當する。」とカントは云つた。

もしかやうにして藝術が特に人間的なものであるとすれば、神的なるものに對して人間的なものを否定する宗教は、特に藝術に對してこの態度を強めねばならぬであらう。歴史上實際その通りであつた場合が屡々である。純粋な思想のうちに運動すると考へられる哲學乃至科學に對してよりも、人間的なもの、感性的なものに媚びると見られる藝術に對して、宗教は激しい態度を示したのである。このとき文藝が多少なりとも特典にあづかつたとしても、それは文藝の素材たる言語が他の諸藝術の素材に比してより少く感性的であるためであつて、もちろんそれは原理的な相異をなすものでない。さて宗教がかくの如くそのイデオロギーに於て文藝に敵對的であるとしても、事實として兩者が自然的に、直接的に結びついてゐるといふことは爭はれないであらう。我々は神祕的な宗教的感情の盛られた美しい文藝の存在を知つてゐる。新しいものではリルケの詩などが擧げられ得るであらう。實際最も神祕的な、最も内面的な宗教的感情はただ文藝の力を借りてのみ自己を表現し得るもののやうに見える。パスカルは云ふ、眞の雄辯は雄辯を輕蔑する、と。ロダンはこれに倣つて云つた、眞の藝術は藝術を輕蔑する、と。文藝を輕蔑する者はいつでも最惡の文藝家であるわけでなく、却つて彼が最上級の文藝家である場合がある。

ところで事物の世界との如何なる種類の接觸をももたぬ絕對的に「精神的な」宗教は、宗教哲學者若くは宗教改良家と稱する者の頭腦のうちに於ける抽象的理論としてのほか存在せぬものではなからうか。「原始的宗教」にあつては感性的事物的な要素が宗教的經驗の超越的な實在と分ち難く結合してゐるのがつねである。ここに原始的宗教といふのは單に古い過去のものであつた宗教でなくて、却つて文化及び宗教の歴史のあらゆる推移を通じて昔から今に至るまで保存されて來たところの敬虔性のかの素樸な、感性的な諸表現の複合體である。このやうな原始的宗教があらゆる偉大なる宗教の底流をなしてゐる。このやうな民衆の宗教はそれぞれの高等宗教に自己を適應させ、それの諸要求に自己を順化させ、それの公式の衣服を纒ふことを知つてゐた。けれどもそのことによつて原始的宗教は自分の本質を決して變へなかつた。ピューリタニズムでさへもが民衆の心のうちに於ける原始的要素を根扱ぎにすることが出來なかつた。むしろ總ての高等宗教はこの低い宗教に貢し、その權利を承認せざるを得なかつたのである。しかるに原始的宗教の著しい表徵は感覺性と事物性である。たしかに感性的な事物的な要素は、總ての精神生活にとつてのやうに、一切の宗教的經驗にとつて必然的な前提である。フリードリヒ・フォン・ヒューゲルは、聾・啞・盲の者にあつては何等の宗教的表象も、何等の宗教的な表象能力さへも、認め得ないことを指摘してゐる、最も純粹な、最も精神的な敬虔性ですら、感性的要素を缺くことが出來ぬ。宗教的經驗が神的祕密を直觀化するための形象や譬喩は、つねに外的經驗の世界から取つて來られる。福音的信仰の確實性の基礎となれる「言葉」でさへ感性によつて媒介されるのである。

カトリツク教會は纖細な心の理解と賢明な教育學とをもつてこのやうな原始的宗教にその權利を認めた。それは民衆に向つてその寶庫を開いて自由な使用に委せた、そしてそれは彼等に同じやうな仕方で、彼等の古い、愛好する寶を自分の聖所に持ち込むことを許した。カトリチイスムスは民衆的な敬虔性をあらゆる時代に保護し、扶養した、しかしそれがこのものを同時に改變し、訓練したことは素よりである。かくの如き根本的態度にもとづいて、カトリチイスムスは一般に文化、就中感性的、感情的な藝術に對して甚だ親和的な態度をとつた。「人間は欲求に充ちてゐる、彼はそれを總て滿すことの出來る者のほか愛しない。」といふパスカルの語をそれはよく理解したのである。カトリチイスムスがとりわけ感情的文化をはぐくんだところに、浪漫主義の藝術家たちは中世的、カトリツク的世界への限りない憧憬を感じた。ノヴーリスはその代表的な詩人であつた。彼の詩のいくつかは嘗て存在した宗教的詩の最も美しいものに屬してゐる。プロテスタンテイスムスがより多く實踐的、倫理的、抽象的であるに對して、カトリチイスムスはより多く觀想的、感情的、具象的な宗教として、この點に於て藝術に對してより積極的な、より親和的な關係に立つてゐる。

このやうにして宗教形態の異るに應じて、それの文藝に對する關係もまた異るといふことは明かであらう。古代ギリシアの人間的な多神教が文藝のための最もよき地盤であつたことは、ホメロスを初めギリシアの文藝を見ることによつて容易に知られる。一層進んだ形態をとつて見ても、汎神論は他の宗教形態に比して遙かに文藝に對して親和的である。新プラトン主義者プロチノスがその神祕的汎神論的思想と共に或る種の審美的世界觀を既に述べてゐる。ドイツ・ロマンテイクの結實期はかかる新プラトン主義を新たに生んだ。シユライエルマツハーはその青年期の著作『宗教に關する講演』の中で宗教を思惟と行爲、從つて科學と道德から區別し、その本質は宇宙の直觀と感情にあると定義したが、この定義が著しく汎神論的、且つ審美的色彩を帶びてゐることは爭はれない。シエリングに於てこの傾向は更に顯著なものがあるであらう。我々はまた偉大なる詩人ゲーテの詩作の根柢に絶えず汎神論的な感情が流れてゐるのを感ぜずにはゐられないであらう。『ファウスト』の中なる次の有名な句は屢々汎神論の古典的な表現として引用される。――

いかに總ては自らを同じ全體に織りなし、
一は他のうちにみな同じ命を生きるよ。
いかに天なる力は昇りてはまた降り、
黄金の釣瓶を互に手渡しするよ。
その總てが幸の香をもたらす翼を振ひ
天なる上より下なる國へ進み來りて、
和諧のうちに萬有を鳴響かすかよ。

二

私はこれまで宗教と文藝との間に存在する親密な關係について簡單に敍述して來た。今や私は一層根本的な問題に這入つて行かう。上に述べられた宗教と文藝との間の密接な關係は、なほ翻つて考へてみれば、一部分は、否むしろ大部分は、從來の社會に於て種々なるイデオロギーのうちで宗教が占めて來たところの特別な、換言すれば、支配的な位置にもとづくのではなからうか、といふ疑問が先づ起るであらう。即ち時代を溯れば溯るほど宗教は愈々多く他のイデオロギーに對して壓倒的な立場にあつたやうに見える。最も古くは宗教が殆ど總てであり、そのうちに科學も哲學もその他政治的イデオロギー等々も包含されてゐた。文藝としても極めて興味深き神話は恰もかかるイデオロギーの複合體である。その後哲學が獨自なる思惟として發達しはしたが、しかし哲學はそれ以來と雖もその根柢に於ては絶えず宗教と結びついてゐた。むしろ自然科學がより早く宗教から自己を解放した。社會科學はそれよりも遲れたが、最近に至つて漸く宗教から自己を分離しつつある。かくて歷史の過程に於て、宗教はその壓倒的な――壓倒的といつてももちろん一定の範圍內に於てはそれと他のイデオロギーとの間の相互作用はつねに存在した――位置から次第に退くことを餘儀なくされ、遂には自己の自律性を主張することによつて僅かに自己の存立を保たうとしてゐると見られる。もしこのやうな過程にして更に推し進められるならば、結局宗教はその生存を維持することが出來ず、却つて消滅するのではなからうか。

しかるにもし將來に於て宗教が消滅するとするならば、そのときこれに代るべきものは何であるか。過去に於て既に科學が次第に宗教に代つて來た。それにも拘らずなほ宗教が依然として存續して來たとすれば、それは科學が思惟のことであるに反して、宗教は本質的には感情に屬するためでなければならぬ。それ故に今もし將來宗教が消滅してゆくとすれば、これに代るものは等しく感情を器官とする藝術ではないであらうか。プレハーノフがそのやうに考へたやうである。プレハーノフの見地からすれば、藝術は、一般的文化的意味に於て、當然宗教に代るべきものである。果してさうであらうか。宗教と文藝との交涉に關する硏究は、ここに最後的な且つ最も困難なる問題を見出すのである。

さて宗教の消滅に關する理論として現代に於て最も有力なのは言ふまでもなくマルクス主義の學說である。宗教の消滅について知るには宗教の起源を理解せねばならぬ。なぜなら宗教の起源となる條件にしてもし將來絕滅されるとするならば、おのづから宗教の消滅することは明かであるからである。そのことについて理解するためには、我々は先づマルクス主義がイデオロギー一般を如何に把握するかを見ておかねばならぬ。そしてそれには『ドイツチエ・イデオロギー』からの次の引用だけでここでは十分であらう。曰く、

「意識とは意識された存在以外の何物でも斷じてあり得ない、そして人間の存在とは彼等の現實的な生活過程である。」また曰く、「人間の頭腦に於ける假幻的構成物もまた、彼等の物質的な、經驗的に確かめ得る、そして物質的諸前提に結びつけられてゐる生活過程の必然的な補足物である。このやうにして、道德、宗教、形而上學及びその他のイデオロギー、並びにそれらに相應する諸々の意識形態は、もは

や獨立性の外觀を保持しない。それらのものはなんら歴史をもたない。それらのものはなんら發展をもたない、却つて、彼等の物質的生産と彼等の物質的交通とを發展せしめつつある人間が、このやうな彼等の現實とともにまた彼等の思惟と彼等の思惟の生産物とを一緒に變化するのである。意識が生活を規定するのでなく、却つて生活が意識を規定する。」

かくて宗教もまたイデオロギーのひとつとして人間の社會的物質的諸關係に規定されて生れ、後者の變化に相應して前者も變化する。エンゲルスはこのやうな過程について述べて云つてゐる。

「一切の宗教は、人間の日常生活を支配する外部的な力が人間の頭の中に幻想的に反映せるものにすぎない。そしてこの反映においては地上の力が天上の力たるの姿をとる。歴史の初期においては、まづ第一に自然力が斯かる反映をなし、それが諸民族の間で一層發展して、極めて種々様々なる人格神を生んだのである。……しかし間もなくこの自然力と並んで社會力も作用し始めた、この社會力もまた人間にとつてはやはり外部的なものであり、しかも始めはやはり説明すべからざるものとして人間に對立し、かつ自然力そのものと一見同じ自然必然性を以て人間を支配するのである。これによつて、初めはただ神祕不可思議なる自然力のみを反映せる幻想の姿が、社會的屬性を獲得し、歴史的力の代表者となる。なほ一層進んだ發展段階においては、多數の神々の自然的および社會的の全屬性が全能の唯一神に移されるが、この唯一神そのものもまた抽象的人間の映像たるにすぎない。かくて一神教が起つた、云々。」

エンゲルスの肖像

注意すべきことは、エンゲルスがこの箇所に於て、宗教の起源を根本的には自然と人間との對立から説明してゐるといふことである。もちろん彼はここでも、その後の發展過程に於て宗教的表象が社會の内部に於ける對立、從つてなんらかの階級關係によつて著しく影響されることを十分に認めてゐる。問題は、宗教の起源に關して、社會内の對立と、人間と自然との對立との、いづれを根源的と見るかといふことである。この點については、前者をとる立場が後者をとる立場よりもマルクス主義の他の根本的諸思想に一層よく適合するもののやうに見えるであらう。もしさうであるとすれば、ボグダーノフのいはゆる部族長老起源說は、クノウによつてマックス・ミュラーの自然崇拜起源說の影響のもとに立つといはれたエンゲルスの思想に比して、たしかにマルクス主義理論に於ける「發展」に相違なかつたであらう。ボグダーノフはアニミズム的二元論と族長制的社會形態との間に特殊な聯關がある事をもつて宗教の起源を說明してゐる。彼はアニミズム的二元論が社會に於ける二元性、卽ち上級者と下級者、組織者と被組織者、支配者と被支配者の間の二元性の反映である事を主張した。然るにマルクス主義哲學の歷史に於て正統として目せられるプレハーノフは、テーラー、フレーザー等の人類學的硏究に依據しつつ、宗教的表象に於けるアニミズムの重要性を決定し、ボグダーノフ說を反駁して、寧ろエンゲルスの前述の思想に一層近い說をたてた。卽ちプレハーノフによれば、宗教的表象の本質たるアニミズム、その原始的形態の成立は社會に於ける敵對的力の發生に遙かに先んじてゐる。曰く、

「問題は族長制的生產組織――この組織は野蠻人には缺けてゐるが、程度の低い未開人の間では未だ萠芽狀態にある――のうちにあるのではない。それは原始人がその下において生存鬪爭を行つてゐるところの技術の諸條件のうちにある。」そして彼は續ける、「原始人の生產諸力はその發達が甚だ不十分である。自然に對する彼の權力は取るに足らない。ところで人間の思想の發展においては、實踐はつねに理論に先行する。自然に對する人間の働きかけの範圍が廣ければ廣いほど、自然に關する彼の理解も一層廣く一層正しいのである。これに反してこの範圍が狹少であればあるほど、彼の理論は一層貧弱なものとなる。ところが彼の理論が貧弱であればあるほど、ますます彼は何かの理由で彼の注意を惹く現象を幻想の助けをかりて說明しようとする傾きがある。自然の生活を幻想によつて說明する場合には何時でもその基礎には類推判斷が橫たはつてゐる。人間は、自身の行爲を觀察することによつて、その行爲に照應する欲求が行爲に先んじてゐること、或は彼の思考樣式にもつと近い表現を用ゐれば、これらの行爲がこれらの欲求によつて喚び起されることを知る。このために彼

は自分を驚愕させる自然現象も誰かの意志によつて喚び起されたものであると考へるのである。彼を驚愕させる自然現象を喚び起す意志の所有者たる假想的本體は依然として彼の外的感官には到達しない。そこで彼はこれらの本體を人間の靈魂に似たものと見做すのである。……この假定は彼の狩獵的生活樣式の影響を受けて發展し且つ强化する。このことは逆說的に見えるかも知れぬが、實際にさうなのである。生存の根源としての狩獵は人間を唯心論に傾かせる。」

かくの如く說明してプレハーノフは、如何にしてアニミズムが發生したかを理解するためには、社會的發展の最初の段階には全然存在しない族長制的生產組織に訴へる必要は更にない、とした。尤も生產の族長制的組織ばかりでなく、また全社會生活の族長制的組織が一旦發生すると、それが宗敎的表象に巨大な影響を及ぼし始めることは、全く疑ひのないところである。これは、階級に分裂してゐる社會ではイデオロギーの發展が階級の間の諸關係の非常に有力な影響の下に行はれるといふ常則の特殊の場合に過ぎない。そしてプレハーノフによれば、ボグダーノフの理論はもちろんこの常則に直接に背きはしないが、しかもそれをカリカチュア化して解說してゐる。

いづれにせよ、歷史の發展に伴つて自然に對する人間の働きかけは次第にその力を强化し、その範圍を擴大してゆくことは明かであるから、それに從つて宗敎的表象に於ける社會的組織及び過程の影響もまた愈々强大になるといふことは疑はれないやうに見える。自然科學の發達は宗敎的表象に於て自然と人間との對立から發生する要素を追々に縮小し、驅逐しつつあるものの如くである。かくて資本主義社會に於ける宗敎の起源は最も多くの程度で社會的諸關係のうちに求めらるべき理由がある。エンゲルスが既にこのやうな說明の仕方をとり、そして書いてゐる。

「今日のブルジョア社會においては、人間は彼等自身の創造せる經濟關係によつて、彼等自身の生產せる生產手段によつて、あたかも或る外部的な力によつての如くに、支配される。だからそこには宗敎的反射作用の事實的基礎が存續してゐるのであつて、この基礎と相俟つて宗敎的反映そのものもまた存續するのである。」

同じやうにブハーリンは資本主義社會の宗敎の根源を盲目的な暴力を振ふ市場關係に求めてゐる。この社會では市場は絕對專制君主として振舞ひ、忽ちにして或る人の生活を滅し、また忽ちにして他の人の生活をひき上げる。市場は人間にとつて抵抗し得ざる、理解し得ざる力として現はれ、市場のこの特徴は直ちに神なるものの超自然的性質と合致する。そして資本主義社會を支配する經濟形態が市場を本位とする流通經濟であり、その力は無形的に作用するところに、今日神は最も抽象的なものであり、その形容の認識すべからざる觀念的存在であるとされる根據が横たはつてゐる。

もしもさうであれば、生産が計畫的に統制され、かくて市場の盲目的な支配がやむやうな社會の到來と共に、宗教はおのづから消滅せざるを得ないであらう。マルクスは記す。

「現實世界の宗教的反映は、總じて日常生活上の實際的事情が人類相互間及び人類對自然間の合理的な關係を透明的に人類の眼前に日々提示するに至り、ここに初めて消滅し得るものである。社會的生活過程即ち物質的生産過程の形態は、それが自由なる社會化したる人類の産物として彼等の意識的計畫的なる支配の下に立つとき、ここに初めてその神祕的假面を脱ぎ捨てる。それには社會が一定の物質的基礎を、一列の物質的生存條件を與へられることを要する。これらの條件それ自身もまた、長きにわたる苦痛に充ちた發展史の自然生長的産物なのである。」

エンゲルスの次の文章もまた同じ意味のものである。曰く、

「若し社會が全生産手段の掌握とその計畫的管理とにより自分自身ならびに凡らゆるその成員を奴隷狀態から解放するならば、——すなはち彼等自身によつて生産されながら彼等に對して優越的なる外部的力として對立するこの生産手段によつて彼等の現在陷れるその奴隷狀態から解放するならば、若し、だから、人間がもはや單に思想するのみでなくて指導をもするならば、ここに初めて、今日なほ宗教に反映してゐる最後の外部的力が消滅し、從つて宗教的反映それ自身もまた消滅する、けだし是れ、もはや反映すべき何物も存しないといふ單純なる理由からである。」

言ふまでもなく、宗教は一定の社會關係の必然的な反映であるからこの社會的條件にして存續する限り存續する。從つて宗教に對する闘爭は單に觀念上の闘爭のみでは不十分である。それには別けても社會的行動、即ち宗教を生み出す社會的物

質的基礎そのものに向けられた實踐上の闘爭が必要である。

三

我々はマルクス主義の宗教論のうちに貴重なる眞理を認めなければならぬ。第一に、宗教の形態が社會の形態、就中社會に於ける生産關係の變化に相應して變化するといふ見方は正しい。宗教も、他のイデオロギーと同じく、その現實の土臺たる社會の經濟的構造によつて規定される。第二に、その事と關係して、從來の階級的構成を有する社會にあつては宗教も、他のイデオロギーと共に、階級的――この事は單に支配階級的といふ意味にばかりでなく、又被支配階級的といふ意味にも解せられねばならぬ。なぜならエンゲルスも云ふ「原始基督教の歴史は、近代の勞働者運動との著しい接觸點を示してゐる。後者と等しく、基督教も本來被壓迫者の運動であつた。」――性質を擔つてゐた。階級社會に於ける宗教の階級性といふ事は疑はれない。そして今日宗教がブルジョア的なものであり、且つブルジョアの爲に最も奉仕してゐるといふ事も亦確かである。

併しながら以上のこと、なほその他のことは、宗教がイデオロギーとして爾餘のイデオロギーと共に等しく具へねばならぬ諸規定に過ぎない。例へば文藝の如きも社會形態の變化に相應してその形態を變化し、そして階級社會に於ける文藝は階級的性質を有する。マルクス主義者が宗教に、種々なる他のイデオロギーとは異つて、與へる特殊性は、他のイデオロギーが、例へば科學、藝術等々が、階級對立なき將來社會に於ても、よしその形態を新たにするにせよ、なほ依然として存續するに反して、宗教はかかる將來社會に於ては全然消滅してしまふといふことである。我々はここに全く重要な問題の存することを見ざるを得ないのである。

先づ次のことが注意されねばならない。宗教の現實的基礎をなんらかの對立關係――人間と自然との間の、或ひは社會そのものの内部に於ける、對立――に求めるといふことは、それによつて宗教の一定の形態若くは一定の要素は適應的に説明され得るに相違ないけれども、しかしそれによつて同時に宗教の他の形態若くは他の要素は取り逃されるといふ恐れがないか。現實的な對立關係の基礎から巧みに說明されるのは、彼岸主義的な宗教形態であり、若くは宗教に於ける超越的傾向である。しかしかかる說明の取逃さねばならぬやうに見えるのは、宗教に於ける內在的傾向である。また一定の宗敎形態、例へば佛敎　就中禪宗の如きはそれでは十分に說明が出來ないやうである。最も著しく內在的立場に立つてゐる汎神論にあつては、如何なる對立の、如何なる現實逃避の傾向も重要ではない。却つてそこには限りなき現實肯定が見出される。ゲーテの場合がさうである。「神に醉へる人」スピノザのいふ「神の知的愛」もまさに彼岸主義的、現實逃避的傾向とは正反對のものである。否、あらゆる、少くとも高等な宗教には、超越的傾向と共にまた內在的傾向が含まれてゐる、と云はねばならぬであらう。若しさうであるならば、將來社會に於て階級的對立、等々、の一切の對立關係、人間のあらゆる種類の自己疎外がなくなるとしても、それによつて素より宗教の形態は必然的に變化しはするが、宗教そのものが全然消滅するとは論斷され得ないであらう。そのときにはむしろ自然と人間、社會と個人、の間に於ける有機的な關係、或ひは全宇宙の限りなき調和そのものが、從來の汎神論者の或る者に於てのやうに、直接に宗教的意識を喚び起さないとも云ひ得ないであらう。宗教の形態が變化するといふことと宗教そのものが消滅するといふこととは全く別個のことである。

純粹に內在的な立場に於ては本來の宗教的なものはない、本來の宗教的なものはつねに何等かの形で超越的要素を含む、と云つて反對されるかも知れない。もしもさうであるならば、我々は自然と人間或ひは社會と個人との間の統一が決して直接的なものであり得ず、却つて辯證法的な、卽ち對立乃至矛盾の契機を含むところの統一であることを主張することが出來よう。どのやうな時代にならうともそれらの統一が全く直接的なものにならうとは考へられぬ。辯證法は內在的な方面と共に超越的な方面をも含むことを特色とする。そして宗教の內容を分析するとき、我々はそこにつねに內在的要素と超越的要素とが辯證法的に統一されてゐるのを見出し得るものの如くである。最近の「辯證法的神學」などの指摘を俟つまでもなく、宗教的眞理は辯證法的である。よし階級と階級との對立がなくなつたからとて、それによつて一般に社會と個人との對立が終局的になくなるとは考へられないであらう。しかしそれにもまして重要なのは自然と人間との間に於ける對立である。これ私が先きにマルクス主義の宗教論の敍述の際に、一方ではボグダーノフの學說、他方ではエンゲルス及びプレハーノフの學說の間の根本的な相違を指摘しておいた所以である。卽ち前者が宗教の根源的な起源を社會の內部に於ける對立に求めるのに反して、後者はそれを人間と自然との間に於ける對立のうちに見出す。ところで今もしかりに將來に於て社會の內部には如何なる對立も存在しなくなるとしても、人間と自然との對立はなほ依然として存續しないであらうか。人間と自然との對立といふことは、一方では人間と外的自然との對立として、しかし他方では人間と人間的自然との對立として理解され得る。そしてとりわけ重要なのは後の意味である。例へば死はその本質的な意味に於て人間と人間的自然との對立として問題になるのではなからうか。或ひはまた我々が我々のうちに於て感ぜざるを得ない欲望や情念、等々のものについての矛盾は、我々はこれを人間と人間的自然との對立として把握し得ないであらうか。そして實際これまで偉大な宗教家たちが宗教の問題の出發點を求めたのはまことにかくの如き內的自然に關する矛盾であつた。しかるにマルクス主義の理論家たちが從來問題にしたのは主として人間と外的自然との對立の問題であつた。このことはマルクス主義諸理論の基礎をなしてゐる特定のアントロポロギーによつて必然的にされてゐると見られる。卽ちそこでは人間とは道具を作る動物として考へられ、人間の本質は「技術的知性」(technische Intelligenz) にあるとされてゐる。それだから『ドイッチエ・イデオロギー』のうちにも書かれてゐる。「大評判の『人間と自然との統一』なるものは產業に於て既に以前から成立してをり、しかも各々の時代に於て產業の發達の大小に應じて異つた程度で成立してゐた。」しかるにもしこのやうなアントロポロギーの基礎の上に立つならば、宗教に代るべき意識形態は科學でなければならぬばかりでなく、藝術の如きもまた終局は科學によつて代られるといふことを主張せねばならぬのではなからうか。實證主義はこのやうに考へた。そしてマルクス主義の宗教論がかくの如き實證主義時代の宗教學的硏究及びその理論の上に立つてゐることは見逃せないであらう。しかし同時にマルクス主義は實證主義とは異つて——實證主義は科學主義であつた——藝術の科學に對する獨自性を認めてゐる。さうであるならば、それは何故に進んで宗教の獨自性を承認してはならないであらうか。

併しながら問題は一層原理的な事柄に關係してゐるやうに見える。卽ちそれはマルクス主義が唯物論として原理的に宗教と相容れないといふことである。この場合私はマルクス主義が機械的な唯物論でなく、却つて辯證法的な唯物論であることに注意しよう。唯物史觀の根本命題に從へば、社會的存在が社會的意識を規定する。若しさうであれば、マルクス主義の唯物論も素よりひとつの意識形態として現代の社會的存在によつて規定されて生れたものでなければならぬ。それだから將來に於て社會的存在の構成にして變化するならば、それに相應する意識形態もまた必然的に變化せねばならぬであらう。そのときにはまた或る種の觀念論、もちろんそれは從來の觀念論とは全く新たなるものであるにせよ、の生れることも可能であらう。蓋し過去の思想史の明かに示してゐるやうに、これまでと雖も觀念論と唯物論とは相交替して――それは言ふまでもなく單なる交替ではなく、そこにむしろ辯證法的な發展が存在した――現はれたとすれば、將來に於て現在の唯物論がなんらかの形で止揚されないとは云はれないであらう。そしてその時には、現在の無神論的傾向も亦なんらかの仕方で止揚されるに到るであらう。この事は從來と雖も宗教が單にいはゆる精神主義的なものでなかつた事を注目すれば尙一層容易に理解され得るであらう。宗教の最も本質的な問題は單に精神の問題でなく、却つて人間の存在そのもの、彼の全存在の問題である。例へば死の問題は單に精神のみでなく、寧ろ人間の全體の存在そのものに關係してゐる所にその重要性があるのである。そして我々はマルクス主義の眞理內容を、それが機械的にでなく歷史的發展的に唯物論を說く所に見出さねばならぬ。

我々は素より現代に於ける無神論的傾向の必然性を十分に承認する。我々は現代に於て無神論的文學の一層多くの出現をさへ要求するのである。マルクス主義の宗教論が政治的見地に於て全く正しいことは疑はれないのであり、そして現在あらゆるイデオロギーが政治のヘゲモニーのもとに立つことを承認せねばならぬことは明白である。併しそれだからと云つて將來社會に於ける宗教の消滅はにはかにこれを信ずることが出來ぬ。文藝は宗教に對して永久に敵對的な關係に立つのでもなく、宗教に代つてしまふのでもなく、却つていつかは再び宗教と親和な關係を結ぶこととならう。そのときこの關係がどのやうな形態をとるかといふことについて、我々は今ここに臆測する必要はない。

マルクス主義と文藝

三木　清

一

マルクス主義と文藝のことが論ぜられるとき、マルクス主義に對してなされる最初の、そして最も一般的な非難は、マルクス主義が文藝にその獨立性乃至自存性を認めず、却つてこれを他のものに、就中政治に從屬させるといふことである。しかるにこのやうな非難の根柢に意識的または無意識的に橫たはり、或ひは露はに主張され或ひは竊かに支持されてゐるのは、言ふまでもなく藝術のための藝術といふ思想である。それ故に我々は先づこの藝術のための藝術といふ思想が如何なる種類のイデオロギーであるかを究明しなければならぬ。

いはゆる「藝術のための藝術」(l'art pour l'art) の主張をジンメルはかの自然科學の自律 (Autonomie) の思想と比較してゐる。恰も機械論的自然科學がその自律性をば、自然の諸現象は自然的な仕方で把握されねばならぬといふところに要求する如く、藝術のための藝術の理論は、それ自身專ら藝術の領域の內部に橫たはつてゐない一切のものについて、藝術作品の本質及び價値にとつてのあらゆる意味を拒否するところに成立する。藝術のための藝術といふ思想を、そのフランス的な起源に絡む特殊な意味に於て見ないで、その一般的な、哲學的な、そして今日廣く用ゐられる意味に於て眺めるならば、それは明かに藝術の自律の思想を言ひ表はしてゐる。しかるに單に自然科學といはず、種々なる文化の領域のそれぞれの自律性を哲學的に表現した人の名は、周知の通り、カントである。そこでまたジンメルが藝術のための藝術といふ理論を「美學的リゴリスムス」として、カントの倫理學的リゴリスムスに相應するものと見たのは、正しいであらう。蓋し道德的價値を生の全體の聯關から引き離し、それをば不純と見ゆる一切の諸動機、諸衝動との混合を遙かに超越せる純粹な高處に据ゑるといふカントの思想は、まさにかの自律の思想にほかならない。ところでかくの如き自律の思想こそは、恰も今日プロレタリア藝術に對する乃至マルクス主義藝術理論に對する攻擊の武器として絕えず用ゐられてゐるところのものである。今日種々に姿を變へて新興文學に對する排擊者として現はれてゐる藝術のための藝術の主張は、これをその哲學的本質に還元するならば、藝術の自律の思想に盡きると見られることが出來る。

藝術のための藝術なる語はまた時として「藝術至上主義」といふ語をもつて置き換へられてゐる。しかしこのやうに置き換へることは、用語上の不用意であり、少くとも理論的には不正確であると云はねばならぬ。なるほどその歷史的な、起源的な意味に於ては、藝術のための藝術の理論は、藝術至上主義の意味を含まないではなかつた。併しながらその場合に於ても、それはどちらかと云へば理論的に藝術至上主義を明確な根據に從つて主張したといふよりも、生活態度の上に於ての藝術至上主義であつた。理論上の藝術至上主義といへば、一切の文化價値を藝術的價値に從屬せしめる立場であり、人間のあらゆる活動をもつて藝術に從屬的な若くは內屬的なものと見做すことであつて、それ以外のことを意味し得ないであらう。しかるに藝術のための藝術の理論のもとには、一部分は旣にプロチノスに於て、後にはシエリングの審美的觀念論 (aesthetischer Idealismus) に於て代表されたが如き、統一ある審美的世界觀が述べられてゐるわけではない。審美的世界觀と藝術の自律の思想とは理論的には全く二つの事柄である。そして今日藝術のための藝術といふことが色々な形をとつて唱へられるとき、それは前者の意味に於てでなく、むしろ後者の意味に於てであるのが普通である。今日マルクス主義藝術乃至藝術理論に對する對立者として自己を主張するいはゆる「藝術派」なるものは、藝術的價値を他の總ての價値に對して最高の位置に据ゑるところの、或ひは人間の一切の活動のうちに藝術的なるもののはたらきを認めるところの、統一ある世界觀を說いてゐるのでなく、却つて藝術を他の諸價値から純粹に分離し、それの自律性を主張してゐるのである。いはゆる藝術派の人々は、政治もその最高の形式に於ては藝術であるとか、或ひは政治もまた藝術に解消されねばならぬとか、などと云つてゐるのでなくして、政治は要するに政治であり、藝術は要するに藝術である、と云つて、哲學的には、兩者はそれぞれ固有なる、獨立なる領域を形作り、それぞれ自己自身の法則に從ふところの、自律的な領域である、と考へてゐるのである。それにも拘らず、今日、藝術のための藝術の思想は、生活態度の上では、――從つて藝術家の生活に於ては創作態度の上では――少くとも生活氣分の上では、――從つて、創作氣分の上では、――藝術至上主義とならざるを得ないものの如くに見える。そこでまた今日の社會に於ては、藝術のための藝術といふことはおのづから藝術至上主義の意味に受取られるのである。この自然的な必然性は一體何にもとづくのであらうか。我々はそこにブルジョア社會の特殊性を見出し、ブルジョア・イデオロギーの特殊性を認識せざるを得ないのである。

さてマルクスの『經濟學批判』の序說は、ひとの知る如く、次の諸文章をもつて始まつてゐる。

「スミスやリカルドオがそれをもつて始めるところの、かの個々の、孤立した獵師や漁夫は、十八世紀の想像力なき空想に屬する。それはロビンソン物語であつて、このものは決して、文化史家たちの想像するやうに、單に過度の洗煉に對する反動、誤解されたる自然生活への復歸を表現するものでない。かの本性上は獨立なる諸主體をば契約によつて關係と結合とに持ち來すところのルッソオの『社會契約論』がかかる自然主義に立脚しないのと同じく、それはこのやうな自然主義に立脚せるものではない。かかる自然主義は大小のロビンソン物語の假象であり、單に美的假象であるに過ぎぬ。それはむしろ、十六世紀このかた準備をなし、そして十八世紀に於いてその成熟への巨大なる歩みをなしたる『市民的社會』の先取である。自由競爭のこの社會に於いては、個々の人間は、彼をそれ以前の歷史的時代では一定の、限られた人間集團の所屬員たらしめてゐる自然的紐帶、等から引き離されたものとして現はれる。スミスやリカルドオがなほ全くその土臺の上に立てる十八世紀の豫言者たちにとつては、十八世紀のこの個人――一方では封建的社會形態の崩解の、他方では十六世紀以來新たに發展したる諸生產力の、產物――は、それの存在が一の過去のものであるところの理想として眼に映じてゐる。一の歷史的結果としてでなく、却つて歷史の出發點として映じてゐるのである。」「この個人は自然的なものとして現はれ且つ人間的自然についての彼等の觀念に相應したが故に、それは一の歷史的に成立しつゝある者としてでなく、却つて自然によつて推定された者として現はれた。このやうな錯覺はいづれの新しい時代にとつても從來は固有なものであつた。貴族として、多くの點に於いて十八世紀とは反對に、より多く歷史的地盤の上に立てるスチュアートは、このやうな馬鹿を避けた。我々が歷史を遠く溯れば溯るほど、個人は、從つてまた生產する個人は、より多く、非獨立的な者として、一のより大なる全體に屬せる者として現はれる。最初はなほ全く自然的な仕方で家族のうちに於ける者として、また種族にまで擴大されたる家族のうちに於ける者として現はれ、後には諸種族の對立及び融合から生じたる、その種種なる形態に於ける共同組織のうちに於ける者として現はれる。初めて十八世紀に於て、『市民的社會』に於いて、社會的諸聯關の種々なる形態は、個々の人間に對して、彼の私的諸目的のための單なる手段として、外的必然として、出現する。併しながらこの立場を、即ち孤立化された個人の立場を產出せる時代こそ、まさしく從來最も發展したる社會的(この立場からしては一般的)諸關係の時代である。人間は最も言葉通りの意味で zoon politikon である。ただに社會的動物であるばかりでなく、また社會のうちに於てのみ自己を個別化し得るところの動物である。」

ひとはこれらの文章のうちにマルクスが、かの啓蒙時代のものとして有名な「自然人」の觀念は、決して何等かの原始人を意味するものでなくて、その本質に於てはブルジョアであるといふことを、いとも見事に敍述してゐるのを見出すであらう。いはゆる自然人なるものは、ブルジョア社會のうちに於て、就中それの經濟的諸關係の根本原理たる「自由競爭」によつて、個別化された個人をその實質的な內容とする。そして恰もかくの如く現實の生活諸關係によつて規定されて生れた自然人のアントロポロギーがかの啓蒙時代のあらゆるイデオロギーの根柢に橫たはつてゐると見られることが出來る。このことは、自然人の本性について互ひに異つて考へたといはれるルツソオとホッブスとにあつて、全く同一である。彼等は共に、社會乃至國家をもつて後からのものと見做した。ブルジョア社會の最も一般的な特徴は人間の Wurzellosigkeit（根差なきこと）といふことである。從つてそこでは人間は現實的に一の Abstraktum（抽象體）であるのである。かかる人間の狀態を招致するところのものはまさに自由競爭である。

このやうにして自然人のアントロポロギーを媒介として「自然的諸體系」と呼ばれる種々なるイデオロギーが成立した。いはゆる自然法、自然的宗教、自然的經濟等々の諸體系がそれである。これらの場合自然的といはれるとき、それが決して單純に時間的歷史的に最初の狀態を意味しなかつたことは、それがつねに同時に規範的意味を含んでゐたことによつて知られよう。例へば自然法的な見方に於て、その特色をなす有名な社會契約の概念は、ホッブスやロックにあつて、ルツソオにあつてさへ、規範的な意味をもち、それ自身超歷史的な理性が人類の本質に合致せるものと思惟する政治的組織の普遍的な典型であり、現存制度を評價するための基準であると考へられた。成定法が人間の意志によつて成定されたものであるに反して、自然法は自然若くは理性から由來するまさに「自然的な」秩序として、一般に人間によつて作られたものでないが故に、絕對的な妥當性を有する規範である。次にまたかくの如き規範は、直接に自然、神若くは理性から發するものであるから、いはば論理學の法則と同じく、自明のものである。從つてそれを實現するために何等の强制も必要とされない。ここに於てまた自然の概念と自由の概念とが一致させられる。啓蒙時代は自由のうちに人間の自然權を見てゐる。例へば、ロックにとつては人間であることと自由であること――それは實質的にはそれ自身ブルジョア的な自由を、即ち自己の財産に對する妨げられることなき處分權を所有することを意味した――とは絕對的に同一であつた。

　ところで注意すべきことには、既にロックにあつてその普遍的な自由の理想は、「選ばれたる者」に神の國をば地上に於て支配者の意志に反しても、そしてもし必要があれば、暴力をもつてしても、實現する權利を賦與するところのイギリスのピユーリタニズムの要求の世俗化された形態であつたのである。ここに我々は、その基礎付けの仕方を異にするにせよ、自然法的な、合理主義的な世界觀が新敎的な宗敎的な世界觀とその內容上相應してゐるのを見出すことが出來よう。マックス・ウエーバーその他の學者が詳細に述べてゐる如く、一般にプロテスタンティスムスの精神と資本主義との間には或る種の型式類似の關係が存在するのである。カントの哲學に於ける自由の本質がプロテスタント的なものであつたことは、多くの人々によつて指摘されたところである。我々は同時にまた自由を本質とするカントの道德法の概念が自然法的なものであつたとも云ふことが出來よう。ジンメルはその『カント講義』の中で語る。

「その點に於て彼はまた、その全思惟が一方では自然科學的に、他方では自然法的に方向づけられてゐた彼の歴史的狀態に屬してゐる。自然科學並びに法律に適富せる非人格的な嚴格さが、最も高き程度に於てカントの精神を囚取つてゐる。」

ところで實を云へば、かくの如き「非人格的な嚴格さ」は實質的には「人と人との關係」が「物と物との關係」として現はれ、社會に於ける各人が孤立化されてゐるところの商品生産社會を反映するものにほかならない。カントの謂ふ自由は自律以外の何物でもない。自律とは、個人が自己以外の如何なる原理にも從ふことなく、ただ自己の自己自身に與へる法則に從ふことを意味する。それだからカントにあつては、たとひ個人は超個人的なものに關係させられ、人格は著しく內面的に把握されてゐるとはいへ、自由は具體的に普遍的なもの、現實的に全體的なものとの必然的な關係に於て把握されず、むしろ個人主義的色彩を帶びざるを得ない。ヘーゲルが自由をもつて普遍的意志と特殊的意志との統一であると考へたのに比較して見るがよい。ヘーゲルはカント的な自由を「悟性の自由」と呼び、なほ抽象的であると見做した。社會學者コントは歴史のうちに「有機的」時代と「批判的」時代とを區別してゐる。前者は個人が與へられたる全體たる社會に自己を有機的に結合してゐる時代として、後者は個人が社會的環境に對して個別化されてゐる時代として理解され得る。もしさうであるならば、カントの「批判的」倫理學はコント的な「批判的」時代のイデオロギーであるとも云ひ得るであらう。カントの謂ふ自由な、即ち自律的な「人格」とは、その實質に於てブルジョアであり、しかも觀念化されたブルジョアであつたと見られることが出來よう。これが、カント自身の言葉を轉用すれば「世界概念」(Weltbegriff) によつて解釋されたところのカント哲學の「學校概念」(Schulbegriff) の意味である。

二

さて人格の自律といふことは理性の自律として、既にカントに於て、それと共に原理の自律、更には事象領域の自律といふことが主張された。カントによれば、科學と道德とは理論理性と實踐理性との世界として、自然と自由といふそれぞれ獨立なる領域を形作る。そして『判斷力批判』に於ては彼は美的理性のためにもこのやうな自律性を要求してゐる。かくてカント哲學の最も重要な文化史的意義は、新カント學派によつて、それが人間文化の諸事象領域の獨立性と自律性を確立したところにある、と解釋されるに到つた。新カント學派はカントの事業のうちに哲學と經驗科學とのそれぞれの自律性の主張を見ようとするばかりでなく、みづから進んで經驗科學のうちに於ても自然科學と文化科學との各々の自律性を基礎付けようとする。かかる思想の影響のもとに次の如き事態が惹き起される。例へばひとりの社會學者があれば、彼は彼で自己の科學たる社會學の他の諸科學、就中それと類似の諸科學からの獨立性と自律性を證明しようとする。そして彼はカントに倣つて、「如何にして社會學は可能であるか」と問ふ。かくて彼はこの科學の可能性——その哲學的意味に於ては自律性——を證明すること、即ちかのいはゆる「認識論的」研究に彼の全力を盡して悔いることなく、恰も科學の目的が事象そのものの諸聯關を解明するにあることを全く忘れてしまつたかの如くである。ブルジョア社會に於ては科學もまたかくの如き抽象性にまで到達した。

　しかるにこのやうな各々の文化の領域の自律といふ思想はブルジョア社會の成立以前には嘗て存在しなかつたのであり、また或る意味ではブルジョア社會と共に終るべきものであらう。例へば、ギリシアの倫理學的思想は如何であつたか。ギリシアの思想家たちは善をもつて幸福であるとした。ところで彼等によれば、幸福は少くともその最高の形態に於ては實踐的道德的なものとかかはりなきものである。實踐的な德は單にひとつの第二次的な若くはより少く完全な德であるに過ぎぬ。最高の幸福は思惟の活動に、理論的活動に屬する。プラトンやアリストテレスにとつて、道德は理論から獨立な、それ自身自律的なものでなく、却つて道德はその最高の段階に於て理論若くは觀想に終るものとされたのである。中世にあつては諸諸のイデオロギーの間に於て特に宗敎が支配的な位置を占め、そこでは哲學もまた「神學の僕」であつた。哲學は神學に仕へることを決して屈辱と感じなかつたばかりでなく、却つてそれをもつて自己の品位とも光榮とも考へたのである。

併しながらブルジョア社會以前に於て各々の文化の領域が自律的として思惟されなかつたといふことは、それがなほ未發達であつたがためではなからうか。一見その通りである。特殊科學と哲學とがなほ分化されてゐなかつたギリシアの時代に如何にしてそれらの各自の自律性についての思想が生れ得たであらうか。その後哲學といふ母胎の中から次々に種々なる科學が生れて獨立の存在にまで生長するに及んで初めて、兩者の間の、そして特殊科學相互の間の自律性が唱へられるやうになつたのではなからうか。このことはもちろん否定することが出來ない。併しながら種々なるイデオロギーが分化するといふことと、それらの各々が自律的であるといふこととは決して等しくないのである。イデオロギーの領域に於ける分化は根源的には人間の社會的實踐の領域に於ける分化によつて規定されてゐる。卽ち實踐的生活に於ける分業の發達の結果としてまたイデオロギーの生産に於ける分業が發達する。しかるに分業なるものは社會的結合を條件として、またその基礎の上に於てのみ、眞に有意味に行はれ得るものである。從つて分業が發達すればするだけそれの社會に於ける結合の方面もまた愈々力強く意識されるのでなければならぬ。しかるに自由競爭を原理とし、生産が無統制に行はれる社會に於ては、一般に人と人との結合の關係が埋沒してしまふ。從つてそこではまた各々のイデオロギーの生産者が自己の職業を眞の職業と考へ、これを絕對化するに到る。ここに於て例へば藝術家は藝術をもつて自律的であると考へ、且つ自己の職業を絕對化して、生活態度に於ける藝術至上主義者となるといふことが起るのである。理論の上に於ける藝術の自律の思想と生活態度の上に於ける藝術至上主義とが結びつくのは、分業にもとづいて生産の行はれる社會が自由競爭を原理とする社會であるためである。ヘーゲルの用語を借れば、市民的社會の構成の原子論（Atomistik）が文化價値の原子論的思想の現實の土臺である。今もし生産が計畫的に行はれ、從つて個人と社會との結合が有機的になり、分業が現實的に全體のうちに於ける分化となるならば、このやうな原子論的な見方もなくなり、かくて藝術家もその生活に於てばかりでなく、そのイデオロギーに於ても他の人間との最も有機的な結合を感ずるに到るであらう。

眞實を云へば、如何なる文化の領域と雖も自律的ではない。しかるに、例へば、藝術の自律性が主張されるためには、既に自律的な藝術の存在が豫想されねばならぬであらう。美的なものの自律について論じたフリードリヒ・クライスは云つてゐる。

「ところで美的領域にあつては一の理論的ならぬ現象が問題なのであり、且つ哲學はこのやうな現象を自己自身から『構成する』――それは固よりいづれの獨斷的形而上學にも固有なことであるが――ことを決して考へ得ないのであるからして、美的自律性の問題の解決は究極に於て證明し得ぬまたどこまでもさうであらざるを得ぬところのひとつの前提に結びついてゐる。この前提といふのはまさに、全文化の歴史的經過に於ていつの時かまたどこの處かで嘗て自律的な藝術の事實が現はれ、それの後からの理論的把握が美的自律性の哲學的問題を形作つてゐるといふことを意味する。」

クライスは續けて、如何なる時代がこのやうな自律的な藝術を作り出したか、それは既にギリシアの藝術であつたか、それともそれはルネサンスの發見にかかるのであるか、を確實に示すことが不可能であると認めてゐる。彼はまた藝術の實現がむしろつねに多かれ少なかれ藝術外の諸動機に依存せねばならぬことを認めざるを得ない。そこで彼は云ふ。

「そのとき『自律的な藝術』はカントの意味に於けるイデー以外の他のものでなく、それは哲學的反省に對して、現實に於いては決してそれ以外の契機から分離されることなく現はれるところのものを、意識的な分離に於いて概念的な明断にもたらすといふ課題を與へる。」

クライスがかく語るとき、それは、新カント學派の認識論一般に於てのやうに、究極は理念を前提として理念を證明するといふ一の循環論證に陷つてゐることは爭はれないであらう。――ウインデルバントは批判的方法は循環論證をするが、ロッチエも云つた如く避くべからざる循環論證は明かにこれをなさねばならぬと正直に述べてゐる。――かかる循環論證をもつてしては事象そのものは少しも說明されないのに拘らず、ひとは何故にそれを敢てなさうとするのであるか。彼がブルジョア・イデオローグであるためである。彼がその中に生活せるブルジョア的諸關係に相應して、彼はイデオロギーの自律性を主張するやうに餘儀なくされてゐるのである。

よし現實の藝術から純粹に藝術的なものを抽象して、藝術の自律性を論ずるといふことが哲學的には何等かの意味があるとしても、そのことは現實に作品を制作する藝術家自身の立場とはなり得ないであらう。なぜならあらゆる文化的活動に關してジンメルが「全體を通じての迂回」(Umweg über das Ganze) といつたものが見出される。單に倫理的にのみ努力して知的に努力することなく、或ひはまた全人格の律動に從つて力強く活動することなき者は、多分倫理的なものの高い程度に達しても、確かにそれの最高の程度には到り得ないであらう。單に聰明な人間の仕事は知的にもまた屢々一層廣い基礎の上に立つてなされた仕事に劣つてゐる。藝術の範圍にも同樣のことがある。單に技巧的な方面に關してさへ、單なる技巧家はたとひなほ彼が完全であつても、それの究極的な高さに達するものでなく、却つてそれが他の種類の、一層廣い基礎をもつた能力によつて捉へられるとき初めて技巧的にも最高のものが生れるのである。歴史上の諸事實がこれを證明してゐる。偉大なる藝術家はいはばつねに偉大なる藝術家以上のものであつた。彼等の全生活のエネルギーが、レムブラントに於ての如く、絕對的に藝術活動に集中されてゐるやうに見える場合でさへ、なほ彼等の藝術家以上のものであつたことが跡づけられるのである。併しながらジンメルの謂ふ全體への迂回といふことは一層現實的に捉へられることが必要である。勝れた藝術家は、意識的にせよ無意識的にせよ、彼の時代の社會と最も親しい、最も生々した聯關に立つてゐる。このことによつて彼が個性であることをやめるのではない。却つてそのとき彼は初めて眞の個性であり得るのである。蓋し個性とはヘーゲルのいはゆる「自己內に反照した、そしてそれによつて普遍性にまで連れ戻された特殊性」、卽ち Einzelheit である。個性は社會のうちに於てのみ個性である。

三

私は藝術のための藝術といふ理論を事象領域の自律性についての哲學との關係から説明した。このことは、それが一見したところ見えるやうに、偶然的な、外面的な、暴力的なことでは決してないのである。なぜなら一定の歷史的時代に於ける種々なるイデオロギーは相互に型式類似（stilanalog）の關係に立つてゐる。それだから我々はまた藝術のための藝術といふ理論と機械論的な自然科學との間にも構造及び型式の上に於ける類似を發見し得るであらう。かくて美術史家ドウヴォルシヤクの次の言葉は正當である。

「近代の藝術の歷史に於ける決定的な藝術上の諸目標及び諸聯關は、多くの意味に於て、それがそれの妥當せる時代に藝術理論上の諸説明によつて件はれた程度に應じて、明かにされて現はれる。これら藝術理論上の諸説明は、よしいとも多くの形式的なもの若くは氣儘に構成されたものを含んでゐたとはいへ、しかも、後に始まる藝術史的諸研究が最初から、藝術上の諸問題の把握に於ける最も重要な諸變化の絕えざる知識に結びつくことが出來たといふ結果をもつてゐた。このことは、形式上の諸課題が一般的な精神的內容に多くの意味に於て完全に從屬せざるを得ないところの中世にあつては、殆んど全く缺けてゐるが、しかも、偉大なる神學者たちのこの內容に捧げられたる諸著作によつて少くとも一部分は補はれることが出來るのである。」

ところで或る時代の藝術の硏究に際して、この硏究が最初からその時代の藝術理論に結びつき得るといふことは、單に多くの場合後者が前者についての反省であるといふためばかりでなく、むしろ根源的には、兩者が恰も同時代のものとして共にその時代の構造を型式類似的に反映してゐるがためである。それだからこそ、かくの如き根源的な聯關にもとづいて、一定の時代の神學乃至哲學の如きがそれと同時代の藝術の解明にあたつて手引として役立ち得るのである。

このやうなイデオロギー相互の間の型式類似の關係は、單に無意識的にばかりでなく、また時としてその一の領域から他の領域への意識的な導入若くは適用によつても成立してゐることがある。マルクス主義の場合の如きがそれである。既にエンゲルスは自然科學の領域へ辯證法的唯物論の哲學が有効に適用せらるべきことを述べた。同じやうにマルクス主義の文學は自己のうちへマルクス主義的政治的イデオロギーを目的意識的に導き入れようとしてゐる。我々はまたマルクス主義の文學理論が自己のために辯證法的唯物論の哲學の方面から多くの光を持つて來ることを期待することが出來よう。例へばいはゆる自然主義とプロレタリア・リアリズムとの區別はどうであらう。前者は事實の個々のものを全體との生ける統一に於て捉へないのに反して、後者はそれを普遍との具體的な綜合に於て見る。一方は事實を靜的に分析することをもつて滿足するのに對して、他方はこれを動的に摑み、次のものへの發展の契機として實踐的に把握しようと欲する。卽ち第一のものが機械的であれば、第二のものは辯證法的である。これら及びその他の兩者の區別はマルクス主義の哲學から的確に規定され得るであらう。

我々はもちろん、イデオロギー相互の間に型式類似の關係の存在することを主張することによつて、各々のイデオロギーがそれ自身の獨自の法則を有することを直ちに否定する者ではない。如何なるマルクス主義者と雖も、科學が科學として藝術から分たれるところの、藝術が藝術として政治とは異るところの、獨自の法則を含むことを否認しはしないであらう。我我の主張しようとするのは、科學の科學性乃至は藝術の藝術性の法則を究明することと並んで、科學、藝術、その他のイデオロギーの間に一定の時代に於ける型式類似の關係として共通に、それら總てを貫いて現はれるところの普遍的なものを解明することが甚だ重要であるといふことである。しかるにこのやうに或る時代のあらゆるイデオロギーの間に、いはば相互に反映し合つて、或る普遍的なものが現はれるといふことは、種々なるイデオロギーの根柢に或る「第三のもの」が横たはり、このものによつて、またこのものを通じて、それらの相互作用が可能にされてゐるためでなければならぬ。この第三のものはヘーゲルにあつては「民族精神」であると見做された。マルクスはこれに反してそれをもつて一定の時代の經濟的構造であると考へた。卽ち、例へば、一定の時代に於ける哲學と藝術とは、兩者が共にその時代の同じ經濟的構造の反映である故に、一の類型的なものを示すのであり、またその同じ現實の土臺の上に立つてゐる故に、兩者の間の現實的な相互作用も可能なのである。

しかるに從來の歴史に於て種々なるイデオロギーは單に一樣な、いはば平衡的な相互作用の關係に立つてゐたのではない。

むしろその間に於て一定のイデオロギーが支配的な、指導的な位置を占め、このものによつて優先的に動かされ、導かれつつ、且つその範圍内に於てなほ相互作用の關係を取り結んだのである。かかる優先的なイデオロギーとして或る時は宗教が現はれた。そして今は政治的イデオロギーがかかるものとして現はれてゐる。そこからしてマルクス主義に於ては藝術に對する政治のヘゲモニーといふことが唱へられる。しかるにどのやうなイデオロギーがかくの如く支配的な位置につくかといふこともまたその時代の經濟的諸關係によつて規定されてゐるのである。いま哲學、科學、宗教、政治、藝術等々の間の關係について言はれたことは、更に藝術そのものの諸形態、即ち彫刻、音樂、繪畫、文學等々の間の關係についても、進んでは文學そのものの諸形態、卽ち敍事詩、抒情詩、劇、小說等々の間の關係についても語られ得るであらう。藝術のこれらの諸形態はそれぞれの時代に於て素より相互に作用し合ふ。併しながらそれのみではない。各々の歴史的時期に於てそれらのうちの一定のものが支配的な位置を占め、他のものを優先的に靡き、導き、その向ふ所を示すのである。かくの如き優先的な藝術形態は、いはばその時代の經濟的、生產的諸關係と最も親和なる形式をもち、それを最も直接的に且つ最も容易に反映し得るものであるであらう。

さてヘーゲルが彼の美學の中で取扱つたのは、建築、彫刻、繪畫、音樂及び詩の五つである。これらの五つを內面的に秩序づけるために、彼はもと、彼の活動の早期に於ては、その見地として、これ或ひは彼れの藝術が訴へる人間の受容器官を選んだ。その當時、彼は五つの藝術を三つの群に區分した、卽ち、それは眼に訴へるか（建築、彫刻、繪畫）、耳に訴へるか（音樂）、若くは表象（想像）に訴へるかである。詩は表象の器官に訴へる藝術である。後に至つてヘーゲルはかかる分類を拋棄した。それはもちろん間違つてはゐないが、十分深くはなく、彼の思辨的方法の水準に達せぬものである、と彼は考へた。ひとの知る通り、ヘーゲルは藝術の世界史的時代を象徵的、古典的及び浪漫的の三つとして哲學的に構成した。然るに今や彼にとつては、藝術のこれらの種々なる時代を生產するところの種々なる精神の段階は、また、藝術的活動をこれ或ひは彼れの藝術へ特別に向け且つ驅り立てる力とはたらきとをもつやうに見えた。象徵的な藝術精神は建築を、古典的な藝術精神は彫刻を特に選びとる、浪漫的な藝術精神はむしろ自己を繪畫のうちに表現することを好む。しかし特に音樂が浪漫的な精神の特性的な器官として作られてゐるやうに見える。諸藝術のうちの第五のもの、即ち詩は藝術精神のあらゆる方向にあらゆる方向の藝術的時代に等しく仕へ得るものであるべきである。ヘーゲルのこのやうな試みが「藝術の體系化」といふ重要な問題にとつて甚だ意味深きものであることを我々は見逃し得ないであらう。素より我々はそれによつて、世界歴史のそれぞれの時期に於て單に唯一つの藝術種類のみが作られたといふのでなく却つて種々なる藝術形態が育てられて來たのであるといふことを、忘れてはならない。しかし我々は一定の時代に於て一定の藝術が特にその時代と最も密接に結びつき、時代を異にするに應じて藝術の諸形態のうち或ひは此の或ひは彼のものに特別にアクセントがおかれたといふことを認めねばならぬ。

ここに於てマルクス主義と文藝なる問題は一層詳細には、文藝は果して現代に於て上に規定された意味で優先的な藝術形態であるかどうか、といふ問題として提出されることが出來るであらう。ところでこの問題は先づ決してシュペングラー的な意味に解されてはならぬ。シュペングラーは世界歴史のうちに各々獨立の存在と運命とを有する多數の文化を見る、これらの文化のいづれもはそれぞれ、その母なる或る一地帶の胎內から生れ、成長し、老衰し、死滅するものであり、且つそれ自身の意欲、感情、それ自身の生活をもてるものである。即ちシュペングラーは文化をば植物の發生、成育、開花、凋落、枯死といふ過程とのアナロジーに於て觀察する。いまかくの如き形態學的（morphologisch）歴史觀を我々の場合に適用するならば、問題は、文學は既に過去の社會のうちに於てその全盛期を經過し、現在ではもはや凋落し、枯死しつつある藝術形態であるのではないか、といふことにならう。しかしそれは我々の問題とは異る。ヘーゲルに於ても精神の辯證法的發展は植物の形態學的過程とは別種なものとされた。辯證法的な唯物史觀は形態學的な史觀に對立すべきである。次に我々の問題はまた、文學は現代に於ては不適當な藝術形態であるのではないか、といふ問とも等しくあり得ない。いづれの藝術形態と雖も、どのやうな時代にとつても不適當なわけではない。就中言語による藝術は、ヘーゲルも云つた如く、あらゆる時代に適合し得る特徴をもつてゐると見られ得る。我々の問題は、正確に云へば、種々なる藝術形態の相互作用を認めつつも、しかもそれらの間にあつて、文學は現在の社會の現實の構造を最も直接的に、最も容易に、また最も親和的に、逸早く反映し得る藝術的な形態として、他の諸藝術に優先的に、その向ふ所を示し得るものであるかどうか、といふことである。現代に於て文學はかかる位置を占めるものであるのか。もしさうであるとすれば、それは文學のうちに於ても特に如何なるものであるか。小說か、それとも劇であるか。もしさうでないとすれば、それは文學以外の何であるのか。映畫か、それとも他のものであるか。これはマルクス主義と文藝との關係の問題に於て、甚だ興味ある、しかし甚だ困難なる問題でなければならぬ。

『デカルト研究』について

三木　清

小山二郎君が獨立して出版を始めるにつき私の書物を出したいといふことで、引受けたのが「デカルト研究」である。それが近刊として豫告されたが、私の原稿はなかなか出來上らず、熱心な讀者諸君からの問ひ合せもあり、いろいろ迷惑をかけてゐる次第である。私もなるべく早く完成したいとは思つてゐるけれども、種々の事情のためもう暫らく待つて戴かねばならないので、今度小山書店の圖書目錄が出る機會にお詫びをしておきたい。

パリの客舍で、後に岩波書店から本にして出した『パスカルに於ける人間の研究』の原稿を書いて以來、もう幾年になるであらうか。デカルトに關する著述はその前年マールブルクに冬籠りして勉强してゐたとき既に私の頭の中を往來してゐたものであり、またパスカルを出した際續いて出さうと考へたのもデカルトであるから、私のデカルト愛好もさう新しいことでないやうだ。デカルト研究だけはぜひ書いておきたいと思ふ。

ジヤック・シュヴアリエは『フランス思想の教師』といふ叢書を自分一人で書いた。叢書といつ

13

ても、實はデカルトとパスカルとの二册きりなのである。その名に値するのはこの二人であり、近世においてデカルトとパスカルと云へば、ちようどアリストテレスとプラトンと云ふやうなものである、とシュヴァリエは云つてゐる。どのやうなフランスの哲學や文學の本を讀んでも、そこにはデカルトかパスカルかが見出されるやうに思ふ。それほど二人の思想と方法とは近代精神のうちに浸潤してゐるのである。嘗てセヴィニエ夫人はその娘に「あなたの父、デカルト」と書き送つたと云はれる。このデカルトは我々にとつても、凡そ思考する者の誰にとつても無關係ではない筈である。デカルトこそ我々に思考するとは如何なることであるかを敎へる者である。私はデカルトを思考することによつて思考することを學ばうと思ふ。

思考と表現

三木　清

思想を表現するものは言葉である。身振や顔付などによつて思想を表現することも全く不可能でないにしても、それはただ極めて狹い範圍において且つ極めて低い程度においてである。言葉による表現に伴はれることによつて初めて身振や顔付などにしても十分に表現的となることができる。複雜な觀念、嚴密な思考はもちろん言葉によつて表現されるのほかない。思考と表現の問題は思考と言葉の問題である。

しかるに我々は言葉なしには思考することができぬ。言葉は思考の外衣といふが如きものでなく、思考と言葉とは不可分のものである。「言葉なしには理性なく、理性なしには言葉もない」。ギリシア人が言葉と思考もしくは理性を共にロゴスといふ一つの語で表はしたのも偶然ではなからう。言葉を思想の記號と見るのはなほ外面的な見方であつて、寧ろ言葉は思想の身體であると考へられねばならぬ。このやうに思想と言葉とは一つのものであるといふ見地から、有名な言語學者マックス・ミューラーは、「凡ての將來の哲學は言語の哲學であるであらう」とすら云つた。思想の學である哲學は言語の哲學でなければならぬと考へられる。ただ從來の哲學においてはロゴスは單に論理といふ狹い意味に理解されたに對して、我々はロゴスの現象を一層包括的に考察すること、或は論理といふものを一層具體的に把握することが必要である。文法と論理との間にはもとより、論理と修辭學その他との間にも密接な關係が認められるのである。

思考と言葉とが分離し得ぬものであるといふことは、思考が單に內的なものに留まらないで本來表現的なものであることを意味してゐる。思考はそれ自身のうちに表現への要求を含んでゐる。そしてこのことは、一方我々の思考が單に論理的なものでなくつねに修辭學的なものであるといふことを意味すると共に、他方思考が本來孤獨な思考であるべきものでなく社會的なものであるといふことを意味するであらう。蓋し言葉はもともと社會的なものであり、また修辭學は單に言葉の美化に過ぎぬものでなく、我々の思考が社會的であることによつて要求されるものである。社會的に思考する場合、我々はつねに修辭學的に思考してゐる。言葉に表現されないやうな思想は本來の意味では思想と云ふこともできぬ。眞理は言葉では表はされないといふことですら、そのこと自身言葉をもつて表はされるほかない。自分には思想はたくさんあるのだが表現することができぬなどと語られることもあるが、しかし表現できないといふことはその思想の缺陷を示しその思想がなほ未熟であるとか、不明瞭なところを殘すとかといふことがあるのである。表現は思考に對して外から附け加はつて來るものでなく、思考と表現とは相つらなる作用であり、表現は思考作用の發展であると見ることができる。思考は表現されることによつて完成する。

　私は言葉が思想にとつて外衣の如きものでなく、却つてその身體の如きものであると述べた。しかし、もちろん、言葉は音響として或る物理的なものであり、また音聲として或る生理的なものである。そのやうなものとして言葉は、それの含む意味から離れても、それ自身の法則、例へば言語學者の云ふ音聲法則の如きものに從ひ、それ自身の或る表現價値をもつてゐる。母音と子音とはその響の差にもとづいて、語の意味を全く度外視しても、異る表現價値をもつてゐるであらう。それはちやうど畫家の用ゐる繪具が、それの現はす人物や風景から離れても、赤い色は興奮を、綠色は沈靜を用意するのに似てゐる。シュナイダーは言葉が自己のリヅムその他にもとづいて一定の表現價値を有する方面を「語の體」と呼び、そして言葉が表現する意味の方面を「語の心」と稱してゐる。前者は言葉の感覺的要素であり、後者は言葉の觀念的要素である。語の體が我々の感情に與へる效果は、語の意味に結び付いてゐる語の心にもとづく感情的價値と融合してゐる。それらの共同の作用に言葉の美的價値は規定される。

　客觀的論理的內容を現はすといふことだけでは、言葉は十分に表現的なものであるとは云はれない。もし言葉の意味が單に客觀的論理的なものに過ぎないとすれば、言葉は單なる記號となつてしまひ、數學で用ゐられる記號の如きはその點において言葉よりも却つて完全なものと考へられねばならぬであらう。しかるに言葉は主體的なものを現はすことによつて表現的となるのである。思想もその所有者にとつて個性化され、性格化されてゐる場合、眞に表現的であることができる。フンボルトは云つてゐる、「概念においても、言葉そのものにおいても、如何なるものもみ、しては存しない。しかるに結合は概念にとつて、心が內的な統一において活動する場合にの孤立充ちたる主觀性が完き客觀性に對して放射する場合にのみ、眞に增大する。言葉は單に相互の理解のための交換手段でなく、却つてそれは精神が自己と對象との間に自己の力の內的活動によつて立てねばならぬ一の眞の世界であるといふ感情が心のうちに眞に喚び起されるとき、心はこの世界のうちへ絕えずより多くはいつて行つてそこに住む眞の道にあるのである」。思考の力が加はるに從つて言葉は表現的となる。思想が主觀性によつて貫かれて性格化すればするほど、思想そのものも表現的であることができる。しかも思想が言葉において表現されるといふことは、それが客觀化されるといふことである。言葉はいはゆる「客觀的精神」の世界に屬してゐる。言葉に表現されることによつて我々の思想はもはや我々自身ですら動かすことのできぬものとなるのである。

言葉は傳統的なものであつて、我々にとつて與へられたものである。我々は社會的に與へられた言葉の世界の中へ產れ落ちる。このやうに言葉が我々にとつて與へられたものであり、そして我々が言葉なしには思考し得ないところに、我々の思考が空虛なものとなり得る可能性がある。我々は物そのものに就いて具體的に思考する代りに、單なる言葉の遊戲に耽り、しかもそれが思考であるかの如くに錯覺する。けれどもそのやうな遊戲の言葉は眞に表現的であるものではない。言葉は烈しい、また深い思考に生かされることによつて眞に表現的となるのである。舊い言葉はそのとき新しい意味を得て來る。そして傳來の言葉において意味の轉化が行はれるであらう。眞の思考はつねになにほどかこのやうな言葉の意味の轉化を行ふものである。或はまたそのとき思考は自己の表現のために、いな思考そのもののために、自己自身の新しい言葉を要求し生產するであらう。かくて言葉は生長し發展する。言葉は出來上つてしまつたものでなく、つねに生成しつつあるものである。フンボルトの云つた如く、それはエルゴン（出來上つたもの）でなく、エネルゲイア（活動）である。その意味においても言葉は思想と同じく歴史的なものである。

13

宴饗

SYMPOSION No2

運命に就いての考察

三木　清

人間は彼の生に於て運命の意識を負はされてゐる。我々に或ることが生ずること生じないこと、我々が或ることを爲し得ること爲し得ないこと、我々はそれを絶えず運命と感じる。運命の意識は我々の生活意識と深く結び付いてをり、我々の生活意識そのものであるとすら云ひ得るであらう。かやうな運命の意識は如何なるものであらうか。

普通に運命と考へられるのは個々の出來事である。子に死別すること、戀人に裏切られること、戰爭に引出されること、このやうな場合我々はそれを運命と考へる。併しよく考へてみれば運命であるのは個々の出來事ではない。すでに、運命と云ふべきものは、單に特定の我々にとつて格別に重大と思はれるやうな出來事のみではないであらう。人生のあらゆる出來事が、極めて瑣末な、至つて日常的な出來事も、よく考へてみれば運命である。いな、我々がこの世界に生きてゐることそのことが、すでに運命である。卽ち運命であるのは我々自身である。我々の生活の個々の出來事が運命であるのでなく、我々の存在そのものがその全體性に於て運命であるのである。何か特別の出來事に出會つたとき我々がそこに運命を感じるといふことも、その出來事の我々の全體の存在に關はることが特別に明瞭に意識されるためにほかならず、運命であるのはその全體性に於ける我々の存在そのものである。我々自身が運命である故に我々にとつて生ずる外的な出來事も運命として感じられる。單なる外的運命といふものは存しない。外的運命が運命と考へられるのも、もと我々自身が運命であるからである。かくして我々の生活意識に屬する運命の意味は我々の存在の存在の仕方そのもののうちに求められなければならない。

物を純粹に客觀的に見てゆけば、物は悉く因果の關係をもつて必然的に結ばれてゐるであらう。人間もその中に於て何等例外でない。彼の爲すこと、彼に生ずることの一切が事物の全體の必然的な聯關のうちに立つてゐる。併しながら現實の人間は單にこのやうに客觀的に見ることによつて捉へることのできぬものである。人間は單に客體でなく、却つて主體である。人間は主體として客體を超越してゐる。我々に對して客體が超越的であるといふことも、我我に於て客體から主體への超越が存するからである。これによつて初めて我々は客體をその客體性もしくは客觀性に於て認識することも可能にされる。我々が超越的である故に世界は我々に對して超越的である。對象が我我に超越的であるといふことは、單にそれが我々の意識の外部にあるといふが如きことでなく、我々の存在そのものの全構造によつて基礎付けられてゐることである。

人間に於ける客體から主體への超越はそれ故にただ認識論的にのみ理解すべきことではないであらう。それは我々の全體の存在の存在の仕方に關はることである。かやうな存在の仕方によつて、人間が世界のうちにあるといふことは、ただ單に在るといふのでなく、出てきてあるといふ意味を有してゐる。我々は世界のうちへ出てきたものである。「何處から何處へ」といふ問が古來人生の根本的な謎として絶えず繰返されてゐるのもその故にほかならない。人生は旅であるといふ感情もそこから說明されるであらう。ところで我々がこの世界にあることが出てきてあるといふ意味を有することによつて、この世界に於ける凡ての出來事は我々にとつてそれに出會ふといふ根本的な性質を得てくる。もろもろの現象が出來事の意味を有するといふ事も、すでに、この出會ふといふ構造によつて規定されてゐる。そしてそれらの出來事が運命と考へられるのはまさにこの出會ふといふ根本的規定を有するためである。蓋し運命とはテュケーである。テュケーといふギリシア語はもと出會ふといふ意味を有する言葉に由來してゐる。運命とは出會はれるもの、我々がこの世界へ出てきて出會ふところのものであり、我々の出會ふあらゆるものは我々にとつて運命の意味を有し得るのである。人間の幸福は運命的なものである。それはエウテュキア卽ち文字通りに好い出會ひ、運り合せの好いことを意味してゐる。人間にとつて幸福は差當りどこまでもかくの如き意味を離れることができない。運命は我我がこの世界へ出てきて出會ふものとして一方どこまでも偶然的なものであらう。テュケーといふ言葉はこのやうに偶然を意味してゐる。併しそれは運命であるものが客觀的に見て因果の連鎖から全く脫してゐるといふが如きことを意味しないのは勿論、またそのものが例外的に稀にしか起らないといふが如きことを意味するのでもなく、却つてそれは人間がこの世界のうちにある根本的な存在の仕方が出てきてあるといふことであるのに基くのである。偶然的な運命と考へられるものも客觀的に見ればどこまでも必然的なものである。更にそれは我々が一旦この世界へ出てきた以上必ず出會はねばならぬといふ意味に於ても必然的なものである。運命はアナンケーである。卽ちそれは單に偶然的なものでなく、他方どこまでも必然的なものである。單に偶然的なものは運命とは考へられない。同時にまた單に必然的なものも運命とは考へられぬ。偶然的なものが同時に必然的なもの意味を有するところに、併しまた必然的なものが同時に偶然的なものの意味を有するところに、運命は考へられるのである。

人間は主體として行爲的である。行爲といへば關係するとか態度を取るとかといふことを含むが、かやうなことは人間に於ける客體から主體への超越によつて可能になる。ところで我々の行爲がもし絕對に自由であるとしたならば運命といふものはないであらう。我々の行爲は固より我々の爲

5

すものでありながら、それが同時に我々にとつて爲されるものであるといふところに運命は考へられる。言ひ換へれば、我々の行爲が單なる行爲でなくて出來事の意味を有するところに運命は考へられる。行爲は出來事として單に自由であるのでなく、必然的でなければならない。運命とは我々を動かす暗いもの、必然的なものと考へられてゐる。併しながら我々の行爲がまたもし絶對に必然的であるとしたならば運命といふものは存しないであらう。ただ自由なものにとつてのみ運命は存する。固より絶對に自由なものは運命を知らない。しかも絶對に必然的なものにとつても運命は存しないのであつて、寧ろただ運命を克服する可能性を有するものにとつてのみ運命は存し得るのである。自由は運命のうちに喰ひ入つてをり、流れ込んでゐる。運命に關する決定論即ち宿命論は間違つてゐる。却つて最も創造的なものが最も運命的なものである。偉大な藝術家は屢々自己が自由に創造したものを運命によるものと考へた。

かやうにして我々は運命が歴史的なものであることを知り得るであらう。運命を何か自然と考へる見方は間違つてゐる。歴史とは出來事を意味する。我々の行爲は出來事の意味を有する故に、即ちそれは單に我々が爲すものでなくて同時に我々にとつて爲されたものの意味を有する故に、歴史的と云はれるのである。歴史は單なる自由によつても單なる必然によつても考へられない。歴史は自由と必然との綜合である。かかるものとして歴史は運命的なものであり、運命は歴史的なものである。宿命論は運命を自然的なものと考へる誤謬に陷つてゐるのがつねである。運命共同體と云はれる民族の如きものにしても何等單に自然的なものでなく、却つて本來歴史的なものである。運命共同體といふのは共通のものに出會ふ人間、共通の場所に出てきた人間の集團であらう。かやうな場所は環境と稱せられ、環境は我々にとつて運命的なものと考へられる。それが運命的であるといふことは人間がそこへ出てきて出會ふものといふことであるが、然るにこのことはすでに同時に人間が主體として環境の外に出ることのできるものであるといふ意味を含んでゐる。ところで人間は環境の外に立ち得るものとして環境は人間に對してその對象性に於て開かれ得るものである。これによつて環境は世界といふ性質を得てくることができる。世界とは開いたもののことである。運命は我々によつて開かれることができる。運命を開くといふことはかやうにして先づ物を客觀的に認識することを意味するのでなければならぬ。客體から主體への超越が存することによつて、人間にとつて環境は他の動物にとつての如く單なる場即ち閉ぢたものに留るのではない。固より我々にとつて環境は絶對に開いたものでなく、他方また閉ぢたものである。言ひ換へれば、環境は人間にとつて世界と場との、開いたものと閉ぢたものとの辯證法的統一として與へられてゐる。かやうなものとして環境は歴史的であり、運命的なものである。單に閉ぢたものとしてはそれは運命とも考へられないであらう。

運命は人間に於ける客體から主體への超越に構造付けられてゐる。そこにまた人間が運命を克服し得る可能性も與へられてゐるのである。我々は主體として世界を超越し、世界は我々に對して超越的となり、かくしてその客觀性に於て認識され得るが故に、我々は外的運命といふものを支配し征服することができる。もし人間が主觀的になり得るものでないならば、人間にとつて客觀的認識もあり得ないであらう。主觀的と客觀的とはどこまでも辯證法的相關に於て――否定の關係を含まぬ單なる相關に於てではなく――考へられなければならぬ。主觀的になり得るものにして初めて、その主觀性の辯證法的な否定によつて、物を客觀的に認識することができる。運命を克服するためには我々は先づ物をどこまでも客觀的に認識してゆくことが必要である。

ところで我々が物を支配する仕方は技術的である。技術が可能となるにはその前提として物の客觀的な認識が要求されることは云ふまでもないであらう。併し技術の存在には更に人間の主觀的な欲望、意志、目的が含まれてゐる。技術とは主觀的なものと客觀的なものとの綜合である。客觀的なものを主觀的なものにし、主觀的なものを客觀的なものにするところに技術がある。何故に人間の本質は技術にあると考へられるほど技術が人間に於て支配的に重要な意味を有するのであるか。人間に於ては主體と客體との分裂があるからである。この分裂、この對立が存する故に、その統一その綜合を求めようとする欲望も從つて人間に於て激しいのである。即ち技術に對する要求がかくも甚だしいのである。技術的であるといふことは人間の運命であり、運命はまた技術によつて克服されることができる。技術の存在は客觀的な認識によつて規定されてゐると共に、人間の主觀的な欲望そのものの性質によつて規定されてゐる。

動物のやうに自己の棲む場といはば融合的に生きるのでなく、却つてこの場に對して離心的に生きるといふ特性を有するものとして、人間の欲望は抽象的であるといふ性質を有してゐる。即ち人間の欲望はまさに主觀的である。それは環境に於て見出される如何なるものによつても決して滿足させられることがないといふ無限性を有してゐる。かやうなものとしてそれはデモーニッシュである。人間のデモーニッシュな性格が人間の運命である。外的な運命がテュケーであるとすれば、内的な運命はデーモンである。人間の欲望は直接的に滿足させられることを欲することなく、却つてただ技術的に滿足させられることを欲してゐる。かやうにして人間の眞の幸福は單なるエウテュキア即ち好い出會ひによつては決して得られない性質のものである。人間の幸福はエウテュキアにあるのでなくてエウダイモニアにあるのである。かやうな幸福に達するには我々にとつて外的運命であるやうなもの、從つて偶然的なものを内的必然的なものに變へてゆかねばならぬ。外的運命を内的運命に形成してゆかなければならない。この過程はどこまでも辯證法的であるであらう。外的なもの、偶然的なものは否定されて内的必然的なもの、性格的なものになされる。併し他方同時に内的運命的なもの、デモーニッシュなパトスは自己を否定して客觀的なものに於て自己を見出さなければならぬ。それは主觀的なものと客觀的なものとの辯證法的統一として現はれる形成作用そのものである。例へば藝術家の形成作用といふのもかくの如きものである。

かやうにして我々は自己形成といふことに於て運命に對する正しい關係を見出し得るであらう。それはあらゆる外的運命的なものを内的運命的なものに形成してゆくことであるとも云ひ得るであらう。然るに自己形成はただ世界形成に於てのみ成就されることができる。自己は世界のうちに於て世界の形成に參加することによつて形成されるのである。

佛教と現代思想

三木　清

佛教と現代思想と云ふ題でありますが、之に就いて僅かの時間でお話することは、殆んど不可能と言つて宜いのであります。そこで今日は特に最近我國で問題になつて居りますやうな事柄を切掛けにして、それからここに掲げました題に關係があるやうな問題に這入つて行きたいと、斯う思ふのであります。

今日我國の思想界、特に佛教界に於て問題になつて居るのは、御承知の新興宗教とか、或は類似宗教とか、或は邪教とか言はれて居るものであると思ひます。是は一般の社會問題としても大いに注目すべきものでありますが、佛教の方面におきましてはその邪教と正しい教、或は迷信と正しい信仰と云ふものゝ關係、そして區別と云つたやうなことが色々議論されて居るのであります。で今日はさう云ふ問題に就いて哲學的にどう考へるか、また現代の哲學界にはどう云ふ考があるかと云ふことを、お話して見たいと思ふのであります。

先づ其のやうな所謂邪教が發生しました原因としては、誰でも言ふことでありますが、現代の社會不安と云ふものが考へられるのであります。現代の社會に於ける樣々な不安、生活の不安とか思想の不安とかが、邪教發生の根據、原因になつて居る。斯う云ふ風に言はれるのであります。併しさう云ふ說明は、單に邪教ばかりで無しに、すべての宗教に就いて、あてはまるとも見ることができます。殊にマルクス主義の如きに於きましては、あらゆる宗教の發生の根源を社會的な不安に置いて居るのであります。單に邪教ばかりで無しに、一般の宗教がさう云ふ發生根據を有つて居る。即ち社會的原因を有つて居る。このやうに觀てきますならば、邪教と正しい敎、例へば佛教の敎とは、どう違ふかと云ふことは、單に社會的不安と云ふやうなことでは、說明の出來ない問題を含んで居る譯であります。御承知の通りマルクス主義に依りますと、今日樣々の宗敎的なものが發生して來るのは、資本主義社會に於ける、統制の出來ない力に對する人間の恐怖からであります。我々がどんなに個人的に計算して置いても、どんなに個人的見通しを付けて置いても、どうすることも出來ない力が働いて居る。即ち市場と云ふものの支配は絕對的であつて、それは個人のカルキュレーション、個人の計算を臺無しにしてしまふ力を持つて居る。取引所のやうな所で色々な投機が行はれてゐますが、さう云ふ取引所のやうなものが我々の經濟生活を支配して居る。それは我々個人の力でどうにも左右することの出來ないものであります。そこでそのやうな我々個人の左右することの出來ない、目に見えない力に對する恐怖、不安が起る、そこからして宗教的なものが發生する。昔であれば、雷とか嵐とか、具體的なものに對する虞れがあつて、雷の神樣、嵐の神樣と云ふやうなものがあつたのであります。ところが、今日では市場と云ふやうな抽象的なものが支配して居り、從つて信仰の對象も抽象的なものになつてゐる。宗教は具體的なものに對する信仰から、抽象的なものに對する信仰に變つた。斯う云ふ風に說明して居るのであります。このやうにして單に社會的な根據からのみ宗教を見てゆくならば、迷信と眞の宗教との區別は出來なくなる。マルクス主義的な考へ方からすれば、迷信と宗教との間には本質的な區別が認められない譯である。また實際、マルクス主義者はそのやうな區別を認めようとしないのであらうと思ひます。

併し我々が今宗教を肯定する立場に立つてゐるとすれば、そこに迷信と正信とを何か區別する根據がなければなりません。從つて先づ社會的不安と云ふやうなものが宗教發生の根據であるとしても、さう云ふ不安を持つと云ふこと、其のことに何か深い意味があると考へられねばならぬのでありま す。動物は不安を持たない。ただ人間だけが不安を有つてゐる。人間は「考へる蘆」であるといふのはパスカルの有名な言葉でありますが、人間には自覺があるのであります。動物は山が崩れて潰されても、自覺しないで死んでゆく。併し人間は山崩れに潰されながら、自分はそれにひとたまりもなく潰されてゆくやうな憐れなものであると云ふことを自覺する。詰り自分の生活の慘めさ、自分の生命の果敢なさを自覺してゐると云ふ所に、動物とは違つた、人間の偉大さがあるのであります。動物は悲慘でありながらその自覺を持つてゐない。人間は悲慘なものであるけれども、自分が悲慘であると云ふことを自覺して居る、と云ふ點に人間の偉大さがあるのであります。斯う云ふ風にパスカルは言つて居るのでありますが、丁度其のやうに社會的不安と云ふものから、あらゆる宗教的なものが生ずるにしても、さう云ふ不安を自覺的に持つて居ると云ふ所に人間の偉大さがあり、他の物とは違つて人間の存在が何か深い意味を持つて居ると云ふことがある。かう考へることが出來ると思ふのであります。社會的不安と云ふやうなものから宗教が起るとしても、そこには何か人間の本質に深く根ざしたものが現はれるのであります。さうして見ると、そこに同じく社會的不安と云ふやうなものから、眞の宗教と迷信とが共に起るとしても、さう云ふ本質に本當に觸れて居るかどうかと云ふ所に、迷信と正信との區別が生ずる。迷信と正信との區別は先づこの點から考へてゆく事が出來ると思ふ。詰り人間の本質と云ふものについて本當の自覺を持つて居るかどうかと云ふ所に、その區別の根據があるのであります。勿論不安と云ふものは各々の時代において、歴史的に社會的に異つて居るのでありま す。今日の社會的不安と云ふやうなものは、何か特別の性質のものであると云ふことが出來るであり ませう。また我々は個々の様々な不安を持つてをります。例へば病氣に對する不安であるとか、死に 對する不安であるとか、或はもつと單純な不安、自分の持つて居る此の本を落しはしないか、盗まれ はしないか、このやうな色々な不安があるのであります。しかるにそこには更にそのやうな總ての不 安を不安たらしめて居る、何かもつと根本的なものがなければならない。即ち個々の不安が不安とし て存在すると云ふ爲めには、其の根據として何かもつと根本的なものがなければならないのでありま す。言ひ換へると、個々の經驗的不安に對してその先驗的根據、即ちアプリオリがなければならぬと 考へることが出來るのであります。現代の有名な哲學者ハイデッガーは、個々の不安もしくは恐怖の 根柢に人間の有限性、エンドリッヒカイトと云ふものを置いて居るのでありますが、丁度同じやうな考 へ方にならうかと思ひます。ハイデッガーに依りますと、人間のどのやうな生活表現を取つて見て も、それは何れも人間の有限性と云ふものに規定されて居る。詰り人間の有限性の現はれである。人 間の有限性と云ふのは具體的に何であるかと云ふと、人間は死すべき存在である。死への存在である と云ふことであります。我々が人とお喋りをする、また學問をする、その他色々な生活上の營みをす

ると云ふことが、皆さう云ふ我々の存在に本質的な有限性の現はれであると考へられるのでありま
す。例へば我々が學問をすると云ふやうな場合に、普通には本當に人間の本質を見極めた上で學問を
して居るのでなくして、我々を動かして居るものは寧ろ好奇心と云ふやうなものでありまして、何か
新しいものを知らうと云ふので本を讀む、人の話を聞くと云ふやうに、好奇心が主として支配して居
る。ところが好奇心は一體どう云ふ所から起るかと云ふと、人間の不安から起るのであります。我々
はジッとして居られない。何か新しいものを次から次へ求めずに居られないやうな不安があるからし
て、好奇心が起るのであります。ジッと一つの所に止つて信念なり、信仰に生きることが出來ない
で、次から次へ新しいものを求めて行くことになるのであります。好奇心と云ふものは、人間が此の
世界に於て宿無しであると云ふことと關係があると思ひます。我々が此の世界の中に在ると云ふこと
は、單に在るのでなしに、出て來て在るといふ意味をもつてをり、我々はこの世界に於て旅人である
といふ感情をもつてゐます。人生は旅である。しかも我々は何處から出て來て、何處へ行くかを知ら
ない。詰り人間はこの世界に投出されて居るのである。旅人がさまよひ歩くやうに、此の世のものを
次から次へ求めて、さまよふと云ふことが、好奇心の性質であります。それでありますからして好奇
心は宿無しで、何處に宿を取ると云ふ譯でなく、次から次へ渡り歩いて行くのでありますが、之は結

局人間の存在が根本的に不安であるからであります。そして不安は人間の存在の有限性に基く。死すべき存在であるといふことに基く。斯う云ふ風に說明されるのであります。ところで死とか、有限性とかは、普通に客觀的にさう云ふものを考へて居る。死と云ふことは人間の生命の三十年、五十年といふ時間がそこで切れてしまふことであると考へて居る。有限性と云ふものも限られた長さのものであると云ふ風に、客觀的に捉へられて居る。けれどもそれでは眞實は摑めないのであります。若しも死と云ふものが客觀的にのみ考へられるものであるならば、どうなりますか。昔エピクロスと云ふ哲學者が斯う云ふことを言つて居る。人間は死を恐れる必要はない。何故ならば人間は死に出會ふことがないから。我々が生きて居る間は我々は死んで居ないのである。又我々が一旦死ぬるや否や我々は意識を持たないから、死を知ることもできない筈である。斯う云ふことを言つて居りますが、客觀的に見れば確にさう云ふことになるかも知れない。生きて居る間は、死んで居ないから、死と云ふものに付て心配する必要はないのである。又死んでしまへば、意識を持たないのであるから、死を恐れる必要がない譯である。形式論理的に、客觀的に見て行けば、さう云ふ風に死と云ふものは考へられるかも知れませぬが、本當の意味に於ける死、ハイデッガーが言つて居るやうな有限性は、そのやうなものではなく、人間が主體的に自分自身の心に於て感ずる死である。この死は別に遠いことではない。我々は我々の生活の一瞬一瞬に於て死に接して居るのであります。我々が此處に立つて居る時に、音がすれば慄へ上る。それは我々の存在が不安であるからである。人間の存在は有限なものであると云ふことが、そこに自覺されて居るのである。我々が本當に無限な存在であり、永遠の存在であるならば、雷が鳴らうが、鐵砲の彈が飛んで來ようが、恐れる筈はないのである。我々の生活をよく考へて見ますと、總て人間の有限性と云ふやうなものに依て生活の仕方が決められて居ります。ともかく眞の宗教は人間の本質について深い認識を有するものでなければならない。かう云ふ風にして考へて來れば、同じ社會的不安と云ふものから迷信も眞の宗教も起るにしても、さう云ふ人間の本質に付ての認識を含むかどうかと云ふことに於て相違があるだらうと思ふのであります。

ところで迷信と正信との區別に付て、先づ普通問題にされて居るのは現世利益でありまして、例へば病氣が癒るとか、金が儲かるとか云ふやうなことを、迷信或は邪教と云ふものは主にして居ると言はてれゐます。尤も眞の宗教は現世利益を無視して居るかと云ふと、さうではなからうと思ふのであります。殊に宗教が廣く民衆の間に擴つて行くのには、何等かの意味に於て現世利益の要素を含んで居らなければならない。さう云ふものと何等かの繋がりを持つて居ると考へられるのであります。是は歷史的にも、理論的にもさうではないかと思ふ。從つて此の現世利益の問題は簡單に取扱ふわけには行かないと思ひます。哲學者が宗教を考へるやうな場合には、とかく宗教を全く理性的なものに結び付けて、此の現世利益、例へば人間が永生きをしたいとか、金持になりたいとか云ふやうな慾望と、全然離して考へやうとするのでありますが、併し是は余り抽象的な考へ方ではあるまいかと思はれるのであります。キリスト教の方面に於きましても、アウグスチヌスのやうな人、或は今申しましたパスカルのやうな人は、人間の幸福への慾求と云ふものに、宗教の根據を置いて居るのであります。斯う云ふ考へ方が兎に角實際的な考へで、宗教の出發點と云ふことが出來やうかと思ふ。幸福への慾求と云へば現世利益と云ふやうなものと關係を持つて居る譯であります。從つて此の問題に付ても抽象的に迷信と正信とを區別することは出來ないのであります。現世利益を求めるから迷信である、求めないから正信である、と云ふやうには言へないと思ふ。ところが人間の幸福への慾求と云ふものを分析的に考へて見ると、之も動物の場合とは非常に違つて居るのであります。人間はさう云ふ幸福への慾求に於て無限なものであります。詰り決して満足されないと云ふことが、人間の慾望の重要な特徴であると思ふ。動物であれば慾望を満すと、それで満足してしまつて、眠るとか、或はそれで直ぐに死んでしまふものもある。ところが人間の幸福への欲求と云ふものは、この世に存在する如何なるものによつても決して究極的に満されない無限なものである。さう云ふやうに感覺的なもの、感性的なものに對する慾求、即ち或る有限なものに對する慾求が人間の場合には同時に無限性を持つて居る。何處まで行つても滿たされないと云ふやうな意味に於ける無限性を有つて居るのであります。そこに人間の本質と云ふものが示されて居ると思ふのであります。そこに又宗教と云ふものが出て來る根源があるだらうと思ふのであります。さう云ふ風に有限なもの、或は感覺的なもの、感性的なものであつて、同時に無限性を持つて居るものを、哲學的な意味でデモーニッシュなもの、惡靈的なものと云ふのであります。詰り人間の慾求はデモーニッシュである。斯う云ふ人間の本質、我々の幸福への慾求が或る無限な性質を持つて居るといふ所に、有限なものが同時に無限性を持つて居ると云ふ所に宗教の發生して來る根據があるのであります。このやうに人間の本質についての自覺を含むかどうかと云ふことが、迷信と正信との區別の生ずる根本的な點であらうと思ひます。

それでありますから眞の宗教は現世の幸福を、單に其の儘認めて、追求するものであることが出來ません。一方に於て何處までも現實、或は我々の現在の生活に對して否定して行くと云ふ方面がある。即ち單に世間的ではなくして出世間的な方面がなければならない。勿論眞の宗教は單にさう云ふ否定に止らず。又今度はさう云ふ現實を認めて來ると云ふ所があるのでありますが、現世の否定、或は現實の否定と云ふ方面を眞に考へて居ないと云ふ所に、哲學的に言へばその現實肯定が辨證法的な現實肯定でないと云ふ所に、現在利益の問題について、迷信と正信との別れる點があるのでありま す。現世否定と云ふことは單なる現世否定が目的であるのではなくして、そこに先づ人間の眞實、我々の生活の眞實を見るのであります。世間の無常と云ふことが一つの眞理である譯であります。さう云ふ點を邪教と云ふものは考へて居ない。詰り現實に對する觀方が淺いのであります。現實に對する觀方が本當でないと云ふことになります。實際に於て我々が宗教を信仰したからと言つて、金が儲かるとか、病氣が癒るとか、と云ふやうな結果になるとは、單純には考へられません。そこに昔から德と云ふものと、福と云ふものとが一致するかどうかと云ふ倫理學上の根本問題も存在する譯でありま す。我々が善いことをしたからと言つて必ず報ひが來て、福が得られるかどうか。福が得られないとすれば、何故に我々が善いことをしなければならないのであるか、と云ふやうな問題は、神學の問題としても存在するのであります。どうして此の世の中に惡があるかと云ふやうな問題、どうして我々が善いことをしても其の報ひを此の世の中で得られないのであるか、此の疑問からして神と云ふものは存在するのであるかと云ふやうな問題が起つて居る。之は神學上に於けるテオデイツセー(神義論)の問題であります。これはなかなか難しい問題でありますが、實は、見方を變へて考へると、そのやうな矛盾が我々の宗教的な感情の根源であるのであります。福と德とが現世に於ては一致しない。さう云ふ矛盾が宗教の根源なのであります。ところがかやうな問題に就て邪教とか、迷信とかと云ふものは教へないのである。詰り現世利益は當然あるべきものである。其の反對は無いかの如く言つて居ることはインチキである。そこがインチキ宗教のインチキたる所以であらうと思ふのであります。眞の宗教であれば、現世利益が必ず伴ふと云ふことはなかなか言へない。寧ろ現世利益が伴はないと云ふ所に、眞の宗教の發生する根源があるのであり、そこに現世利益と云ふものを高い立場から、宗教的に、新しく解釋しなければならいな所が出て來るのであります。詰り普通に言ふ幸福とは違つた性質の幸福がある。現實の生活の意味を新しく見て行かなければならないと云ふ考へ方が、そこに出て來るのであります。さう云ふ點に付ての深い思索、深い反省、深い教を持つて居ないことが、迷信と眞の宗教との異る點であるのではないかと思はれるのであります。

更に迷信と正信との區別に關して、もつと難かしい問題が與へられて居ります。是まで色々な方面に於て、邪教の批判がなされて居りますが、その一つの點として、邪教と云ふものは非科學的であると云ふことが言はれて居ります。例へば或る信仰を持つたからと言つて、それで病氣が癒ると云ふやうな非科學的なことは決して有り得ないので、病氣を癒す爲めには醫學と云ふものに依らなければならない。ところが邪教の說く所は現代の醫學とは反對のもの、矛盾したものであると云ふ風に言はれて居ります。即ち科學と一致しない非科學的なものであると云ふ非難がされて居るのであります。此の非難は一應尤もであるのでありますが、併しもつと突込んで考へれば、果して宗教と云ふものが科學的であるかどうかと云ふ問題、眞の信仰はそれでは科學的なのかと云ふ問題が、逆に起つて來なければならない譯であらうと思ひます。此の科學と宗教、或は信仰と知識、と云ふ問題は、非常に難かしい。又昔からの哲學上の問題でもありまして、今日に於ても或る意味で非常に重要な問題になつて居るのであります。從來佛教は科學と宗教、或は知識と信仰の問題について、西洋に於けるやうな意味での問題を持つて居なかつたのではないかと思はれるのであります。東洋に於ては西洋的な意味に於ける物質的な科學、詰り外界の客觀的な法則を研究し、それに依つて外界を支配して行くと云ふやうな、自然科學の發達はなかつたと言はれて居る。あつたとしても非常に違つた意味のものである。從つて佛教の如きも西洋的な意味の科學とか、知識とか云ふものと、今日普通に科學とか、知識とか言はれて居るのはさう云ふものでありますが、さう云ふものと、信仰とか、宗教とか云ふものとの間の矛盾に關する問題には、是まで出遭つて居ないのであります。科學と信仰との間の矛盾、哲學的に言へばアンチノミーの問題に出遭つて居ない所に、佛教、或は一般に東洋の思想の特色があるので、そこにこの思想が抽象的にならなかつた理由があるのであります。詰り思想が科學に災ひされる爲めに抽象的になる。或は科學と對立する爲に抽象的になる。一方では科學を認める爲めに、宗教まで科學的にならうとして、眞の具體性を失つて、抽象的な宗教になる。他方では科學と宗教とを區別しようとする爲めに、知識と信仰とを對立させようとする爲めに宗教は單に信仰的になる。このやうにしてキリスト教の如きは屢々抽象的な考へ方に陷つたのでありますが、東洋的な思想、東洋的な宗教、佛教の如きも、そのやうな問題に出會はなかつただけ、是まで具體的であり、從つて信仰と知識とは具體的に結び付いて居たのであります。併し今日となつて來ると西洋的な意味に於ける科學とか知識とかが、我々の生活、我々の思想、學問の中に實際に這入つて來て居る。そこで知識と信仰といふ新しい問題が佛教に對しても投掛けられて居るのでありまして、この問題の解決は邪教批判の立場から云つて必要になつて來て居ると思はれるのであります。

今さう云ふ問題に就て、現代思想の中にどのやうな考へ方が現はれて居るかと云ふことを少し話して見たいと思ふのであります。知識と信仰の問題は御承知の通り、西洋の哲學及び神學に於て古い歴史を持つて居る問題であります。例へば有名なカントの認識論、彼の純粹理性批判の問題は、カントが言つて居るやうに信仰に途を拓く爲めに知識に限界を與へると云ふことでありました。カントに依りますと、知識の世界と信仰の世界とは全く別であつて、人間の知識の關係して居るのは現象界だけである。詰り時間空間と云ふやうな感性の形式に入つて居る世界だけであつて、さう云ふ現象界に對してカントの所謂物自體の世界、ディング・アン・ジッヒの世界は我々の知識の至り得ない世界であり、そこに信仰の世界を基礎付ける根據がある。斯う云ふ風に言つて知識の範圍を限定することに依つて信仰に途を開くと云ふことが、自分の認識論の目的であるとカントは言つて居るのであります。併し斯う云ふ風に考へて來ると、知識と信仰とは全く別の世界になる。從つて信仰は知識とは關係の無いものになつて來るのであります。ところが眞の宗教は一方どこまでも眞理と云ふものを目標として居り、從つて知識と無關係であることは出來ない譯である。また、もしそれが眞理と云ふものを目標としてゐないならば、眞理をその內容としてゐないならば、迷信と正信との區別も出來ない譯であります。我々の一定の習慣的な心の動き方に過ぎないやうなものであるのでなく、その動きによつて捉へられる內容が重大な問題であります。其の機緣となるものがどう云ふものであらうと、其の內容其の物が眞理であるならば、それは正しい信仰である譯であります。然るにもし宗教の內容が眞理であるならば、それが眞理であることが知識的に、或は理論的に把握し得る所がなければならぬ筈であります。

かやうな譯でカントのやうに知識と信仰とを抽象的に別けてしまふと云ふ事には無理があるのであ

ります。知識と信仰との關係をもつと密接に考へて行かなければならないことになります。今日においても科學と宗教の問題は色々議論されて居りまして、例へば最近イギリスの哲學者で有名なバートランド・ラッセルが、科學と宗教といふ題で本を書いて居ります。其の中でラッセルは、今日では最早宗教と科學との爭は昔ほど重要でなくなつた。西洋の歴史で云へばガリレオなどが迫害されたやうな時代には、教會と科學とが對立して居つたけれども、今日ではさうでない。今日さう云ふ意味に於て科學と對立して居るのは、ラッセルに依りますとファッシズム、及びマルキシズム、もしくはコムミュニズムであります。昔教會が科學を迫害したと云ふやうな意味に於て、今日教會に代つて科學を迫害して居るのはロシアのコムミュニズムのやうなものである。ファッシズムにしても、共産主義にしても、研究の自由と云ふものを全然認めないのである。或る一定の教に反對するもの、例へば唯物論ならば唯物論に反對するものは總てこれを認めない。ファッシズムやコムミュニズムが昔の教會に代つて學問の自由研究の精神を迫害して居る、と云ふのであります。ラッセルは自由主義者でありまして、その立場から斯う言つて居るのでありますが、現實に於て確に今日の教會は昔のやうに科學に迫害を加へると云ふやうなことは無くなつて居る。科學の自由研究を迫害して居るものは、寧ろ狂心的なファッシズムとか、コンミュニズムと云ふやうなものであると言つて居るのであります。

此の科學と宗教の問題に就て內容的に考へて行けば、色々難かしい問題があらうと思ひます。第一に普通の素人が考へる程、科學の理論と云ふものは確定したものぢやない。專門に科學を研究して居る人に聞いて見れば分らないことばかりであつて、決して素人が考へて居るやうなものではないと言つて居ります。分らないことに於ては、我々が哲學の問題を硏究して分らないのと同じやうに、科學の世界にも分らないことが幾らでもあるのであります。何でも分つて居ると云ふやうに云ふことは、第一流の科學者にはないことであります。今申しましたラッセルは技術の精神と、科學の精神とを區別して居ります。技術の精神は甚だ固定的なものである。ところが科學の精神は固定したものではなくして、何處までも自由に動いて行くものであると云つてをります。例へばニユートンの物理學はアインシユタインなどの新しい物理學に依つて覆へされて居る。併しニユートン時代の物理學の基礎に依つて發明された色々な技術、蒸汽機關とか、汽船とか云ふやうなものは、今日物理學の根本原理が變つても、矢張り其の儘利用されてゐる譯であります。マックスウエルと云ふ人が電磁氣の理論を立てゝ、それを基礎として色々電動機が發明されて、今日の世界を益して居る。ところがさう云ふマックスウエルの理論は今日の科學に於て其の儘認められないと云ふことになつても、電動機の持つて居る價値は變らない。詰り技術は、科學が變つても、變らないで、固定してゐる性質のものであります。ところが科學の方は例へば、アインシュタインの理論の如きものでもそれがいつまでも變らないといふのでなしに、もつと新しい違つた考へ方に變つて行くことが可能であつて、何處までも自由に進んで行くものであります。かやうにラッセルは技術の精神と、科學の精神とは違つて居ると言つて居るのであります。そしてラッセルは自由主義者的な考へ方からして、さう云ふ自由な科學の精神の價値を非常に强調して居るのであります。技術の精神は今申したやうに、眞に自由でなく、固定的である爲めに、此の社會に於て技術は却つて害惡を生ずるといふやうなことも出來てくると言つて居るのであります。兎に角科學と宗教とは、內容的に考へてみましても、それ程對立して居るかどうか、素人が普通に考へる程對立して居るかどうか、疑問であり、もつと綿密に研究を要することであります。科學自身が絕えず其の內容に於て變つて行くものであります。今日でもアインシュタインとか、或は有名な生物學者ホルデーンとかと云ふやうな人は、宇宙的宗教と云ふものを考へて居り、物理學や生物學の立場から、或る宗敎的なものを考へようとして居るのであります。それは唯物論の立場からは觀念論だとして排斥されますが、併しそこはもつと自由に考へなければならぬ。科學と宗教とは初めから對立して居るやうに考へる考へ方が旣に古い考へ方であるかも知れないのであります。そのやうな考へ方は却つて資本主義社會の思想傾向を代表して居る考へ方かも知れない。併し科學と宗教とが内容的にどう關係するか、私はそれについて此處で議論することもできないし、またさう簡單に決められるものでもありませぬ。そこで此處では純粹に哲學的な問題として、科學と宗教との關係を考へて見たいと思ひます。

此の點に付きまして、今日最も特徴のある說を樹てゝ居るのは、辨證法神學と言はれて居る一派の思想であります。それは哲學的にも現代に於て色々な意味を持つたものであります。此の辨證法神學が反對するのは、何よりも宗教の基礎を體驗に置かうとする考へ方であります。宗教とは宇宙の體驗であるとか、或は神の體驗であるとかと云ふやうに、體驗と云ふものを、我々の心理的な經驗と云ふものを重んずる考へ方、從つて主觀主義的な考へ方に極力反對して居る。これは甚だ重要なことでありまして、實際に於て通俗的な宗教の考へ方は、體驗と云ふものに重きを置いてをるのであります。併し體驗と云ふことだけでは第一迷信と正信の區別は出來ない。或るエクスタシー、恍惚狀態、熱狂狀態に入ると云ふ點に於ては、寧ろ迷信的なものゝ方が眞の宗教よりもつと激しい心理的な强さがあらうと思はれる位で、體驗にのみ宗教の根據を求めて來れば、迷信と正信との區別もでき難いでありませう。從つて單なる體驗でなく、體驗の內容が問題になつて來る譯であります。併し宗教を今云ふやうに主觀的に、體驗の問題として考へることが出來ないと同樣に、それをまた單に客觀的な認識、詰り普通に云ふ認識（エルケントニス）として考へることは出來ない。そこで辨證法神學は又客觀主義・理性主義を宗教の基礎とする考へ方に對しても反對して居るのであります。宗教は認識でなくして、何處までもグラウベ卽ち信仰であると云ふことを强調して居るのであります。それでは信仰と認識、或は知識とはどう違ふかと云ふに、斯う考へることが出來る。知識と云ふものは理性に基いて居る。從つて一般的なものである。誰が何處で考へても同じものである。日本人が考へやうが、印度人が考へやうが、ヨーロッパ人が考へやうが、同じものである。またそれは歴史上の一定の時期とも無關係であつて、それが或る時代に知られやうが、他の時代に知られやうが、全く無關係である。かりにニュートンの引力の法則が正しいとすれば、この法則はニュートンがそれを發明した時から世界を支配し初めたので無しに、ニュートンの生れる前からさう云ふ引力の法則が世界を支配して居たのであります。又それはどう云ふ場合に、どう云ふ人間が、其の法則を學んでも同じ內容であると云ふやうに普遍性を持つて居る。ところが斯う云ふ知識に對して、信仰は何處までも歴史的なものである。信仰と云ふものはキリスト教的に言へば啓示である。それは歴史的のものである。歴史上の或る一點に、一回現はれたと云ふ所に重要な意味があるのであります。更にキリストの宣べ傳へたものは、人間の言葉でなくて、神の言葉である。それは理性の認識のやうに一般的なものでない。眞理は神の言葉に於て啓示される。キリスト教はこの言葉と云ふものを重んずるのでありますが、言葉に依つて眞理が現はれねばならぬと云ふことに非常に意味があるのでありまして、その眞理は歴史的なものであるが故に、言葉に於て表現される他ないものであると考へられるのであります。理性の認識のやうな一般的なものであれば、特別に言葉に表現されることを必要としないのであつて、言葉に特別に表現されねばならないと云ふことは、其の眞理が歴史的な一回的なものであるからである。詰り信仰は歴史的なものであると云ふことを非常に强調して居るのであります。信仰の歴史性と云ふやうなことから、それと自然科學的な認識、或は數學的な認識とを區別して居るのであります。信仰は單に主觀的なものでなく、客觀的なものであるけれども、併しそれは數學や、自然科學が、客觀的であると云ふやうな意味に於て客觀的なのではなく、全く新しい客觀性と云ふものがあると考へられるのであります。さう云ふ意味に於ける客觀性の問題は、時に今日の哲學に於ける「表現」、アウスドウルツクの問題に關係してゐると思ふのであります。此の表現の問題は、我國では西田幾多郎先生なども問題にして居られるのでありますが、知識と信仰の問題は、この表現の問題と關係があると思ふ。詰り信仰は普通に言はれて居る知識とは違つて表現的なものである。表現的なものは歴史的なものであります。信仰と言葉の關係も表現といふことに關係して居のるであります。表現的なものは單に客觀的なものではなく、又單に主観的なものではない。信仰も同様であつて、決して單に主觀的なものではなく、また單に客觀的なものでもない。例へば藝術家が或る繪を描くといふ場合に、彼は單に外界にあるものを其の儘寫して居るのではなくして、そこに創作的な活動と云ふものがあります。そして彼の描いた繪の中には彼人間と云ふもの、卽ち主觀的なものが現はれて居るのであります。併しそれは單に主觀的なものでなくして、山を描けばそれは本當の山だと云ふやうな、何か客觀的なものが現はれて居るのでありす。從つて主觀的であつて同時に客觀的であると云ふもの、それが表現と云ふものでありまして、そこに從來考へられた單なる認識と云ふやうなものと異る所があるのであります。信仰と云ふものも、主觀的に體驗と考へたり、或は客觀的に單に認識と考へたりすることができず、そこに表現と云ふものと同じ關係が認められるのであります。表現的なものは單に主觀的でも、單に客觀的でもなく、主觀的と客觀的といふ相反するものが一つになつて居る所に表現的なものがあるので、そこに信仰と云ふものが新しく哲學的に基礎付けられて行くと考へることが出來るのであります。勿論辨證法神學はさう云ふ風に言つて居る譯でなく、それは神學的立場と云ふものを哲學的立場よりも高く見て、絕對的信仰を說いて居るのでありますが、信仰について神の言葉を重んじ、其の信仰は體驗でもない、認識でもないといふこと、詰り單に主觀的なものでも、單に客觀的なものでないと云ふことを强調して居る點から考へて、表現と云ふやうなものとの關係に於て、信仰を考へてゆくことが出來るだらうと私は思ふのであります。

是まで知識と信仰の問題に關し色々な議論がなされて居ります。既に申しましたやうにカントは知識と信仰を分離したのでありますが、後に於て新カント派の哲學はそれをもつと密接に結び付けやうとして居るのであります。其のことはカントの後に出たフイヒテが行つて居る所でありますが、それをもう少し嚴密に論理的にしたのが、新カント派の知識論であります。新カント派に依りますと、御承知の通り知識と云ふものは判斷である。ところで判斷とは一體どう云ふものであるかと云ふと、單なる表象の結合ではない。例へば机は丸いと云ふ判斷は、單に机といふ表象と、丸いといふ表象とを綜合したものでなく、或は單に丸い机と云ふ表象を分析して出來たものでもなく、さう云ふ綜合とか分析とかと云ふことだけでなくして、更に意志の活動が加はらなければならぬ。單に表象の結合でなくして、其の結合を肯定し、或は否定すること、肯定とか否定とかと云ふことが判斷の本質であつて從つて意志活動が必要である。此の意志活動は單に知的なものでなしに、信仰的な要素を持つて居る。斯う云ふ風に言つて知識の根柢にも信仰があると考へるのであります。判斷は斷言であるが、斷言する爲めにはそこに何か信仰的な意志的なものがなければならないので、單なる知的作用だけでは肯定とか否定とかと云ふ判斷の本質的なものは出て來ないのであります。或は又判斷と云ふものは凡て同時に價値判斷である。眞であるとか、僞であるとかと價値判斷するのである。しかるに價値判斷は表象的な知的なものでなくして、意志的な信仰的なものである。斯う云ふ風に知識の根柢にも信仰があると考へて、知識と信仰とを結び付けることが出來るとしても、それでも信仰と云ふものが非常に主觀的なものになつてしまふのであります。單に俺が信ずると云ふやうなことだけになつてしまふ。さうすれば認識に付ても、その根柢にある信仰の客觀性は何處から決まつて來るかといふことになり、矢張り知的なものから決めて來なければならなくなる。客觀性は知的なものから決められるので、意志といふ主觀的なものとは關係なしに決められなければならないことになつて來て、從つて元の通りに客觀的なものが基準になつて來るのであります。客觀主義的な觀方に戻る方が無くなるのではなからうかと思はれるのであります。單に俺は信ずると云ふやうなことだけからして、邪信と眞の信仰との區別は出來ないのであります。ところが知識と云ふものをよく考へてみると、我々の知識は總て表現的なものであると云ひ得ると思ひます。知るといふことは詰り一つの表現作用である。知ると云ふことは表現すると云ふことであると云ふ風に考へて來れば、そこに單に主觀主義的でもなく、單に客觀主義的でもない、新しい觀方が出て來るのであります。畫家が繪を描くと云ふ場合に、彼は自分の主觀的な氣持だけで描くのでなしに、客觀的に存在する林檎なら林檎を能く見詰めて描く、しかも描かれた林檎は現實の儘をただ模寫したものではない。ただ模寫したとしたら、それは却つて本當の林檎とは感ぜられない。山なら山を寫眞に寫したものと、畫家が簡單な筆で描いたものと、どつちらが本當の山の感じがするかと云ふと、繪の方が却つて本當の山であると云ふやうな感じがする。そこに本當の表現と云ふものがあるのでありまして、そこでは畫家の精神と云ふやうな主觀的なものと、山といふやうな客觀的なものと、相反するものが一つになつて居ると云ふ所があるのであります。ところで我々が物を知ると云ふことも根本に於て同樣でありまして、第一我々は物を全く其の儘模寫すると云ふやうなことは出來ない。何か立場とか、自分と云ふものがどうしても我々の知識の中へ這入つて來る。之を除くことは出來ないので、我々が主觀であるのでなければ物を客觀的に認識することも出來ない、主觀の活動が無くなつて紙のやうな全く受動的なものになつてしまへば、却つて本當の認識と云ふものは無くなるのであります。立派な畫家であればある程、その繪の中に彼の人間が、彼の精神が出て來る。それと同じく眞の具體的な知識と云ふものは、その中に主觀が出て來ると同時に、それが客觀的な意味を持つて居ると云ふ所がある。それが眞の具體的な知識であつて、かやうに主觀的なものと、客觀的なものとが一つになつて行くと云ふことが、是までとは違つて表現と云ふやうな形に於て考へられる知識であらうと思はれる。我々の歴史的な具體的知識は總てさう云ふ樣なものでありまして、例へば我々が昔の英雄とか、偉人とか、其の他色々の歴史的な出來事を認識すると云ふ場合に於ては、それを單純に、客觀的に、認識することは出來ないのであります。我々はさう云ふものを其の儘目の前に見て居る譯でもなく、又殘つて居る記錄と云ふものは決して事實をそのまま書いて居るものでなく、幾ら詳しく傳へようとしても、あらゆる事實を悉く記述し盡せるものではありません。そんなことをすれば無限の仕事になつてしまふ。又それを書いて居る人の主觀に於て記錄を曲げられて居ると云ふこともある譯であります。さう云ふ過去のものを認識する爲めには、我々の主觀的な活動と云ふものが何處までも働かなければならないのであります。繪の解らないものに繪の歴史を書かせやうとしても出來ないのである。英雄は偉人を知ると云ふやうなことがあるだらうと思ふ。かやうに主觀的なものが働かなければならぬのでありますが、併しまたそこに客觀的なものが現はれなければ眞の知識とはならない譯であります。

具體的な認識はさう云ふ風な形に於て考へられるとしますと、信仰と云ふものは全くその通りのものであります。是までのやうな考へ方では信仰は單に主觀的なものとなつてしまつて、知識はそれに對して單に客觀的なものとなつてしまひ、結び付き得ないのでありますが、さうでなしに知識も信仰も具體的な、又歴史的なものとしては、表現の意味を持つて居ると云ふことに於て、知識と信仰とは結び付くのであります。斯う云ふ風に考へて行かなければならないのではないかと思ひます。そこに信仰に於ける傳統と云ふやうなことも重要な意味を持つてくる。我々にとつて經文と云ふやうなものはそれ自身が非常に重要な意味を持つてゐる。勿論佛敎に於ける經文と云ふものは、キリスト敎で言つて居る神の言葉とは、必ずしも同じ意味のものではないでありませうが、經文と云ふものはともかく大切である。眞理が、誰かによつて歴史的に表現されて居ると云ふことが重要になるのであります。法然上人に騙されて、地獄に墜ちても悔ひないと云ふ歎異抄の有名な言葉の意味が分るのでありますところで表現と云ふものを考へて見ますと、何か客觀的に存在して居つて、我々に呼び掛けて居るものと云ふことが出來るのであります。我々の行動にしても、何か、我々に呼び掛けて居るものがなければ、實際起らないのではないかと思ひます。單に、もし我々の行動が意識活動と云ふやうなものならば、どう云ふ夢のやうなことで、幻のやうなことでも考へることが出來るでありませうが、我々が客觀的に動くと云ふ場合は何か呼び掛けられて居るのであります。私がコップを捉へやうとする場合、コツプが私に呼び掛けて居る、アッピールして居ると云ふやうな所がある。私が人と話をする場合は人から呼掛けられて居るのであります。畫家が繪を描く場合、ただ勝手に描くのでなくして、山とか、家とかを眺めるときそれが本當に呼び掛けて來なければ、彼は其の山なり、家なりを描かうとはしない。呼び掛けて來ないやうなものを勝手に畫題として選ぶ譯ではないのであります。何物かが表現的なものとして畫家に呼び掛ける時に、初めて畫家の活動が始まるのであります。それと同じやうに我々が何か行爲を起すと云ふ場合には、我々に何かが呼び掛けて居るのであります。認識といふことも、呼び掛けてゐるものの其の呼び掛けを認めると云ふこと、詰りさうアッピールして居るものを、そのものとして認めると云ふことにほかならないのであります。そこに認識と信仰とがまた一つに考へられる所がある。信仰と云ふものは何かの呼び掛に答へると云ふ風に考へなければならない。單に私が信ずるのでなしに、我々が呼び掛けられて居て、其の呼び掛に、佛教で言ふ願と云ふやうなものに我々が答へるのである。さう云ふやうな關係、それが信仰であります。其の呼び掛と云ふのは、何處までも客觀的なものが呼び掛けるのであります。自然科學的な認識におきましても、先づ呼掛といふやうなものがなければ認識活動は起らないだらうと思ひます。科學者にとつても自然が呼び掛けて來ると云ふことに依つてその自然を研究し、認識することになるのであります。自然科學者はさう云ふ特殊な呼び掛に、いはば自然科學的な呼び掛に答へて居るのであります。認識とは呼び掛けを認めると云ふことであると思ひます。認識、ドイツ語で言ふエルケンネンはアンエルケンネンであると云ふことが出來ます。アンエルケンネンとは認めると云ふ意味であつて呼び掛を認めるということが認識である。呼び掛けるものは表現的なものとして呼び掛けるのであります。自然は自然科學的意味を表現してゐるものとして、自然科學者に呼び掛けるのであります。かう云ふ風に考へて來れば、自然科學的な認識も、歴史的な認識と同じやうなものとして考へて行くことができるのであります。そしてまたそこに信仰と知識とが、そんなに別なものでなく、同じやうな形を持つて居ると云ふことが言ひ得るのではないかと思はれるのであります。現代に於ける新しい知識の概念新しい認識論は歴史と云ふものを中心として考へてゆくことによつて、是までの考へ方と違つた考へ方に達するのであります。表現とか歴史とかの問題は、最近の哲學に於ける中心問題でありまして、ドイツあたりでもディルタイと云ふやうな人が、それから今日ではハイデッガーといふやうな人が、それについて色々論じてをります。信仰と云ふものについても、もつと歴史的な觀方が必要なのではないかと思ひます。

一體歴史的なものとはどう云ふものであるかと申しますと、是まで普通に歴史的なものとは單に過去のものと云ふ風に考へられて來たのであります。併し過去のものが單に過ぎ去つてしまつたものであるならば、それは我々にとつて存在しないと云へる。過去のものが我々にとつて存在して居る限り、それは現在でなければならないのであります。同じやうに未來と云ふものも、それが我々にとつて問題になる限り、それは現在であると言はなければならない。過去や未來が現在と同時存在的であると云ふ所に歴史と云ふものは考へられるのであります。傳統と云ふやうなものも、さう云ふものとして考へられるのであつて、決して單に昔のものと云ふのでなしに、現在に於て生きて居るものであります。傳統が同時に創造的なものであると云ふ所に歴史があると考へて行かなければならないのであります。現在のものは消滅的な無常なものである。絶えず變つて行く、今日の私は明日の私でなく、今日の花は明日は枯れてしまつて居ると云ふやうに、絶えず消滅して行く。さう云ふ觀方が歴史的な觀方で、書物の消滅と云ふやうなことがなければ歴史と云ふものはない。さう云ふ意味に於ける無常觀と云ふやうなものは、歴史的な觀方につねに食付いて居るのでありまして、ヘーゲルのやうな人も、例へばローマの廢墟に立つて、昔の有様を偲んで、無常を感じ、變化を感ずると云ふ歴史的な意識があると述べて居ります。ところがかやうに何處までも無常と見て行く考へ方は今日邪教と云はれるものには乏しいので、現世利益と云ふものを考へる時には、現世と云ふものに絶對的な無常性と云ふものを感じて居ない。現世否定と云ふやうな方面が十分問題になつて居ないのであります。併し勿論歴史的なもの、表現的なものは單に消滅的なものではない。何處まで消滅的で、一瞬一瞬に消えて行くものが同時に絶對的の意味を持つて居ると云ふ所に、表現と言はれるものがあるのであります。例へば私ならば私と云ふ人間を考へて見ましても、現在無常な私であるけれども、そこにあらゆる過去も未來も、同時に含まれて居ると云ふことが出來る。無限の時間が一點に集中されて居ると云ふやうな意味に於て此の私と云ふものが歴史的な世界を表現して居る。全體を表現して居ると云ふやうな意味に於て、絶對性を持つて居る。詰り無常と絶對とが一つである。一瞬々々に消えて行くと云ふものが同時に永遠の生命を持つて居ると云ふ事が表現であります。表現的なものは何處までも歴史的なものである。併しそれは唯變るといふのではなくて、そこに同時に絶對的なものが現はれて居ると云ふ事がなければならない。自然科學の知識のやうなものを取つて見ましても、矢張りさう云ふ形になつて居るのであります。併し科學にとつては傳統と云ふものはさほど重要でないのであります。其のことは科學的知識が抽象的であることを意味して居るのであります。眞に具體的なものは變つて行くが、その一つ一つが同時に絶對的な意味を持つて居る。丁度藝術のやうなものがさうでありまして、昔の畫家の描いた繪はそれぞれ絶對的な價値があるのであります。そしてかやうな藝術の如きものに於て却つて傳統が非常に重要になつて來るのであります。宗教と云ふやうなものに於ては、傳統は更に重要な意味を持つて來るのであります。傳統と云ふものを固定的に觀るのは間違ひで藝術の場合でも新しい傳統が追々出來てくるのでありますが宗教の場合になりますと、そこに非常に違つた意味が出て來る。詰り絶對性と云ふものが段々强くなつて來ると云ふことがあるのであります。反對に科學のやうな場合に於て傳統は力が弱くて、後のものは絶えず前のものを追ひ越し進んで行く、所謂進歩といふことが科學に於ては顯著であります。それで歴史の動きを直線的な進歩と云ふやうに見る考へ方は常に科學のやうなものを基礎にして考へて居るのであります。例へば有名なコントによりますと、人類の歴史は、最初に神學の時代があつて其の次に形而上學的な時代、次は實證的な時代、それが今日の時代で、さう云ふやうに直線的に進歩してゆくのであります。それは自然科學の發達と云ふ樣なものを基礎にして考へて居るのであります。しかるに藝術のやうになつて來ますと、進歩と云ふことは非常に難かしい。雪舟の繪と、現在の日本畫と、どちらが進歩して居るかと云へば無論問題でありませう。或は今日の洋畫と、昔の南畫の如きものとは中々比較は出來ない譯であります。宗教のやうなものになつて來ると、それの進歩と云ふことに付て語ることが更に困難になつて來るのでありまして、さう云ふものに於ては傳統と云ふものが絶對的な意味を持つと同時に、それがまた極めて創造的な意味を持つて居るのであります。傳統が眞に創造的であるが故に、その歴史には進歩と云ふやうなことが考へられないのであります。科學のやうな意味に於て進歩と云ふものは考へられず、却つて傳統と云ふものが非常に重要な意味を持つて居るのであります。詰り宗教は歴史的なものの謂はゞ極限にあるやうなものであります。歴史と云ふものは傳統と創造とが一つになつて居る所に存在するので、そこに宗教的な信仰も考へられるのではないかと思ひます。

要するに知識と信仰とは決してバラバラのものではなくて、密接に結び付くものであります。それをバラバラに考へて來たのは、是までの知識について考へ方が足りなかつからであり、又信仰と云ふものを非常に主觀的に考へて來たからであります。私のこの蕪雑な話が今日佛教の問題を考へてゆく上に、何かの參考になることがありますれば幸と存じます。

ヘーゲルの生れたシュトゥットガルト

十二ケ月に亘つて、世界人類の進歩のためにその生涯を献げた十二人の偉人の傳記をそれぞれ權威ある學者、小說家、科學者の方々を煩して書いていただくことになりました。いはゆるよい加減な、出世物語的偉人傳の横行するときに、新しい權威あるこの偉人傳をお送りすることが出來ることを喜んでをります。

子供のための新偉人傳 1.

ヘーゲル傳

三木清

生ひ立ち

我々の哲學者ヘーゲルは一七七〇年八月二十七日南ドイツのシュトゥットガルトで生れた。父は官吏で、ヘーゲルは長男であり、一人の弟と一人の妹とがあつた。家はすでに二百年來その地に定住する中産階級であつた。兩親は立派な市民で、生活は質素で、眞面目で、キリスト敎新敎の精神をもつて充されてゐた。かやうな家から出たヘーゲルは堅實な性格を持ち、いはゆる天才肌の人でなかつた。天才とは勤勉であるといふ言葉は、この哲學者の場合に最もよくはまるであらう。彼は四十六歳になつて初めてハイデルベルク大學の正敎授の地位を得たが、この招聘に盡力したダウブはヘーゲルに宛てた手紙の中で、「哲學者は勤勉を持つて來る」と書いてゐる、まことにその通りであつた。徐々に、根氣よく、ヘーゲルは自分を發達させていつた。

學校では、彼は模範生であつた。五歳で「ラテン學校」に、七歳で鄕里の町のギムナジウムに入つた。そこで彼が受けたのは主として人文的敎育である、卽ち彼は古典語を學び、古代の著述家たち、歷史家、哲學者、詩人を勉强した。ヘーゲルは特にギリシア悲劇が好きであつた、中でもソフォクレスを愛し、その飜譯を試みてゐる。この頃から彼はソフォクレスの『アンティゴネ』を最大の傑作と考へ、生涯その意見であつた。ギリシア悲劇は彼の哲學に深い影響を及ぼした。ギリシア研究と並んで、すでにギムナジウム時代からヘーゲルに影響を與へたのは啓蒙思想である。啓蒙思想といふのは、人智の開發によつて社會及び文化を合理的な基礎の上に置かうとする近代的思想である。それは先づイギリスやフランスで興つたが、ヘーゲルの學校時代はドイツでもこのやうな思想をもつた文學が發達した時代に當つてゐる。彼はその作家たちの著作にも注意を向け、特にレッシングに親しんだ。

ヘーゲル

ヘーゲルはギリシアのアリストテレスと並んで最も博識な哲學者であつたが、百科全書的敎養に對する彼の意欲はギムナジウムの生徒の時からすでに現はれてゐる。彼は學校で敎へられることだけで滿足しないで、自分の勉强によつて知識を廣げることに絕えず努力した。彼は眼で讀むばかりでなく、手をもつて讀んだ、卽ち彼はつねに讀んだ書物から忠實に拔き書きを作つた。この拔き書きの習慣は晚年に至るまで續いてゐる。彼は自分ですべての收入と支出とを家計簿に記すほど几帳面な人であつた。しかし彼にとつては讀んだ物の個々の內容でなく、その全體の精神が問題であつた。自分で著述をするときには、平生作つておいたノートは殆ど用ひないで、記憶に賴つて引用するといふ風であつた。だから他の點では極めて綿密なこの哲學者も、その書物の中の引用は不正確な場合が少くない。彼の机の上がたいへん亂雜であつたことも有名である。

ギムナジウム時代のヘーゲルにおいて注目すべきことは、十八世紀の啓蒙思想家の普遍史的方法、言ひ換へると、世界史の哲學的考察の方法を彼がすでに身に附けてゐたといふことである。ギリシア人とローマ人の宗敎についての作文のなかで、彼は宗敎の起原に關する一般論から出發して、最古の宗敎は自然法則に對する無知、社會の專制的狀態、僧侶の權力慾に根差してゐると述べてゐる。これは全く啓蒙思想の精神に從つた見方である。また古典的詩人と近代的詩人との差異を論じて、ギリシアの詩人は國民全體を對象としてゐたに對し、近代の詩人は國民のうち、敎養のある、キリスト敎的觀念をもつた部分だけを對象としてゐるといふ理由で、ギリシア人の方が勝れてゐると云つてゐる。宗敎や藝術が國民の生活と密接な關係をもたねばならぬといふ思想は、ヘーゲルのうちに早くから養はれてゐた。

大學生時代

一七八八年の秋、ヘーゲルはチュービンゲン大學に入學して、神學の學生となつた。それから五年間彼の大學生活は續けられた。仲間が彼に「御老人」とか「御老體」とかいふ渾名を附けたことを見れば、大學生ヘーゲルの風貌を想像し得るであらう。しかし彼は本來決して陰氣な人間でなく、友達との交際を樂しみ、普通の學生と同じやうに青春をたたへることを知つてゐた。

シュトゥットガルトの學校でギリシア人の弟子であつたヘーゲルは、今や神學生として全く違つた世界に自分を見出した。彼はキリスト敎、殊にパウロやルーテルの敎養を學び、また熱心に神學上の煩瑣な概念を勉強した。かやうにして過去の歷史の二大勢力、ギリシア思想とキリスト敎思想とを次第に深く究めていつたが、これが彼の歷史的世界觀の出立點となつたのである。

この時代に彼がヘルデルリンとシェリングといふ二人のすぐれた友達を得たといふことは、ヘーゲルの發展にとつて重要な關係をもつてゐる。ギリシアに對する同じ愛と同じ哲學上の信仰とがヘルデルリンとヘーゲルとを結び付けた。ヘルデル

シェリング

リンは浪漫的な、天才的な哲學的詩人であるが、二人の性格の相違が却つてその交情を密にしたといふことがあるであらう。ヘルデルリンの狂熱的なギリシア崇拜はヘーゲルのギリシアに對する愛を益々深めた。ヘルデルリンが或る時ヘーゲルの記念帳に書き附けた古いギリシアの「ヘン・カイ・パン」（一にして一切）といふ言葉は、彼等の哲學を象徴するものである。それは宇宙の萬物は唯一の神の現はれであるといふ思想である。ヘーゲルの哲學はすでにかやうな汎神論的傾向を示してゐる。早熟な哲學者シェリングとヘーゲルとを結び付けたのはフランス革命に對する共通の關心であつた。この交遊によつてその頃ヘーゲルのうちに生じてゐた哲學に對する熱情が愈々高められた。

ヘルデルリン

若き日のヘーゲル

丁度この時代に二つの世界史的な事件が起つてゐたのである。カント哲學とフランス革命とがそれであつて、共に啓蒙思想の實現であると同時に新しい時代を告げるものであつた。ヘーゲルが大學に入つた年にカントの『實踐理性批判』（一七八八年）が公にされた。カント哲學の基礎的な書物『純粹理性批判』第一版は一七八一年に世に出てゐる『判斷力批判』の出版されたのは一七九〇年である。カントの哲學的事業は天動説を覆して地動説を樹てたコペルニクスに比せられるものである。彼は世界に對する理性の主權的位置を確立した。ヘーゲルがカントの哲學を深く研究したのは後のベルン時代のことであるが、當時の青年を動かしたこの哲學の影響は彼の大學生時代においてすでに認められる。チュービンゲンの學生たちを熱狂させた他の一つの事件は一七八九年に勃發したフランス革命であつた。彼等は政治クラブを作り、爭つてフランスの新聞を讀み、革命の演説や示威運動を行つた。晴れた日曜日の朝、彼等は郊外へ行進を行ひ、フランスの模範に倣つて自由の樹を植ゑたりした。ヘーゲルはシェリングやヘルデルリンと共にこの政治クラブの會員であつた。當時のヘーゲルの記念帳には、「暴君に抗せ！」とか、「自由萬歳！」とか、また革命の思想家ルソオをたたへて「ジャン・ジャック萬歳！」とかいふ激しい言葉が書き附けられてゐる。ヘーゲルは自由と平等とのための熱心な演説者であつた。カント哲學の心である進歩しゆく理性がフランス革命において遂にその支配を實現したと彼には思はれた。後に、世界歴史の發展を人類の自由への進歩と定義した彼にとつて、この感激の經驗は深い意味をもつてゐたであらう。

家庭教師時代

しかし大學を出たヘーゲルを待つてゐたのは家庭教師の生活である。家庭教師といふ職は當時の大學卒業生の慘めな狀態を語つてゐる。彼の前にはカントやフィヒテ、彼と同じ頃にはシェリング、後にはヘルバルト、これらの大哲學者たちが、皆家庭教師をしたといふことは興味のある事實である。ヘーゲルは實に七年といふ永い間、三年間はスイスのベルンで、四年間はフランクフルトで、家庭教師の生活をしなければならなかつた。

ヘーゲルが最初その家庭教師となつたシュタイゲル家はベルンの貴族であつたので、毎日フランス語を練習する機會があつた。この舊い、滅びつつある名門の保守的な家風は彼の心からの同感を起さなかつたが、彼がチュービンゲンのクラブから持つて來た革命の感激に對して一つの均衡力となつたであらう。境遇を利用して、彼はベルンの財政關係の詳しい叙述をもくろんだり、君主制國家から共和制國家への移り行きにおける軍政の變化について論文を書いたりした。彼は又ギリシアの歴史家ツキディデス、啓蒙時代のモンテスキュー、ヒューム、ギボン及びシルレルの歴史的著作を研究した。ベルンの生活はヘーゲルの歴史感を發達させたばかりでなく、彼の自然感をも發達させた。その間に彼はアルプスの旅をした。この中部スイスの旅行の印象は忠實に日記に誌されてゐる。この日記の中で、彼は自然に對する驚歎や感動を誌すといふよりも、自然についての反省された考察を書き留めてゐる。これは全くヘーゲルの性格と思想とに合致したことである。

私はここでヘーゲルの自然科學に關する知識について述べておかう。彼の百科全書的教養から自然科學はもちろん除外されてゐない。實際、彼はその時代の數學及び自然科學の知識を廣く吸收してゐた。ギムナジウムへの通學の傍ら、彼の父は彼を私教師の許へやつて勉强させたが、それは學校で與へられないこの方面の知識を教へ込むためであつた。十歳の時、すでに幾何學や天文學を學び、測量術も習つたと云はれてゐる。大學時代には神學生のヘーゲルは解剖學の講義を聽き、また植物學を研究した。後に彼がイエナ大學の私講師になつた時、純粹數學の講義を試みてゐる。イエナの自然科學者の間に彼は多くの友達をもち、また二三の自然科學の學會の會員に推されてゐる。これらの事實は彼が數學や自然科學について今日の哲學者に殆ど見られないやうな知識をもつてゐたことを語るであらう。

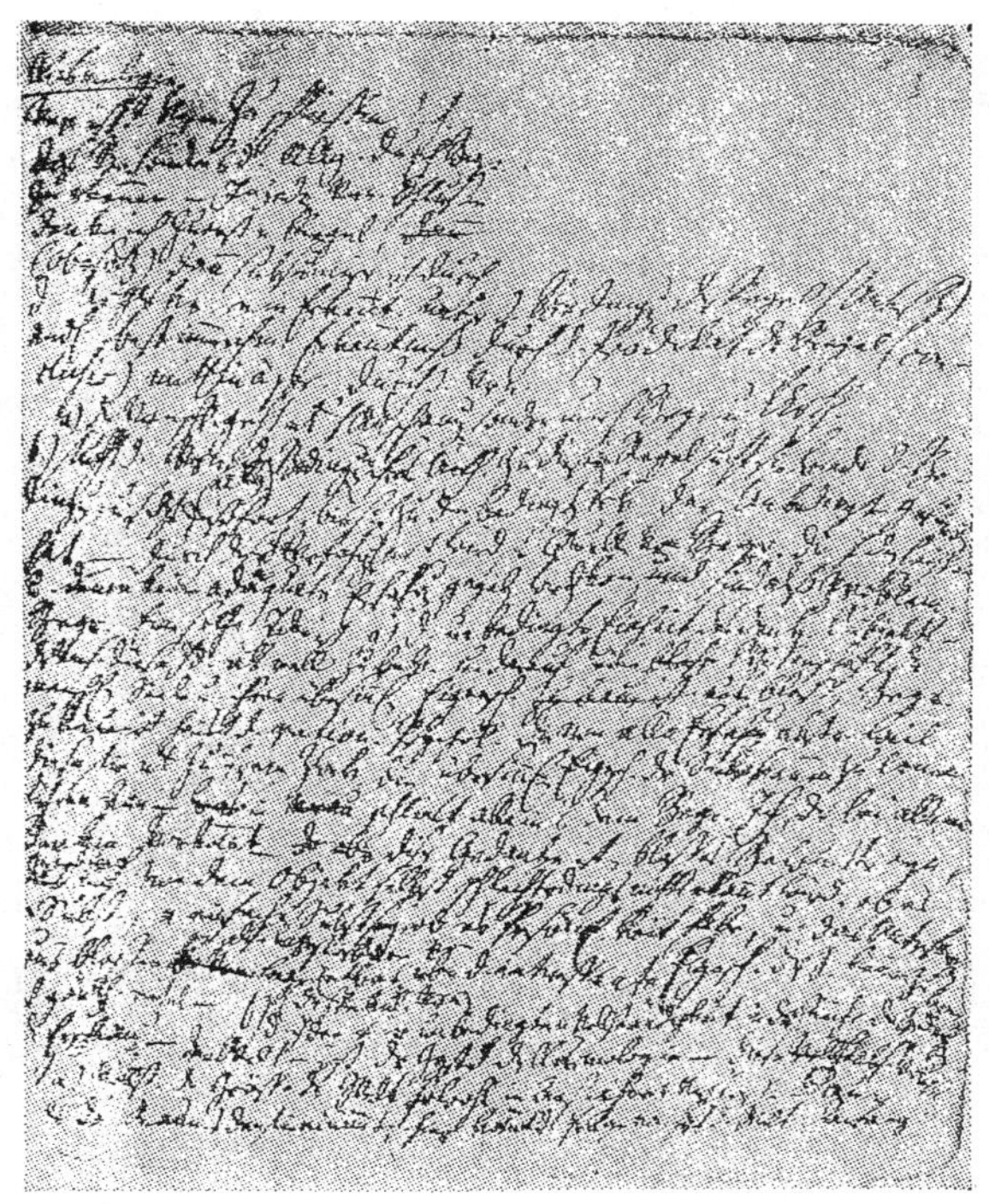

ヘーゲルの筆蹟

ベルンにおいても彼の神學研究は繼續され、『イエス傳』と『成立宗教としてのキリスト教』といふ、青年時代のヘーゲルを知る上に重要な二つの論文が書かれた。この時期に彼はカントの哲學を根本的に研究したが、その影響はこれらの論文においても認められる。しかし同時に彼はすでにカントを超える方向に進んでゐる。そこにはヘルデルの影響が現はれてゐる、即ち物を發展的に見てゆく歴史的な見方がすでに力強く働いてゐる。ヘーゲルよりも五つ年少であつたチュービンゲンの同窓シェリングはすでに哲學的活動を始めてゐたが、その初期の著作はヘーゲルに深い感銘を與へた。彼等に共通の思想は汎神論であつた。かやうにして發展的汎神論と云はれるやうなヘーゲルの哲學の基礎は次第に作られつゝあつた。

しかしベルンでの生活はヘーゲルにとつてあまり幸福なものでなく、憂鬱な日が多くなつていつた。シェリングとヘルデルリンとは彼がドイツへ歸つて來るやうに勸め、ヘルデルリンは彼のためにフランクフルトで家庭教師の口の世話をした。ヘルデルリン自身もこの町で銀行家ゴンタルト家の家庭教師をしてゐたのである。かやうにしてヘーゲルは富裕な商人ゴーゲル家の家庭教師となることになつたのである。一七九七年一月、郷里へ立寄つた後、彼はフランクフルトに來た。二人の子供の教育を委され、家の人達との關係も氣持よく、收入も惡くはなかつた、この美しい活潑な町はその當時政治的にも興味があつた。しかしヘーゲルの憂鬱は去らなかつた。彼の頭は哲學上の問題についての重苦しい思索でいつも一杯になつてゐたのである。

フランクフルトにおいて再會したヘーゲルとヘルデルリンとは舊交をあたためた。ヘーゲルは彼の友達がゴンタルト夫人との戀愛の悲劇的な發展のただなかにあるのを見出した。彼の到着後間もなくヘルデルリンは書いてゐる「ヘーゲルとの交際は私にたいへん好都合だ。私はこの落付いた冷靜な人が好きだ。自分でどういふ狀態にあるのか分らない場合、このやうな人の判斷に賴ることができるから」。ヘーゲルがフランクフルトへ來てから程なく、ヘルデルリンの『ヒュペリオン』の第一卷が出版された。それはギリシア的生活の失はれた美に對する憧憬と共に高い人間性と社會の自由な秩序とを實現すべき新しい時代に對する憧憬をもつて滿たされてゐる。二人の友達はこのやうな理想と彼等自身の現實の運命との間の矛盾を如何に悲しく感じたであらうか。理想と現實とを區別することができなかつた。浪漫的詩人ヘルデルリンは彼の戀愛の不幸な結末として突然フランクフルトを去り、やがて遂に狂人となつてしまつた。しかし堅實なヘーゲルは理想と現實との乖離、生と運命の問題を思想の力で解決し克服しようとした。强靱な精力を集中して彼は研究と思索とを續けた。キリスト敎についての見方は深められ、彼の哲學は次第に發達させられ、彼の體系の原始形態ともいふべきものは出來上りつゝあつた。

ヘルデルリンの悲劇の後、フランクフルトはヘーゲルにとつて不幸な町となり、そこに留まることは苦痛であつた。そのうへ、この悲劇が起つてから數ケ月後には、彼は父の死に會つた。一七九九年で、彼の二十九歲の時のことである。彼の母はすでに彼の十三歲の時亡くなつてゐた。父の遺産は三人の子供で分配し、二人の兄弟は妹のためにその三分の一よりも少しづつ少く取つた。いくらかの財産を得たヘーゲルは、今や大學敎授としての經歷の計畫を樹て、開始することができた。ドイツの大學では、たいていの場合、この經歷は先づ無給の私講師から始められねばならない。場所の選擇は困難でなかつた。イエナはその當時ドイツ哲學の中心であり、その近くのワイマールはドイツ文學の中心であつた。シェリングは、一八〇〇年、哲學の教授としてイエナへ來た。ヘーゲルとシェリングとの文通は暫らく中斷されてゐた。シェリングの哲學界における位置は相次ぐ著作の發表によつて高まり、星辰の如く輝いてゐたに反して、ヘーゲルは未だ全く世に知られなかつた。『哲學の原理としての自我に就いて』といふシェリングの書をベルンで讀んだとき、「私はここでは生徒に過ぎない」といふ謙遜な手紙を彼に送つたヘーゲルも、今では自分の獨立性の自覺をもつてゐた。かやうにして彼はイエナ大學の講師に就任する決心をした。

大學講師時代

一八〇一年一月、ヘーゲルはフランクフルトからイエナへ移り、初めはシェリングと一緒に生活した。彼は先づ『フィヒテの哲學とシェリングの哲學との差異に就いて』といふ小さな著作を出し、別に就職論文を書いて大學の無給の私講師となつた。最初の講義は、論理學と形而上學といふ題であつたが、僅か十一人の聽講者を得たに過ぎなかつた。かやうに少しも目立つたところがなく、彼の公的生活は開始された。ヘーゲルの聽講者の數は後のハイデルベルク大學教授時代においても決して多くはなく、二三十人に留まつた。

シェリングと協同して、『哲學批評雜誌』を出した。それは彼等の共通の哲學的見解の機關であり、あらゆる武器をもつて非哲學を撃破すべきものであると稱せられた。しかしイエナにおいてヘーゲルは彼の新體系の第一部と考へられた最も基礎的な書物『精神現象學』を出版した。この書の出版についてバンベルクの書肆との間に紛議を生じた。ヘーゲルは原稿が最後まで完成した上で初めて印刷に渡すといふ方法を採らなかつ

教室に於けるヘーゲル

た。執筆中にすでに印刷が始められた。書物の半分の印刷が濟んだ時に印稅の半分が支拂はれる約束であつた。だいいち、執筆中の書物の半分といふのは、どこまでのことであるかが、決められないことであつた。印刷は一八〇六年二月に始まつたが、ヘーゲルは中途で金が必要になつて印稅を請求した。書店は約束の印刷部數千を七百五十に減じ、また印稅は全部の原稿を受取つてしまふまで支拂はないと言ひ張つた。そこで彼は餘儀なくバンベルクの友人ニートハンメルの助けを乞ひ、十月十八日までに全部の原稿を渡さない場合には、それまでに印刷された部分の全部數を買ひ取るといふ約束で、印稅を支拂つて貰つた。ところで、約束の期日が迫つた十月十三日、當時ドイツへ侵入したナポレオンの軍隊がイエナを占領し、ナポレオン自身が入城した。「皇帝、世界精神が偵察のために町の中を馬に乘つて通るのを私は見た。かやうな個人を見るのは實際素晴らしいことだ。彼はこの一點に集中して、馬に跨つて、世界を把握し、世界を支配する」とヘーゲルは書いてゐる。ヘーゲルは彼の住居から夜の十一時にフランス軍の砲火によつて市場が燃え上るのを見た。砲聲を聞きながら彼は彼の本の殘りの最後の原稿を書いた。十月十八日、ゲーテはイエナにゐる友達たちに回章を出して樣子を尋ねたが、その中にヘーゲルの名もあつた。ヘーゲルも掠奪を蒙り、ゲーテが「十ターレルまで」彼に與へるやうにクネーベルに賴んだほど金に困つた。十月二十日になつて、あの十三日の夜以來ポケットに入れて持ち廻つてゐた原稿を彼はバンベルクに送ることが出來た。これは哲學史家クーノー・フィッシェルが彼の『ヘーゲル』の中に記してゐる有名な逸話であるが、ヘーゲルがナポレオン軍の砲聲を聞きながら彼の現象學の最後の原稿を書いたといふことは、事實でないらしい。しかしそれは如何にもこの哲學者にふさはしい物語である。

ヘーゲルがドイツの敵のナポレオンを「世界精神」と呼んで稱讃したことから、彼の愛國心が問題にされてゐる。彼は偏狹な愛國者でないことはもちろん、フィヒテのやうな種類の愛國者でもなかつた。物をどこまでも客觀的に見てゆくといふのが彼の性格であり、彼の哲學の精神でもあつた。ヘーゲルはナポレオンがその軍隊と進歩したナポレオン法典とによつてドイツの封建的遺制を取り除いてくれるものと見て彼を尊敬したのである。祖國の封建的殘存物を破壞する者は決して祖國そのものを破壞する者ではないと考へたであらう。ヘーゲルによると、すべて英雄といふものは「世界精神の事務擔當者」である。世界を支配する理性は、このやうな事務擔當者を使つて、自己自身を世界史のうちに實現してゆくのである。

イエナ時代にヘーゲルが初めて知つた人のうち最も輝かしい存在はゲーテである。大學の講師になることを許されたヘーゲルは、一八〇一年の秋、ワイマールのゲーテの許に就任の挨拶に赴いてゐる。文豪ゲーテはイエナ大學の監督の地位にあるワイマール宮廷の重臣であつた。その後、彼の一生のうちに數回ヘーゲルはゲーテに會つてをり、また書簡を往復してゐる。彼がゲーテから何を學んだかは、一八二五年四月二十四日附のゲーテへ宛てたヘーゲルの書簡が示してゐる。「私の精神的發展の跡を眺めますと、どこでも貴方がその中に織り込まれてゐるのを見ます。私は貴方の子供の一人と呼ばれて好いでせう。私の心は抽象化に抗する支への力を、貴方から得てきてゐます。そして貴方の作られたものを導きの炬火として、その進路を正しい方向に向けてきたのです」。物をどこまでも具體的に捉へるといふことがヘーゲルの哲學の根本であつた。この態度においてゲーテは彼にとつて導きの炬火であつたと云へるであらう。

『精神現象學』は最も難解な哲學書の一つとされてゐるが、その中でヘーゲルはシェリングの哲學を批判して、彼の獨自の哲學の基礎を置いた。本の出來るまで大いに期待してゐたシェリングは、受取つた本の序文だけしか讀まないで、半年ほど經つてから、明かに心の興奮を示した手紙をヘーゲルに送つてゐる。この手紙を最後として彼等の文通は終り、シェリングのヘーゲルに對する友情もまた終つた。

イエナ戰爭の後、ヘーゲルは生活方針を變更することを餘儀なくされた。僅かな財產はすでに使ひ盡され、講師として得る聽講料も、執筆による收入も、彼の生活を支へるに足る見込はなく、またイエナ大學で昇進のできる見込もまづなかつた。幸運はなかなか彼に廻つて來なかつた。

新聞編輯　學校教育

彼の生涯にとつて最善の友達であつたニートハンメルの勸めと世話とによつて、一八〇七年五月ヘーゲルはバンベルクへ來て、そこの『バンベルク新聞』の編輯に從事することになつた。ニートハンメルの申出に答へた手紙の中で、ヘーゲルは、仕事そのものは私には興味がある、御承知の通り私は世界の出來事に好奇心をもつて注意してゐるのであるから、と云ひ、なほ新聞の編輯方針の改善について彼の意見を附け加へてゐる。實際、政治に對する彼の關心はチュービンゲンのクラブ以來絶えず存在してゐた。ベルンでスイスの政治的問題を研究した彼は、フランクフルト時代には特にイギリスの政情に眼を向け、イギリスの新聞の拔萃を作つてゐる。またこの時代に彼はウュルテンベルク最近の內情について政治的論文を書いてゐる。イエナに移つた最初の年の冬に、彼は非常な勤勉をもつて『ドイツ憲法』といふ尨大な、注目すべき論文を執筆してゐる。革命後のフランスの政治情勢から眼を離さなかつたことは云ふまでもない。かやうなヘーゲルにとつて、バンベルクにおける新聞編輯の活動は政治上の時事問題、更に政治一般の理解を深める上に有益であつた。もとよりそれは哲學者として生れ付いた彼を長く滿足させ得るものでなかつた。新聞編輯者の生活は翌年十一月末まで續いた。

再びニートハンメルの骨折りで、彼がニュルンベルクのギムナジウムの哲學準備敎育の敎授と同時にその校長に招聘されることになつたといふ知らせは、ヘーゲルを非常に喜ばせた。敎育家としての彼の活動は立派であつたと云はれてゐる。一八〇八年から一八一六年に至るニュルンベルク時代は、その地位は決して高いものでなく、何とか大學敎授になれないものかと焦慮することがあつたにしても、また收入も少くて生活は決して樂ではなかつたにしても、ヘーゲルにとつて最も善い時代であつたと考へることができるであらう。彼はその哲學的活動の成熟期にさしかかり、その精神力の最も旺盛な時代にあつた。この地において彼の大著『論理學』は完成された。その第一部第二部は一八一二、一三年に、第三部は一八一六年に出版された。ヘーゲルの論理學は辯證法と呼ばれるものであつて、科學及び思想の歷史において全く劃期的な仕事であつた。次にこの時代にヘーゲルは結婚してゐる。一八一一年のことで、彼はすでに

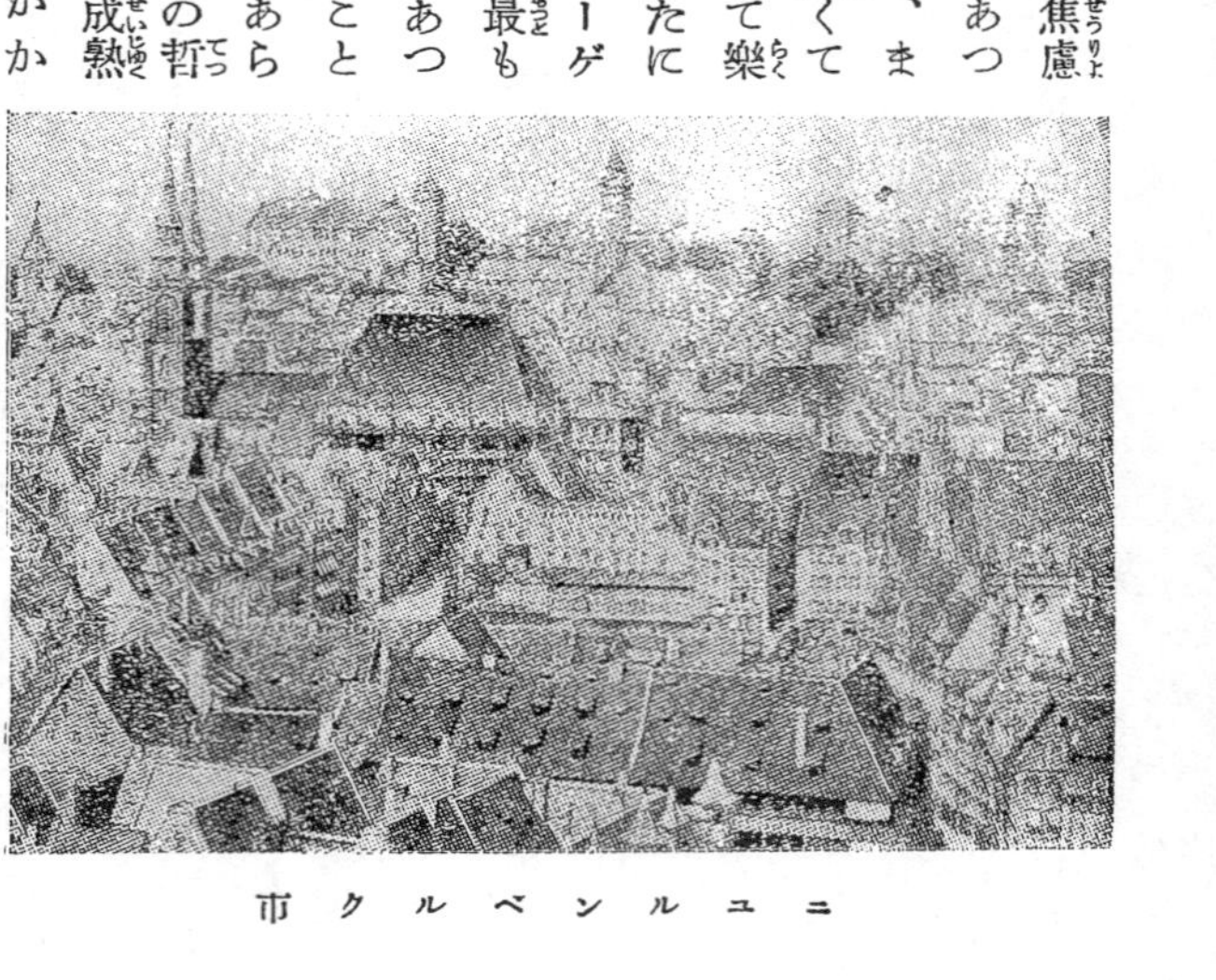

ニュルンベルク市

四十一歳に達してをり、彼の妻になつたマリエ・フォン・トゥッヘルはその時二十歳であつた。結婚は幸福であつた。彼等の最初の子は女であつて、生れると間もなく死んだが、その後二人の男の子が生れてゐる。特に長男のカルルは哲學的素質もあつて、父の死後その世界史の哲學についての講義を整理して出版してゐる。家庭の人として彼はつねに善い夫であり、善い父であつた。

大學教授時代

彼が永い間希望してゐた日が遂に來ることになつた。ヘーゲルの招聘は、エルランゲン、ベルリン、ハイデルベルクの三つの大學において殆ど同時に問題になつてゐたが、結局ハイデルベルクへ行くことになつた。彼が一般に有名になり始めたのは、この頃からである。その時の就任演説の中には、「眞理の勇氣と精神の力に對する信仰とは哲學の研究の第一の條件である」といふ言葉がある。ハイデルベルク時代に彼の他の一つの大著『エンチクロペディ』(哲學百科集成)が完成され出版された。

二年の後、轉じてベルリン大學の教授となり、彼の全盛時代が來た。その十三年に亘る活動の間に彼が自分で出版した唯一の書物は『法律哲學』(一八二〇年)である。イエナが精神現象學の時代、ニュルンベルクが論理學の時代、ハイデルベルクがエンチクロペディの時代であるとすれば、ベルリンは法律哲學の時代であると云ふことができるであらう。「理性的なものは現實的であり、現實的なものは理性的である」といふ、よく引用される言葉は、この法律哲學の序文の中の一句である。今や彼は「プロイセンの國家哲學者」として名聲は愈々高まり、多くの崇拜者と追隨者とを自己の周圍に集め、思想界の王者たるの觀があつた。

かやうにしてヘーゲルはその生涯において、徐々に、忍耐をもつてその地位と思想とを築いていつた。彼の言行には天才にありがちな奇矯なところは少しもなかつた。ベルリン時代には樣々の人と交際もし、また一家打揃つて郊外へ遠足に出掛けることもよくあつた。芝居や音樂會へも行つた。客間ではなるべく學問の話を避けて、政治や社會の最近の出來事を話題として、冗談を交へて、愉快に談じた。生活はいつも質素で、衣食については淡白で、特別の嗜好をもたなかつた。ただ珈琲は好きで、煙草はよくのみ、殊に嗅烟草を愛用した。彼は人間としては極く普通の市民であつた。しかし誰が彼は平凡であつたと言ひ切ることができるであらう。彼の頭腦は日夜間斷なく活動し、全世界を呑み込んで、みづからが全世界となつた。彼の情熱はこの思想の世界に集中されてゐたのである。ヘーゲルの風貌については、彼の弟子ホトは次のやうに記してゐる。

「或る朝、私が自分を紹介するために始めてヘーゲルの部屋におづおづと、しかし何か信ずるところをもつて、這入つて行つたのは、私がまだ學生々活を始めたばかりの頃であつた。彼は廣い机の前に腰かけてゐたがすぐせつかちに、一ぱい積み重なつて、そこらに散ばつてゐた書物や紙片を掻き分けてくれた。早く老人のやうになつた身體は曲つてゐたが、その底には、岩疊な力が潜んでゐたのだ。無雜作に肩にひつかけてゐた部屋着は、ちぢこまつた身體を環ふて床まで垂れ下つてゐた。人をして畏敬せしめる氣高さや、人を惹きつける優しさといふやうな影は少しも見られなかつた。彼の動作のうちから見とられるものは、何よりもまづ昔ながらの市民的な品行の正しい中庸といふ特徴である。顔の第一印象を私は忘れることが出來ない。顔のどの部分も生色がなく、弛んで死んだやうに垂れ下がり、烈しい情熱はどこにも見られない。しかし晝も夜も默々として働き續けた思惟の全過去は顔のどの部分にも反映してゐた。――顔は如何にも彼にふさはしく、鼻や、幾分後に反つてゐるが高い額や、落ち着いた顎は、如何にも品があつた。どんな大きいことにも、どんな小さいことにも忠實で、心から誠を以て當つたその品位、出來る限りの力を以て、ただ眞理のうちに於いてのみ終局の滿足を見出して來た明晰な意識のもつ品位、これは顔のいづれの部分にもこの上なく個性的にはつきりと現はれてゐる。」

書齋に於けるヘーゲル

一八三一年十一月十四日、ヘーゲルはコレラに罹つて突然この世を去つた。彼の活動と榮譽との頂上において彼は逝いた。彼の死後間もなく起つた彼の學派の分裂、この分裂による彼の體系の崩壊を經驗することなしに彼は逝いた。彼の體系は實際崩壊した。しかし彼の哲學の方法、辯證法といはれる彼の論理學はいつまでも生き殘り、人類永遠の財産となるであらう。

（終）

杓子定規では決められない　文化の紹介

三木　清

「日本の風俗、習慣をありのまゝに紹介する、これがどうして国辱になるかゞ第一の問題ですね、汚らしい貧乏ツくたい風俗がよくないといふ観点からこの国辱といふ断定が出発したとすれば役人が日本の風俗、習慣を国辱物であると断定したことになります、それならば、なぜそんな国辱風俗をそのまゝにしてノホホンとしてゐるか、それがまた問題になつて来ますが、まあそれは別として、役人諸公は日本の現在ある文化の

標準　をどこに置いてゐるのか、これが明確にされなければならない、もし銀座を問題の中心として日本的なものを考へてゐるのなら間違ひで日本文化はいろいろな要素から成り立つてゐて、むしろそれが日本の特色でさへあるのです、その特色を平和的な姿で紹介する、これには現今の国際情勢からして役人諸公はむしろ賛成しなければいけない立場ではありませんか、問題の映画については試写会に行つた芹澤光治良君から「いまゝでの映画と違つて非常に印象的だつた」といふ話しを聞き、自分も国際映画協会のプレスを見ましたが、少しも国辱だなど、は感じられませんでした、易者といふやうな古いものはどこにでもある、その古いものから生れでゝくる新しいものを我々は期待し、また生まさうと努力してゐるんです、かうした

土俗　的な風俗、習慣、これが悪いといふことになると日本精神を謳へてゐる役所の意見と大きな矛盾を来たしますね、大体役人はなんでもかんでも統制しようとする、統制といふやつは権力を振ふことだから役人にとつては愉快かもしれませんが、かうした文化の紹介などにはいろいろなやりかたがあり、さう杓子定規にきめてか

かるべきでないと思ひます」

（『讀賣新聞』夕刊、一九三七年四月八日）

戰爭と文化

三木清

一

戰爭と文化といふ問題は或る意味においては簡單で明瞭なことである。複雜であり、また重要でもあるのはむしろ「戰後の文化」の問題である。

現に戰爭が行はれてゐる場合、すべてのことは戰爭に集中される。それは戰爭といふものの性質から從つて來る絕對的要求である。そこには如何なる曖昧な關係もあり得ない。文化もまたそのとき戰爭に從屬させられるのである。

今度の支那事變においてさへ、例へば、文部省では、在外研究員を全廢しないまでも大いに減少し、事變に直接に關係のない「不急」の學科については留學生を外國へ派遣しない方針を決定したと云はれてゐる。それに關して、何が不急であり何が緊要であるかの議論も行はれてゐるとのことであるが、大きな戰爭になれば、かやうな議論は何處かへ吹つ飛んでしまふのであつて、大學の如きも閉鎖の運命に出會はねばならぬであらう。學者も藝術家も彼等の職場を棄てなければならない。たとひそれほどまでに立ち到らなくても、戰爭といふ目的からすれば、文化はすべて何程か「不急」のもの、贅澤なものと考へられる。これが注意すべき第一の點である。戰爭はあらゆる犧牲を要求する、文化がそれから免れ得る筈はなく、むしろその最初のものである。そしてかやうな犧牲が文化にとつて否定的或ひは破壞的意味を有することは已むを得ないであらう。

しかし次に、近代の戰爭は極めて綜合的であるといふことを特色としてゐる。それは單なる肉彈戰でなく、また科學戰である。更に思想動員――例へば今度の事變における「國民精神總動員」の如き――を初め、廣汎な文化の動員が行はれる。戰爭は文化を排除するのでなく、却つて自分のうちに文化をも包括する。從つてそれは單に文化を否定するのでなく、文化の性質を變化させるに過ぎないと考へられるであらう。これは確かに注目すべき事實であり、我々の指摘しようとする第二の點である。尤もそのために、文化が戰爭に從屬させられるといふ事情は變らない。科學においても必要とされるのは戰爭に關係のある部門である。理論的な、基礎的な研究はこれに反して輕視され、犧牲にされる。奨勵されるのは軍歌であり、戰爭映畫であり、戰爭劇、戰爭小説の類の生産である。すべては戰爭の影響のもとに、正宗白鳥氏の言葉を借れば、「黑一色」になるのである。一般に文化の獨自性は認められない。戰爭の影響を受けて文化の特殊な、新しい方面が發達することも見逃せないが、戰爭の必要とする徹底的な統制は文化の自由な發達を許さない。

　しかしそれにしても、文化動員といふものは、兵火を交へて勝敗を決することとは性質を異にするであらう。もちろん、科學の如きは、武器の改良 新兵器の發明等によつて直接に戰爭に參加することができる。けれども他の多くの文化は戰爭に對してかやうな關係を有するものではない。それにも拘らず、近代の戰爭においては精神動員が必要とせられるのみでなく、重大視せられるといふことは、戰爭といふものの本質を理解する上に注目すべきことである。即ちそのことは、戰爭が特別の手段に訴へられた政治にほかならないといふことを示してゐる。戰爭は政治の延長にほかならない故に、兵火とは直接に關係のない文化もそのために動員せられねばならないのである。かくしてまた戰爭と文化といふ問題を考へる場合、その戰爭が如何なる種類の政治の手段であるかといふことを考へねばならぬ。これが注意すべき、そして最も重要な、第三の點である。戰爭と文化といふ問題が形式的な、抽象的な議論から具體的に、現實的に規定されるのは、主としてこの點に關はつてゐる。あらゆる犧牲を要求する戰爭の目的乃至理想は眞に合理的なものでなければならない。

二

　戰爭は最大の消費者である。それは從來蓄積されてゐた武器、物資を消費し盡し、新しい生産もなほ不足を感ぜしめ、更に戰爭の影響による國內の生産力の減退のために外國からの供給に俟たなければならない。かやうに大きな消費者である戰爭も、文化はあまり消費しない、場合によつてはその消費が全く止つてしまふ。即ち芝居や音樂會は休まねばならなくなるであらうし、書物の出版も困難になる。戰爭の要求する犧牲は新しい文化の生産を停頓させる。第一の點として述べたやうに、戰爭といふ目的からすれば、文化はすべて「不急」のもの、贅澤なものとせられるのみでなく、戰爭によつて惹き起される經濟的事情は文化的な餘裕を奪つてしまふ。しかもあらゆる歷史的現象にとつて同じ狀態に留まるといふことは不可能である。進步しないことは退步することである。戰爭はその兵火によつて過去の蓄積された文化、多くの價値ある建築物、美術品等を破壞するといふ危險を有するのみでなく、新しい生産を停頓させるといふ意味において文化にとつて不利なものである。戰爭が好んで行はるべきものでない以上、かやうなこともまた忍ばるべきであらう。

しかし第二の點として述べたやうに、戰爭は決して文化を全く必要としないのではない。それが文化を必要とする點において戰爭は文化を發達させることができる。そこで戰爭と文化との關係について科學者の或る者は特に樂觀的な意見をもつてゐる。例へば、『科學』十月號の卷頭言の筆者は次のやうに書いてゐる。「歐洲大戰の間に航空機や無線通信の如きが著しい進歩を示し、そのお蔭で大戰後これらの實用がいかに廣く進められたかは多くの人々の知る通りである。更に特筆すべきことは戰爭に伴ふ物資の極度な窮乏が却つて多くの新産業の端緒を生み出すといふ事實である。その例は歐洲大戰當時のドイツにおいて見ることができるのであつて、今日においてゴムや彈性ガラスやその他種々の物質の物化學的合成が行はれるに至り、そのほか諸種の工業上の進歩が見られるのも大戰當時の異常な苦心を機とするものが尠なくない。この點から見るならば戰爭は却つて科學的の發達に貢獻するとさへ云ふことができよう」。事實は確かにその通りである。しかしその際附け加へて考へなければならぬ多くのことがある。

即ち先づ考ふべきことは、なるほど戰爭を機會に種々の發明は爲されはするが、そのことが可能であるのも、平素、平和の時に、科學が發達させられ、普及させられ、科學的精神が養成されてゐた爲めである。歐洲大戰前のドイツにおける科學のあの目覺ましい發達と普及なしには大戰當時のドイツにおける諸發明も不可能であつたであらう。必要は發明の母であるといふのは眞理である。しかし平素の準備がなければ緊急の必要が生じても發明は爲され得ないので大切なことは常時において國民の間に科學が普及され、科學的精神が養はれてゐるといふことである。科學を尊重しないやうな思想は特に戰爭に當つてその弱點を暴露しなければならない。次に、なるほど戰爭は科學の發達の機會となり得るにしても、戰爭のみが發明の動機となるのでなく、また戰爭のみが科學の發達の契機となるのでもないことは云ふまでもなく明かである。從つて科學の立場からの戰爭讃美論は無意味である。更に考ふべきことは、戰後の平和的な産業及び生活に貢獻するに至つた右に擧げられてゐる諸發明諸發見の多くは、直接に戰爭そのもののために必要であつたといふよりも、戰爭の影響によつて生じた結果を除くために要求されたものであるといふことである。二つのことは區別して考へなければならない。即ち筆者が「特筆すべきこと」として記してゐるのは、「戰爭に伴ふ物資の極度な窮乏」を補充するための諸發明諸發見であり、それらは物資の新しい生産手段として戰爭とは無關係に平和的な目的に役立ち得るものである。それらは戰爭を機として生れたものであるにしても、そこに働いてゐるのは戰爭上の效果を大きくしようとする意志であるよりも、戰爭の影響をできるだけ少くしようとする文化的意志である。實際、戰爭の齎す災害をできるだけ少くするといふことが戰時における文化的活動の大きな目的でなければならぬ。もちろん戰爭はすべてのものを自分に仕へさせる。かくて事實は更にまた、戰爭は何よりも直接に戰爭に關係のある兵器の進歩を要求するといふことであり、歐洲大戰當時タンクや毒ガスや長距離砲の如き驚くべき新兵器が現はれたのは周知のことである。そして科學のかやうな利用によつて戰爭の慘禍が大きくなつたことは爭はれない。尤もそれだからといつて科學そのものを非難することは當らないであらう。直接に戰爭のために爲された諸發明諸發見の中から戰爭を超えて文化的な目的に役立ち得るものが生れるといふことも多いのである。戰爭は決して科學の發達のために起るものではないやうに、科學が發達すれば戰爭がなくなると考へることも間違つてゐる。戰爭は一定の政治によつて必要とされる特別の手段である。「戰爭は科學の發達に貢献する」といふのは言ひ過ぎであつて、科學は戰爭がなくても十分に發達することができる。現代物理學に革命を齎した相對性原理や量子論等は戰爭の産物でなく、工業上の諸發明諸發見は平時においても絶えず進行してゐる。戰爭が科學を利用するのは當然であるが、問題は如何なる政治の手段としての戰爭にそれが利用せられるかといふことである。即ち戰爭と科學といふ問題も、我々が第三の點として注意したやうに、政治と科學といふ問題に歸着する。そしてそれは、戰爭中に爲された諸發明諸發見がその後において果して大衆の眞の幸福を増進することに仕へるか否かといふ「戰後の文化」の問題にも繋がつてゐることである。文化にとつてはすべてが好ましいとは云へぬ戰爭が尚且つ行はれねばならぬのも、それによつて戰後の文化の飛躍的な發展が期待され得る場合である。

三

かやうな關係は科學以外の文化において一層明瞭である。例へば藝術のやうなものは直接に戰爭に役立ち得るものでない。もちろんすでに述べた如く、近代の戰爭はあらゆる文化を動員する。かくして戰爭文學の類が無數に生産される。しかるに先づ注意すべきことは、そのやうな戰爭文學は實は政治文學にほかならないといふことである。それらの多くは政治文學としても露骨な、極端なものである、從つて永續的な藝術的價値を有しないのがつねである。かやうな政治的イデオロギーを離れて、戰爭そのものを描き、戰爭から生ずる直接の感動を現はした藝術作品も作られないではない。しかしながら我々の知つてゐるすぐれた戰爭文學の主なるものは、戰爭中に生れたものであるよりも、寧ろ戰爭の後に、戰爭の體驗についての反省の中から生れたものである。それらは實際は「戰後の文化」に屬してゐる。現に戰爭が行はれてゐる場合、直接に戰爭に從事してゐる者はもとより、すべての人にとつて文化的生産が不可能もしくは困難にされるといふ理由から、また戰爭から受ける衝撃があまりに大きくて靜かに且つ廣く觀察することが容易でないといふ理由から、更に戰爭について自由に反省し獨立に判斷するといふことが許されないといふ理由から、戰爭文學の如きにしてもすぐれたものが生れ得ない事情にある。それらの障礙が除かれた戰後において、戰爭を主題とする文學なども、すぐれたものが生れ得るのである。戰爭の影響が文化的に廣汎に現はれるのは戰後においてである。あの歐洲大戰にあつても、最も重要な文化的現象はいはゆる「戰後文學」、等々のものである。かくして戰爭と文化との關係を考へる場合、戰後の經濟的・政治的發展並びに思想的發展が如何になつてゆくかを考へることが大切である。近代のすぐれた戰爭文學のうちには最早や昔のやうな英雄主義的なものは見出されないといふことも注目すべき事實である。文化の目的は單に戰爭に仕へることにあるのでなく、戰爭を超えたものであり、戰時において作られる文化が如何なる價値を有するかといふことも戰後の發展に應じて決定されることである。文化を考へる者は一時の問題に囚はれてしまつてはならない。

戰爭は歷史の大事件として人間生活のあらゆる方面に深刻な影響を與へる。この影響は決して單に破壞的なものに限られない。破壞はそれ自身すでに舊いもの、役に立たないものの拂拭作用の意味をもつてゐる。破壞は同時に建設の意味を有し得る。戰爭のために日常生活における虛禮虛飾が廢止されるといふこともあらう。戰爭の經濟的影響の結果却つて生活の合理化が進められるといふこともあらう。また戰爭は人間を犧牲、協同、勇氣、訓練、等々の美德に敎育するといふこともあらう。かやうな生活上並びに精神上の變化の上に新しい文化の作れることが可能にされるであらう。もとより戰爭について、それらの善い影響のほかにまた種々の惡い影響を擧げることも容易にできる。しかも一定の限界を越えるとき、戰爭は惡い影響ばかり與へる危險をもつてゐる。文化に關しても戰爭は善惡兩面の作用を有するであらう。しかしながら、戰爭には善い方面もあり惡い方面もあると考へるだけでは不十分である。文化に對して如何なる惡い影響があるにしても、戰爭は「それにも拘らず」起るものである。戰爭は政治の特別の手段として遂行される。戰爭はかやうに政治の一つの手段なのであるが、しかし戰爭といふやうな大事件はまた特に力強く政治に影響し、政治を變化させる。その最も極端な場合は革命であつて、戰爭の結果として革命の生じた場合は古來歷史にその例が乏しくない。歐洲大戰後におけるドイツの革命、ロシヤの革命などもそれである。極端な場合を考へなくても、戰爭を手段とした政治が逆に戰爭から影響されるといふことは必然である。戰爭が與へた物質的並びに精神的影響が政治に對して作用するのである。戰爭と文化といふ問題にとつて重要なのは、「戰後の文化」の問題であるとすれば、かくの如き政治の變化に絕えず注目してゆくことが大切である。かやうな觀點を忘れることなく、戰爭が及ぼす惡い影響をできるだけ少くすることに努力すると共に、それが善い影響を與へる限り、これを助長してゆかなければならぬ。その善い影響を考へるにせよ、惡い影響を考へるにせよ、一時の興奮に驅られて將來のことを慮らないのは、特に文化の如き永續的な仕事が問題である場合、深く愼しまねばならぬことである。戰爭が始まつたからといつて文化的意志は拋棄さるべきものでなく、また善い意志はあらゆる機會に活動の場所を見出し得るものである。

＊三木氏　評論家

世界文化の苦悶と教育

三木清

私に與へられた題、世界文化の苦悶と教育について、先づ考ふべきことは、文化と苦悶との關係である。苦悶の存在が直ちに文化にとつて有害無用であるのではない。むしろ苦悶は文化の根源であるとも云ひ得るであらう。いつぞや厨川白村氏によつて文藝は「苦悶の象徴」であるといふ說が流行させられたことがあるが、藝術家の精神、藝術的創造の根柢には或る悲劇的なものがあると云へるであらう。悲劇の分らない者には文化は解らないとも云へるであらう。苦悶は文化の創造の根源であり、新しい文化は苦悶の中から誕生する。今日における世界文化の苦悶はやがてそこから新しい世界文化が生れて來ることになるであらう。我々はこの苦悶を回避すべきでなく、却つてそれを自己において深く體驗することが必要である。含む問題の大いさが文化の大いさを決定するのである。しからば今日における世界文化の苦悶は何處に存在するのであらうか。

世界文化の苦悶は先づ、「世界的な」文化が今日存在しないといふところにある。中世には中世として統一した世界觀があり、それがその時代の凡ての文化の基礎となつてゐた。カトリツク的敎會的文化がそれであつた。それがヨーロツパ的世界に關する限り統一的な世界的な文化であつた。近世においても一つの世界的な文化がある。唯今普通に自由主義の文化といはれてゐるものがそれである。ところで今日、世界文化の苦悶について語られるのはかやうな世界的な文化が存在しなくなつた爲めである。

その理由の一つとしては、今日では世界といふものが極めて廣くなつた結果、その文化のうちに新しい要素が入り込んで來たといふことが擧げられるであらう。これまで世界はヨーロッパ中心に考へられて來た。しかるに今日では西洋人にとつても世界はもはやヨーロッパ中心のものであり得なくなつた。就中あの世界大戰を轉期として、西歐の傳統的文化と違つた特色を有する新大陸の文化（いはゆるアメリカニズム）及びスラヴ文化（ドストイエフスキー等によつて代表され、半ヨーロッパ的・半アジア的といはれるロシヤ文化）が西歐に侵入して、大きなそして深い影響を與へるやうになつた。更に最近に至つては東洋が世界の中に入つて重要な地位を占めることになり、ここに西洋文化と東洋文化との對立が世界文化の問題となるに至つた。かやうに世界といふものが交通や經濟や政治の發達によつて擴大され、地球上の相異る地域、民族を包括するやうになると共に、それらの地域或ひは民族の異質的な諸文化の中から、交通や經濟や政治の發達によつて現實的に成立した世界に相應する世界的な文化の現はれて來ることが問題とならなければならぬ。世界文化の苦悶は、世界の擴大と共に異質的諸文化が從來の世界的な文化の中へ侵入した結果として要求されるに至つた新しい世界的な文化の誕生の苦悶であると考へることもできるであらう。嘗てマックス・シエーラーは、一種の歴史哲學的思想に基いて、やがて來る時代は「平衡の時代」であると見、そこでは例へば西洋的なものと東洋的なものとブルジョワ的なものとプロレタリア的なものとが和解し平均化して、平衡に達するであらうと述べた。しかしながら今日に至るまでの歴史の發展はシエーラーの豫言を裏切つてゐる。文化の發展を均衡論的な歴史哲學によつて說明しようとすることは不十分であることを免れないであらう。二つの異質的な文化の間に調和が可能であるとすれば、それは兩者の平均化、折衷、靜的な融合によつて齎されるものでなく、寧ろその一方が主動的になつて他方を止揚してゆくといふ仕方で達せられるものであらう。

しかしながら、今日における世界文化の苦悶は本質的には單に右のやうに世界の諸地域或ひは諸民族のうちにそれぞれ傳統的に存在する諸文化が統一に達してゐないといふところにあるのではない。從つて例へばこれまで我が國において能く云はれた東洋文化の融合とか統一とかが今日の文化にとつて最も切實な問題であるのではない。東洋文化の調和といふことは今日なほ一部の自由主義者によつて唱へられてゐるのであるが、そのことが全く問題でないとは云ひ得ないにしても、そのことが今日の文化にとつて最大の問題であるのでも最大の苦悶であるのでもない。世界文化の苦悶はこれまで世界的な文化であつた自由主義の文化が、もはや世界的な文化であり得なくなつた時に始まつたのである。自由主義の文化は實際これまでは世界的な文化であつた。日本にしても、世界的となるには先づこの文化を移植しなければならなかつたのであつて、それは單なる西洋模倣といふやうなことではなかつた。自由主義の文化は資本主義と結び付いたものである。しかるに今や資本主義の行詰りと共に自由主義の文化も行詰らざるを得なくなつた。それは固より單に西洋文化の行詰りといふが如きものではなく、從つて東洋文化が代れば簡單になくなるといふが如きものではない。資本主義乃至自由主義は、勿論、世界のうち逸早く科學的技術が發達した西洋において最初生れたものであるけれども、單に西洋的であるとは云ひ得ず、一般に近代的な且つ世界的な文化であつたのであつて、東洋にしても、近代化された世界化されるためには、それを採用しなければならなかつた。尤も、そのことによつて東洋の文化の、日本或ひは支那の文化の民族的特質がなくなるといふのではない。同じ西洋においても、ドイツとイギリスとフランスとでは、それ〴〵の文化に民族的な體質がある。しかしそれらの民族的文化に共通な世界的要素と云へば、自由主義であつたのである。

一般的に見て、世界文化の苦悶が自由主義或ひは資本主義の行詰りから發してゐることは確かである。それは行詰つたのであつてもはや滅んでしまつたわけではない。もしそれが全く滅んでしまつたのであつたら、既に新しい世界的な文化が現はれてゐる筈であり、從つてもはや苦悶も存しない筈である。自由主義乃至民主主義は形を變へはしたが、現在もイギリス、フランス、アメリカ等に行はれてゐる。次に今後どのやうな文化が世界的な文化になるにしても、それは自由主義や民主主義が作り出した文化のうち永續的な價値を有する要素を遺産として繼承しなければならぬ。自由主義を排斥することは必要であり、正當であるにしても、そのあらゆる要素が否定さるべきではなく、また死滅してしまふのでもない現在、傳統主義者の說くやうに、文化の傳統の尊重の大切であることに異論はあり得ないが、その場合尊重さるべきものは、單に過去の民族的な文化の傳統のみでなく、從來の世界的な文化卽ち自由主義の文化の傳統でもなければならぬ。これは文化の傳承を自己の重要な任務の一つとする敎育においては特に考慮を要することであらう。更に注意すべきことは、自由主義の排斥と自由そのものの排斥とを混同しないことである。自由主義は滅びるものであるにしても、自由は滅びるべきものではない。問題は自由の新しい概念新しい見方であり、そしてこの自由を實現すべき新しい手段、新しい方法であるのである。ヘーゲルは彼の歷史哲學を總括して、歷史の進步は自由の意識における進步であると述べたが、彼はカントが自由主義者であるといふ意味において自由主義者ではなかつた。

自由主義の文化の行詰りは、誰でも云ふやうに、個人主義の行詰りであると同時に合理主義の行詰りであり、また人間主義の行詰りである。自由主義は先づ個人主義である。個人といふものは我々にとつて最も疑ひ得ないものであり、何にもまして具體的なものであるやうに思はれる。その個人を中心として見る見方が行詰つたのである。自由主義はまた合理主義である。理性といふものは凡ての人にとつて最も確かなものであり、理性以外に據り所とすべきものはなく、理性はあらゆる文化の根柢でなければならぬやうに思はれる。その理性を基礎として見る見方が行詰つたのである。更に自由主義は人間主義である。自由主義は人間を神といふやうな超越的なものから解放して、人間を人間自身から理解すること、そして文化を純粹に人間的なものとして內在的に理解することを敎へた。しかるにかやうに人間を人間自身から、文化を文化自身から見てゆく見方が行詰つたのである。

かくて今やそのやうな思想に對蹠的な種々の思想が現はれるに至つた。個人主義に對する全體主義もしくは社會主義、合理主義に對する非合理主義、人間主義に對する超越論例へばバルトの辯證法的神學などがそれである。しかるに問題は片附かないやうに思はれる。全體主義に對しては逆に個人の人格の價値が力說されねばならないであらうし、非合理主義に對しては反對に理性の意義が强調されねばならないであらうし、超越論的神學的立場に對しては反對に人間的文化的立場が主張されねばならないであらう。現代文化の苦悶はそれらの相反する思想が如何にして統一されるかといふところにあると云はれるであらう。この場合、その綜合の仕方は我が國においても、とりわけ折衷的であることを一つの特色とする我が國の哲學においては、既に與へられてゐる。しかしながら歷史の重大な轉換期に當る今日において、折衷主義は用をなさない。折衷主義は、思想の歷史の示すやうに、寧ろ文化の末期に現はれる思想であり、今日の折衷主義的思想は、この轉換期が新しい社會及び文化の誕生の端初を意味すると同時に舊い社會及び文化の末期を意味するといふ二重の性質を有することに相應するものであつて、我々はそのうちに新しい社會及び文化の原理を認めることができぬ。また折衷主義は穩健ではあつても革新的な行動原理となり得ないといふ弱點を有し、しかるに今日に最も必要とされてゐるのはこの行動である。右の相反する思想の傾向は辯證法的に統一されると云はれるであらう。成程その通りであるとしても、注意すべきことは、我が國においては辯證法も折衷主義のための方法として屡々用ゐられてゐるといふことである。またそれが折衷主義でないにしても、辯證法は形而上學とならねばならぬとすればこれに對しては既に唯物論といふ反對者が現はれてをり、また科學もそれに必ずしも同意を與へないであらう。そして唯物論は今日の世界文化において見逃し難い勢力を有し、科學は今後の世界文化においても重要な地位を占むべきものである。更にそのやうな形而上學を認めるとしても、形而上學は究極期的なものについて語るのみであつて、それに到る現實の過程を示し得ないといふ弱點を有するのがつねである。しかるに行爲は單に心のうちで行はれるものでなく、現實的に存在するものを變化することでなければならぬ場合、行爲は單に究極的なものでなくてこれに達すべき實際の過程が一々示されることを要求するのである。かくして右の問題がただ頭の中で考へられるほど簡單でなく、現代文化の苦悶とならねばならぬことが理解されるであらう。

ところで一層重要なことは、現代文化の苦悶といはれるものが、實は單に文化的なものでないといふことである。もしもそれが單に文化的なものであるならば、苦悶の解決は比較的簡單なことであらう。解決の困難は、文化的なものとして現はれる苦悶の根源が文化以外のもの若しくは文化以上のもののうちにあるといふ點に關係してゐる。これにも種々のものが考へられるであらう。先づ文化以外のものとして重要な經濟生活である。あらゆる文化は社會の經濟的構造を下部建築とする上部建築であるといふ唯物史觀の見方を認めないにしても、文化が社會的經濟的諸關係に依存するところがあることは認められねばならぬであらう。現代文化の苦悶は現代社會の苦悶を表現するのであつて、後者の解決なしには前者の解決はあり得ないと云はれるであらう。けれども他方現代社會の苦悶を實踐的に解決しようとするにしても、この實踐には思想的な指導原理が必要であると云はねばならぬ。

次にここで我々が文化以上のものといふのは人間の存在そのものが關はつてゐる文化の基礎には人間がある。しかるにこの場合、人間の存在は人間自身から理解され得るやうな內在的なものでなくて超越的なものを根柢としてをり、そしてこの超越的なものがまた文化の根柢になければならぬと考へるとき、現代文化の苦悶はこの超越的なもの、分り易く云へば、宗教的なものに關係してゐると云はれるであらう。宗教は文化の一つといふが如きものでなく、むしろ文化を越えたものである。かくして現代文化の苦悶は本質的に宗教的なものであるといふ見方がある。今日において如何にして宗教が可能であるかといふことは現代文化の一つの根本問題である。しかし我々がここで特に注意を促さうと思ふのは、今日における文化と政治との關係である。右に述べた經濟や宗教の問題も實はこの問題のうちに包括され得るといふことが現代の世界文化の一つの注目すべき特徵である。先づ政治は經濟の集中的表現であると云はれるやうに經濟の文化に對する力はそれが政治として現はれる場合において最も重要であり、次に宗教について云へば、宗教は現在、政治に對して文化と同樣の地位におかれてゐるのである。

今日における世界文化の苦悶は、文化が政治の壓力下に立たされてゐるといふことである。嘗て中世においてはすべての文化が、政治そのものでさへもが、宗教の下に立たされてゐた。哲學の如きもいはゆる神學の奴婢であつたのである。しかるに世界の現狀においてはすべての文化が宗教そのものですらもが、政治の下に立たされてゐる。哲學の如きも今日においては「政治の奴婢」であると云はれるであらう。嘗ての宗教の位置に今日においては政治が代つてゐる。これは今日の世界文化の問題を考へるに當つて極めて注目すべき事實であり、現狀文化の一つの根本的な特徴であると云ひ得るであらう。政治の文化支配が世界文化の苦悶であり、しかもこの支配が何等偶然的なものでなくて必然的なものであるところにこの苦悶の現實性があるのである。

今日、自由主義に代つて世界的な思想であらうとするコムミュニズムにしても、ファッシズムにしても、本質的に政治的な政治主義的な思想である。コムミュニズムはそのインタナショナリズムにおいて世界的な思想であらうとしてゐるのであるが、ファッシズムにしても、たとひ民族主義乃至國民主義を説くにせよ、それ自身は世界的な思想であらうとしてゐるのである。しかもそれらの思想の戰爭は、思想的に乃至理論的に行はれてゐるのでなく、却つて政治的に行はれてゐるのである。今日の政治には思想がなければならぬと云はれるが、しかし思想と政治との關係において支配的なのは思想でなくて政治である。コムミュニズムの理論もファッシズムの理論も、思想家が自由研究と自由批評とによつてそれを變化することは許さず、そのオーソドックス（正統理論）が政治的に決定されてをり、思想家はこのオーソドックスに從はねばならぬ。學問は護教論的な形を取る。他の文化も同様に政治の統制に服することを要求されてゐる。しかもそのやうな政治的權力について、その「權威」は何に基くのであるかを問ふことも許されてゐないのである。世界文化の苦悶はここにあると云はれるであらう。文化と政治との關係が寧ろ逆になり、文化が政治を指導するといふ狀態が來るまでは、世界文化の苦悶は繼續しなければならないのであらうか。しかしかかる文化の自由な狀態は何等かの政治的な力に依らないで來ることができるであらうか。世界文化の苦悶はここにあるのである。

さて世界文化の右に述べたやうな種々の苦悶の中において教育は如何なる立場に立つべきであらうか。教育も文化の一つとして世界文化の苦悶を共にしてゐるであらう。この苦悶を回避しないで深く體驗することによつて新しい教育は生れて來ると云はれるであらう。いづれにしても教育は先づ「世界的な」文化に關心しなければならぬ。自由主義を却けるにしても、自由主義はすでに云つた如く單に西洋的なものでなく世界的なものであつたのであるから、それを單に西洋から來たるものであるといふやうな理由で却け、日本的乃至東洋的文化を單純にそれに代らせるといふのでなく、新しい世界的な文化を求める立場に立つことが必要である。日本的乃至東洋文化についても、それが從來世界的であつた自由主義の文化に代り得るといふには、先づその現代性が、次にその世界性が問題になるのである。世界的な文化といつても、もとより天から降つて來るものではなく地球上の一定の地域において、一定の個人、一定の民族によつて作られるものである。ギリシア民族の作つた文化は世界的な文化になることができた。世界的な文化も一定の民族の中から生れねばならぬとすれば、自己の民族について自覺し、自己の民族の文化の傳統について反省することが必要であるのは云ふまでもない。しかしただ民族の特殊性にのみ固執するといふのでなく、その中から新しい世界的な文化が生れて來るといふことが目的でなければならぬ。從つて過去の傳統についても絶えずその世界的な意味の探究されるといふことが大切であらう。そしてその際、右に述べたところから注意しなければならぬことは、今日、民族とか民族性とかといふものも多くの場合政治的意味を有するといふことである。文化は自己の創造の主體としての民族を尊重しなければならぬけれども、それは必ずしも政治的に決定された一定の意味における民族であることを要せず、一層自由な立場に立つて考へられることが大切である。政治の極端な文化支配は文化を破壞してしまふ危險があると云はねばならぬ。政治の權力にも拘らず、教育の權威の維持されることが肝要であう。

次に教育家は世界的な文化に關心する立場において世界的な國民を作ることに關心しなければならぬであらう。世界的といつても抽象的に世界人といふやうなものを考へるのではない。すべての人間はいづれかの國民である。けれども一つの民族の作る文化であることができるやうに、一つの國民も世界的な國民であることができる。日本文化にとつて考へられ得る最大の名譽は、我々の作る文化が單に日本的であるのに止まらないで新しい世界的な文化になるといふことをあらう。この新しい世界的な文化は過去に求めることができず、新たに發達させらるべきものである。國民教育に任ずる者は、世界的な文化を作り得るやうな世界的な國民を作ることに努めねばならぬであらう。世界的な文化を持つことによつて國民は世界的になり得るのである。今度の支那事變によつて問はれてゐることは日本の文化が果して世界的な文化であるか、日本の國民が果して世界的な國民であるかといふことである。問題を單に日本的もしくは東洋的なものと考へることは間違つてゐる。今日の日本を救ひ、今日の支那を救ひ得るものは世界的な文化である。しかもかやうな文化は世界文化の現實の苦悶を深く正しく認識するところから作られ得るものである。

婦人の教養

三木清

近年わが國においても、婦人の教養といふものに次第に變化が生じてきた。かやうな變化は恐らく今度の支那事變を機として更に著しくなるのではなからうかと思ふ。實際この事變は日本人にとつて種々の意味において全く劃期的な重要性をもつてゐる。それによつて今後ひき起される多くの變化に對して誰も十分な用意をもつことが大切である。

以前は婦人の教養は單に嫁入道具の一つと考へられた。道具といつても實際に役に立てるといふのでなく、單に形式的な意味における資格、或ひは裝飾に過ぎなかつた。男子が婦人に對して要求したのもかやうな資格としての裝飾としての教養であつた。それは形式的な資格であつた故に、卒業證書だけで足りたのである。しかし資格はやかましく云はれた。何事に依らず、わが國では資格をやかましく云ふ。

そして入るに難く、いつたん入つてしまへばルーズであるといふのは、何事に依らず、わが國における弊風の一つであつた。男子にしても、高等文官試驗にパスするまではいろいろやかましいことがある。しかし一度その試驗に通つて官吏になつてしまへば、あとはたいてい年功によつて昇進し、これといふ仕事をする必要もない。婦人の場合においても、結婚するまでは資格のことがやかましく云はれるけれども、一旦結婚してしまへば、その後において自分の教養を高めてゆくといふことは必要とせられないがつねであり、むしろ多くの人は學校で學んだことすら忘れてしまつて平氣であつた。

近來かやうな傾向が次第になくなつてきたのは主として社會的事情に基いてゐる。即ち種々の事情によつて職業戰線に出て活動する婦人が多くなつてきた爲である。ここでは教養はもはや單に形式的なものでなく、まして單なる裝飾であり得ない。婦人の教養は實際の必要になつてきたのである。わが國の女子教育はかやうな變化に應じてなほ改革されてゐないところが多く、この點について大きな改革を必要としてゐる。

ところで支那事變はかやうな變化を著しく深めつつあるやうに思はれる。それは一般的に云つて婦人の職業戰線の擴大となるであらう。ヨーロッパにおいても、あの大戰を機會として婦人の職業への進出が目立つて多くなつたといふ事實がある。職業への進出が擴大されてくれば、それに應じて婦人の實際的技術的知識が必要とされてくるわけであつて、これまでの婦人の教養にはこの實際的技術的知識の方面が欠けてゐた。

婦人の職業への進出は事變の影響による男子の手不足によつて必要となつてくるであらう。そこには出征家族の生活問題もある。夫の出征、親兄弟の出征のために生活が困難になつた場合、婦人は働かなければならない。從つてそこには婦人の職業的な再教育の必要が生じてくる。更にこの職業教育の必要は戰死者の未亡人や戰傷者の妻の場合において甚だ大きいと云はねばならぬ。戰死者の未亡人の問題はすでにぼつぼつ問題になつてゐる。ひとは彼女等に再婚を勸めるであらう。そしてもし再婚が容易にできるものであるならば、これに越したことはないかも知れないが、わが國においてもすでに事變前から、結婚は次第に困難になつてゆく傾向が見られたし、また事變の影響のために更にその困難の度を加へつゝある。それ故に彼女等が再婚し得ない場合、彼女等のまた戰傷者の妻たちの職業教育といふことが必要になつてくる。まことに『藝が身を助ける不仕合せ』であるが、これも致し方がない。しかしこれまでの普通の婦人のもつてゐた藝は身を助けるにはあまり役に立たない性質のものであつた。そこで國家としてもこの際、戰死者の未亡人、戰傷者の妻などの職業について考へ彼女等の職業的な再教育について考へねばならぬ筈である。

かやうにして婦人の教養といはれるものについても考へ方が變つてこなければならぬ。先づ第一に、その教養の内容が知識的技術的なものになることが重要である。

このことは婦人が外に出て働かない場合にも大切なことである。現在外に出て働く必要のない婦人にしても、いつ如何なる場合にその必要が生じてくるかも分らないことは、今度の事變における出征家族の場合を見ても明かである。また內にゐる場合においても、婦人が知識的技術的な教養をもつてゐるといふことは夫の仕事を助けるなどといふ時に必要なのである。西洋においてのやうに婦人が夫の仕事に協力するといふことが我が國においては稀であつた理由の一つには、これまでの日本婦人の教養が知識的技術的なものでないために仕事に役に立たなかつたといふこともあるのである。教養の內容が變化することが必要である。次にこれまでは、たとひ教養があつても、それを使ふといふことが婦人にとつては少なかつた。しかるに使はない教養は眞の教養ではない。それは使ふことによつてのみ眞に身についた教養となるのである。この點においても、婦人が職業に進出するといふことは自分の教養を實際に使用することを意味するのであるが、職業に就かない婦人の場合も、今日の機會に由分の教養をいろいろな方面で實際に使用するやうに考へねばならぬ。使用するといふことは誇示することではない。誇示されるのはむしろ裝飾としての教養である。教養を裝飾のやうに考へることがなくなれば、それが實際に使用されるやうになれば、教養が鼻についたり、キザなものであつたりすることがなくなるのである。更に附け加へて云へば、教養が實際に使用されるものとなれば、教養を求めることが單に學校時代に限られるとか結婚前に限られるとかいふことが自然になくなつてくる。これは多くの男子についても云へることであるが、教養を求めるといふことが、ただ青年時代のみのことであつて、結婚でもするやうになつた後には教養を高めようとする意志がまるでなくなるといふことは、我が國の弊風の一つである。かやうな男子の弊風をなくするためにも婦人が教養を一生の仕事と考へるやうになることが大切である。

しかしここに考へねばならぬことは、右に述べたやうな事情によつて婦人の職業への進出が著しくなると共に、教養が單に技術的なもの、職業的なもの、專門的なもののやうに見られる危險が他の反面に生ずるといふことである。教養は普遍的でなければならぬ。普遍的なところがない教養は眞に教養といふことができぬ。その限り教養はまた一面において裝飾といつても好いところをもつてをりまたもたなければならぬ。文化には多かれ少かれかやうな裝飾的な意味があるのであつて、教養もまたかやうにして文化人を作るのである。ただその裝飾の意味が野蠻人の好みのやうなものでなくて眞に文化人にふさはしいものであることが大切である。

今日の社會においては政治が壓倒的な勢力となり、文化に對していろいろな壓迫を及ぼしてゐる。これは現代社會の一つの著しい特徴である。文化も政治化され、文化としての獨自性を失ひつつある。かやうな狀態が續けば、文化は次第に滅びてしまはねばならぬかも知れない。政治の壓力はそんなに強いのである。そして大多數の男子は全く政治に熱中してゐる。かやうな狀況において婦人に對して希望されることは眞に文化を理解し、文化を愛し、文化の味方になるといふことである。これまで比較的に或ひはむしろ殆ど全く政治に關係のなかつた婦人に對して、かやうな文化の純粹な愛を期待したのである。もとより私は婦人が政治に關心し、政治に進出することすら、決して悪いといふのではない。今日、世界的に云つて、政治が支配的な位置を占めて文化を壓迫してゐるとすれば、文化をまもるためにも政治について認識をもつことが必要である。政治についての教養が大切であることは云ふまでもなく、特にわが國の婦人はこの政治的教養について考へねばならぬものがあるのは確かである。また今後における社會の變動はすべての婦人に對して政治的認識の、政治的活動すらの必要を益々高めるであらう。政治的關心と政治的教養とをもつことは要求されてゐる。しかし政治主義には文化にとつての危險がある。この點において婦人は文化擁護の立場に立ち、政治主義の危險から文化を衞るといふことに比較的好都合な位置におかれてゐるのではないかと思ふ。もちろん、文化を防衞するためには先づ文化を理解しなければならぬ。從つて婦人の教養の高められてゆくことが要求されてゐるのである。婦人は子供を產むといふ生理的な、自然的な仕事を負はされてゐる。このことは婦人をして本能的にヒューマニズムの立場に立たせるものであり、また婦人が自覺的にヒューマニズムの立場に立たねばならぬといふことにとつて極めて象徴的な事實ではないであらうか。そして眞のヒューマニズムのうちには生命に對する愛はもとより、教養とか文化とかいふものに對する愛が含まれねばならぬ。なぜなら人間はまさにそれによつて動物とは區別され、人間の名に値する人間となるのである。ヒューマニズムは先づ生命の愛から出發しなければならぬ。そしてそれは眞の生命とは何か、眞に人間的といはれ得る生命とは何かといふことに對する深い認識によつて發展してゆくのである。かかる眞の生命の獲得によつて完成されるのである。

アトランチス

日支親善と科學

三木清

　支那へ行つてきた人のよく云ふことだが、どうも支那人は我々日本人を敎養のない人間と考へてゐるらしい。それにも一理があるので、例へば字を書かせても支那人の方がうまい、こちらで得意になつてゐる漢詩の如きも支那人から見るとどうも拙い。漢學の素養においては日本人は支那の文化人にはかなはないのである。ところが從來好んで支那へ出掛ける人は敎育といへば漢學であり、漢詩でも作つて自慢にしてゐるやうな者が多かつたのである。

　かやうに支那人から敎養のない人間と見られてゐる限り日本の對支文化工作は成功しないであらう。日本人は何も漢學の素養をもつて支那人に對抗する必要はないのであつて、そこには日本精神でゆけば好いのだと云はれるかも知れない。全くその通りである。しかし我々が何か客觀的な文化として眼に見えるものによつて支那人を征服させることもまたこの際極めて大切なことである筈である。

　それには先づ日本の科學的技術を支那へどしどし持ち込むことが必要である。日本の技術の發達をまのあたり支那人に見せてやれば恐らく彼等が我々を敎養のない人間と考へるやうなことはなくなるであらう。日本の技術の大陸への進出はかくして精神的にも大きな效果のあることである。

　我々の技術ばかりでなく我々の科學も支那において大いに活動しなければならぬ。日支提携にはもちろんイデオロギーが大切であるが、しかし今日の狀態においては兩國がイデオロギー的に結び付くといふことにはいろいろ困難があるのであつて、それよりも先づイデオロギーから比較的獨立であることのできる自然科學の方面において日支提携の强化されることが重要でありそのための適當な方策の樹立が急務であらう。

　要するに今後の日支親善においては東洋文化の傳統にのみ賴らないで新しい知的な文化がもつと考慮されねばならぬ。

三木清氏と令嬢洋子さん

往信　復信

横光利一様

三木清

大阪でお別れして以來お目にかかりませんが、お變りありませんか。その間に貴方は支那へ旅行され、最近歸つて來られたやうに聞きました。ぜひ一度お會ひして、支那についてのお話をゆつくりお伺ひしたいものです。貴方はきつと何か他の人々とは違つたものを見、感じ、考へて來られたことと思ひます。

クリスマスには毎年、近くに住んでゐる蠟山政道君、東畑精一君、それに亡くなつた山田秀雄君と私の一家の者が子供たちの爲めに集ることにしてゐます。今も洋子とその話をしてゐたところです。私どもはキリスト教信者ではありませんが、神様は人間に祝祭といふものを與へただけでも十分存在の意義があると思ひます。

やがて新年が來ます。新年と考へただけで樂しくなるのは、人間にはやはり希望が必要であるからでせう。樂觀論は私には禁物ですが、最大の絶望の最大の希望への轉化を說いたキリスト教の終末觀には私も深い興味を感じます。しかし樂天主義も東洋においてはまた別のもので、これは人生論にとつて重要な問題であり、そこに東洋思想の一つの特色を探ることができるやうに思ひますが、如何でせう。

秋の讀書子へ贈る

——讀書は知識を研ぐ砥石なり——

さわやかな涼風を肌に覺え、秋蟲のあはれな調を耳にしながら、しみじみとした思ひで文机に親しむ今日この頃です。

賢明なる讀書法によつて幾多の英雄傑士が培はれました。がその反對に誤れる讀書の仕方のため、どんなに多くの人々が墮落の淵へ沈んでいつたことか知れません。かうした二つの相反する事實を思ふとき、今更のやうに讀書が人生にもたらす影響の大きさに驚かされます。どうしたら效果的で有意義な讀書をすることができるか。本誌はこゝに讀書家として知られてゐる三名士の方々から次のやうな御高見を承りました。

〔1〕讀書の自主性

評論家　三木清

この頃自主的といふことがよく云はれるやうになつたが、讀書においても大切なのは自主的であるといふことである。

讀書において自主的であるといふことは本を讀むのにただ讀まないで、考へながら讀むといふことである。先づ讀む前に考へ讀みながら考へ、讀んでから後に考へる。

讀書は思索の伴侶でなければならぬ。自分の問題をもつて書物に向ひ、また書物の中から自分の問題を見出してくる。讀む事と考へる事とが一つであるといふやうになつたとき、讀書は自主的になるのである。手當り次第に讀むのでなく、選擇して讀むことが大切であるのは言ふまでもない。選擇は自主的でなければならぬ。自主的でないやうな選擇は選擇とはいはれない。讀書において選擇の必要なことは知つてゐるが、どうして選擇すれば好いのかといふ質問を受けることがある。選擇はけつきよく自分でやるほかなく、それであつてほんとに選擇なのである。自分で選擇するのに困難を感ずるといふのは、考へながら本を讀むといふことをしないためである。考へて讀む者にとつては、一冊の本を讀めば次に何を讀むべきかがおのづから決つてくるのである。何を讀むべきかに迷つて讀まないといふのは善くない。讀書はただ始めることが肝要である、そして考へながら讀書するやうにすれば、そこにおのづから選擇が行はれ、讀書は系統的になるのである。いつも他の人に尋ねて選擇しなければならないといふのは、考へて讀まないために讀んだ本が身につかず、自分が出來ないためである。自分が出來た人はいつでも自主的に選擇する。かやうにして系統的に讀むといふことが大切なことである。

自主的といふことはもとより獨善的といふことではない。獨善的にならないやうに我々は讀書するのである。しかしいろいろなものを少しづつ齧つて深く究めることをしない人間は懷疑的になるのほかない。一冊の愛讀書も持たない人間は恐ろしい人間である。

社会随想

買溜めの生理

三木清

【一】

初め靴の統制が發表になつたとき、靴を二十足新調した者があつた。今度絹織物の値上げが發表になつたとき、デパートの賣場には買溜めマダム連が殺到し、赤ん坊のお嫁入りの絹物まで買つて行つたといふ。年末のボーナスが出ることになると買溜め熱はいよ〳〵上るものと見られてゐる。まことに憂慮すべき狀態である。

買溜めするにはもちろん錢が要るわけで、錢のない者は買溜めしたくてもすることができぬ。どこからもボーナスが出ない一般市民、ボーナスを貰つても借金の穴埋めをしなければならぬ下級サラリーマンなどは買溜めする余裕もないであらう。すべての者が買溜めすることができず、買溜めする者の數が制限されてゐるとすれば、買溜めは卽ち買占めである。またすべての人間が買溜めすることは、物資の不足してゐる今日、不可能なことであるとすれば、その點から考へても買溜めは卽ち買占めである。買溜めが買占めであるといふことが能く理解されねばならないと思ふ。假に買溜めは一種の貯蓄として非難さるべきことでないとしても、それが社會的には買占めになることが悪いのである。物が買占められてしまつて、いざ買はねばならぬ必要のあるとき、買ふことのできぬ者が多勢できるとしたら社會はどうなるのか。買占めの悪いことは誰も知つてゐる。だから買溜めといふ言葉は廢止して、すべて買占めといふ言葉で表はすようにするのが適當である。事實において買溜めは買占めを意味してゐるのであるから。

もつとも普通の人の買溜めには際限があるであらう。あらゆる物を買溜めすることはできぬ。だいいち置き場所に困るに相違ない。靴だけ上等のものを買つておいても、オール・スフの洋服でも着なければならぬようになつたら、その上等の靴を穿くことが却つて可笑しくなるであらう。着物を買へば帶も買はねばならず、履物も揃へねばならず、洋傘も調へねばならぬ。立派な絹の着物を着てスフの洋傘では寧ろ可笑しいであらう。あらゆる必要なものを買溜めることはよほどの金持でなければできないわけである。それができないとすれば、やはり買溜めなどは止めて、その時代々々のもので間に合はせてゆけばよいのである。人間は社會的動物である。烏の國では白鷺は小さくなつてゐなければならぬ。

そこで日常最も必要なもの、食料品の買溜めをするとしよう。これも考へてみればおろかなことであるように思ふ。假に米が三日間でも皆に行き渡らないとしたら、どうであらう。その時には米の買溜めをしてゐる連中が却つて實に戰々兢々としなければならぬような社會狀態が出現することになりはしないであらうか。社會が不安であつて自分が安穏であることはできないのである。ところが買溜めする人間はそのやうな社會不安の起り得るやうな原因を作つてゐるのである。買溜めは結局買占めであるのだから。買溜めするのは社會の變化から自分を守らうとするためであらうが、實はそのことによつて社會の變化を導くことになる。不安な社會に自分だけ安穏に暮らさうと思へば、昔の人のように寧ろ無所有の思想に還つて、あらゆる物を棄てて隠遁するのほかないであらう。

【二】

買溜めは無意識的な買占めであるばかりでなく、意識的な買占めを誘致し、激發させる。買溜めと買占めとの區別は資本の程度の差に過ぎないともいへる。さうすれば、小さな資本の買溜めは大きな資本の買占めの敵ではないであらう。買溜めする者はそれによつて買溜めすることも困難になるような狀態を作り出しつゝあるのである。買溜めが盛んになれば物價は自然に上つて來る。買溜めには闇相場も問題でない。そして買溜めは買占めを誘致することによつてさらに物價を吊上げる。だからあらゆる物を長期の必要に應じて買溜めておくことができないのに買溜めしてゐる者は結局自分をますます困難な狀態に追ひ込んでゐるのである。

だが買溜めは止まない。買溜めは純粋に經濟的な動機から起るのでなくて心理的な原因から起るのであるから。國民の心理的不安が買溜めの原因である。そこで政府で手を打つごとに買溜めが盛んになる。内閣が弱體で政策強行の實力がないもののように思はれてゐるのが根本の原因である。煙草の値上げがあると、他の物價も上るのではないかと不安になる。絹の公定價格が高くなると、さらに新しい闇相場が出てくるのではないかと考へて急いで買溜めに出掛ける。經濟の實狀を知らされてをらず、政府を十分に信頼することができないとすれば、政府が何か發表するごとに國民の不安は生ずるので、買溜め、買占めなどが盛んになる。信用が經濟の基礎であるといふのはイロハである。殊に今日の狀態においては政治に對する信頼がなければ健全な經濟はあり得ない。强力な政治力をもたないで統制を行はうとすれば、統制は却つて無統制を惹き起すことになるのである。いつたい戰時内閣がたび〳〵變るといふことが好くない。國家の運命を賭した戰爭をしてゐる時に、内閣がたび〳〵變るやうでは、責任のある政治が行はれてゐるのかどうか、疑はれてくるのである。政治に對する信頼の恢復されることが經濟的不安をなくする第一の條件である。統制經濟は今日の段階においては政治の力が經濟におよぶことであるから、その政治の强力であることが要求されてゐるのである。

【三】

しかし政治の力とは何であるか。それは要するに國民の力である。戰爭は何にもまして國民の力が必要であることを實際に認識させつゝあるはずである。政府はその國民の力を發揮させることに十分意を用ゐてゐるであらうか。統制にしても、國民が政府の政策を能く理解して自主的に協力するようになるのでなければ、完全に行はれることは不可能である。しかし現在の政治はまた現在の國民の狀態の表現である。官僚獨善といふことは隨分永い間叫ばれてきたのであるが、今もなほそれが改つてゐないとすれば、それは結局國民が駄目なからではなからうか。このごろ買溜めに狂奔してゐる人人を見て、私は特にそのことを考へるのである。政治が無力なのは自分たちが駄目なからであるといふ自己批判が國民に起つて來ても好いころであり、かような自己批判を通して國民の力はほんとに盛り上つてくるのであり、それによつて政治も善くなることができるのである。戰鬪に强いばかりが大國民の資格ではない。立派な政治をもつことが何よりも重切な大國民の資格である。聖戰は支那においてのみ行はるべきものではない。聖戰の意義は何よりもまづ國內において實現されねばならぬ。

官僚獨善といつてゐるだけでは國民も獨善に終るのである。官僚は溫室育ちだから獨善的であるといはれるが、日本の國民も世界的に見れば溫室育ちであるといはれないであらうか。何等の悲劇も經驗しないで日本が今日まで發展して來たことはまことに目出度いことであるといはねばならぬが、それだけに今日のような狀態になると國民が溫室育ちであるといふことが氣になるのである。この時局を眞に試煉の時として國民性の改造を行ふことが極めて必要なのではないかと思ふ。

國民といふとき、私はもとより官僚をも含めていつてゐるのである。ところが近年官僚には恰も自分たちが國民の一部分でないかのように考へたり行つたりする風潮が見られはしないであらうか。他方官僚獨善を非難しながら、その政治が實は國民の狀態の表現であることを考へない國民は、やはり官僚が國民の一部でないかのように考へてゐることになるのである。

【四】

買溜めは心理的な不安によるにしても、もちろんそれは單に心理的な理由にのみよるのではない。どんな現象にもその根柢には何か實體があるものであつて、現象をたゞ現象としてのみ見ることは正しくないであらう。認識とは現象の根柢にある實體を把握することである。すべての國民に時局認識が必要なことはいふまでもないが、さうであるとすればさしあたり買溜めのような現象の起る原因となつてゐる經濟的實體について國民によく認識させることが大切である。世の中では何事でも流行になることができる。買溜めのようなことが今日では一種の流行になつてゐはしないかと恨れられるのである。自分は某品を買つたと甲がいふと、乙もそれを買つてみたくなる。その上人心に不安が存在すると、その不安から種々の流言飛語が生れる。かようにして、あれもない、これもないといふ噂が擴まり、ます〳〵買溜め乃至買占めを刺戟することになるのである。しかるに買溜めの流行の如きものは單なる流行には終らないで、逆に經濟的實體そのものに影響を與へ、これを危くする惧れがあるのである。流言飛語を克服する方法は認識を徹底させることにあるのであるが、今日の經濟の實狀について國民の認識を深めさせることが必要である。事實を知らせないでおいて、心配はないといつても心配はます〳〵大きくなるといふのが普通の心理である。政治家は國民を信賴しなければならぬ。國民を信賴するといふことは事實の認識を與へることによつて眞の協力を求めることである。ただ說敎するだけでは何にもならぬことはすでに明瞭になつてゐるはずである。眞の倫理は客觀的な認識と結びついてゐなければならぬ

眞の倫理は現狀を客觀的に認識することによつてこれを克服するといふ積極的な態度にある。しかるに買溜めの如きものに現はれてゐるのは、社會の變化から自分を守らうといふ極めて消極的な態度である。國民がかゝる消極的な態度に止まつてゐる限り、今日の政治が改善され向上することは不可能であるといはねばならぬ。消極的に受動的に環境に適應してゆかうとすれば、生命は次第に萎縮し退化することは生物界の現象において見られることである。人間が萬物の長となつたのは、積極的に環境を變化することによつて環境に適應してきたからである。社會にどんなことがあらうと、自分だけは安全にしてゐたいといふような消極的個人主義は封建的思想の殘存物である。かような封建的個人主義が支那の進步を遲らせてきた。しかしその支那も今日においては全く變りつゝある。東亞の新秩序を建設しようといふ日本人が買溜めのような消極的個人主義に止まつて好いであらうか。

―著述家

新生活問答　男性から女性へ　正しい操縦法—道徳的向上を技術的に—

H　伊福部女史へ

三木　清

お説ごもつともと思ひます。ただその原因を考へると、多くは、今日の社会制度の混乱、その一環としての家族制度の不安定、そしてそれに伴ふ道徳の不安定と混乱からきてゐます。とりわけ生活の実際が変つてゐるのに封建的気風が残つてゐたり、思想が新しくなつてゐるのに実際の生活には封建的様式が残つてゐたりするところに原因があるのです。その改革が根本の問題であります。男と女とが互に欠点を指摘し合つても仕方がありますまい。男女間の生活の正しい技術、甚だ俗な言葉でいへば、夫とか妻とかの操縦法といふものを工夫することが必要なのではないでせうか。婦人雑誌に見られるやうな陳腐で低級な操縦法でなく、男女間の人間的な諸要求にもとづいた新しい知性的な生活技術の獲得が大切であると思ひます。道徳的向上を技術的に導いてゆくといふことは、あらゆる場合にもつと考へられねばならぬことであります。

（『讀賣新聞』朝刊、一九四〇年一月二十九日）

東亞新秩序の歴史哲學的考察

三木 清

一、歴史哲學的考察の必要

主催者の希望により、私は東亞新秩序の歴史哲學的考察といふ題で話してみようと思ふ。哲學上の話は面白いといふやうなものでなく、また一見現實から離れてゐるやうに見えるが、さういふことに就いて考へてみることが實は今日のやうな時代において大切なことであり、またそれがこの慌しく動いてゆく現實に處して我々が本當に行動するために必要なことである。東亞新秩序に就いては既に色々いはれてゐるが、その內容は政治家、經濟學者、その他において多少相違があり、またこの理念が掲げられて以來今日までの時期において多少ずれてきてゐるやうでもある。これは現實の政策及びその政策の取扱ひ方といふ點から考へると已むを得ないことであるが、さういふ政策上の變化乃至移動にも拘らず、根本に貫いてゐる東亞新秩序とは何かといふ本質的な問題がある。この問題に就いて私は歴史哲學的に考察してみたいのである。そこで先づ歴史哲學的考察とは如何なるものであるかといふことを簡單に述べておかねばならぬ。これは物の見方、考へ方をきめてゆく上に大切なことであるが、今日一般に政治、經濟、文化のあらゆる方面においてこの一見極めて單純なこと、即ち物の考へ方、見方をはつきりさせるといふことが實は甚だ肝要なことではないかと思ふ。

歷史哲學といふ言葉は現代の哲學において多少曖昧な意味をもつてゐる。といふのは、この言葉は歷史的に二重の意味に使はれてきてゐるのである。

歷史の問題は十九世紀の終から次第に哲學者の取上げるところとなり、中でも新カント派の哲學者によつて論ぜられた。この新カント派の哲學は先年日本においても流行し、從つてこの學派の考へたやうな歷史哲學の概念の影響が今も我が國に殘つてゐるのである。周知の如くカントは當時の自然科學に就いてその知識の根柢を明かにしようとした。彼の認識論は數學的自然科學の基礎づけであつたのである。これに對して新カント派、殊にヴィンデルバントやリッケルトなどは、カントが取殘した問題として、特に歷史に就いてその知識の性質を明かにしようとした。自然科學は自然の法則を研究するものであつて、その概念構成はリッケルトの言葉に依ると普遍化的である。しかるに歷史學における概念構成はこれと性質を異にしてゐる。自然科學が普遍化的科學であるのに對して、歷史は個性化的方法に依るのである。歷史的認識は個性的なものを目標とするのであつて、その際自然科學が物を價値と無關係に見てゆくのとは反對に、歷史は價値に關係させて見てゆく、個性的なものの概念は價値關係的に構成される。自然科學と歷史との差異に關するこのやうな見解が正しいか否かに就いて、ここでは論ずることができぬ。ともかく新カント派においてはそのやうに歷史的知識の論理的性質を明かにすることが歷史哲學といふものの課題であると考へられたのである。つまり歷史哲學は歷史的知識の認識論、歷史學の方法論にほかならないといふことになる。その問題は形式的、論理的問題である。これに反して、歴史は如何なる目的を有するか、また如何に發展してゆくかといふが如きことに就いての內容的な考察は、新カント派に依ると、形而上學であり、科學的な哲學はさういふ形而上學に陷ることなく、論理學或は認識論に止まらねばならぬと主張されたのである。

しかるにかやうな歷史哲學の概念とは別に、古くから存在してゐる歷史哲學といふものがある。それは中世におい て最も影響の多い思想家の一人であつたアウグスティヌスにおいて既に代表的に現はれてをり、近世においてはヘーゲルによつて最も雄大な體系に組織されたやうな歷史哲學である。それは、人類の全體の歷史は如何に動いてゆくのであるか、その行き着く所は何であるかといふやうな問題に就いての哲學的考察である。卽ち新カント派のいふ歷史哲學が歷史的知識に關する形式的論理的研究であるのに對して、この意味における歷史哲學は歷史そのものに就いての內容的普遍的考察である。それはヘーゲルの言葉に依ると世界史の哲學にほかならない。新カント派はそれを形而上學に過ぎぬとして斥け、哲學は歷史の內容に關するさういふ思辨を排して、純粹に論理的な形式的な問題の研究に終始しなければならぬと考へた。

いま私は、歷史哲學が歷史の認識論乃至方法論に止まるべきか否か、また世界史の哲學といふものが學問として可能であるか否かといふ問題に立入つて論ずることはできないが、ともかく現代哲學の歷史そのものを見ると、現在では新カント派の如き考へ方は次第に衰へて、歷史哲學は歷史の形而上學もしくは世界史の哲學であると見る傾向が强くなつてきてゐる。これは現代哲學における認識論から存在論もしくは形而上學への移行といふ一般的變化に相應するものである。その傾向は特にこの前の世界大戰後において顯著になつてきたのであつて、世界戰爭といふ歴史的大事件のもたらした當然の影響であつたといひ得るであらう。人々は人類文化の運命、世界歴史の行方に就いて思索せざるを得なくなつたのである。

更に世界史の哲學が學問として可能であるか否かは別にして、ともかく事實として一つの民族が歴史哲學を有するか否かといふことは、その民族の消長にさへ關係があるほど重要なことであると思ふ。現に今度のヨーロッパ戰爭においてフランスは脆くも敗れたのであるが、その原因は色々考へられるであらう。政治上の不統一がその最も大きなものであることは言ふまでもない。しかし今思想の方面から見ると、フランスの思想には歴史哲學がなかつたといふことがその一つの大きな缺陷であつたと考へることができる。フランスの哲學には色々すぐれた所があり、今も我々の學ばねばならぬものが多い。その實證的なところ、自然科學と密接に結びついてゐるところはその長所である。ただその最も大きな缺點は、フランスの思想には歴史哲學がないといふことである。この點においてドイツの哲學は傳統的に大きな強みをもつてゐるのである。歴史哲學はドイツのものであるといはれるほどドイツには歴史哲學的な考へ方の傳統が深く、今日ドイツの神話といはれるものも一つの歴史哲學にほかならない。元來神話は古くから存在する一種の歴史哲學である。すべての神話における根本觀念は時間の觀念であり、そこであらゆる神話は始原の神話であるか終末觀的神話であるかのいづれかであるともいはれるのであるが、神話は民族の歴史哲學的思想の表現であるといふことができる。その意味において現在神話が問題になつてゐるのは偶然でなく、今日必要な世界觀が歴史哲學的なものでなければならぬことを示してゐるのである。ただそれは單なる神話に止まることなく、十分な學問的反省を經て一個の歴史哲學に組織されることが要求されてゐる。歴史哲學が現代の哲學の根本問題であり、民族の使命も個人の使命もそれによつて明かにせられるのである。世界的民族は新しい世界史の哲學を提げて現はれてくるのでなければならない。かやうにして今日東亞新秩序についての歴史哲學的考察が我々にとつて必要な所以が理解せられると思ふ。

二、現代の諸歴史哲學

ところであの世界大戰後に現はれた種々の歴史哲學のうち、先づ注目すべきものは、オスワルト・シュペングレルの『西洋の沒落』に代表せられるやうな思想である。これは一般に相對主義的な歴史哲學と稱することができる。シュペングレルの考へ方に依ると、世界には種々の文化圈があつて、各々の文化はそれぞれの地域に固着したものである。それは恰も植物のやうにその土地に芽生え、そこで生長し、そこで花を開き、さうしてそこで凋落してゆく。かやうにいづれの文化も一定の地盤に宿命的に結びつけられてゐるとすれば、それぞれの地域の文化が各々特殊性を有することは考へられるにしても、すべての文化は相對的なものになつてしまひ、絶對的といひ得るものは如何なる關係においても考へられないことになる。或る地域の文化は他の地域の文化に對して、自己の特殊性を示し得るとしても、自己の絶對性は、如何なる意味においても主張することができぬ。このやうな相對主義、これが西洋の沒落といふセンセーショナルな言葉で呼ばれた思想の內容であつたのである。それは、あの世界大戰後におけるヨーロッパの情勢から生じた精神的雰圍氣に相應するものであつた。このやうな相對主義の有する意義は、從來全く自明のことのやうに絕對的なものと見られたヨーロッパ文化に對する信賴が失はれて、世界の他の地域にはこれとは性質の異なる文化の存在することが、ヨーロッパ人の意識に上つてきたといふところにある。ヨーロッパ文化はもはや絕對的なものではない。なぜなら、別の地域には別の文化がそれ自身の特色をもつて存在するのであるから。しかるにまたもし我々がそのやうな思想によつて東洋文化を意義づけようとすれば、その結果はやはり相對主義になるといふことを注意しなければならぬ。西洋には西洋の文化があり、東洋には東洋の文化があるといふやうな議論で、東洋文化の意義が主張され得たかのやうに考へるのは間違ひである。東洋文化と西洋文化とを比較してそれぞれの特殊性を明かにするといふことは、その範圍內においては有意義なことであるが、そこに止まるとすれば、なるほど西洋文化の價値は相對化され得たにしても、同時に東洋文化に認められた價値もやはり相對的なものに過ぎぬ。我々はこのやうな相對主義に對して警戒しなければならぬ。殊にこのやうな相對主義がまたあの世界大戰後に現はれた文化形態學と稱する學問の根柢に存することに注意することが必要である。文化形態學は種々の文化を比較してそれぞれの形態の特殊性を敍述するのであるが、かやうな硏究はその範圍內においては意義を有するにしても、それだけでは哲學的に見ると相對主義であるといはねばならぬ。かやうな文化形態學に動機を與へたと思はれるシュペングレル流の歷史哲學は、その相對主義の故に、我々の行動の原理となることができない。單なる相對主義の上では我々は行動することができぬ。行動するためには何等か絶對的なものが必要である。いま東亞の新秩序を考へるにあたつても、單に東洋文化と西洋文化とは違ふといふやうなことではその理論的基礎とはなり得ないのである。

次にあの世界大戰後に勢力を得たものの一つにマルキシズムの歴史哲學がある。マルキシズムはロシア革命の原理となり、一時はドイツをも風靡したのであるが、何故にそれがこのやうに力のある思想であるかといふことに就いては、種々の理由が考へられるであらうが、ここに特に注意すべきことは、マルキシズムにはともかく世界史の哲學があるといふことである。しかもそれは觀想的な立場に立つシュペングレル流の相對主義とは異り實踐的な立場に立つてゐる。またそれは世界の全體に就いて、單に特定の文化圏に就いてではなく、歴史が如何なる原因によつて如何なる方向に動いてゆくかを示してゐるといふ意味において、シュペングレル流の歴史哲學よりも一層多く世界史の哲學といふ名に値するのである。從つてマルキシズムを超克するためにはどうしてもそれを超克した新しい歴史哲學を把握することが必要である。さうしてこのやうな歴史哲學は、單に一定の地域、例へば東亞に就いて、如何になりゆくかを說くに止まることなく、世界の歴史が全體として如何に動いてゆくかを明かにし、それとの關聯において東亞の新秩序をも考へねばならないのである。マルキシズムの世界主義は抽象的であるが、しかし我々の把握すべき歴史哲學も世界的な見方を含まなければならぬ。それは眞の意味において世界史の哲學でなければならない。

第三に今日のいはゆる全體主義もそれ自身の歴史哲學をもつてゐる。それは民族主義の歴史觀であつて、それがマルキシズムの抽象的な世界主義に對して、民族といふやうな歴史における主體的なものを强調した點に大きな意義が認められる。しかし同時にナチス流の民族主義思想には一つの歴史的限界があることを考へておかなければならないと思ふ。この民族主義は前の世界大戰において敗北したドイツが、如何にしてヴェルサイユ條約の重壓下において立直るかといふことから起つたものである。それにはどうしても民族的團結を鞏固にする必要があつたので、かやうな事情から民族主義の思想が要求されたのである。さういふ歴史的事情から生れたところに、その民族主義の現實的な力があると共にまたその限界もあるのである。といふのは、それはそのままでは眞の意味における世界史の哲學であるには不十分であるからである。なるほどそれはドイツ民族は何を爲すべきかを明瞭に敎へてはゐるが、世界が全體として如何になつてゆくかに就いては敎へることができない。すべての國がナチス流の民族主義になつた場合、世界は果して矛盾なく成立し得るかどうか、ヨーロッパだけに就いても、各國が自己の民族を絶對化する民族主義になつた場合、果してナチズムが維持できるかどうかといふ問題、つまり問題を世界的規模において考へた場合に、ナチス流の民族主義で世界が收まるかどうかといふことは、これまであまり考へられてゐない。ナチスの指導者たちは當時それを考へる必要もなかつたし、またその餘裕もなかつたのである。戰敗國の狀態にあつたドイツの再建といふことこそ差迫つた問題であつた。しかし今日では多少事情が違つて來てゐる。現在ヨーロッパで行はれてゐる戰爭の結末に就いて豫言めいたことを言ふのは私の任ではないが、獨英いづれが最後の勝利を得るにしても、戰後ヨーロッパに新しい秩序が生るべきことは確かであると思ふ。いまドイツが勝つとする。その場合ヨーロッパの指導者となるべきドイツはもはや從來の、一民族、一國家、一指導者といふ民族主義に止まることができなくなる。ヨーロッパ全體を指導しようといふ時には、單に自己の民族のみを絶對化するやうな思想をもつて臨むことは許されなくなるであらう。その時にはドイツの民族主義もまた世界的な見方をしなければならない。ヨーロッパ全體の新秩序が問題になると共に、單なる民族主義では不十分になつてくる。この點、從來のナチスの歴史哲學には世界的な見方が缺けてゐたのであつて、ヒットレルの『我が鬪爭』やローゼンベルクの『廿世紀の神話』が修正を必要とするやうになつたのは當然のことであると思ふ。さういふ意味において新しい歴史哲學は世界史の哲學でなければならない。今日民族主義が一定の重要な意義を有することはどこまでも認めなければならないが、單なる民族主義は眞の意味における世界史の哲學とはなり得ないのである。民族主義は世界が眞に具體的に世界となるための民族主義でなければならない。現在日本が東亞新秩序の建設といふスローガンのもとに行動しつつある時、必要なものはやはり世界史の哲學である。東亞の新秩序といつても、單に東亞のことだけを考へるのでなく、世界史的な觀點から東亞を考へてゆくのでなければならない。これは政治的にいふと、日本の世界政策がきまらなければ東亞の新秩序といふ問題も解決することができないのである。現に支那事變がいはば世界戰爭の一環であることは、今日においてはもはや誰の眼にも明瞭である。日本と東亞とが密接な關係にあるやうに、東亞と世界とも分離して考へることのできぬものであつて、世界の中における東亞として、世界史的立場に立つて見てゆくことがつねに大切である。

三、歴史に於ける斷絶と連續

かやうにして歴史哲學的考察の意義が一應理解されたとして、我々の考察を進めるに當り、先づ現代は如何なる時代であるかといふことから考へて行かうと思ふ。この問に對して誰もの意識に上つてくることは、現代は大きな轉換期であるといふことである。現代は、そこから全く新しい時代が始まるのだ、といふやうに考へられてゐる。このやうな轉換期の意識と結びついてゐるのは危機の意識である。さうしてこの意識は我々が行動的であればあるだけ強いといふのが普通である。すべての大きな歴史的行動はこの危機の意識から起るものであるとさへいふことができる。かやうな危機の意識はどのやうな時代においても多かれ少かれ感じられるもので、自分の生きてゐる時代は最も悪い時代であるとか最も危險な時代であるとかと考へられるのである。そこから終末觀的思想が生じてくる。その代表的なものはキリスト教における終末觀である。これに依ると、この世の終りが近づいてゐる。現在は最悪の時であり、最大の危機であると考へられると共に、逆にそこから直接未來に對して最大の希望と光明とが豫期される。そこに大きな轉換がある。これが終末觀的意識の特徴なのであるが、かやうな終末觀的意識はキリスト教に限られないのであつて、人間性に深く根差したものである。それは種々の形をとつて歴史哲學的思想のうちに現はれてゐる。例へば、フィヒテはその『現代の特徴』の中で、歴史の發展を五つの時期に分ち、現代はその眞中の第三の時代であり、この時代は最も悪い時代、完全な墮落の時代であると論じたが、これは今いつたやうな危機の意識の現はれである。またマルキシズムの中にも、一種の終末觀的思想が含まれてゐる。即ちそれに依ると、現代は階級的矛盾の絶頂に達した時であると考へられると共に、次に豫期されるものは全く階級對立のない時代であつて、ここにいはゆる人類の前史は終りを告げて、全く新しい時代が始まると考へられるのである。これはキリスト敎において、この世の終りが近づいてゐると共に神の國が近づいてゐると考へられるのに類似してゐるであらう。かやうなことが危機の意識の特徴である。

そこに現はれるのは斷絶の意識である。危機の意識は歴史的な斷絶の意識であるといふことができる。現在の瞬間において過去と未來とが斷絶するのである。さうしてそこから過去の絶對的な否定が現はれると共に、また過去の絶對的な肯定も生ずるのである。革新主義と傳統主義との結びつきもそこから理解することができるであらう。かやうにして今日の傳統主義といふものも危機の意識の產物である。革新主義は言ふまでもなくさうであつて、今日自由主義とか個人主義とかゞ絶對的に否定さるべきものと考へられてゐるのも危機の意識から出たものである。その場合自由主義には善い面もあると共に悪い面もあるなどと考へられるのではない。それは絶對的に否定さるべきものと考へられるのである。そこに斷絶がある。傳統主義といふものも同樣であつて、歴史が過去から現在へ水の流れるやうに連續的に流れて來るとは考へないで、そこに一つの絶對的な切斷、斷絶を考へる。つまりそこには危機の意識があるのである。そのやうな斷絶によつて初めて過去といふものが絶對化される。といふのは、もしも植物の生長においてのやうに過去が現在の中へ自然的に連續的に入つて來てゐるとすれば、過去は我々にとつてただ相對的な意味しか持たず、それが絶對的なものであるとは考へられない。我々に對して絶對的なものは我々とは絶對的に斷絶するものでなければならない。この絶對的な斷絶において過去の絶對化も起るのであつて、過去の絶對的肯定は現代の絶對的否定と結びついてゐる。それと同じやうに革新主義においても現代の絶對的否定があり、ただこの場合には過去は現代と連續するものとして現代と共に否定され、そして未來に對して絶對的肯定が與へられるのである。つまり危機の意識における現代の絶對的否定から、傳統主義においては一定の過去の時代が絶對化され、他方革新主義においては未來が絶對化されるといふことになるのである。しかも傳統主義において過去が絶對化されるといふことも實は未來に對する關心から生じてゐることである。

歷史のうちにかやうな斷絶或は非連續があることは確かである。歷史は植物の生長のやうに連續的なものと考へることはできぬ。しかしまた歷史は單に非連續ではなく、そこにはまた連續がある。歷史は非連續であつて連續、連續であつて非連續、つまり非連續の連續である。我々はその非連續の面に注意すると共に、その連續の面に注意しなければならない。

ここに西洋におけるルネッサンスに例をとつて考へてみよう。ルネッサンスは中世の否定である。さうして古代の復興といふことが考へられた。つまり或る意味では、中世を絶對的に否定して古代を絶對的に肯定したのである。古代の復興といふのはヒューマニズムを意味したのであつて、中世にはヒューマニズムがないと考へられたのである。

しかるにそのやうにヒューマニズムがないと考へられた中世にもヒューマニズムがあつたことは最近の中世研究において次第に有力に主張されてゐることである。例へばフランスにおける中世研究の世界的權威者として知られるジルソンなどが中世におけるヒューマニズムといふことを言つてゐる。中世のヒューマニズムとは何であるか。ルネッサンスのヒューマニストは古代の復興、古代の尊重をいふのであるが、そのやうな古代の尊重は實は中世にも存在してゐた。中世の哲學はキリスト教的な、神學的な哲學であつた。そのキリスト教的な、神學的な哲學はどのやうなものであつたかといふに、これは中世の最も代表的な思想家であつたトマス・アキナスを見ても分ることであるが、彼はギリシアの哲學、殊にアリストテレスの哲學を大いに尊重し、これによつて彼の神學を組織したのである。もしもルネッサンスのヒューマニストがいふやうに、中世が古代を全く知らず、全く尊重しなかつたとしたら、トマスがあのやうにアリストテレスを研究し、アリストテレスを重んじ、そしてその學問の基礎にするといふことはあり得ない筈である。このやうに、當時の人はルネッサンスと中世とを全く斷絶的に考へたのであるが、そこにはやはり連續があつたのである。つまりヒューマニズムの要素は中世にもあつたのである。それは古代の尊重といふ一つのことから考へてもさうであるが、近代のヒューマニズムのもう一つの特色である自然の尊重といふことを見ても同樣である。ヒューマニズムは人間の自然、つまり人間性を尊重することが特色である。さうしてルネッサンスの人々は、中世は全くこの自然を沒却し、この自然を蹂躪したかのやうに考へた。しかし今日から見ると、中世の思想の中にも明かに自然尊重の思想があつたのである。これは歴史の皮肉ともいふべきものであるが、近世の初め、宗教改革者として知られるマルチン・ルーテルが中世の神學者を非難した理由は、實は却つて逆に、彼等中世の神學者があまりに自然を尊重してゐるといふ點にあつたのである。即ちルーテルは神の權威といふものをどこまでも絶對的に考へ、人間はただ神の恩寵によつてのみ救はれると考へたのであつて、人間の自然は原罪によつて全く墮落したものであり、自己の力によつて何等か救濟に近づき得るやうなものは人間の自然のうちには存しないと考へたのである。この點、トマスはじめ中世の多くの神學者が人間の自然にそのやうな力があると考へたのに反對である。即ち、ルーテルは中世の神學者の思想のうちにギリシアの自然思想が存在してゐることを非難したのである。そのやうに、中世のうちにもヒューマニズムがあつたといふことができ、歴史における連續が認められるのである。

四、理論と實踐の相關性

話は多少脇にそれたやうに見えるが、しかしこのやうな考察は我々が現在の問題、東亞の新秩序とか世界史の哲學とかを考へる上にも、關係があると思ふ。先づ簡單に考へても、政治的實踐にはスローガンが必要である。その場合甲か乙か、イエスかノーかといふやうな絶對的な對立において、絶對的な非連續において考へなければ實踐的な力は出て來ない。そこで自由主義か否かといふことが今日スローガンとして出て來てゐる。東亞の新秩序においても、東洋か西洋かといふやうな考へ方が出て來てゐる。我々はそのやうな思想の出て來る心理的な理由、單に心理的であるばかりでなく、形而上學的な理由を理解することが出來る。ルーテルは、敎會か宗敎改革かといふやうに、あれかこれかといふ絕對的對立或は斷絕の立場に立つたのである。マルクス主義者もプロレタリアートかブルジョアジーかといつた。そしてまた今日、日本主義か否かといふスローガンが我々の前に突きつけられてゐる。かやうなことは實踐的な立場に立つて見れば理解し得ることである。實踐は非連續の意識に、あれかこれかの意識に立つてゐる。しかしその場合注意すべきことは、他方から考へると歷史は單に非連續的なものでなく、また連續的な方面をもつてゐるといふことである。ルネッサンスの人々にしても、實は中世を通じて古代的なものが殘つてゐた故に古代の復興を考へることもできたのである。今日自由主義が絕對的に否定されてゐるけれども、やはり自由主義の善い方面を取入れて生かしてゆくのでなければ本當に新しい時代を作ることはできない。然しまた歷史を單に連續的に見るといふことは物をただ眺め、ただ考へる理論家の陷り易い缺點であつて、他方同時に我々は自由主義か否か、イエスかノーかといふ樣なことが如何にして出てくるかを理解しなければならない。つまり我々は實踐的意識の本質的な構造を理解しなければならないのである。これが今日この時局に處して活動し得るためにインテリゲンチャにとつて大切なことである。理論的人間はとかく物の連續的な面にのみ注意しがちである。單に中世のうちにもヒューマニズムの流れがあつたといふだけでは、何故にルネッサンスの人間がそれにも拘らず中世に對して絕對的否定的な態度を取つたかは理解することができない。他方實踐家は單に非連續的な方面のみを强調することに陷り易いのであつて、かれは同時に連續的な方面があることを考へねばならないのである。自由主義反對といふやうなスローガンを揭げるにしても、彼が實際に行ふところは形式的に、抽象的に自由主義を排斥するのではなくて、そこに自由主義を生かしてゆくといふゆとりがなければならないのである。例へばヒットレルは共產主義反對を叫んだのであるが、彼が實際に行つてゐる個個の政策について見ると、多くのものが少くとも外形上は共產黨の遣り方に似たところをもつてゐる。これは實際政治家のよく考へてみなければならぬことである。要するにいはば實踐的・非連續的な考へ方と理論的・連續的な考へ方とが統一されねばならない。思想家が行動人の如く考へ、行動人が思想家の如く行動することが要求されてゐるのである。今日、日本における思想界を見ると、實踐家は理論家の物の考へ方を理解せず、理論家は實踐家の物の考へ方或は意識の在り方を理解しないといふところから、無用の摩擦を生じてゐることが多いのではないかと思ふ。これは双方において反省を要することであつて、さういふ意味において理論と實踐との統一が要求されてゐるのである。かやうにして現代といふものを考へてゆく上にどのやうな態度が大切であるかが明かにされたと思ふが、そこから進んで東亞新秩序の問題を考へてゆくにあたつて、更に注意すべきことがある。

五、中世の世界主義と近世の民族主義

東亞の新秩序は東亞のルネッサンスであるといはれてゐる。そこに歷史の動き方を考へる場合一つの重要な問題があるのである。いつたい歷史といふものは水の流れるやうに直線的に動いてゆくものではない。もしさうであるとす

れば凡てのものは相對的なものになつてしまひ、過去を絶對的に肯定することにも絶對的に否定することにも立場がないわけである。或るものが私に對して絶對的であるといふとき、私とその物との間には斷絶がなければならない。歴史は單に直線的に流れてゆくのではなくて、むしろ前のものに還ることによつて先へ進んでゆく。これが歴史の動き方である。そこに復興があり、ルネッサンスがある。東亞新秩序は東亞のルネッサンスであり、復興である。これを離れて東亞の新秩序を考へることはできないのである。しかし世界史の全體から見て、何故に今日東亞の復興がいはれねばならぬかが問題である。復興さるべきものが何故に東亞であるかといふ問題がある。

この場合先づ我々は、歴史は本來單に直線的に動いてゆくのではなくて前のものに還ることによつて先へ進んでゆくといふ、歴史の根本的な動き方を世界史的見地から考へてみなければならぬ。ルネッサンスといふものをいはば世界的規模において考へてみなければならぬ。そしてそこに我々は今日一部の人のいつてゐる「新しい中世」といふことについて深く考へてみる必要があると思ふ。

これまで中世といふものは一般に暗黒時代といふ風に考へられてきた。そこでこれまで中世の研究は一般に無視され沒却されてきたのである。しかし中世を單に暗黒時代とのみ考へることは近代主義の偏見であるといふことができる。それは中世の否定の上に古代の復興を考へたルネッサンス以來の近代主義の偏見である。今日、近代主義が行詰つて新しい時代が生れようとする際、我々はそのやうな偏見を破つて、中世を新しい立場から研究し、そこに新しい意味を發見することに努力することが大切ではないかと思ふ。

中世はいろいろな特色をもつてゐるが、その最も大きな特色の一つはその世界主義である。西洋においては、世界は宗教上はローマ教會に統一され、政治上は神聖ローマ帝國の形をとり、大學はフランスのパリ大學であつた。つまり宗教的にも、政治的にも、文化的にも中世は世界主義の時代であつた。事實が嚴密にさうであつたといふのではなく、中世的思想の理念がさうであつたのである。今日イギリスとかフランスとかドイツとかと色々な國があるが、これは近代のことであつて、中世は世界國家の時代であつた。學問上においても、當時は世界語としてラテン語が用ひられた。世界の最も古い大學はパリ大學であるが、パリ大學は十三世紀においては西洋のあらゆる學問の中心であつて、今日哲學史に殘つてゐるやうな有名な學者、思想家は悉くパリに集つたのである。當時パリにゐた大學の博士たちで少くとも今日傳つてゐる有名な人の内にフランス人は誰も居ない。大學はパリにあつたけれども、そこで語られてゐたのはラテン語であり、有名な人は或はイギリス人、或はドイツ人、或はイタリア人といふやうに、皆フランス人以外の人であるといふ有樣であつた。これは中世の學問の狀態を現はす一つの事實である。そのやうに中世は世界主義の時代であつた。

しかるに近世はさういふ世界主義が破れて、種々の民族國家が興つた時代である。今日西洋の國といはれてゐるものが次第に作られていつた時代である。言葉の上でも國語といふものが出來てきたのである。從つて今日民族主義といふと全く新しい思想のやうに考へるのは誤解であつて、むしろ近世の初めは民族主義の時代であつたのである。日本においても明治維新は、日本が近代的な民族國家としての統一を建設した時代である。現在支那における民族主義を見ても、それは支那が近代國家としての統一を遂げようとする要求の現はれである。支那の近代化の要求とその民族主義とは密接に結び附いてゐるのであつて、我々はこの歴史的必然性を理解しなければならぬ。ところが中世的な支那を見ると、そこにもやはり一種の世界主義があつた。支那の政治思想の中心をなすものは天下思想であるが、この天下思想は東洋的な世界主義にほかならない。天子はその德によつて天に代つて世界を統治するもので、そこに國境といふ考へはなく、天子の德の及ぶ限りが一つの國と考へられたのである。

そこで近世は中世的世界主義が破れて民族國家の發達した時代であるとすると、自由主義の時代は、一見奇異の感があるにしても、ナショナリズムの時代であつたといふことができる。普通に自由主義とナショナリズムとは全く相反するもののやうに考へられてゐるが、歴史的に見ると、リベラリズムとナショナリズムとは、必ずしもつねに對立してゐたのではなく、寧ろ多くの場合手を繫いでゐたのである。十九世紀、卽ちフランス革命時代以後の種々の政治的情勢を見ても、或る人がこれをナショナリズムの世紀と名附けてゐるやうに、當時の革命家達の世界主義的な考へとは反對に、ナショナリズムとリベラリズムとが一緒にあつた。もちろん自由主義の思想の中には世界主義的な傾向が多く存してゐる。自由主義經濟はその本性上世界主義的なものである。しかしそこにはつねに國家主義的な傾向が存してゐたのであつて、その國家主義と自由主義經濟の世界主義との結び附いたものが帝國主義であるといふことができるであらう。そして帝國主義は或る民族、或る國家にとつては自由であるにしても、他の民族、他の國家を隷屬的地位におくことになつたのである。つまり近代の世界主義は眞の意味における民族主義とは一致し得ないところがあつた。かくして今日、近代的な世界主義に對する民族主義の鬪爭が現はれねばならなくなつたのである。この一つの點から考へてみても、民族主義の問題の正しい解決にとつても、自由主義經濟の問題の解決が根本的に重要であることは明かであつて、それは東亞新秩序の建設のためにも解決しなければならぬ問題である。

六、世界主義と民族主義との綜合

そこで今日、どういふ思想が現はれてゐるかといふと、ブロック的な考へ方である。即ち政治上、經濟上、文化上、世界をいくつかのブロックに分つて考へる。即ちその單位が從來國といはれたものよりも大きくなつて來てゐる。從來のやうな小さな單位ではやつてゆけなくなつた。ウイルソンのいはゆる民族自決主義といふものは非現實的になつてゐる。今日のヨーロッパを見ても判るやうに、小さい國、ポーランドとかチェッコとかのやうな國は到底國として立つてゆくことができない。これは現在のヨーロッパ戰爭を見ても分ることで、國防といふ一つの點から考へても、小さい國は全く不安である。これは經濟上においてもさうであつて、今日廣域經濟といふ言葉が現はれてゐるやうに、經濟單位といふものも大きくなつて來なければならぬ。ブロック經濟といふものも、一方から見ると、自由主義經濟の世界主義が破れてゆく形である。自由主義的な世界主義に代つて、ブロック內のアウタルキーといふことが考へられるやうになつた。かやうにして今日世界が分れて、そこに東亞のブロックが出來、ヨーロッパのブロックが出來、アメリカのブロックが出來、ソヴィエットのブロックが出來るといふやうな考へ方が一般化して來たのであつて、東亞新秩序といふものもそのやうな考へ方に關聯してゐるのである。

ところでもし世界がこのやうになつてゆくものとすれば、世界主義といふものも、ナショナリズムといふものも、自由主義時代に考へられたものとは違つたものにならなければならない。世界主義が變つてゆくこと、ナショナリズムが變つてゆくことを考へないで、今日よくいはれるやうに、もはや世界主義は滅んでナショナリズムの時代が來たといふのは、間違つた議論であり、間違つた認識に導くものである。單なるナショナリズムではブロックといふものも考へられないであらう。そこに新しいナショナリズムがなければならず、更にまた新しい世界主義がなければならないのである。自由主義的な世界主義はナショナリズムと一致し得ないものであつた。それが一つになつたとき帝國主義となり、この帝國主義の支配を破るためにナショナリズムが現はれてきたのである。今日求められてゐるのは世界主義とナショナリズムとの新しい調和であるといふことができる。

いつたい世界主義といふと、直ちに自由主義が考へられるのであるが、これが間違ひであることは既に述べたところによつて明かである。中世が實に世界主義的であつた。もとより自由主義も世界主義的である。自由主義經濟は世界市場といふものを形成したのである。しかしながら世界主義即自由主義でないことは中世における世界主義の存在を考へてみれば明瞭である。中世的な世界主義は全體主義的であつた。今日全體主義といふと、直ちに民族主義が考へられるのであるが、これも狹い見方であつて、間違つてゐる。全體主義は或る意味では中世において模範的に見られるのであり、しかも中世は世界主義的であつたのである。今日のいはゆる全體主義の時代には種々の方面において中世の復活といふやうな現象が認められるのであるが、今日世界主義といふものを考へるに當つても、近代的な世界主義よりもむしろ中世的な世界主義が問題になつてゐるやうに思ふ。中世的な世界主義を反省して、その新しい意味を認識することが必要でないかと思ふ。

これは一方、近代的なナショナリズムがそのままでは認められなくなつて、新しいナショナリズムが生れてこなければならぬといふこととも關聯してゐる。東亞新秩序といふことを考へても、これは一民族だけの問題ではなく、東亞の諸民族の問題である。しかもそれは單なるブロック經濟といふ以上のものでなければならぬ。ブロック經濟の思想にはまだ根柢に自由主義的なものがあるのであつて、東亞の新秩序は一層全體主義的なものでなければならない。さうしてそれは一民族一國家を單位とするものでないといふことを考へると、その根柢には一種の全體主義的な世界主義が考へられることになる。そこに支那における天下思想或は王道政治の思想が想起されるであらう。しかしそれは昔の支那の天下思想のやうに、無國境の世界、近代的な國家といふものをなくした協同組織が考へられるのではない。もしそのやうに考へると、現在の支那における民族主義といふものも單純に否定しなければならなくなる。この支那における民族主義の勃興は歴史的必然的な理由をもつてゐるのであつて、それは一方支那が殘存せる封建的な組織を破つて近代化してゆかうとする要求の現はれであり、他方近代的な帝國主義の支配を破つて獨立國家にならうとする要求の現はれである。從つて一種の天下思想を考へるにしても、そこに近代的なナショナリズムの要求を認めてゆくことが必要である。つまり東亞新秩序においては支那の獨自性が認められなければならぬ。しかし支那の獨自性を認めるにしても、自由主義に基く國際聯盟のやうな形で東亞新秩序は考へられるのではない。そこに全體主義的な考へ方がなければならぬ。言ひ換へると、東亞新秩序においては日本の指導性が確立されなければならない。そこにいはば全體主義的な世界主義と近代國家の思想との新しい綜合が考へられなければならないのである。王道政治といつても、ただ昔の天下思想のやうなものであつては、帝國主義のやうなものになるであらう。

七、世界史的民族

東亞の新秩序は、東亞諸國の共存共榮ともいはれ、或はまた日滿支の一體關係といふやうにもいはれてゐる。さういふ場合、一體關係といふときはもちろん、共存共榮といつても自由主義的なものではないであらう。さうすれば、そこに協同と指導といふことが問題になるのである。日本による東亞新秩序の建設が帝國主義的なものでない限り、諸民族の獨自性を認めてゆくのは當然である。そこに協同といふことが考へられる。しかし協同といつても決して日本の指導性を否定することではない。協同といふものは自由主義的な結び附きではない。協同の概念は一種の全體性の概念を豫想して成立つのであつて、自由主義的な結び附きとは違つたものである。既に全體性の理念を認める以上協同と指導とは矛盾しない筈である。指導とは何かといふと、哲學上の言葉でいへばイデー、つまり全體性の理念を把握したものが他のものをこれに從はせてゆくといふことである。指導的地位にあるものはそのやうに全體性のイデーを自己において把握し、實現してゐるものでなければならぬ。いつたい歴史を見ると、世界史的な出來事といふものは諸民族の話し合ひによつて出來たものでなく、そこにはつねに指導的な民族がある。いはゆる世界史的民族である。世界史はそのやうな世界史的民族によつて作られてきたのであつて、世界史的民族といふのは世界史の動向、つまり全體のイデーを提げて現はれてきたものである。

ここに私はヘーゲルの歴史哲學的思想を想起する。彼の歴史哲學において重要な地位を占めてゐるのは民族精神の思想である。ヘーゲルは民族は自分自身のうちに國家になる要求を含んでゐると考へた。民族が自覺的になつて理性的な內容を持つと、そこに國家といふものが成立するのである。ヘーゲルの哲學は一種の國家主義の哲學であつた。しかし彼の民族精神の哲學は同時に世界精神の哲學であつたのである。そして彼は世界史的民族といふものを考へた。世界史的民族といふのは、世界史の一定の發展段階において世界史的な役割を演ずる民族である。つまり歴史に現はれる民族は平等ではなく、或る民族は特に世界史的民族であつて、その民族はその時代において世界史的な意味を實現してゆくと考へたのである。世界史的民族はその時代において世界精神を實現するところの選ばれた民族であり、その時代の指導的な民族であり、世界歴史の創造者であると考へたのである。我々はヘーゲルの歴史哲學を全部そのまま承認することはできないのであるが、ともかく東亞新秩序の建設といふことに就いても、指導的位置に立つ民族は世界史的な民族、ヘーゲルの言葉でいふと世界精神を實現してゐる民族でなければならない。單に民族的、單に特殊的ではなくて、世界的なもの、世界史的なものを自己のうちに持つてゐなければならない。東亞新秩序は日本の指導の下に作らるべきものであるが、その指導といふことは、單に民族的な利己主義に基くのではない。東亞新秩序の指導原理は日本的であると共に世界的でなければならないのである。

八、「新しい中世」の意義

東亞新秩序の基礎となるべきものが東洋文化の復興であるべきことは言ふまでもないが、東洋文化といふが如き一種の中世的なものが今日世界史的にどういふ意味をもつてゐるかを考へてみなければならない。

既に觸れた如く、今日西洋においても「新しい中世」といふやうなことがいはれてゐる。これはどういふ意味であるか、むしろどういふ意味でなければならないか。我々は更に經濟に例をとつて我々の考へる所を一層明かにしてゆきたい。今日の經濟において、職能といふものが重要な觀念になつてゐるが、職能といふ觀念は、元來中世的な全體主義的經濟の中において生れて來たものである。職能といふものが考へられる爲には先づ全體が考へられて、その全體の中における各人の機能、各人の役割が考へられるのであつて、これが職能である。しかるに中世の全體主義的な社會においては職能が同時に身分であり、身分的に固定されてゐたのである。例へば士農工商は職能を現はすと共に身分を現はしてをり、侍は百姓や町人よりも上に立つてゐて、しかもその身分は固定的に考へられ、百姓が侍になるといふが如きことは殆んど考へられなかつた。今日の新しい經濟は全體主義の經濟といはれ、從つて今日では經濟において職能の觀念が重要な意味を持つやうになつてきた。これは一つの新しい中世であり、中世の復活であると一般的にいふことができる。しかし中世的な職能の觀念がそのまま復活すると考へるならば間違ひである。近代の自由主義は中世的な職能の觀念を否定したのであるが、その場合に重要な意味をもつてゐたのは人格の觀念である。あらゆる人間は人格として本來平等であるといふ思想によつて自由主義は中世の身分的な思想に反對した。またあらゆる人格は本質的に自由である故に、自分の職業も自分で自由に選擇することができると考へた。これによつて職能を固定的に考へる中世的な考へ方を破壞したのである。しかるに今日、自由主義經濟から全體主義的な、計畫的な經濟に移つてゆく場合に、職能の觀念が新たに重要になつてくるのであるが、その場合近代の自由主義的な考へ方をまた新にその中に生かして行かなければならないのである。即ち、職能を身分的に考へたり固定的に考へたりするのではなくて、職能的な不平等に對して同時に人格的な平等が考へられ、職能的な固定化に對して同時に人格的な自由が考へられ、そこに新しい綜合を求めてゆくといふことが、今日解決すべき問題である。新しい中世といふことが封建的なものの單なる復活であるならば、それは單なる反動に過ぎない。新しく生れるためには一旦死に切らなければならない。一旦中世を絕對的に否定する立場に立つのでなければ、新しい中世といふことも考へられない。さうでなければ、單なる反動としての封建主義になつてしまひ、中世の眞の新しい意味を發見することもできないのである。すべての眞の蘇りは眞の死によつて可能であるといふことをここでも理解しなければならないのである。

九、大陸的な文化への反省

更に今日の文化についても新しい中世といふものが考へられる。中世の文化の最も著しい特色は宗教的といふことであつた。これに反して近代の文化は反宗教的な文化であつた。自由主義の時代から新しい時代に移つて行く場合、そこに生れて來る新しい文化は、一種の宗教的な味ひ、匂ひを持つであらうと考へられる。これは將來の文化を考へてゆく上に一つの重要な問題である。ソヴィエットは反宗教的な態度をとつてゐるのであるが、しかしロシア人は元來非常に宗教的な民族であつた。キリスト教の中でもギリシア正教のやうなものが行はれたのである。ロシアの文學を見ても宗教的な色調が濃厚である。トルストイは晩年には原始キリスト教的な人道主義を唱へたし、ドストエフスキーの文學の底にも深い宗教的なものがある。マルキシズムは宗教を否定したが、その思想の中に一種の終末觀的なものがあることは既に述べた通りであり、マルクス主義者にとつてはマルキシズムが絶對化され、一種の宗教になつてゐるといふこともできるであらう。

中世における代表的な學問はスコラ哲學である。スコラ哲學といふのは、神學的な絶對的な教義を前提して、それから演繹して考へてゆくのである。ところが今日共産主義においても、マルキシズムを絶對化して、あらゆる理論はそれから演繹されるといふ、スコラ哲學的方法に類似したところが見られる。そこに中世に似た思想統制が行はれてゐる。またドイツにおいては神話といふやうな思想があり、ここでもナチズムの絶對的權威の下に思想統制が行はれてゐる。ジイドはその『ソヴィエット紀行』の中でロシアのコンフォルミスム、畫一主義を非難してゐる。ソヴィエットに行くと、どこでも人々は同じことをいひ、同じことを考へ、同じことをしてゐるといふ畫一主義をジイドは非難したのである。我々はその批評が適切であることを考へなければならないと同時に、他方現代文化の必然的な傾向を理解しなければならない。單なる自由主義的な氣分から反對するといふことは、世界史の必然的な動向に對して眼を閉ぢることであり、自分から退却することに外ならない。ここでも我々は中世的なものの新しい意義を考へると共に、近代の自由探究の精神を生かし、個人の創造性を尊重し、その新しい綜合を問題にしなければならない。

近代の自由主義は主觀主義であつたといふところに缺點があつた。自分を超えた客觀的なものを認めるといふことが足りなかつた。もちろんカントのやうに、自己は個人的なものでなく超個人的なものであると考へるにしても、超個人的な自己はやはり自己であつて、自己の中にあるものであつて自己を超えたものではなかつた。中世的な秩序の近代の自由主義にまさる點は、自己を超えた客觀的なものを認めるといふことである。このやうに自己を超えた客觀的なものを認めるといふことは、大切であつて、東亞新秩序といふことを考へるに當つても、そこに客觀的なもの、自己を超えたものに對する敬虔な氣持がなければならない。自己を絶對化するといふ考へ方は、個人においては個人主義であり、民族においては民族的エゴイズムになる。自己を超えた客觀的なものに對する敬虔な氣持は、廣くいふと一種の宗教的な氣持である。このやうに自己を超えたものに對して敬虔であるといふことは、單に宗教ばかりでなく、科學の研究においても重要なことであつて、科學においても、自己を超えたもの、客觀的な自然法則、眞理を探究してゆくのであつて、眞理に對する敬虔な氣持、客觀的なものに對する敬虔な氣持は科學の精神である。世界史的民族としての自覺は民族的な個人主義、民族的なエゴイズムとは違つて、かやうに自己を超えたものを認めてゆくことでなければならぬ。それは世界史の理念に對する敬虔といふこともできるであらう。單なる主觀主義からは自由主義的な無秩序が生じてくるのであつて、世界に新しい秩序が現はれるためには、すべての人間が自己を超えた客觀的なものを認めて行くといふ態度にならなければならぬ。これが近代の自由主義に對して中世の持つてゐる大きな意味であつて、その意味における中世的なものが今日新たに要求されてゐると思ふ。

もう一つここで考へられることは、中世的な文化はいはば大陸的な文化であつたといふことである。これに反して近代の自由主義的文化は、その先驅的な指導的な役割を演じたオランダ、スペイン、ポルトガル、或はイギリスなど大體海洋的な國であるといふことが出來る。これは自由主義が商業主義的な文化であつた限りさういふ性質をおのづから持つてゐたと思ふ。ところが今日の新しい文化は或る意味で大陸的な文化になりつゝある。例へば今日のドイツとかロシアなどを見ても、大陸的な文化を持つてゐる國である。新しい文化の性格として大陸性といふものが問題になる。この大陸性といふものは單に地理的な意味でなくて、これを文化の持つてゐる或る根本的なスタイル、根本的な形式として捉へ、これを如何に生かして行くかといふことが大きな問題ではないかと思ふ。つまり今後の新しい文化が或る意味における大陸的な文化であるといふ意味において、ここにまた新しい中世といふものを考へなければならない一つの點がある。

この點は特に日本が東亞における新秩序の指導者であるといふ場合、深く考へなければならない日本文化の新しい要素、新しい方向に關係して重要である。バートランド・ラッセルといふイギリスの有名な哲學者はその『支那論』の中で、東洋においてロシアとインドと支那は一つである、ロシアとインドと支那はその文化と民族性とにおいて非常に似てゐる、これに反して日本は全く別の國であるといつてゐる。ロシアとインドと支那は、その民族の性格において、その文化のスタイルにおいて共通なものがあることは、ラッセルのみでなく多くの人々の感じてゐる所である。今後の世界の歷史において、北はロシアから支那を通じてインドに至るこの大陸地帶が如何なる變化を遂げ、如何なる形になつて來るかといふことは、最も注目すべき重要な問題であると思ふ。これに對して日本の文化の持つてゐる性質をよく吟味することが、今後の日本の文化を發展させて行く上に、殊に東亞における新秩序の建設者であり指導者であるべき場合、大切である。直接には支那、インドがどうなるかといふことが、日本文化にとつても最も大きな問題であるのである。しかもこれは世界史的に極めて重要な問題であると思ふ。日本の文化が東亞の新秩序の指導的文化であるといふ爲には、日本の文化は大陸的な性格を獲得しなければならない。ラッセルがいつたやうに、日本の文化には或る意味で海洋的な性質が非常に多くある。さうしてまたそれが近代の自由主義的な商業主義時代において日本が支那よりも先に發展し得た一つの原因であつたといふことも出來るわけである。つまり日本が支那よりも早く發展することが出來たのは、地理的な關係からいへば日本が海洋的な、從つて自由主義的な、商業主義的な文化に適應した所であつた爲であるといふことも出來る。しかるに今後の世界文化において新しい中世といふやうなものが考へられ、そこに文化の大陸性といふものが問題になつて來るとすれば、日本の文化はここに一つの大きな問題に出喰してゐるといふことが考へられるのである。勿論、新しい文化は大陸的な文化であるといつても、それは決して單に中世へ逆戻りするのではなくて、近代的な文化がその中に生かされて來るのでなければならぬ。新しい中世といふものゝ中に近代が十分に生かされて、さうして出て來る文化は、本質的には中世的ではない全く新しい文化、たゞ象徴的に中世といふだけで本質的には全く新しい文化でなければならぬ。この新しい文化の中には、自由主義的な文化が生かされなければならないやうに、たゞ簡單に海洋的な文化から大陸的な文化へ移つてゆくといふ風に考へられるのでなく、むしろ海洋的な文化と大陸的な文化との綜合が新しい文化の問題である。求められてゐるのは常に新しい綜合である。日本の文化としてはその從來の長所を益々發展させると同時に、新しい文化の大陸的な性格といふものについて深く考へて行かなければならない場合になつてゐると思ふ。

一〇、東洋文化の復興

かやうにして我々は東洋のルネッサンスといふことから「新しい中世」といふ思想に及んだのであるが、一般にルネッサンスといふものの意味が正しく理解されることが大切である。近世の初めにおけるあのルネッサンスの時代に古代の復興が叫ばれたのであるが、そこに作られた文化は單なる古代の復興ではなくて、全く新しい近代的な文化であつた。そのやうに今日東洋文化のルネッサンスといつても、決して中世的な文化の單なる再生ではなくて、全く新しい文化の創造でなければならぬ。ただその場合、歴史において新しいものが出て來る時には、單に直線的に進むのではなく、昔のものに還るといふことによつて前へ進む、復興といふ形で新しい創造が行はれるといふことがあるのである。東洋文化のルネッサンスといふこともさういふことから考へられるのである。

東洋文化の復興といふことが東亞新秩序の一つの根本的な理念となつてゐるのであるが、この東洋文化の復興といふことは、世界史的な順序からいへば新しい中世といふものに繋つてゐるといふことができる。いはゆる東洋文化とは何かといへば、廣く見れば中世的な文化である。東洋にも近代的文化はあるので、明治以後における日本文化は近代的文化として發展して來たのである。支那においても同じやうな過程が、後れてではあるが、緩慢ではあるが、行はれて來た。しかし東洋文化の復興といふ場合には、そのやうな近代的文化をいつてゐるのではなくて、一種の中世的な文化をいつてゐるのである。

中世的な文化である東洋文化が今日重要な問題になつて來たのはどうしてであるかといふと、いま述べたやうに、世界史の全體の姿を考へる時に、單に日本や支那ばかりにおいてでなく、世界的に新しい中世といふやうなものが考へられるといふところから、東洋文化といふものの世界史的意義が現はれて來たといふことができる。自由主義的な文化が上昇して行く段階にあつた時には、東洋文化といふものに對する反省が生じなかつた。近代日本においてもさうであつたので、これはその時代の人が單に間違つて居つたといふやうなことではなく、その時代の必然の動きがさういふことを餘儀なくしてゐたのである。しかるに今日世界の歴史を見ると、近代主義が行き詰つて、そこに新しい中世といふやうな形が出て來てゐる。そこに從來は中世的文化として後れたものとして東洋においてさへあまり顧みられなかつた東洋文化といふものの新しい認識が生じなければならなくなつて來た。そこに東洋文化の世界史的な評價の新しい地盤と展望が現はれたのである。そしてその點から東洋文化を世界史的に考へるに當つて、我々はヒューマニズムといふものを新たに問題にしなければならないと思ふ。

二、ヒューマニズムの問題

ルネッサンスはヒューマニズムの時代であるといはれ、近代文化はヒューマニズムを基調とするといはれてゐる。これに對して中世文化はヒューマニズムでないといふ風に考へられてゐる。そこで今日の新しい文化が何等か中世的な形をとつて現はれて來るとすると、その文化はヒューマニズムと反對のものではないかといふ考へ方が出て來るわけである。ここにヒューマニズムといふものの問題がある。元來、ヒューマニズムといふものは自由といふものと同じやうなものである。自由といふものは實に人間の根本的な要求である。今日自由主義が否定されるからといつて自由の重要性がなくなつたのでなく、人間が自由を求める心がなくなつたのでもない。また自由主義によつて自由が實現されたのではなく、自由を要求した自由主義は却つて自由の否定に終つたのである。自由が自由主義とは違つた組織において實現されねばならなくなつたのである。そして自由の意味も自由主義におけるとは違つて考へられねばならないやうになつて來たのである。これは旣にカント的な自由の概念とヘーゲル的な自由の概念とを比べても分ることである。カントは個人的な人格の自由といふものを强調したのであるが、ヘーゲルによると、かやうな主觀的な自由は抽象的なものであつて、具體的な自由は個人的な意志と普遍的な意志との統一である。個人が個人の立場から自由を考へるのではなくて、全體の社會なり國家なりの內部における個人を考へて、その個人の意志と普遍的な意志との一致することが眞の自由である。そしてヘーゲルは世界史の進步は自由の意識における進步であると考へた。かやうにして自由といふものが重要でないのでも問題でないのでもなく、自由の意味を新しく考へ直すことが問題なのである。それと同じやうにヒューマニズムについても、ヒューマニズムの單なる否定ではなくて、それを新しい考へ方で生かしてゆくといふことが問題である。

中世の文化の中にはヒューマニズムがないと一般にいはれてゐるが、中世的な東洋文化を考へてみると、或るヒューマニスティックなものがあるのであつて、そこに東洋文化のすぐれた意味が見出されなければならない。キリスト教的な世界觀によると、神は絕對的に超越的なものである、これが西洋の中世における權威主義の基礎になつてゐたのである。現代の西洋のいはゆる獨裁政治を見ると、やはりそのやうな權威主義がある。自由主義の後に權威主義が現はれ、そこからまた一種のスコラ哲學的な思想、學問上における權威主義が現はれてゐる。これは新しい中世と見られるのであるが、翻つて東洋を見ると、我々はそこに或る違つたものを見出すのである。東洋の宗教においては、キリスト教におけるやうな超越的な神の思想は存在しない。さういふ事情によつて日本なり支那なりにおいては中世においても西洋的な意味における權威主義といふものがなかつたのである。東洋の宗教は、西洋的な概念からいへば汎神論的であるといはれる。もちろん、これを以て直ちに東洋的宗教を完全に規定することはできないが、ともかく東洋には西洋的な絕對的權威主義とは違つた東洋的な自然主義といふものがあつた。さうして自然を重んじてゆくといふことが重要な意味を持つてゐた。そこに東洋獨自のヒューマニズムがある。わが國における神道においては自然といふことが非常に重んじられてゐるが、支那の思想を見ても、自然に從つて生きるといふことが強く主張されてゐる。これはヒューマニズムの精神である。同じやうに信仰の問題にしても、東洋においては古くから一種の自由があつた。そこに西洋の近代自由主義の意味における寬容とは違ふけれども、東洋的な一種の寬容の精神があつた。或る一つの宗教の信仰を强權的に强要するといふやうなことがなくて、寧ろいろ〳〵な宗教が同時に信仰されてゐたのでとがある。支那においては孔子教、或は道教、また近代になつてはキリスト教といふやうなものが同じ人間によつて同時に信仰されてゐた。日本においても各自の家に神棚もあれば佛檀もある。神と佛とを同時に祭つて決して矛盾を感じないといふやうなことは、キリスト教的な西洋的な考へ方においては到底考へられないものであるが、それが東洋においては全く自然に存在したのである。

かういふ東洋的なヒューマニズムの精神、西洋的なヒューマニズムとは違ふ東洋的なヒューマニズムの精神は、今日新しい東洋の文化を考へる場合において、西洋的な獨裁主義、西洋的な權威主義に對して、新たに反省され、生かされて來なければならない重要な點ではないかと思ふ。西洋的な權威主義がともすれば人間の自然性を抑壓してゆく傾向があるのに反して、新しい東亞の文化においては、日本における神ながらの道、支那における天の思想、或は佛敎におけるいはゆる大乘の精神といふものが生かされて來なければならないのである。東洋的なヒューマニズムの精神が新たに生かされることによつて、新しい文化のスタイルを作る、これが東亞新秩序の基礎になつてゆかなければならないと思ふ。東洋的ヒューマニズムは言ふまでもなく單なる個人主義、自由主義ではなかつた。そこにはまた東洋獨特の宗敎的文化の味はひがあつたのである。これは今日において深く反省すべき重要な點であつて、今日のやうな統制時代において、我々の學問や文化は、西洋流のスコラ哲學的なものとは違つたものでなければならない。東洋の傳統的な全體主義は西洋流の權威主義でないといふところに特色があり、さうして今日世界史的に新しい中世といふやうなことが考へられる時代において、東洋文化が西洋文化よりも優れた文化であると考へられる一つの理由がそこに認められるのである。

他の言葉でいふと、新しい中世といつても、決してただ中世的なものがそのまま復興するのではなくて、中世的な文化の精神と近代的な文化、いはゆる自由主義的な文化の精神との新しい綜合が求められてゐることは既に度々いつたことであるが、さういふ綜合の形を考へる場合に、西洋の中世といふものは近代的なヒューマニズムと相容れないやうな面を非常に多く持つてゐるのに反して、東洋文化の中には中世的でありながらヒューマニズムの精神と融合し得るものが多く存在するといふところに、東洋文化の優れた特色がある。この特色を反省することによつて今日我々は東洋文化のルネッサンスが世界史的な意味を持つてゐる理由を理解することができると思ふ。東洋文化の復興といふことは全く正しいのであるが、その東洋文化を、どのやうな立場から復興するかといふことが最も重要な問題なのであり、私はそこにヒューマニズムの問題を考へるのである。

かやうにして私は今日東洋文化の位置を世界史における新しい中世といふやうな問題から考へ、さうしてその新しい中世的なものの見地において、東洋的文化が西洋的文化に對して持つてゐる優れた特色といふところから、東洋文化の復興の意義を考へなければならないと思ふ。もちろん東洋文化といはれるものは中世的なものであり、それが新しくなるためには近代文化の要素、特に西洋的な科學文化を必要とするのである。東洋文化は單に連續的に生長するのではなく、それが一旦否定されて西洋的な科學文化を身につけることによつて、新たに復活といふやうなところがなければならない。東洋的なものが新しく世界的になつてゆくためには、西洋の論理、西洋の科學をどこまでも含んでゆかなければならないのである。

一二、東亞新秩序樹立の基本要件

最後にもう一つ考へておかねばならないことは、今日世界がブロックに分れて行く、東亞のブロック、アメリカのブロック、ヨーロッパのブロック、ソヴィエットのブロックといふやうにブロックに分れて行くといふことがいはれてゐるが、さういふブロック間における安定が確立する爲には、一つの文化における繋りが出來て來なければならない。そこに文化的な統一がなくて、各自が相反する文化、相反する世界觀を持つてゐるならば、世界は安定することが出來ない。世界が安定する爲には共通の世界觀、共通の文化がそこに現はれて來なければならない。今後東洋において支那と日本といふやうな國の關係が安定して行く爲には、そこに共通の世界觀、共通の文化が出來て來なければならない。更に進んで世界的に考へるならば、世界全體にやはり共通の世界觀、共通の文化が出來て來なければ究極の安定に達することは出來ないのである。從つて東亞新秩序を考へる場合には、ただ東亞といふことでなく、世界の今後の原理となるべき思想、世界觀、政治上、經濟上、文化上の秩序といふものが考へられてゆかなければならない。それを作るものが世界に先驅するものであり、ヘーゲル的な言葉でいへば世界史的民族である。もちろん世界的な原理といつても、それによつて各々の民族の文化の獨自性を有することが否定されるのではない。今日、世界は共產主義と民主主義と全體主義との三つの國家群に分れてゐるといはれるが、しかしさういふ對立がいつまでもある限り世界は安定しないのである。さういふ對立を超えて出て來る新しい文化は何であるかといふことを最も早く最も力强く表現した民族が眞の世界史的民族であり、さういふ民族によつてこれからの世界史が指導されて行くのである。それだから我々は東亞新秩序は共產主義に對する全體主義、或は民主主義に對する全體主義の秩序であるといふやうに考へるだけで滿足すべきではない。東亞の新秩序の基礎が日本獨自の全體主義であるといふならば、この全體主義はやがてソヴィエットにもアメリカにも何等かの意味で行はれるやうになるといふものでなければならない。それでなければ未だ眞に世界史的な原理であるといふことは出來ない。さういふ意味で東亞新秩序においてはただ民主主義或は共産主義に對立する原理が現はれるといふことだけで滿足すべきではなく、やがて世界の全體を貫くやうな一つの新しい秩序、新しい文化が生れて來るといふことが究極の目標でなければならぬ。日本民族が眞の世界史的民族であり世界新秩序の指導者であると自認する以上、それだけの意氣込みを持つてやらなければならないと思ふ。それが八紘一宇の精神を體現する所以である。東亞の新秩序は同時に世界の新秩序の問題でなければならないのである。

（終）

東亞新秩序の歴史哲學的考察

三　木　　清

東亞新秩序の歴史哲學的考察

三木　清

只今御紹介に與りました様に東亞新秩序の歴史哲學的考察と云ふ題で話して見たいと思ひます。東亞新秩序と云ふものは何を意味するかに付きましては後に次第に話して行きたいと思ひますが、先づ簡單に是れを從來一部分でいはれて居りますやうに、東洋の復活とか、東洋のルネッサンスと云ふ言葉で現しても宜いかと思ふのであります。

次ぎに歴史哲學的考察と云ふ言葉は、一寸お解り難いかも知れませぬが、歴史哲學と云ふ言葉も色々な意味に使はれて居るのでありまして、殊に今から十年或は十五年ほど前に、日本に於いて歴史哲學と云ふ言葉が流行した時分には、當時ドイツで勢力がありました新カント派の考へが重きをなして居りまして、さう云ふ考へに依りますと、歴史哲學と云ふものは歴史學とは何かとか、歴史的認識とはどう云ふものであるかと云ふ様な、哲學上の言葉で申しますと認識論的或は論理的な、形式的な研究であつたのであります。併し哲學の歴史を遡つて考へて見ますと、歴史哲學と云ふものはさう云ふ形式的な論理的な研究でなく、寧ろ内容的に世界歴史は一體どう云ふ様に動いて行くのであるか、歴史の目的は何であるかと云ふ様なことについての考察であつたのであります。西洋に於いて歴史哲學者として最も偉大な存在であつたヘーゲルに於きまして、歴史哲學とは要するに世界史の哲學であつたのであります。つまり世界の歴史を内容的に考へて其の動向を察すると云ふことが歴史哲學の問題であつたのであります。

今日我々が歴史哲學と云ふ場合さう云ふものを考へなければならないのでありまして、單に歴史的知識に付ての論理的な、認識論的な研究に止まらないで、世界の現實の歴史がどう云ふ風に動いて行くのであるかと云ふ様な世界史の哲學にならなければならぬと思ふのであります。

所が日本の哲學界を見ますと、まださう云ふ様な世界史の哲學と云ふものをはつきり樹てゝ居るものは見られませぬ。是れは遺憾なことでありまして、日本の國民の哲學としてどうしても世界史の哲學と云ふものを把握しなければならぬと思ふのであります。

其の必要は色々な方面から理解する事が出來ると思ひますが、例へば、ドイツの思想とフランスの思想とを比較して見ますと、其處に大きな差異がある。どう云ふ點かと云ふと、ドイツの哲學には歴史に付ての見方、史觀と云ふものが傳統的に存在して居ります。所がフランスの思想になるとさういふ歴史哲學、世界史がどう云ふ風に動いて行くのであるかと云ふ様な考へ方が少ないのであります。國民が世界史の動向とか目的とかに付て一定の世界觀を持つて居るかどうかと云ふことは、其の國の消長に關係する所が少なくないと思ふのであります。また例へば、マルキシズムといふものが、どうしてあれだけの影響力を持つたかと云ふと、マルキシズムは世界史に付ての一定の見方を持つて居る、世界の歴史はどう云ふ原因によつて、どう云ふ方向に動いて行くかと云ふ事に付て、はつきりした世界觀を持つて居るのでありまして、是れがその一つの大きな魅力であると考へられるのであります。隨つて、是れに對抗して是よりも高い思想を把握する爲めには、どうしても自分自身で新しい世界史の哲學を持たなければならぬと思ふのであります。

私は此處でさう云ふ歴史哲學、つまり世界史の哲學について私の考へる所を全般的にお話することは出來ないのでありますが、今日特に必要な、即ち我々が當面して居る支那事變、更に遡つて滿洲國の建國と云ふ事から始つて居る東亞の變動の意義を理解する爲めに必要と思はれる事柄に付て、少し話してみたいと思ふのであります。

いつたい近代社會と云ふものがどのやうにして成立したかと云ふと、これには色々な見方があるでありませうが、人間が自然を支配する科學的な方法を獲得したと云ふ事が重要な點であらうと考へます。封建的な社會に於ける行詰り、生産力の減退、夫れから生じた社會の行詰りを打開する事が出來たのは、近代社會に於ける自然科學の發達、夫れを基礎にした技術の發達にあるのであります。近代的な機械の發明に依つて生産力が飛躍的に增大したと云ふ事が近代社會の發展に大きな關係があるのであります。所がさう云ふ自然科學の物の見方が單に自然科學ばかりでなしに他の領域、歴史とか社會とかの見方にも大きな影響を與へるやうになつた。つまり一般的な世界觀の基礎に自然科學的な見方が次第に浸潤して行つた。是れが近代的な文化の重要な特徴であります。さう云ふ近代社會の發展に於て最も著しい現象は所謂産業革命であります。是れは言ふまでもなく自然科學と、技術の大規模な發展に依つて生じたものであります。夫れに依つて社會の富は非常に增大したのでありますが、其の結果起つたことは何であるかと云ふと、所謂社會問題であつたのであります。貧富の懸隔が著しくなり、一方に於て富める者は益々富むと共に、他方に於いては多數の貧困なものが輩出すると云ふ様な結果、卽ち社會問題といふものが產業革命の結果として現れて來たのであります。其處で問題は自然科學の問題ではなくして、社會科學の問題であると云ふ様に、問題の焦點が移つて行つた。フランスに於ては空想的社會主義と言はれるやうな思想が擡頭しました。其後現はれたマルキシズムと云ふものにしても、歴史の過程に於て問題が自然科學の問題から、社會學の問題に移つて行つたことを示してゐるのであります。此の問題の推移に注意して深く考へることが必要であります。

かやうに自然科學及び技術の發達の結果、社會問題が生じて來た所から、一部の人はさう云ふ様に色々な社會問題、社會に於ける色々な不幸が生じたのは自然科學や技術に罪がある。いはゆる物質文明が惡いのである。機械が惡いのであると云ふ樣に申しまして、反科學的な、反技術的な思想を抱く樣になつたのであります。是れは西洋に於きましても旣にニイチエに於いて現はれて居る近代文化の批判でありまして、その影響は非常に深く、色々な方面に見られるのであります。つまり近代文化に於ける色々な社會問題、社會惡と云ふものを、自然科學及び技術そのものに歸して、これに反對すると云ふ傾向が現はれて來たのでありまして、その例は「西洋の沒落」と云ふ書物を書いて有名になつたシユペングレルの哲學の中にも見られるのであります。東洋に於きましてもガンヂーの如き人が機械に對する反對を唱へてをり、その思想は西洋人にも注目されるやうになりました。併し斯う云ふ考へ方は單なる反動でありまして、自然科學や技術は我々は何處迄も是れを發達させて行かなければならぬ。今日日本に於きましても科學の振興とか技術の尊重と云ふことが非常に喧しく言はれて居る樣に、自然科學とか技術とかは何處迄も必要なものであります。夫れに依つて生產力を增大することが出來、社會の富を豐富にし、人間の生活を幸福にする基礎が出來る譯でありま す。殊に自然科學及び技術の發達に於いて遲れて居つた東洋、滿洲の如き、支那の如きに於きましては、それを發達させることが甚だ必要なことは言ふ迄もないのであります。

我々は自然科學及び技術の發達の一つの結果として生じた社會問題を、自然科學や技術の責任に歸して、これら自然科學や技術に反對すると云ふ樣な反動的な考へ方に陷つてはならない。併し同時に我々は社會とか歷史とか、或は文化と言ふものに付ての科學、卽ち社會科學、歷史科學、文化科學と云ふ樣な名前で呼ばれる科學が、今日極めて重要な意味を持つて居ると云ふことをはつきり認識しなければならぬ。單に技術や自然科學の發達だけで今日の問題が解決出來るのではなくして、いはゆる社會問題を正しく解決し得る樣な科學、哲學、世界觀が更に必要であると云ふことを知らなければならぬのであります。そして世界史的に見てさう云ふ問題が生じて來た時、こゝに東洋思想と云ふものが、廣く言へば東洋文化と云ふものが初めて大きな意味を持つことになるのであると私は考へるのであります。若しも科學と云ふもの、或は技術と言はれて居るものが、近代的な自然科學や、近代的な機械技術ばかりを意味するならば、東洋文化はさう云ふものに對して多くの貢獻をする事が出來ないでありませう。さう云ふ自然科學や技術が必要である限りに於きましては、我々は西洋文化を移植し、繼承しなければならぬのでありますが、併し夫れと同時に、近代社會の發展に於いて起つた重大な問題が社會問題であり、社會科學的、或は文化科學的問題であると云ふことを理解する時、其處に東洋文化と云ふものの持つ大きな意義が理解せられるのであります。と云ふのはなるほど東洋文化は自然科學の發達に對しては多くの貢獻を爲さなかつたにしても、社會問題、或は文化問題に對しては多くの新しい示唆を與へることが出來る様な内容を持つて居ると思ふのであります。卽ち東洋文化と云ふものが、どうして世界史的に意味を持つ様になつたかと云ふと、近代社會以來の世界史の發展に於いて、いはば自然科學の時代から社會科學の時代になり、是れは勿論自然科學が無用になつたと云ふのではなく、寧ろ益々必要になつたのであるが、併し同時にこの自然科學を社會的に如何に使ふかと云ふ様な問題が現はれて來まして、其處に東洋文化とか、東洋思想と云ふものが新しい意味を獲得する情勢が出て來たのであります。

勿論東洋思想がさう云ふやうに新しい意味を持つ様になつた事に付ては、更に廣い考察が必要であらうと思ひます。其の事に付きまして、先づ歴史哲學的な一般的考察の上に立つて話して行きたい思ふのであります。

元來歴史と云ふものは單に直線的に進んで行くのではなくして、前に還り乍ら先に行くと云ふことが歴史の法則であると云つて宜いのであります。近代社會の發展を見ますと、近代の初めにルネツサンスと云ふものがある。文藝復興とか、學藝復興と云ふものでありますが、是れは古代文化、ギリシヤ、ローマの古典的な文化の復興を意味したのであります。つまり近代社會は封建的な中世的な文化に對して、古代文化の復興と云ふスローガンを以て起上つたのであります。勿論さう云ふ近代に於て樹て來た文化は、決して古代文化の其の儘を再現したのではなく、全く新しい文化であつた。近代文化は古代文化と非常に違つて居るのであるが、さう云ふ文化が作られて來る場合に古代の復興と云ふ形を以て現はれて來た。古代に對する憧憬が現はれて、古代の研究が旺んになされ、其處から新しい文化が作られて來たのであります。

そこで今日、近代文化の行詰りに於きまして、一體どう云ふ新しい文化が作られて行くかと云ふことを考へて見まする と、私は其處に一つの復興と云ふ形を考へるのであります。其の復興、は何かと云ふと、從來單に暗黑時代と言はれて居つた中世の復興である、或は新しい中世である。斯う云ふ言葉を以て呼ぶ事が出來ると思ふのであります。勿論これから作られて來る文化は、中世の文化とは全く違つた新しい文化である、夫れは恰度近代社會に於いて作られた文化が古代の復興といひながら質的に全く新しい文化であつた樣に、今後作られる文化は中世的な封建的な文化とは色々な意味で全く違つた文化であるのでありますが、併し其の新しい文化を作る場合に歷史的な手掛りとなるものは何かと云ふと、それが新しい中世、或は中世の復興と云ふ樣な言葉で現はしても宜いものであらうと思ふのであります。

尤もこのやうに中世の復興とか新しい中世とか申すことは色々危險があるのであります。我々はさう云ふ危險を除かなければならぬ。然るに其の危險は、あからさまに中世の復興とか、新しい中世と云ふ言葉を持ち出して自分が爲してゐるのは何であるかを自覺することに依つて、却つて除くことが出來はしないかと思ふのであります。つまり無意識的に封建的なもの、或は中世的なものを復活させるのは危險であつて、寧ろ中世復興といふことを自覺してやつて行つた方が間違ひが少ないのではないかと思ふのであります。此の中世復興に付きまして。私は是れから少し話して行き、さうして東亞の新秩序にとつて東洋文化の復興と云ふ事がどう云ふ意味を持つて居るかを話して見たいと思ひます。東洋の復興と云ふことは結局新しい中世の問題に關係して居るのであります。

中世と云ふものは、從來は暗黑時代と見られて居つたのであります。そこで中世の研究はこれまで西洋ではあまりなされて居なかつたのであります。中世を闇黑時代と考へることは、自由主義的な、近代的な考へ方の影響の下に立つて居る譯であります。果して中世が單に暗黑時代であつたか、或は中世にもつと深い意味があるかは、今後我々の研究すべき大きな問題であり、中世の研究は我々にとつて新しい重要な課題になつて居ると思ひます。是れは單に西洋ばかりでなく、日本などに於きましても、中世と云ふものは、何か暗黑時代として無視され、或は嫌惡されて來たと云ふのが普通であつたのであります。是れは明かに自由主義的な、近代的な考へ方から生じたことであります。日本に於きましても明治時代から、最近に至るまで東洋文化と云ふものが餘り問題にされなかつた。それは日本人が西洋文化にかぶれて居つたためであると批評されて居りますが、我々はこの事實をもつと正確に考へてみなければなりませぬ。明治以後、日本は西洋文化を模倣して來たと申しますが、その場合西洋文化といふのは、何か西洋文化の全體を指して居る様に考へることは不正確であります。西洋に於きましても、古代文化があり、中世文化があり、近代文化があるのであります。日本に於て普通に西洋文化といはれて居りますのは、實はその近代文化なのであります。自由主義的な、近代社會の文化を指して一般に西洋文化と言つて居るのであります。是れは嚴密に考へると不正確であります。從來に於てはこの西洋の近代文化を採入れると云ふ事が、日本の發展のために必要であつたのであります。然るに今日では西洋に於てもその近代文化の行詰りが生じてゐるのであります。近代文化が基調として來た自然科學、及び技術の發達によるだけでは解決することのできない問題、むしろその發達のためにばかりでなしに、更に社會問題の新たに解決を要求されるやうになつた社會問題といふやうなものが現はれて來たこの時に當つて、東洋文化と云ふものの意義を反省して見る必要があるのであります。西洋に於ても近代文化の行詰まりから、新しい中世、中世の復興と云ふ様な形が現はれて來たのでありまして、つまり近代社會の發展の尖端に立つてゐた西洋に於てもさうであることを考へますと、我々は從來中世的と言つて輕視されて居つた東洋文化に對して深い反省を要求されてゐるのであります。そしてその場合、西洋に於ける中世と、東洋に於ける中世とを比較して見て、東洋文化のうちに一層多く善いものがあるとしますと、此處に東洋文化が今日世界史的に如何なる指導的意義を有するかが明かになるわけであります。單に西洋文化の一部分、即ちその近代文化を捉へて西洋文化の全體であるかの如く批評をしたり、或は單に獨善的な立場から東洋文化の優秀性を主張するのではなくて、世界史の動きの中に於て、東洋文化が如何なる意義を持つかと云ふことを檢討する必要があるのであります。

其處で私は進んで現代の歴史を見ると、そこに如何に新しい中世と云ふものが現はれて居るか、さうして其の新しい中世と云ふ見地から考へて、東洋文化がどう云ふ意義を持つて居るかに就いて話して見たいと思ひます。

先づ政治の方面から見ますと、近代國家と云ふものは民族國家として現はれて來たのであります。中世から近世への移り行きは國民運動時代、或は民族運動時代であつたのであります。そこから中世的な政治的關係が破れて、近代國家が出て來たのでありまして、さう云ふ意味に於きまして民族主義と云ふものは、今日全く新しいものではなくして、近代社會の初めは國民主義、民族主義の時代であつたのであります。是れは日本に於ても明治時代の初めから起つた運動はさう云ふ國民運動、つまり民族的な、國民的な統一の運動でありました。今日支那に於ける民族主義と云ふものも矢張りさう云ふ意味を持つて居ると思ふのであります。所謂三民主義の最も重要な要素は民族主義でありますが、是れは支那が封建的な社會から、近代的な社會、近代的な國家への發展に於て經なければならぬ國民的統一運動でありまして、恰度明治時代に於ける、日本の國民的統一運動に似た意味を持つて居るものと思ひます。さう云ふ意味に於いて、我々は今日の支那の民族主義の必然性をよく理解しなければなりませぬ。このやうに近代社會と云ふものは、先づ民族を基礎とする國民國家の成立を特徴として居るのであります。

是れに對して中世の政治組織はどう云ふものであつたかと云ふと、世界國家の時代であつたといふことができるのであります。西洋では神聖ローマ帝國があり、これはカトリック――それは普遍的といふことを意味するのでありますが――教會といふ宗教的な權威と結びついて世界國家の理念をもつて居つたのであります。さう云ふ世界國家の思想が、中世的な政治思想の基礎であつたと見ることができます。其の教會を見ますと、その僧侶と云ふものは宗教上、文化上において今日いはゆる指導者であつたのでありますが、彼等は世界到る所に教會を組織しようとした。そしてそれらの教會はすべて中央の教會、即ちローマに、隨つて法王に從屬して居つたのであります。ところが、斯う云ふ組織、つまり指導者を基礎とする世界國家に類似する思想を我々は今日の政治組織の中に見る事が出來はしないかと思ひます。

其の著しい例はソヴエートであります。コミンテルンと云ふものは一つの世界國家の思想を持つて居ります。夫れは矢張り中世に於ける僧侶と同じ樣に訓練された指導者を世界の諸地域に派遣して、コミンテルンの支部を作らせる、さうして其處に組織されたものは、中世の教會と同じやうに、コミンテルンに從屬して居るのであります。

今ドイツのナチスの組織を見ますと一見コミンテルンと非常に違つて居り、ナチスは民族主義を標榜して居るのであります。所が此の民族主義は、ドイツが前の世界大戰の結果置かれた、特殊な事情から生れたものであります。所謂ベルサイユ體制の結果、ドイツ國民は非常な負擔を負はされて、國は衰へた。斯う云ふドイツを救ひ、復興させるには民族的感情を昂揚させて、民族的團結を强める必要がある。つまりドイツが戰敗國として置かれた特殊な環境からその民族主義が現はれた譯であります。同時に此のドイツの民族主義を考へますと、ドイツ本國以外にドイツ民族が到る所に居つた。例へばオーストリヤ、或はチエツコ、其の他の所にドイツ人が多數に存在してゐたので、彼等に呼びかけて、是れを政治的な力に結成し樣とする方策も含まれて居つたのではないかと思ひます。併しともかくドイツの民族主義は右のやうな、特殊な事情に相應するのでありまして、ドイツがもし今度の戰爭に勝利を得て、ヨーロッパの大部分を自分の勢力範圍にした場合、最早それではいけなくなる筈であります。卽ち從來いはれた一民族一國家一指導者と云ふ考へ方でなくなり、ヨーロッパを一つの政治單位として新たに組織して行く、ヨーッパ聯邦といふか、聯盟といふか、或はヨーロッパ協同體と言ふ樣な考へ方が出て來なければならないと思はれるのであります。實際、ナチスの理論的指導者で「二十世紀の神話」と云ふ書物を書いて民族主義を唱へたローゼンベルクは、今度の戰爭が始つてから思想を轉換して、ヨーロッパ協同體といふやうな思想を述べる様になつたのであります。是れはドイツがその政治的發展の結果取らねばならない必然の道程なのであります。卽ちドイツに於きましても民族主義は最早以前の一民族一國家と云ふやうな考へ方ではなくて、新しい意味を持つて來なければならぬ様になつて居るのであります。かやうにドイツは今度の戰爭の發展に伴つて自づからその思想を變化せざるを得なくなつて居るのでありますが、翻つて、東洋を見ますと、ここでは新秩序と云ふものが最初からドイツ的な民族主義、その意味に於ける全體主義とは違つた理念から出發して居るのであります。卽ち滿洲國の建國に於きましては、民族協和と云ふ思想から出發して居るのであります。この民族協和といふ新しい理念を捉へたと云ふ點に於て、日本は明かにドイツに先んじたのでありまず。つまりドイツが今度の戰爭に依つて考へねばならなくなりつつあるものを、日本は滿洲國建國の當初から、捉へて居つたのでありまして、我々はこの先驅者的な自覺を持つて進まなければなりませぬ。所が今日やゝもすれば日本精神とか、東洋文化と言ひ乍ら、ドイツあたりの全體主義を眞似るに止まつて、獨創的な所が少いのは遺憾と言はなければならぬのであります。民族協和と云ふ理念は從來の民族主義とは違つた新しい理念であり、是れを東洋に於て把握した日本は、何處迄も先驅者的な誇りを持つて、今後も徒らに外國の眞似をするのではなくして、眞に獨創的に凡てのものを進めて行かなければならぬと思ふのであります。

もちろん現代における民族主義の擡頭には當然の理由があるのであります。それは先づ自由主義思想における國際聯盟的の抽象的な世界主義、延いてはまたマルクス主義における抽象的な世界主義に對する批判の意義をもつてをる眞に新しい世界が出來てくるためには、一度この抽象的な世界主義が破られなければなりませぬ。次にまた今日の民族主義といふものは、從來の帝國主義的支配に對する批判の意義をもつてをる。この帝國主義から諸民族の解放が新秩序の條件であることは申すまでもありませぬ。更に第三に今日の民族主義は世界史の主體が何であるを明かにしたものと見ることができるのであります。即ちその主體は民族なのでありまして、新秩序の建設は、世界史の動向に沿うて新しい理念を把握した一定の民族によつて實現されるのであります。この指導的な民族がヘーゲルのいはゆる世界史的民族であります。民族協和と申しましても、從來のデモクラシーのやうな考へ方とは違つて、そこに指導者となる民族がなければなりませぬ。つまり東亞の新秩序は日本民族が主體となつて、その指導のもとに作られてゆくべきものなのであります。もちろんそれは民族的エゴイズムに依るものでなく、またその新秩序が民族協和といふやうな意味をもつてゐる限り、それは從來の民族主義とは違つたものでありまして、むしろ世界主義的なところがあるのであります。それが八紘一宇の精神であると私は考へるのであります。このやうな世界主義は近代の自由主義的な世界主義でなく、むしろ中世の全體主義的な世界主義の復活であるといへるのでありますが、しかし單にそこに止まるのでなく、その中に近代國家のやうな考へ方が入つて、新しい綜合として、全く新しい形の創造でなければならないと思ひます。

そこで世界國家の思想を考へてみますと是れは單に西洋に於ける中世の政治思想であるばかりでなくして、東洋においても矢張りさうであつたのであります。支那の政治思想はいはゆる天下思想であつたのでありますが、これはつまり、世界國家の思想であります。天子は天の子であつて、その德に依つて天子になるのであり、その德の及ぶ限りが、即ち天下であつたのであります。隨つて近代的意味における國境と云ふやうな考へではなかつた。蒙古迄その德が及べば蒙古が朝貢して來る。西藏が朝貢して來れば是れは天子の德を慕うて來るものと考へられた。このやうな世界國家の思想が支那に於ける天下思想であつた譯であります。それは近代的な國家と云ふのとは全く違つた意味を持つて居るのであります。勿論今日、それが昔の儘の形で現はれて來るものではありませぬ。そこには必ず新しい綜合がなければならないのであります。近代において發達した種々の觀念を全く無視して單に中世に歸るは不可能であり、また無意味でもあります。

併しそこに何か新しい中世、或は中世復興と云ふ樣な形が今日考へられるのであります。自由主義經濟は今日ではブロック經濟といふやうな考へになつて來ました。自由主義の先輩であつた所のイギリスがさういふブロック經濟の傾向を採つて來たのであります。即ち經濟も、從來の國と云ふものよりも一層大きな單位になつてゆく傾向を示して來たのであります。併し其のブロック經濟と云ふものは、自由主義の一つの變型に過ぎなかつたのであつて、今後の新しい經濟はもつと全體主義的な考へ方、しかも一民族一國家といふやうな全體主義を超えた全體主義に變つてゆかねばならぬかと思はれるのであります。

勿論中世復興と云ふ事は、單なる反動思想になる危險がある。さう云ふものは何處迄も自覺的に除いて行かなければならぬ。殊に東洋、支那や滿洲に於いては近代的な發展が遲れ、尚ほ封建的な殘存物が多くあるのであります。從つてこの封建的なものを克服して、近代化して行くと云ふことが何處迄も必要なのであります。さう云ふ近代化の必要を考へないで、單に新しい中世といふものを考へますと、單なる反動的な政策に陥る事になる。封建的なものを近代化して行くことは何處迄も必要なのでありますが、同時に近代の自由主義を超えて新しい中世と云ふ樣な一つの考へ方を活かしてゆく事が必要であらうと思ふのであります。つまり滿洲などに於ける改革は二重の課題を同時に遂行して行かなければならないわけであります。卽ち一方封建的なものを克服して近代化して行くと共に、他方近代的なものを越えた一層高い秩序を實現して行くと云ふ二重の改革を同時にやらなければならぬ。そこに大きな困難があると共に、また其處から獨創的な考へ方、獨創的なやり方が生れてくることもできるのであります。西洋に於ては自由主義から直ちに全體主義へ行くことが出來たのでありますが、東洋に於ては、現在の段階から直ちに全體主義へ行くと云ふ樣な形ではなくて、一方封建的な殘存物を克服してのち近代化して行くと共に、他方其の近代主義の弊害を改めて行くと云ふ二重の課題が同時に存在してゐるのでありまして、其處にドイツあたりの全體主義とは違つた全く獨創的な形で問題を解決しなければならぬ點があると考へます。例へば日本に於ける統制經濟などの事を考へて見ましても日本は非常に多數の中小商工業者があるのでありまして、これは西洋では見られない著しい現象でありますが、斯う云ふものを如何に處理するかと云ふ所に、日本に於ける統制經濟の難しさがあり、問題の獨創的な解決の方法が考へられねばならぬ點があるのであります。その點を無視して自由主義から全體主義へと云ふ樣な單純な形で行く事は出來ないのであります。

其處で今度は經濟の方面を見ますと、矢張り新しい中世と云ふ樣なものが考へられはしないかと思ふのでありま す。ドイツやイタリーに於ける經濟思想の一つの根本になつて居るのは職能と云ふ考へ方でありますが、これがまた中世に於けるギルドの思想に類似してゐると思はれるのであります。中世に於ては凡ての職業が職能的に、つまり社會の全體機構に於ける一定の地位を占めた職分として存在して居つたのであります。勿論中世の職能は身分的なものであり、隨つてまた固定したものであつたのであります。士農工商と云ふ樣な身分が分れて居つた譯であります。是れは全體の社會に於ける職能として、分れて居つたのでありますが、中世に於きましては夫れが同時に身分に固定して居た。武士の子共は何時迄も武士であり、百姓の子は何時迄も百姓であると云ふ樣に固定して居つたのであります。近代の社會に於いてはさう云ふ固定的な身分的な考へ方に對して自由な人格といふ思想が現はれて來ました。人格と云ふものは身分とは關係がなく、凡て人間が人格であると云ふので、この考へ方を以て中世の身分的な考へ方を破つて行つたのであります。夫れは重要な意義を有する事であつたのでありますが、同時に夫れが個人主義となり、職業の自由と云ふものも全く個人主義的に考へられ個人の利益の追求といふ、營利的な見地から職業が選擇されると云ふ樣になつたのであります。しかるに今日の經濟では職業といふものも全體主義的な立場から職能として考へてゆかねばなりませぬ。さう云ふ職能的な考へ方が大切なのでありますが、しかし夫れが中世においてのやうに身分的固定に考へられるのでなく、その點人格の思想を取入れて、職能的不平等と人格的平等との綜合が求められねばならぬのであります。職能的な考へ方が現はれて來ると共に、官尊民卑の風が旺んになるとか、或は門閥、派閥の復興が現はれると云ふ様なことがあつてはならないのであります。斯う云ふ點を注意しないと職能の思想も單なる封建主義への轉落への轉落になるのであります。更に文化の方面を見まして、今日或る中世的な形が見られるのであります。中世の學問はスコラ主義と言はれて居ります。スコラ哲學と云ふものは、同時に宗敎的、信仰的なものと結び付いて居つたものであります。つまり單なる學問ではなくして、今日の言葉で言へば敎學であつた譯であります。さう云ふ敎學には根本原理として不動のものが前提され、これを疑ふ事は許されず、さう云ふ根本前提から色々演繹して來ると云ふ事が學者の仕事になつて居つた。今日例へばソヴエートの文化、或ひはナチスの學問を見ましても、矢張りさう云ふ所があるのであります。つまり敎學的な意味を持つた根本思想と云ふものがあつて、凡ての學問、文化が統制されて居るのであります。是れは自由主義的な學問硏究とは違つたのでありますが、さう云ふ形が現はれて居る所に、新しい中世と云ふものを考へる事が出來るのであります。

併し既に申しました樣に、新しい中世と云ふ事は今後の歷史の發展をどう見て行くか、どう摑んで行くかと云ふ場合に手掛りになるのであつて、決して中世が其の儘復活すると云ふ事ではありませぬ。そしてさう云ふ意味で新しい中世を考へるに當つて、西洋の場合と東洋の場合とを比較して見る必要があるのであります。

西洋に於ける中世を思想的に支配してゐたキリスト敎に於ては神は世界を全く超越したものである。人間は全く無力のものである、彼等は生れ乍らにして原罪を負うてゐる。かういふ考へ方を基礎にして絕對的な權威主義が西洋の中世を特色付けて居たのであります。今日の獨裁主義的思想は、かういふ權威主義と一脈相通ずる所があるのであります。しかるに東洋に於きましてはさう云ふ權威主義は嘗て存在しなかつたのであります。東洋に於ける中世と西洋に於ける中世とを比較して見ると、東洋の著しい特色は、そこにもつとヒユーマニスチツクな考へ方、人文主義的な考へ方があつたと云ふ事であります。夫れは東洋思想にはキリスト敎の様な三超越的な神の思想がないことと關係してをります。西洋の學者は東洋の思想を汎神論と申してゐますが、つまり自然を超越した神と云ふものはないのでありまず。寧ろ自然に從ふと云ふことが東洋の道德であり、人間の自然を重んずるのであります。東洋思想はさう云ふ意味に於いて一種の自然主義である。しかしこの自然主義は西洋の近代の自然主義、つまり自然科學的な世界觀の上に立つた自然主義とは全く違つたもので、自然は同時に道であり、理想でもある。さう云ふ自然、東洋獨特の意味における自然がその世界觀の基礎でありまして、そこから又人間の自然を尊重して行く、つまり人間性を尊重して行くと云ふ東洋的なヒユーマニズムが出てくるのであります。神ながらの道と云ふものも矢張りさう云ふ自然の思想を純化したものであると考へます。是れに反して西洋に於ける權威主義は神を超越的なものと考へ、人間を元來罪のあるものと考へる事が出てゐるのでありますが、斯う云ふ中世の非人間的な考へ方に對して西洋に於きましてはルネツサンスの時代以後ヒユーマニズムが現はれて、人間性の尊重を叫んだのであります。所が東洋思想の中には最初から今言つた様なヒユーマニズムがある。西洋のヒユーマニズムが近代の個人主義と結び付いてゐるのに反して東洋では、その獨特の中世的な協同社會の内部において獨特のヒユーマニズムが存在した。これは今日、新しい中世といふ思想から見て東洋の著しい特色であり、今日においても生かしてゆかなければならぬ點であると思ふのであります。

そこで今日、全體主義とか指導者理念とか申しましても、我々東洋においては西洋流の獨裁主義や權威主義の弊害を脱して、人間性の自然を尊重し、これに反することのないやうにやつてゆかねばならない筈であると思ひます。さうすることが東洋文化の傳統を活かしてゆく所以であります。これを文化上において見ましても、西洋では今言つた宗教的な考へ方と關聯致しまして、絶對的な權威主義で、異分子は絶對に認めないと云ふ様な極めて偏狹なものでありました。随つて西洋の歴史においては宗教戰爭と云ふやうなものが見られるのであります。しかるに東洋におきましてはその中世的な文化のうちにもつと寛容の精神が存在したのであります。支那では儒教が國教となつてゐましたが、さう云ふ孔子教と同時に道教とか、キリスト教とかが信仰されてゐたのであります。日本に於きましても神道は國家的なものでありまして、誰も是れを信じてゐるのでありますが、しかし各自の家庭には神棚があると共に佛壇を持つて居る、佛教徒であると共に神道を信仰すると云ふ有様で、少しも矛盾を感じないのが普通であります。是れは西洋人には到底理解出來ない所でありますが、そこに東洋的な寛大があり、是れが東洋文化の特色であります。これは今日東洋において新しい文化を作つて行く上に考へねばならぬ所であると思ひます。これが西洋の獨裁主義のやうに畫一的な文化にならないで、豐富な内容を持つた文化を作つて行く事が出來る基礎であると思ふのであります。民族協和の思想は、各民族固有の宗教、風俗、習慣等を認めて行くべきものと思ひますが、これは東洋の傳統的な、全體主義的でしかも寛容の精神が生まれて來なければならぬ譯であります。

かやうに考へてきますと東洋文化の一つの大きな特色は、その中世的な社會の中に於いて獨特のヒューマニズムが發達したことであるといへるのであります。この點に關聯しまして、東洋に於ては指導者が自分の實行と云ふことを重んじて行くのであります。徒らに天下國家を論ずるのでなく、先づ身を修め、家を齊め、それから國を治め、然る後に天下のことを考へると云ふ樣に、自分の身近かな所から先づ整へて行つて、然る後に天下に及ぼすと云ふ考へ方、是れが儒敎あたりの根本思想であります。自分の修養といふものが指導者に必要な資格であると考へるのでありまして、これは今日殊に滿洲とか支那に於いて働かれて居る方々は身を以て卒ゐると云ふ東洋的な指導者の思想を何處迄も生かして行かれたいものであります。唯權力的に獨裁的にやつて行く、と云ふ事が新しいやり方である樣に考へるのは間違つて居ると思ふのであります。東洋思想にはその前提を異にする西洋思想とは違つた優れた點がある。其の優れた點が何であるかを理解することが大切でありますが、これはどうしても世界史的な見方に立つて把握すべきものであると考へるのであります。ただ東洋文化と西洋文化とを抽象的に比較して議論するのではなく、世界史の全體の動きから見て、現在東洋文化がどう云ふ意義を持つて居るかを考へなければならぬ。夫れには新しい中世と云ふ考へ方が一つの手懸りになるのではないかと思ひます。

勿論西洋文化と申しましても、西洋の文化は決して近代文化ばかりではありませぬ。そこで西洋の古代とか、中世の文化と東洋の文化と、比較して見ると、色々似た點もあるのであります。何れにしても世界史の現在において、この近代社會からの轉換期に當つて、西洋に於いても新しい中世といふやうな思想が現はれてをるのでありますが、その見地から東洋文化と西洋文化とを比較してみると、東洋文化は一層優れたものをもつてをり、或る意味ではより近代的であると云ふ事が判定出來ます場合、そこに東洋文化の現在における世界史的意義が證明される譯であります。尤も東洋文化と言はれて居るものは中世的な文化でありまして、その封建的、中世的性質を全く無視して、無條件に東洋文化が優秀であるとか、無條件にそれを復活すべきものであるとか考へるのは間違ひであります。例へば儒敎は獨特なヒューマニズムを含んだ、しかも全體主義的な思想でありますが、さう云ふ儒敎にも封建的な、身分的な思想が含まれてゐるのでありまして、是れは打破して行かなければならぬ。東洋文化が新たに發展するためには近代化されなければならぬ方面も多いのであります。その場合に特に重要であるのは、西洋に於て發達した所の科學、技術であります。これは今日東洋に於ても愈々必要である。殊に滿洲や支那に於いては、科學、技術の必要は絕對的であると云つて宜い程であります。さう云ふ點から考へても、今日、西洋文化が滅んで、東洋文化が復活するといふやうな單純な形で世界史が動いてゆくのでないことは明かであります。しかるに西洋におきましては技術の發達の結果、既に申しましたやうに、社會問題といふものが生じ、これが現代の重要な問題となつたのであります。そこで技術を統制する思想、社會思想が大きな問題になつてきたのでありまして、この點から考へてみますと、また東洋思想にすぐれたものがあり、今日世界史的な意義をもつてゐることが理解されるのであります。

最後に付加へて大陸文化と云ふものの性質を少し考へて見たいと思ひます。是れは詳しくお話しすれば色々の問題がありますが、極く簡單に述べてみたいと思ひます。一體人類の文化が何處から起つたかと云ふこと、それが初め世界の或る一つの所に起つて四方に擴つて行つたか、或ひは諸所に於いて別々に發生したのであるか、卽ち一元的なものであるか、多元的なものであるかと云ふ事に付ては學者に色々意見があるのでありますが、何れにしても最も古い文化は大陸的なものであつたやうに考へられるのであります。支那文化の如きもこの最も古い文化の一つであります。西洋ではギリシヤの文化はこの大陸的な文化と稍々違つた色彩のものでありまして、それは地中海沿岸の諸文化の綜合として發展し、近代的な要素を持つて居る。デモクラシーの如き政治形態も、アテナイに於いて既に典型的に現はれました。このやうな近代的な色彩を持つて居たところから、近代社會の初めのルネツサンスにおいてはギリシヤ文化の復興が唱へられたのであります。所が中世的な文化、即ちゲルマン系統の文化は、これは大陸的な文化であつたのであります。この大陸的と云ふことが中世の文化の特徴であります。是れに對して近代文化は海洋的な文化といへはしないかと思ひます。近代文化の先驅者であつた諸國スペイン、ポルトガル、オランダ、イギリス等等は皆海洋に依つて榮えたのでありまして、それが商業主義的な近代文化の特徴であらうと思ひます。日本もその點に於て海洋的なものを持つて居るのでありまして、近世の日本の文化が東洋に於て早く進んだと云ふ事もさう云ふ關係があるのであります。しかるに今日、新しい中世と云ふ言葉と關聯して考へられるのは、大陸文化の持つて居る大きな意義であります。中世的な文化は大陸的な文化であつたのでありまして、さういふ大陸といふものが、今後の新しい文化の發展に於て大きな文化のスタイルを作つて行く可能性があるのではないかと私は考へるのであります。さういふ意味において日本が大陸に進出したと云ふ事は日本文化の發展にとつて重要な意義を持つて居ると思ふのであります。

勿論中世復興と云つても單なる中世が問題であるのではなく、新しい中世と云ふ形を通じて、全く新しい文化が作られて來ると云ふ事が問題であるのでありますから、隨つて其の中には近代的な文化、言はゞ海洋的な文化が含まれて來なければなりませぬ。そこで日本が從來海洋的、商業的な國家として東洋に於ける先進國として發展して來たと云ふことも、大陸文化を新しく形成して行く上に重要な意義を持つて居るのであります。このやうな日本文化が今日大陸に進出して、新たに大陸性を得てくる事に依つて、日本文化は世界史的な意義を獲得し、日本民族は東洋民族の眞の指導者になる事が出來るのであると思ひます。

ドイツの如きも大陸文化的な國であります。大陸文化と云ふものの研究、文化の大陸性といふものが何であるかに付て深く考へることが非常に重要であると思ひます、此の點に於きまして、現地に働いて居られる方々に期待される所は極めて大きいのであります。

現在の支那事變は世界において決して孤立した事件でなく、世界の全體を見ますと、新秩序建設の運動が到る所に行はれて居るのであります。ヨーロッパにおける戰爭は確かにさういふ意義をもつてゐるのでありまして、ドイツが勝つた場合は、勿論ヨーロッパの秩序が變化するのでありますが、萬一さうでない場合を考へても、イギリスは最早ヨーロッパに對して昔の樣な關係に立つ事が出來なくなつたのであります。夫ればかりではなく、世界の歴史から見て最も重要な點は、この戰爭の結果イギリスの植民地に對する壓力が減退して、植民地の解放が進展するであらうと云ふ事であります。イギリスの帝國主義的な支配がイギリスの勝敗に拘らず衰へてくる、是れは世界の歴史の必然的な動きでありまして、そこに、今度のヨーロパの戰爭の一つの世界史的な意義があるのであります。此の點に於きましても、滿洲の民族協和の精神と云ふものは世界の歴史に先驅した所のものであるといはねばなりませぬ。我々は徒らに西洋の模倣をすべきではない、又徒らに西洋に對して反撥すべきではない。西洋の進む所を我々が先に進んで居るのであるといふ先驅者的な自覺と覺悟とが必要なのであります。我々のやつて居る事が全く獨創的であり、且つ世界の歴史の必然的な線に沿つて居るものであると云ふ確信がなければなりませぬ。滿洲の建國と云ふものは實に獨創的な觀念、獨創的な世界觀の上に立つて居るものと私は思ふのであります。その建國精神を何處迄も生かして行く爲めには、今申しましたやうな先驅者的な自覺が必要であります。その自覺があれば徒らに西洋を模倣したり、排斥したりすることなく、大きな立場に立つて眞に獨創的な仕方で、新しい秩序を建設する事が出來ると思ひます。世界の歴史において全く新しい理念をもつて生れた滿洲國において活動されてゐる方々に、特にこの先驅者的な自覺を期待したいのであります。學問なり、政治學なり、經濟學なり、凡てのものが新たに組織された、さう云ふ組織的な訓練と云ふものが非常に必要なのであります。さう云ふものに付ては西洋の學問から學ばなければならぬ點があるのであります。今日の東亞の新秩序と云ふものを考へる上に於きまして、大變大きな問題を單時間に話しました爲めに、極めて大雜把なものになつたかと思ひますが、世界史の哲學と云ふものを摑んだ大きな思想の上に立つて、先驅者的な意識自覺を持つて活動すると云ふ事が日本民族に取つて極めて重要であると云ふことが、幾分なりとも理解して頂けるならば幸ひであると思ひます。

新しい文化は真の戦闘精神から——知識層に与ふ——

三木　清

少しでも戦場の経験のある者なら、戦闘精神といふものが如何に大切であるかを知つてゐるはずである。戦闘精神が旺盛であるか否かは、勝敗を決定する大きな要因である。日本の軍隊の勝利はその旺盛な戦闘精神に基いてゐる。そして今、私が知識層に特に期待したいものは兵隊のやうに逞しい戦闘精神である。

今日の戦争は総力戦であるといふのは真理である。しかしそれと共に、今日の戦争も戦争として、結局武力戦であるといふのも同様に真理である。

思想戦とか文化戦とかは、もちろん重要であり知識層の特殊な任務が、そこにあることは言ふまでもない。しかもここにおいても、必要なのは逞しい戦闘精神である。

兵隊はつねに限定された敵に対してゐる。敵は米英といふ限定されたものである。如何なる戦闘も無限定的なものにたいして戦ふのでなく、敵と味方とは全く限定されたものとして対立してゐる。そしてこの対立は単なる観念によつて克服し得るものではなく、ただ実践すなはち戦闘そのものによつて克服し得るのである。思想や文化の間における戦闘精神といふものは、かやうに歴史的に限定されて与へられた現実の問題の解決に敢然として立向ふ精神であり、かやうな戦闘精神が凡ゆる知識人に要求されるのである。

しかるに従来の非実践的な知性は、無限定な抽象的な可能性の中を彷徨してゐた。あるひは現実の対立がただ頭の中で解決されるものの如く考へて、観念的に種々の対立の綜合を作り出すことで、自己満足をしてゐた。すべて戦闘精神のない観念論に陥つてゐたのである。今日の世界史的な問題は実践によつてのみ、敵を撃砕することによつてのみ、現実的に解決し得るものであり、対立の綜合といふものも、その生々しい現実の中から生成してくるのである。

戦闘精神は、あらゆる観念論とは反対に実証的精神である。しかも現在、戦争といふ最大の実践を通じて、東亜の現実、世界の現実は大きな変貌を遂げつつあるのであつて、「撃ちてしやまむ」といふ偉大な戦闘精神は同時に雄渾な神話である。これが日本の戦闘精神である。

今日の戦争に「特等席」はない。知識人であることを何か「特等席」に坐することであるかの如く考へた旧い観念を一掃して、心の底から戦闘精神を振るひ起すことが肝要である。

(『東京朝日新聞』朝刊、一九四三年二月二十八日)

――特輯――

「比島人の東洋的性格」補記

三木清

「比島人の東洋的性格」を再び印刷に附するに當り（それは初め比島派遣軍報道部發行の『南十字星』誌上に、次に『改造』誌上に掲載された）、私は現在フイリッピンにおいて某要職に就いてゐるフランシスコ將軍の言葉を想ひ起すのである。

或る日私はフイリッピン人官吏訓練所において濱本正勝氏の通譯で東亞共榮圈の思想について話をした。どうしたら彼等フイリッピン人にこの思想をぴつたり理解させる事ができるかと考へた末、私はフイリッピン社會の、また東洋的社會一般の、基礎になつてゐる家族といふものから出發し、その意味を敷衍して、東亞共榮圈の理論を說いた。その際私はその家族制度と、これもフイリッピン社會の、また東洋的社會一般の、基礎になつてゐる農業とを、結び附けることを試みた。卽ちこの農業においては家族の全部の者が、男も女も、老人も子供も、何か爲すべき仕事を持つてゐる。かやうな協同は狩獵社會、或ひは近代產業社會には存しない農業社會の一つの特徵であるが、そこに何か東洋的家族主義の基礎が見出されないであらうか。

さて私の講演が濟んだ後、聽いてゐたフランシスコ將軍は濱本氏と私とに向つて、實際フイリッピン人は、家のためには自分を犧牲にする國民であること、それにまた恩に感ずる國民であること、かやうな點がとりわけ著しい民族性であるといふことを話したのである。その家族主義はもちろん、恩に感ずるといふこともまことに東洋的な道德であつて、フイリッピン人の東洋的性格を考へる場合、見逃すべきでないやうに思はれる。

フイリッピンの家族制度については既に述べておいた。その家族的感情には美しいものがある。いま再び一人の西洋人の觀察を擧げると、ウースター（一八九八年）は次のやうに書いてゐる。「殆ど普遍的なホスピタリテイ（客の款待）にまづ劣らず、よく治まつた家庭、すぐそれが普通であるのが認められる幸福な家族生活は、注目に値する。妻は他の東洋諸國には殆ど匹敵するもののない程度の自由を與へられてゐるが、彼女等自身はこれを濫用しないのである。」實際、フイリッピン人の家庭生活を見ることは樂しい。我々が初め泊つてゐたホテルの前にはいつもたくさんの靴磨きの子供が集つてゐた。彼等の收入はどれほどかときくと、一日だいたい三十錢であるといふ。そして儲けた金はどうするのかと尋ねると、誰もきまつて、お母さんに渡すのだと答へるのである。その仲間の一人に母親を喪つた子供がゐたが、彼は靴磨きのあひまには父親の理髮師の仕事場で掃除などして夕方八時頃まで手傳ひ、いつも父親と連れ立つて歸つて行つた。その子供は、自分の儲けた金で小さい弟にミルクを買つてやるのだと話してゐた。フイリッピン人は國のために自分を犧牲にしないけれども、家のためには喜んで自分を犧牲にするといはれるのである。

フイリッピンの社會における家族的紐帶の堅さ、家族的感情の美しさは、多くの西洋人の認めるところであるが、フイリッピン人は恩に感ずる國民であるとフランシスコ將軍が言つたあの性質は、彼等によつて殆ど全く注意されてゐないやうである。これは彼等西洋人には東洋的な義理人情といふものが理解し難いことに依るのではなからうか。東洋的な義理人情といふものは定義し難いものであるが、フランシスコ將軍の言つた恩に感ずるといふことがその根本であると言ひ得るであらう。

思はぬ場所、思はぬ機會に、思はぬフイリッピン人から笑ひかけられ、お辭儀をされることがある。よく考へてみると、彼は釋放された捕虜の一人なのである。私はストッチェンバークの捕虜教育所に講師として時々行つたが、その時のことを彼は覺えてゐるのである。その教育所で捕虜と一緒に生活し、彼等ともつと親密に接觸した日本人たちは、彼等から一種の「親分」と見られてゐたやうである。フイリッピン人は自分に示されたどんな好意でもよく記憶し、その恩に感ずることを知つてゐる。彼等は義理人情を解すると言つてもよいであらう。いま私の眼には、我々がマニラを發つて歸る最後の日の、我々のアパートのボーイたちのあの悲しげな表情が浮んでくる。

フイリッピン人は、靴磨きの子供でも、よく英語で「コンパニオン」（仲間）といふことを言ふ。それは單に友達といふ以上に、そこに何か彼等の義理人情といつたものを感じさせる。例へば、一人の失職してゐるフイリッピン人を世話してやると、彼は同じやうな仲間を連れてきて、その男にも何か仕事がないか、どこかへ紹介してくれないかと、頼む。その斡旋において彼はなかなか熱心である。何かその男に恩誼——恐らく實際は極めて小さい事柄かも知れない——を感じてゐるのであらう。仲間といふものは恩を感ずることによつて結ばれてゐる。かやうにしてまたフイリッピンにおいては一人の男が何かよい地位に就くと、その仲間が大勢それにつれて地位を占めるといはれてゐる。そこに義理人情につながる一種の親分子分の關係を見出すことができるであらう。フイリッピン人はアメリカのデモクラシーに感化されてゐるといはれ、彼等自身もそのやうに信じて誇にしてゐるにしても、實際には政治などの方面においてもかやうな親分子分の關係に類するものが尠なからず存在するのである。その善悪はとかく、これも恩に感ずるといふ彼等の性格の一つの現はれであらう。

　家族はフイリッピン社會の基礎であるが、その家族的關係は、カルデロンのいつた如く、親子の間に限られないで遠い親戚にまで擴がつてゐる。かやうな家族的關係についても既に書いておいたが、これを支へてゐるのは義理人情といふものであり、その根柢にやはり恩に感ずるといふフイリッピン人の東洋的性格を認めることができる。更に彼等の性格として、普遍的なホスピタリティ卽ち見知らぬ旅人にさへ宿を貸したり食物を與へたりするといふことが、西洋人によつてつねに指摘されてゐるが、これはキリスト教の影響に依るところがなくはないにしても、この根柢にはやはり恩に感ずるといふ彼等の東洋的性格が存在すると考へられるのである。恩に感ずることのない者に誰がかやうな所業をするであらう。また恩に感ずることのない者の誰がかやうな所業をするであらう。

　恩に感ずるといふことと關聯して擧げておかねばならないのは、フイリッピン人の感激性である。彼等は南方的風土の影響もあつて感激性を持つてゐる。彼等の傳統的な文學の主要なものが詩であるといふこともその現はれであると見られるであらう。彼等は宗教においてもしばしば狂信的である。彼等はふだんは水牛のやうに辛抱強いが、ひとたび激すると狂的になるのである。ウースターは書いてゐる。「原住民は注目すべき程度に自尊的でまた自制的である。彼は不幸にあつて忍耐強く、怒の挑撥にあつて辛抱強い。彼は決して怒を色に現はさないといふのは事實を誇大に言ふことであるにしても、彼は確かに普通のヨーロッパ人よりも遙かによく自分を制することができる。けれどもひとたび感情に身を委ねると、その瞬間彼は狂氣のやうになり、人に對して致命的な害を加へる。……彼は生れつき恐れを知らず、他人において勇敢さを何物にもまさつて稱讃する。好い士官のもとでは彼はすぐれた兵隊になる、また彼は彼の名譽或ひは彼の家族のためには容易に、死に至るまで戰ふのである。」恩に感ずるフイリッピン人は感激性を持ち、かくて家族のためには自分を犧牲にして厭はないのである。しかし彼等は國の恩に感ずるといふことを知らない、その民族の不幸な歴史は彼等の間にかかる道德を發達させなかつた。

恩に感ずるといふことはフイリッピン人の美しい性質であるが、永い間被支配民族であつたといふ彼等の運命は、彼等の不當な支配者であつた白人を「親方」の如く考へる習慣を作つてしまつた。彼等は何事もかやうな親方に賴らうとした。そして彼はこの惡辣な親方が示した外面上の好意に對して恩を感じてゐるのである。かやうにして彼等はいふ「スペインは我々に敎會をくれ、アメリカは學校をくれたが、日本は何をくれるのであるか。」と。また彼等は唯物的享樂的思想に感染して「自分の生活を樂にしてくれるなら親方は誰でも構はない。」といふやうに考へる。つまりフイリッピンの支配者がアメリカであらうと、日本であらうと、自分の生活が樂でありさへすれば、誰に支配されてもよいと考へるのである。かやうにして恩に感ずるといふことも道義的意味を失つて、封建的な隷屬的感情になつてしまふ。人間は卑屈になると、道德的感覺の識別力を失ふものである。フイリッピン人は個人としてはかなり强い自尊心を持ち、侮辱を受けることを我慢しない。特に彼等は平手打ちをくふことを最大の侮辱と考へる風がある。しかるに彼等の民族的自尊心は動搖してゐる。日本人は恩に感ずる國民であり、しかもその眞の道義的意味を把握してゐる國民である。ここには感恩の形而上學ともいふべきものが存在してゐる。この點においてもフイリッピン人は日本の精神文化から深く學ぶことによつて、彼等の自然の性情を道德的に醇化し得るのである。

5

第三巻　六月號　第六號

文體の難しさ

三木清

文體についてはいろいろ論ずることができるが、いざ自分で文章を書く場合になると、文體といふものが實に容易ならぬものであることを知るのである。私の如き、まだ文體を探り當てかねてゐるのである。これは自分の人間の至らぬことに依るであらう。またこれは自分の思想の未熟である故でもあらう。文體は人間や思想と不可分である。しかし私はまた言葉の持つてゐるどうにもならない物質性といふものを考へる。言葉はいはば社會的物質、歴史的物質である。もとより言葉が思想であり精神であることは自明である。それにも拘らず、言葉は思想であるなどと安易に考へてゐるのでは、ほんとの思想は、ほんとの文體は生れないであらう。むしろ言葉の持つてゐる物質的な堅さとか重さとかを身に感じて、これと必死の格闘を續けるところに、文體も、思想も、また誇張なしにいつて人間といふものも、作られてくるのではないかと思ふのである。

書評・読書

ブック・レビュー　「現代のための哲学」

三木　清

戸坂潤氏の「現代のための哲学」を読む。哲学がその生長のためにもまた自己の存在の権利を明かにするためにも、その時代の生きた問題を問題にしなければならぬことは云ふまでもない。この書は著者が現代の諸問題と勇敢に取組んで生れた諸研究を収めてゐる点で、日本の哲学界の従来の行き方に対して重要な特色をもつてゐる。論述は甚だ明快である。ただ明快なだけや、形式的に過ぎて具体的な迫力に乏しいといふことがあるにしても新しい方向に対する努力として歓迎さるべきものである。（定価三・〇〇神田大畑書店発行）

（『讀賣新聞』朝刊、一九三三年三月八日）

沙翁に學ぶもの

三木　清

學校教科書になると、なにもかも臺無しにされてしまふ。どんな面白いものも、學校で使はれると嫌なものになる。敎科書であつたものは、學校ではそれのほんの一部分を、きれぎれに習つたに過ぎないにしても、再び取りだして讀んでみる興味を失はされてゐる。シェークスピアなど、日本ではそのやうな運命にあるのではなからうか。彼の作品の內容よりも、それを敎へた敎師の印象が先に浮んでくる。かうして我國では、古典はたゞ敎室で讀むものとされ、それ以外のところではなるべく新しいものを讀むといふことが普通の習慣になつてゐる。

それだからシェークスピアの飜譯が出たと聞いても、それは英語の敎師や生徒の參考書ができたといふぐらゐしかの事に思はれないのが一般である。然るに今度、新進の本多顯彰氏が「ハムレット」及び「ロミオとジュリエット」を譯出された。

これは旣にある數種の飜譯に比してたしかに特色のあるものである。惡趣味や氣取りのない、明瞭で、客觀的な飜譯である。印刷も綺麗で、裝幀も異彩を放つてゐる。それはシェークスピアを我々現代人が氣持よく讀むことのできるものにした。このやうな飜譯は、シェークスピアが學校やいはゆる英學者からもつと廣い社會にひろまることに役立つことができ、また役立たせねばならぬ。

この頃でのシェークスピアに關する畫期的な研究「シェー

クスピアと獨逸精神」の中で、グンドルフは次のやうなことをいつてゐる。シェークスピアにおいてはつねに民衆は集團として、元素として、あらしとして、巖として取扱はれてゐる。――個々の市民はつねに大衆の指數、聲に過ぎない。個個の市民は、彼が個性的な特質を擔つてゐる場合ですら、彼自身としては何も意味しない。シェークスピアが舞臺にのぼせる（彼はもちろんいつでも個人をのぼせる）個人は個々の話手ではなくして群衆、民衆の役を演じてゐるのである。此群衆、其民衆はそのものとしては全く個性化されてゐる。

この點でグンドルフによると、シェークスピアはゲーテと著しい對立を現はす。ゲーテにおいては個々の市民は獨立的に取扱はれ、大衆としてはたらくのではない。個々の人間は、各々それ自身として、人間のひとつのタイプ、市民のひとつのタイプを代表する、然しながらシェークスピアにおいてのやうに、彼等は合せて大衆であるのでなく、個性的に運動する大衆であるのでなく、却て彼等はどこまでもタイプ化された個人である。歴史はゲーテにおいては偶然であり、シェークスピアにおいては必然である。シェークスピアにあつては、コリオラヌスは民衆に斃れ、シーザーは共和國に斃れ、アントニウスとクレオパトラとは世界帝國のうちにまた世界帝國と共に斃れる。個人はいつでも歴史的運命の實行者、擔ひ手である。

かくの如き見方はたしかにシェークスピアに對する興味ある、そして重要な觀點を提供してゐるやうに思ふ。實際、我々は、いま本多氏によつて飜譯された「ハムレット」や「ロミオとジュリエット」の如き史劇のうちに數へられない作品についても、その背景に大きな現實の歴史的諸關係がはつきりと浮び出てをり、それが作品に深さと陰影ばかりでなく、また具體性を與へてゐるのを見ることができる。

大衆とか歴史とかといふものは、今日の文學におけるもつとも重要な課題となつてゐる。如何にそれを具象的に、生きたものとして取扱ふかといふことは、困難な然しもつとも大切な問題である。このときシェークスピアの如きがよし彼はなほロマンティシズムの要素を多く含んでゐるにしても、文學上の見地から新たに顧みられ、もつと活潑に研究されるといふことは決して無駄ではなからうと思ふ。ロマンティシズムは近頃の文學の傾向からはあまり重んぜられてゐないが、歴史といふものの考へを與へたのは何よりもロマンティシズムであつたとすれば、それはもつと顧みらるべきであろう。古典を大衆の手に渡すといへば、シェークスピアなど、まづ第一に着手さるべきものではないかと思ふ。

ブック・レヴユウ　芹沢光治良訳バルザック全集「プチ・ブルジヨア」を読みて

三木清

待望されたバルザック全集の配本が芹沢光治良氏の「プチ・ブルジヨア」をもつて開始されたといふことは、私には特に嬉しいことであつた。この作品はバルザックの中でも問題の作として特に我々の食慾をそそるものであるのみでなく

訳者芹沢氏が多年バルザックを愛好し、その勝れた研究家として知られてゐる。この書は芹沢氏が非常な熱情と抱負とを以て訳出されたものであるので、その出来栄はまことに立派である。その努力も並々のことでなかつたであらう。さすが日頃みづから創作で苦心してゐる人の訳文であるだけに神経の行き届き方が違つてをり、このやうな翻訳を見ると、翻訳といふもの、持つ独立の価値がはつきり分る。

芹沢氏が作家として望んでゐられるやうなバルザックの小説精神の逞しさが我国の文壇において理解され、力強く滲潤するといふことは、確に今日最も必要である。併しバルザックの如き大作家は唯文壇のことのみではない。「人間喜劇」の世界はまことに広大であつて、哲学、歴史、社会科学、その他の方面の誰もがそれぞれの立場から面白く読むことができ、読めば必ず愉快になるものである。いま第一回配本を手にして訳者に感謝すると共に、私はバルザックの翻訳が意義深き文化的事業であることを思ひ、この大事業の成功のために訳者が互に協力すべき義務があると考へる。（予約定価二・五〇日本橋河出書房）

（『讀賣新聞』朝刊、一九三四年十一月十日）

読書欄　「集団社会学原理」——円谷弘博士の近著——

三木　清

最近出版された円谷（ツムラヤ）博士の集団社会学原理は、これまで日本でふつう社会学原理とか社会学概論とかいふ名をもつた本とかなり性質が違つてゐる。従来この種類の書物は、大体に於て形式社会学の方向を執つてをり、その内容も形式的概念的な議論が多かつた。ところが、円谷博士の本著は行き方を異にして、歴史的な事実、実証的な事実に立脚しつゝ、社会現象を体系的に考察しようと試みてゐる。

勿論その成功の程度に関しては種々批判の余地もあらうし、また新しい仕事を最初に企てる者の当然免れ得ない欠陥もあるであらうが、日本社会学の新方向を意図するものとして、この国の社会学者に反省を与へるに足るものを蔵してゐる。

社会学は一個の科学として飽くまで歴史的、社会的現実についての理論的考察であるべきに拘らず、これまで日本の社会学では実証的研究の基礎が多く欠けてゐたやうである。その意味で、既に「我国資本家階級の発達と資本主義的精神」といふやうな著述をなして来た本書の著者の一般社会学の学的方針には学ぶべき点があると思ふ。

デユルカイムの影響を受けてゐると称する著者は、個人を度外視し集団現象を社会学固有の対象として規定してゐる。個人と社会といふが如き問題は根本に於ては寧ろ社会哲学に属するものとして、純粋に科学としての社会学を樹てようとする見地に於ては、か丶る考へ方にも重要な意味を求める得るであらう。

そしてこの書は社会学的諸問題を抽象的に議論することを避けて内容的に手際よく取扱つてゐるから、誰にも面白く読める。日本の社会学者の本は一般に読み悪いと云はれてゐるやうであるが、よくわかる社会学書の世に出ることは甚だ望ましいことである。こ丶に本書の細部を批評することはできないが、従来の日本のアカデミツクな社会学に普通であつた抽象的、形式的社会学に対し、本書が新しい社会学の進むべき道を大胆に示してゐることは賛成であり、その勇気に敬意を表するものである。(定価二円神田同文館発行)

(『讀賣新聞』朝刊、一九三四年十二月二十四日)

今日の社会危機と歴史哲学

――樺氏の新著 歴史哲学概論 評――

三木 清

歴史の問題は今日最も重要な問題である。西田博士も云はれたことがあるやうに、現代の哲学は特に歴史哲学でなければならぬ。しかも歴史は従来の哲学において未だ十分に開拓されてをらぬ領域である。そこで、樺俊雄氏の新著「歴史哲学概論」について一言する。本書において著者が取る根本的な立場は歴史主義の立場である。この歴史主義の原理を種々たる問題を通じて解明するといふことが著者の一貫した意図であつて、そこに本書の哲学上の特色がある。

歴史主義と云へば相対主義であるかのやうに解せられるのが普通であるが、この点において読者はトレルチの「現代的総合」の思想を取り入れ、それを理論的に強化し拡大することによつて歴史主義の立場を支持し、新たに闡明しようと努力してゐることは注目に値する。

本書は序論歴史哲学の概念と課題に次いで、歴史的存在、歴史的認識、歴史的時間、歴史観の諸類型、歴史理論の歴史といふ五つの章から成り、歴史哲学に関する諸問題をほゞ遺憾なく包含し、概論としてまことに適当なものである。

実現に著者が長い間手がけたものであるだけに論述はよく纏つてをり、とりわけ学説史的な材料が豊富に織り込まれてゐることは、歴史哲学について初めて知らうとする者にとつて甚だ便利である。

また哲学者以外すぐれた歴史家たちの歴史理論にも考慮を払つて論及されてゐる故に、本書は歴史の実現的研究に従事してゐる人々にとつても有益な反省を与へ得るに相違ない。私はかくの如き適当な歴史哲学概論が現はれたことを我が国の学問のために心強く思ふと共に、今日の社会的危機にあたり歴史の哲学的基礎について活発な関心が広く喚起されることを望ましく思ふ。（定価一・七〇理想社出版部発行）

（『讀賣新聞』朝刊、一九三五年七月二日）

読書欄「ゲーテ序論」で最も注目すべきはファウスト研究

三木　清

ゲーテは単に偉大だといふのみではない。時に今日の文学及び思想にとつて、ゲーテの理解乃至再検討ほど必要で、有益で、有意義なものはない。真に将来性のある思想及び文学は、ゲーテから新たに学ぶことによつてのほか生れ得ないと云つても、恐らく過言ではなからうと思ふ。ゲーテの世界はそれほど広く、それほど深い。奥津彦重氏は我が国における最も博識なゲーテ学者の一人である。氏の新著「ゲーテ序論」一巻はその篤実な学風をまことによく示してゐる。本書は、序論と云つても、紹介的な入門書に過ぎぬやうなものでなく、氏の多年の学術的努力の結晶であり、ゲーテにおける本質的なものに深く突き込んだ研究である。単に物語風のものでなく、嘗て日本においてゲーテについて書かれた書物のうち、恐らく最も思想的な書物である。ゲーテを思想的に闡明したものとして、本書は特色をもつてゐる。

氏のゲーテ解釈の方法は、ゲーテの根本思想がゲーテ自身の生の発展そのものに於いて有機的に象徴されてゐると見て、この発展とこの根本思想とから彼の作品を理解するといふことにある。ゲーテは現代の歴史学、特に文藝学に極めて深い影響を与へた。本書の最後には「現代独逸文藝学の諸傾向とその批判」といふ一章が載せられてゐるやうに、氏は現代文藝学の方法を批判的に摂取した氏独自の、しかもゲーテ的な方法によつてゲーテ解釈を企てられてゐる。

氏の方法の特色がよく現れてゐるのは、就中「ファウスト」研究においてであつて、これは本書のうちでも最も注目すべき業績であらう。「ファウスト」解釈は云ふまでもなくゲーテ研究における最も興味である、しかしまた最も困難な問題である。氏が従来の諸研究を博捜し、統一ある方法的並びに思想的基礎の上に、種々創見に富んだ解釈を与へられてゐることは、敬服すべきことである。

なほ本書の巻末に付せられた詳細なゲー文献は日本におけるゲーテ書誌学者として第一人者と云はれる奥津氏に対して我々の特に感謝するところであり、今後ゲーテを研究しようとする人にとつて欠くことのできぬ貴重なものである。（定価二・五〇神田白水社）

（『讀賣新聞』朝刊、一九三五年十一月二十四日）

「人間学」

三木　清

人間学は今日重要な問題となつてゐるが、それが哲学において占める位置は必ずしも確定されてゐるわけでない。いはゆる生の哲学に類する立場を取る者は、人間学即哲学と考へ、或は少くとも人間学を哲学の基礎学と見做してゐる。また人間学を哲学体系の一部門と考へるにしても、人間の歴史性や社会性が強調される場合、人間学の歴史哲学や社会哲学に対する関係が問題になつて来る。

その位置がどのやうに理解されるにしても、人間学はともかく哲学的研究の極めて興味深い主題であるのみでなく、それは特に現代において従来の哲学に対する批判者として現はれたのであつて、哲学上の立場及び方法の変革を要求するものとして注目されねばならぬ。その多くは存在論の立場を取り、殊に弁証法的傾向を含んでゐる。逆に現代哲学のもつとも特色ある存在論や弁証法は人間学的に彩られてゐると云ふことさへできる。いま竹下氏の書物も弁証法的存在論の立場に立たうとしてをり、その意図において我々の十分同感し得るものである。またそれが人間的存在の根本的規定として歴史性や社会性を説いてゐることも全く正当であつて、多くの人々の承認し得るところであらう。特に著者は人間学に関する現代の種々なる思想を努めてよく敍述しつゝ、議論を進めてゐる故に、人間学が如何なるものであるかを初めて知らうとする者にとつて好い参考書である。

ただそのやうな紹介的努力のために、著者自身の理論の展開に幾分緊密を欠いたところが生じてゐるとは思はれる。また多分同様の理由のために、竹下氏の理解される弁証法的存在論といふのは田辺元博士の「人間学の立場」といふ論文の思想と同じらしいが、これと簡単に一致し得ないと考へられる見解がやや無造作に述べられてゐるところもあるやうである。

然しともかく、この書が現代の人間学的諸思想を通観せしめる手頃な書物として、読者の研究に資する価値は大きからうと思ふ。（竹下直之著、四六判、二五三頁、一円半、麹町内幸町、理想社）

（『東京朝日新聞』朝刊、一九三六年二月二日）

読書界　シユパン・社会経済学説体系

三木　清

全体主義といふ語は今日広く用ひられてゐるが、その方法論的基礎の如きは必ずしもつねに理解されてゐるわけでない。また統制経済といふ問題は近時流行の題目となつてゐるが、その思想的背景の如きは必ずしもつねに明瞭にされてゐるわけではない。阿部源一氏の新著はこのやうな事情において甚だ有意義な書物と云はねばならぬ。

それは全体主義の代表者として最も重要な思想家シユパンについての多年に亙る精細な研究の結果を組織的に述べた力作である。シユパンの学説の紹介は従来はただ部分的になされてゐるのみで、全体的な体系的な叙述に至つては本書をもつて嚆矢とする。

彼の方法論、社会学説、経済学説、社会政策学説の全般を明かにし、またシユパンとフアツシズムとの関係を論じ、彼の思想的先駆者について述べ、更に研究文献を付する等、その明快な論述と周到な研究とは敬服に値する。私は本書を今日の社会思想に関心する人々に推薦するに躊躇しない。（菊判三八一頁定価二・五〇京橋立命館出版部）

（『讀賣新聞』朝刊、一九三六年四月三十日）

ヒューマニズムの重要な文獻

ベルグソン『道德・宗敎の二源泉』

三木　清

ベルグソンはニーチエ以後において世界的規模の哲學者と稱し得る唯一の人であると思ふ。彼の哲學よりも一見緻密な、論理的なものは學校哲學の中にはいくらもあるであらう。しかしその影響が專門學者の範圍に留まらず、廣く文藝、宗敎、政治等に至るまで、人間の思想と生活のあらゆる領域に亙り、且つ世界的であるといふ點において、彼に比肩し得る者は現代の哲學者中にはないと云つても決して過言ではない。

今度平山氏の譯された『道德・宗敎の二源泉』はベルグソン哲學の歸結を示すものであり、彼の體系を完結するものである。それは凡ての人が最も深く關心する問題を取扱ひ、「閉ぢた魂」と「開いた魂」の說を始め多くの獨創的見解を含んでゐる。實證主義と神祕主義とが特殊な仕方で抱合し、新しい形而上學を形作つてゐる。とりわけこの書は、今日我が國においても重要な問題となつてゐるモラルの問題、ヒューマニズムの問題について極めて豐富な示唆を有するものである。今日ヒューマニズムやモラルの問題を考へようとする者がぜひ讀まねばならぬ第一の書であると思ふ。

ベルグソンの思想の如きは旣に理解してゐるとひとは云ひたがるが、それは實は決して理解し易いものでないその常識的な理解を越えて、やさしい表現のうちに含められた眞の哲學的意味を理解することが大切なのでありそのしなやかな論理の有する嚴しさを實際の問題に當つて考へてみることが必要なのである。そしてそれには現在我が國においてもヒューマニズム如きが現實の問題となつてゐるのであるから、この機會に彼のこの本など最も熟讀玩味されることが望ましいのである。

19

「有閑隨筆」を讀む

三木　淸

林語堂は現代のモンテーニュである。つまり彼は今日の東洋における勝れたモラリストである。モラリストといふのは日常性の哲學の探求者のことであるが、林語堂は何よりもその意味におけるモラリストである。そしてこの書はモラリスト林語堂を最もよく現はしてゐる書物である。

由來支那人は生活における一種の天才である。彼等の智慧は生活の技術と結びついてゐる。モラルといつてもこの技術と一つのものであり、文化といつてもこの生活と離れたものでない。ここに謂ふ生活とは、政治家の政治家としての生活、藝術家の藝術家としての生活、卽ちすぐにその歷史的意義といふやうなものが論ぜられる生活のことでなく、人間生活の自然、實生活、日常性における生活のことである。日常性の哲學は支那の民族的な哲學であるといふことができる。その固有のリアリズムも、その獨特のプラグマティズムも、エピキュリアニズムも日常性の尊重と深い關係をもつてゐる。林語堂はこの支那的な思想の意味を現代において新たに發見した人であり、西洋的に洗煉された今日の知性と感覺とをもつて表現した人である。讀者はそこに支那人の心理と人生觀とを理解するための鍵を見出すであらう。そして特にこの書は東洋的ヒューマニズムとは如何なるものであるかに就いて教へるところが多い。

日本人のこころと支那人のこころとの間には種々の差異があるであらうが、日常性を重んずるといふ點では一致してゐる。林語堂を讀んで東洋人としての自己を發見し、共鳴する日本人も尠くなからうと思ふ。林語堂は東洋の傳統的な日常性の哲學から西洋文明を批評してゐるが、彼はまたその哲學の限界にも氣附いてゐるやうである。實際、日常的自然的立場と歴史的時間的立場とを如何に結び附けるかといふことが大きな問題であるのである。

アンケート回答・通信

○實現したき三眼目

哲學者　三木　淸

御無沙汰いたしましたが、益々御健筆賀し上げます。御高論まことに愉快に拜見いたしました。殊に大學卒業生の特權打破、官學中心主義の廢止、高等教育機關の地方委讓の論、小生も全く同感にてこれらのことさへ實現しますれば、修學年限の短縮の如き問題も根本的に解決され寧ろ短縮の必要もなくなりはしないでせうか。ただ教育のこと、もと人にあり貴下の文部大臣論を一刮目いたして待つてをります。草々

三木　清

弟が中支で戰死したとの報あり、歸郷してゐた。デカルト選集の「省察錄」を飜譯中。別に「構想力の論理」の續きを「思想」に連載する。これからも月の半分以上は鎌倉にゐる。鎌倉は住みなれるに從つてよくなつてくる。

編輯同人（五十音順）

青野　季吉
阿部　知二
井伏　鱒二
上田　廣
河上徹太郎
川端　康成
龜井勝一郎
岸田　國士
小林　秀雄
今　日出海
佐藤　信衞
島木　健作
芹澤光治良
武田麟太郎
中島　健藏

中村　光夫
中山　義秀
林　房雄
火野　葦平
深田　久彌
藤澤　桓夫
舟橋　聖一
堀　辰雄
眞船　豐
三木　清
三好　達治
村山　知義
森山　啓
横光　利一

○

三木　清

一、事大主義で自主性に乏しきこと。
二、構成的な大きさと逞しさの乏しいこと。
三、郵便局で一圓二圓の貯金をする人が列を作つてゐる光景。

○　著述業　三木清

一、北昤吉氏のやつてゐた「學苑」といふ雜誌の會で初めて正木さんにお目にかゝつた樣に記憶します。私が京都から東京へ移つて來た年でした。「學苑」は、「理想」などよりも前に出た哲學思想雜誌でしたが、今頃まで續いて出てゐたらと惜しい氣がします。それにつけても、正木さんの「近きより」の活動を拜見して、心强く思つてをります。いつまでも續くやうにと五週年にあたつて祈ります。

推薦の辞

普及版ドストイエフスキイ全集を推薦す（到着順）

人間性の眞實

三木清

現代小說の精神とその方法を捉へようとする者は先づドストイエフスキイによらねばならぬと云はれてゐる。ドストイエフスキイは激しい情熱をもつて人間性の眞實を究極的なところに於て探求したが、彼の意義と影響とは文學の範圍を越えて重要である。ニイチエやキエルケゴール、實存哲學や辯證法神學など、現代の有力な思想はみなドストイエフスキイと內面的な交渉をもつてゐる。彼の作品は現代の精神的狀況の最も深い象徵である。私は現代哲學にとつて彼の作品よりも勝れた註釋書を知らない。ドストイエフスキイを理解しないで現代哲學を理解したと云ふことは殆ど不可能であり、また無意味に近いであらう。しかし彼の意義は遙かに深く、その思想には西歐思想の限界を越えて明日を示すものがある。西歐思想の根本的な行詰りが感ぜられたとき、彼が歐洲に於て非常な勢で流行し始めたのも偶然でなからう。ドストイエフスキイの作品の持つ不思議な魅力の底に横たはる秘密を摑むことは、現代文學にとつては固より、現代哲學にとつても極めて重要なことではないかと思ふ。

清新溌剌なフランス現代小説

三木　清

現代文學のうちエヌ・エル・エフを中心とする文學活動はとりわけ興味深く、また甚だ重要な意義をもつてゐる。新しい小說的世界への旺盛な探求的發見的態度はもとより、特にその思想性、能動性において無比の特色を具へてゐる。現代の知識人にこれほど痛切に訴へる作品はない。かやうな文學精神を理解することは、單に我々の文學に缺けてゐるもの、必要なものを與へることになるばかりでなく、廣く今日の知識階級にとつて精神的救助をもたらし得るものと信ずる。その行動的ヒューマニズムといふものは、一時の流行に終るべきものでなく、重ねて檢討され、發展させられねばならぬ將來性を有する思想を含んでゐると思ふ。今度第一書房によつて、このやうに清新溌剌なフランス現代小說が、全面的に紹介されるやうになつたのは、我が國の知識人の凡てにとつて喜ばしいことと云はねばならぬ。

『短歌文學全集』に寄せられた諸家の推薦

現代短歌文學の建設

三木　清

明治、大正、昭和に亙る近代日本文學の全集の編纂刊行は從來いろいろ企てられたが、なかに詩歌の方面の正當に顧みられなかつたことは遺憾であつた。文學のうちに於て占める詩歌の位置の重要性が理解されることが必要である。殊に短歌は我が國固有の文學として國民の日常生活のうちに入つて親しまれてゐる。今度第一書房から刊行される『短歌文學全集』は古典の正しい傳統を身に着けつつ是を新たに展開發達させ、近代短歌文學を建設した代表的歌人の業績を一眸のうちに收めしめ、何人にも近づき易い形式をもつてその眞髓を傳へようとしてゐる。これらの歌人の業績は近代日本文學一般の發展にとつても深い關係を有するものであつて、その綜合的把握にとつて缺くべからざる要素である。この全集によつて文學に於ける詩歌の意義が新たに認識されることが望ましい。

人間の面白さ

三木清

二葉亭四迷はその人自身が恐らく彼の作品のいづれよりも偉大な文學であつたのではないかと思ふ。明治大正の作家にしても、その作品を讀んでもその人にあまり興味を持てないもの、その人に興味を持つても我々現代人とは何か掛離れてゐると思はれるものが大抵であるが、二葉亭はその人物、性格、行動すべて型を破つたところがあつて面白いばかりでなく、我々と全く同じ時代の人と感ぜられる現代性を持つてゐる。彼は我々と同樣の心理、思想の中に生活してゐた。彼の作品が今日もなほ持つてゐる新しさもかやうな彼の人間そのものの現代性に基いてゐる。二葉亭のこの現代性の祕密について深く知りたいと思つてゐたのであるが、今度彼の全著作、特に彼の風貌を赤裸々に傳へた大部の書簡その他未發表のものを含めた完璧な全集が刊行されることになつたのは實に悅ばしい。

推薦の言葉

最も現代的な思想

三木　清

この叢書は現代思想の代表的な諸傾向を概觀するに適してゐる。これによつて現代思想の最も現代的なものが何處にあるかを知ることができ、現代の特徴的な精神的狀況が如何なるものであるかを理解することができるであらう。この知識とこの理解とは現代のあらゆる問題をその精神的な根柢から、その擴りと深さとにおいて把握せんとする者にとつて缺くべからざるものである。今日我が日本において求められてゐるのは廣く且つ深い思想であり、その思想を建設するためには世界思想と眞面目に對質しなければならない。現代人の思索研究に必要な手懸りを與へるものとしてこの叢書を薦めたい。

哲學教養講座　推薦の言葉

新文化創造の根柢

三木　清

新文化の創造の根柢をなすものは哲學である。今日必要なことは、哲學が職業と專門との埒から解放され凡ての人の教養として身についたものとなり、そして逆に現實の歷史と行動との中から新しい哲學が生れてくるといふことである。この講座の意圖するのも恐らくそれではないかと思ふ。顏觸れも項目もかなり淸新な感じを與へるが、現代の轉換期にふさはしくマンネリズムを脫して氣魄のある新しい思想が示されることを期待しつつ、この有意義な企てを廣く推薦する。

参考資料

1.

親鸞

第一章　人間　愚禿の心

親鸞の思想の特色は仏教を人間的にしたところにあるといふやうに、しばしば考へられてゐる。この見方は正しいであらう、しかしその意味は十分に明確に規定されることを要するのである。

親鸞の文章を読んで深い感銘を受けることは、人間的な情味の極めて豊かなこと

6

三木清用紙

2

である。そこには人格的な体験が満ち溢れてゐる。経典や論釋からの引用の一々に至るまで、悉く自己の体験によつて裏打ちされてゐるのである。親鸞はつねに生の現實の上に立ち、体験を重んじた。そこには知的なものよりも情的なものが深く湛へてゐる。彼の思想を人間的といひ得るのは、これに依るであらう。生への接近、彼の思想の著しい特色である。かかる現實性、肉体性といひ得るものが彼の思想の著しい特色をなして

三木清用紙

* Emil Brunner, Erlebnis, Erkenntnis und Glaube, 1923.

ゐる。しかしながら、このことから宗教を単
に「体験の宗教」と考へることは誤謬で
ある。宗教を単に体験の
ことと考へることは、宗教を主観化してしま
ふことである。宗教は単なる体験の問題ではなく真理の
問題である。真理は単に人間的なもの、
主観的なもの、心理的なものでなく、飽くま
でも客観的なもの、超越的なもの、論理的な
ものでなければならぬ。もし宗教が単に体
験に属するならば、それは単なる感情の

4

いな単なる感傷に属することになるであらう。かくして宗教は真に宗教的なものを失つて、単に美的なもの、文芸的なものと同じになる。親鸞の教がともすればかくの如き方向に誤解され易いことに対して我々は警戒しなければならない。もとより親鸞の思想の特色が体験的であること、人間的であること、現実的であることに存することは争はれない。そこに我々は彼の宗教における極めて深い「内面性」を見出すのである。しかし内面性とは

三木清用紙

文集 40.

5

何であるか。内面性とは空虚な主観性ではなく、却って最も客観的な充實である。（肉体的ともいひ得る）超越的なものが内在的であり、内在的なものが超越的であるところに、真の内面性は存するのである。

五濁悪世の衆生の　選擇本願信ずれば
不可称不可説不可思議の　功徳は行者の身にみてり

或は
彌陀のちかひのゆへなれば
不可称不可説不可思議の
功徳はわきていらねども

三木清用紙

小和讃229

6

信ずるかがみにみちみてり

といふ二種の和讃はこの趣を現はすであらう。

親鸞の文章には至る處懺悔がある。同時にそこには至る處讃歎がある。懺悔と讃歎と、讃歎と懺悔と、絶えず相應じてゐる。自己の告白、懺悔は内面性のしるしである。しかしながら単なる懺悔、讃歎の伴はない懺悔は眞の懺悔ではない。懺悔は讃歎に移り、讃歎は懺悔に移る、そこに宗教的内面性がある。

三木清用紙

Augustinus

7

親鸞はすぐれて宗教的な人間であつた。懺悔と讃歎とは宗教の両面の表現である。親鸞の文章からただ懺悔に属するもののみを取り出して、彼の宗教の人間的であることを論ずる者は、彼の思想を単に美的なもの、文芸的なものにしてしまふことであつて、未だ宗教的人間の如何なるものであるかを知らざるものといはねばならぬ。親鸞における人間の問題はどこまでも宗教的人間の問題、宗教的人間の存在の仕方の問題でなければならぬ。懺悔は単

三木清用紙

後悔はそれぞれの行爲、懺悔は全存在にかかはる。

8

なる反省から生ずるものではない。自己の反省から生ずるものは、それが極めて眞面目な道徳的反省であつても、後悔といふものに過ぎず、後悔と懺悔とは別のものである。後悔は我れの立場においてなされるものであり、後悔する者にはなほ我れの力に對する信頼がある。懺悔はかくの如き我れを去るところに成立する。我れは我れを去つて、絶對的なものに任せきる。そこに發せられる言葉はもはや我れが發するのではない。自己は語る者

三木清用紙

ではなくて尋ね聞く者である。聞き得るためには己れを空しくしなければならぬ。かくして得られる言葉はまことを得る。およそ懺悔はまことの心の流露であるべき筈である。しかるにまことの心になるといふことは如何に困難であるか。自己の罪を懺悔する言葉のうちに如何に容易に他に対して却て自己を示す心が忍び込み、また如何に容易に罪に対して却て自己を甘やかす心が潜み入ることであるか。

浄土真宗に帰すれども

三木清用紙

真實の心はありがたし
虚假不實のわが身にて
清淨の心もさらになし

と親鸞は悲歎述懐するのである。煩悩の具はらざることのない自己が如何にして自己の眞實を語り得るのであるか。自己が自己を語らうとすることそのことがすでに一つの煩悩ではないか。親鸞が全生命を投げ込んで求めたものは實にこの唯一つの極めて單純なこと、自ら眞實の心を得るといふことであつた。

三木清用紙

るといふことであつた。信仰といふものもこれ以外にないのである。煩悩において救くることのない自己が真實の心になるといふことは、他者の真實の心が自己に届くからでなければならぬ。そのとき自己の真實は顯はになる。われが自己の現實を語るのではなく、現實そのものが自己を語るのである。ここに知られる真實は冷い、單に客觀的な真理ではない。この真實にはまごころのことが通つてゐる。まごころは理性ではなくむしろ情である。我々は人間的

三木清用紙

12

編曲を二と二との総和は四であるといふ要素的
編曲を和するやうに考へようとするのでは
なく、またそのやうに考へられるものでもな
い。

三木清用紙

12

親鸞の文章を讀んでむしろ奇異に感じられることは、無常について述べることが少いといふことである。これはとかく感傷的な宗教のやうに考へられてゐる彼の思想においてむしろ奇異の感を懐かせることであるが、しかしこれが事實であり、また眞實である。そしてそこに彼の思想の特殊な現實主義の特色が見出されるのである。

もとより諸行無常は現實である。そしてそれは佛教の出發點である。この世における何

三木清用紙

14

物も常住のものはない。すべては生成し消滅し変化する。かくして我々の頼みとすべき何物もないのである。生老病死は無常なる人生における現實である。かかる無常の体驗が釋迦の出世間の動機であった。無常はさしあたり佛教の説ではなくて世界の現實である。常ないものを常あるものの如く思ひ、頼むべからざるものを頼みとするところに、人生における種々の苦惱は生ずる。無常は現實であると知りながら、その認識を徹底させ

三木清用紙

15

ることのできないところに人間の迷いがあり苦しみがあるのである。かくして佛教は諸行無常の自然的な感覚を諸行無常の徹底した智慧にまで徹底自覚せしめようとするのである。かくして諸行無常はいはば前佛教的な体験から佛教的な思想にまで高められる。人間の現實を深く見究め、佛教の思想を深く味はつた親鸞に無常感がなかつたとは考へられない。しかも彼はこの無常感にとどまることができなかつたのである。何故であるか。

三木清用紙

徒然草
第七段

16

無常感はそのものとしては宗教的であるよりも美的である。果敢ないものは美しい。美には何か果敢なさといふべきものがある。「あだし野の露きゆる時なく、鳥部山の烟立ちさらでのみ住みはつるならひならば、いかに物のあはれもなからん。世はさだめなきこそいみじけれ」と『徒然草』の著者は書いてゐる。いつまでも生き延びてこの世に住んでゐるといふことが人間のならひであつたら、實に無趣味なものであらう。老少不定、

三木清用紙

17

我々の命がいつ終るといふ規定の全くない世であるが、そこが非常に面白いのである、といふのである。無常は美的な観照に融け込む。仏教は特に平安朝時代の文学においてその唯美主義と結び付き、かつこれに影響を与へたのである。かくして無常感は唯美主義と結び付いて出世間的な非現実主義となった、『方丈記』の著者の如きもその著しい例である。

これに対して無常感はどこまでも宗教的であ

三木清用紙

18

つた。宗教的であつた彼は美的な無常思想にとどまることができなかつた。次に彼の現實主義は何よりも出家佛教に満足しなかつた。無常思想は出世間の思想と結び付く。これに對して彼の思想の特色は在家佛教にある。無常の思想はもとより単に美的な観照にとどまるものではない。これはしかしより高き段階においても觀想に結び付く。芸術的観照から哲学的觀想に進む。佛教における無常の思想は我々はここまでつれてくる。しかし

三木清用紙

19

実的な観照も抽象的な観想も観想として非
実践的である。これに対して親鸞の思想は
むしろ倫理的であり、実践的である。単に哲
学を非倫理的なものの如く考へるのは全くの
誤解である。親鸞には無常の思想がな
い。その限りにおいても彼の思想を厭世主
義と考へることはできない。
親鸞においては無常感は罪悪感に変つてゐ
る。自己は単に無常であるのではない、煩悩
の具はらざることのない凡夫、あらゆる罪を

三木清用紙

1625

20

作りつゝある悪人である。親鸞は自己を愚禿と號した。「すでに僧にあらず俗にあらず、この故に禿の字をもて姓とす」といつてゐる。承元元年、彼の三十五才のとき、法然ならびにその門下は流罪の難にあつた。親鸞もその一人として僧侶の資格を奪はれて越後の国府に流された。かくして、すでに僧にあらず、しかしまた世の生業につかぬゆゑ俗にあらず、かくして禿の字をもつて姓とする親鸞である。しかも彼はこれに愚の字を加へて

三木清用紙

21　233　61

自己の號としたのである。愚は愚痴である。すでに禿の字はもと破戒を意味してゐる。かくして彼が非僧非俗破戒の象徴と称したことは、彼の信仰の深い体験に基くのであって、単に謙遜の如きものではない。それは人間性の深い自覚を打ち割って示したものである。

賢者の信をききて、愚禿が心をあらはす。
賢者の信は、内は賢にして外は愚なり。
愚禿が心は、内は愚にして外は賢なり。

と『愚禿鈔』に記してゐる。

三木清用紙

22

外には悟りすましたやうに見えても、内には煩悩の絶えることがない。それが人間なのである。すべては無常と感じつつも、これに執着して尽きることがない。それが人間なのである。弥陀の本願はかかる罪深き人間を救済であることを確信しておる。しかも現実の人間は如何なるものであるか。

「まことに知ぬ、かなしきかな愚禿鸞、愛欲の広海に沈没し、名利の大山に迷惑して、定聚のかずにいることをよろこばす、

三木清用箋

23　　894

真諦の發見にちかづくことをたのしま[ざることを。]は
づべし、いたむべし。

三木清用紙

罪悪の意識は如何なる意味を有するか。機の自覚を意味するのである。機とは何であるか。機とは自覚された人間實存である。かかる自覚的存在を實存と呼ぶならば、機とは人間の實存にほかならない。自覚とは単に我れが我れを知るといふことではない。我れは如何にして我れを知ることができるか。我れが我れを知るとき、我れは我れを全体として知ることがない。なぜなら、我れが我れを知るといふ場合、知る我れと知られる

三木清用紙

我れとの分裂がなければならず、かやうに分裂した我れは、その知られる我れとして全体的でなく却って部分的でなければならぬ。従ってその場合、自覚的な我れよりもむしろ主客未分の、従って無意識的な、無自覚的な我れが、従って知的な、人為的な我れよりも、実践的な、動物的な我れが却って全体的な我れであるとも云ひ得るであらう。

三木清用紙

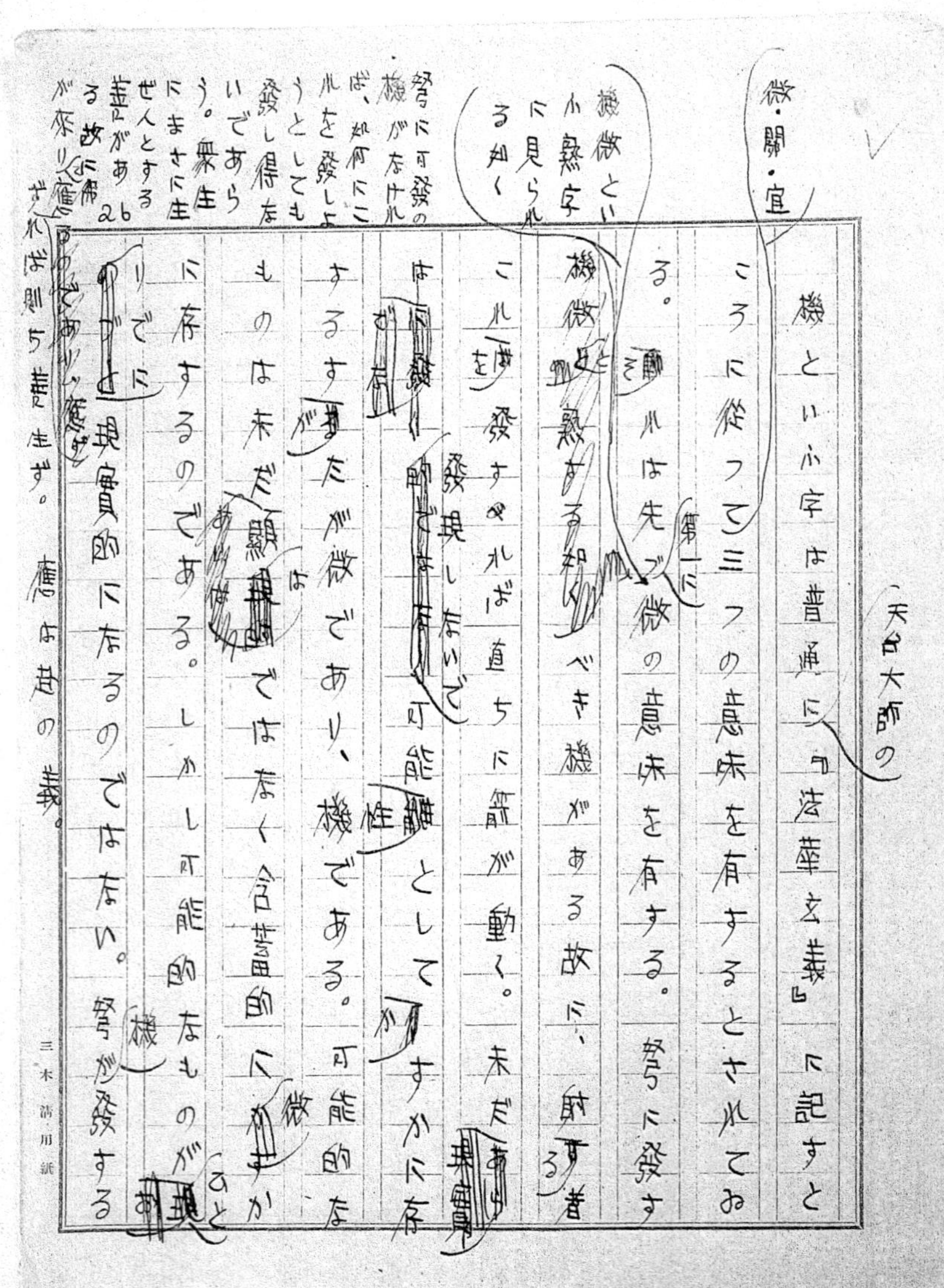

天台大師の
機といふ字は普通に『法華玄義』に記すところに従って三つの意味を有するとされてゐる。

第一に微の意味を有する。

其れは先づ微の意味を有する。弩に発すべき機がある故に、射する者これを発すれば直ちに箭が動く。

未だ発現しないで可能性として存するのは未だ微であり、機である。

三木清用紙

教法化益に依りて發生さるべき可能性あるもの。

の便は斯る者があつてこれを發するからである。しかしこの可能性は單に靜的に含蓄的であるといふことではない。機は動の微、きざしである。未だ動かうとして、未だ生ぜんとして、機である。第二に、機は機關といふ熟字に見られる如く關の意味を有する。關とは關はる、關係するといふことであつて、一と他とが相

對して

相

關はり、相關係することである。衆生に善あり惡あり、共に佛の慈悲に關する故に、機は

機

關の意味を有するのであり、即ち教法化益に

27

三木清用紙

關係し得るもの、その對者たり得るものの意で
ある。もし衆生がなければ、佛の慈悲も用ゐ
る所由なく、衆生ありてまさに慈悲の德も活
くことができる。應は對の義。一人は賣らう
とし、一人は買はうとし、二人相對して貿易
のことがととのふ如く、衆生は稟けようとし、
佛は與へようとし、相會ふところで攝化
のことが成るのである。これが相適するとき
攝化のことはととのはない。そこで第一に、
機は機宜といふ意味に見られる如く、宜の意

主客相會ふて賣買が成立

適宜

28

三木清用紙

29

味を有してゐる。關係するものの間に丁度相應した關係があることをいふ。例へば函と蓋とが、方なれば方、円なれば円、恰好相應して少しもくひちがひのないやうに、無明の苦を抜かんと欲せば、正しく悲に宜しく、悟（さとり）の樂を與へんと欲せば、正しく慈に宜し。衆生に苦あり、恰も佛の抜苦の悲に宜しく、衆生に樂なし、恰も佛の與樂の慈に宜しく、佛の慈悲はよく衆生に相應してゐるのである。機は教化益を施すに便宜あるものの意。

三木清用紙

善悪宿
愚の別

30

かくして機と教、機と法とは相對する。兩者の關係は動的歴史的。

その根は必ず何等かの根性を有する故に根機と称せられる。一切の衆生、過去・現在の因縁宿習を異にし、その面貌の異るが如く、その根性別なり、從つて教法を蒙るべき機として千差萬別なり、しかるに教法化益もし機に乖けば、その益あることなし、故に佛は千差の方便を盡し、萬別の教法を施せり。性得の機。機は可發の義で、衆生の心に法をうく

三木清用紙

愚禿鈔
教 集 242,459
31

教141

べききざしあること。

時機――機の一回性、

「大無量寿経」に

「時機純熟の真教」あり。末代に生れた機根の衰へた衆生にとつてまことにふさはしい教である。時機相応。聖道自力の教は機に合はずして効果を収めることができぬ。浄土他力の一法のみ時節と機根に適してゐる。

機と性との区別。動的と静的。

三木清用紙

1452.　1461.　1463

○時機相應

「まことに知んぬ、聖道の諸教は在世正法のためにして、まったく像末法滅の時機にあらず、すでに時をうしなひ、機にそむけるなり。浄土真宗は、在世正法、像末法滅、濁悪の群萌、ひとしく悲引したまふをや。」

「もし機と教と時とそむけば、修しがたく、入りがたし。」　『安楽集』に依る。

「当今は末法にしてこれ五濁悪世なり。ただ浄土の一門のみありて通入すべき路なり。」　『安楽集』に依る

三木清用紙

32　481

「その機はすなはち一切善悪大小凡愚なり」

○悪人正機

「これも悪凡夫を本として善凡夫を傍に兼ねたり。かるが故に傍機たる善凡夫なを往生せば、もはら正機たる悪凡夫いかでか往生せざらん。しかれば善人なをもて往生す、いかにいはんや悪人をやといふべしとおほせごとありき」『口伝鈔』第十九章　聖典342

「善人なをもて往生をとぐ、いはんや悪人

三木清用紙

33

をや。しかるを世のひとつねにいはく、悪人なを往生す、いかにいはんや善人をやと。この條一旦そのいはれあるににたれども、本願他力の意趣にそむけり。そのゆへは、自力作善のひとは、ひとへに他力をたのむこゝろかけたるあひだ、彌陀の本願にあらず。しかれども自力のこころをひるがへして、他力をたのみたてまつれば、真実報土の往生をとぐるなり。煩悩具足のわれらは、いづれの行にても生死をはなるることあるべからざるを

三木 清用紙

34

あはれみたまひて、願をおこしたまふ本意、
悪人成仏のためなれば、他力をたのみたてま
つる悪人、もとも往生の正因なり。よて善人
だにこそ往生すれ、まして悪人はとおほせさ
ふらひき。」 歎異鈔（三条）文集 191

三木清用紙

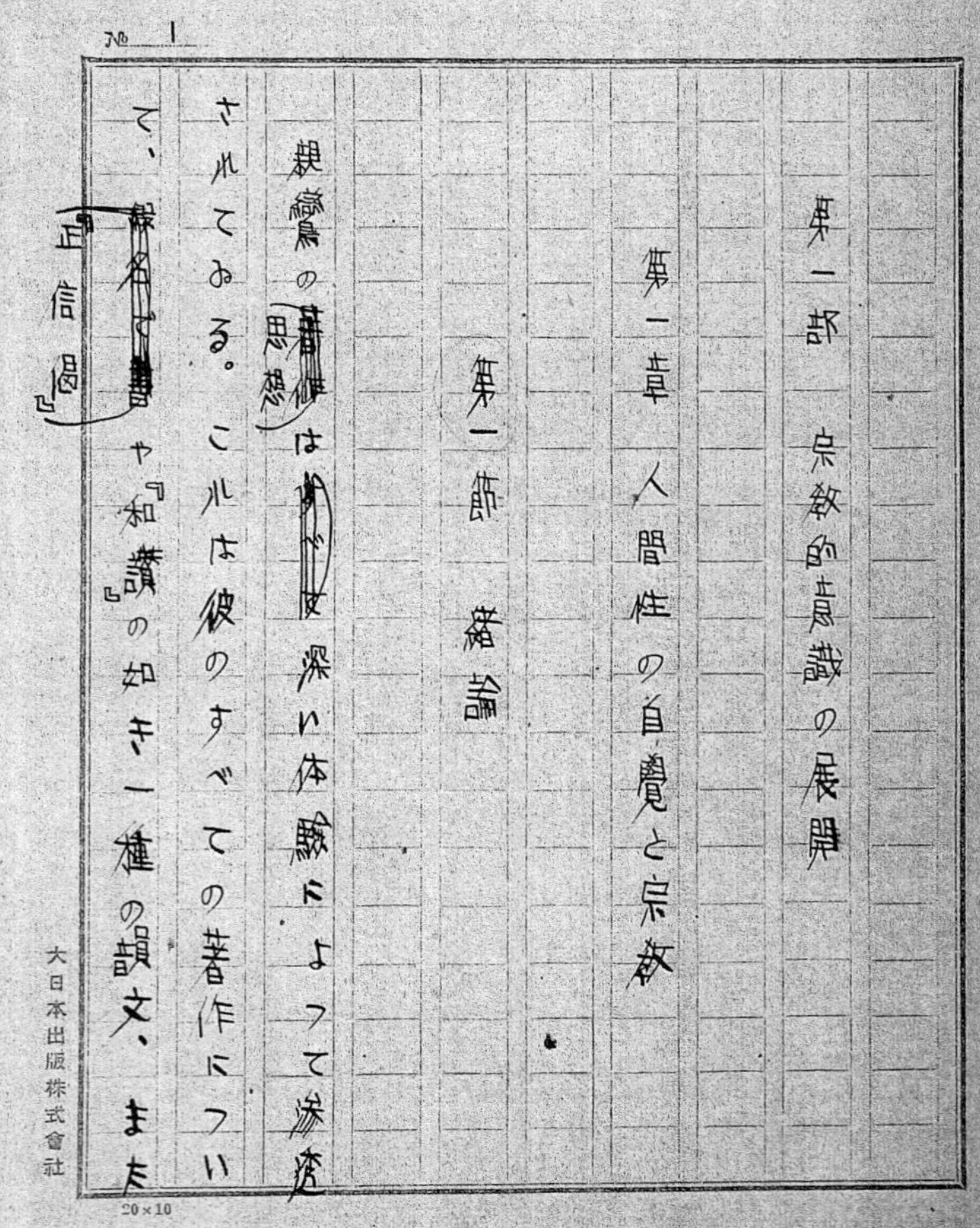

No 1

第一部　宗教的意識の展開

第一章　人間性の自覚と宗教

第一節　緒論

親鸞の思想は深い体験によって浸透されてゐる。これは彼のすべての著作について、『正信偈』や『和讃』の如き一種の韻文、また

大日本出版株式會社

20×10

No 2

假名で書かれたもろもろの散文のみでなく、特に彼の主著『教行信證』についても、言はれ得ることである。『教行信證』はまことに不思議な書である。それは經典や論釋の引用から成つてゐる。しかもこれを讀んでゆくと、これらの章句が恰も親鸞自身の文章であるかの如く響いてくるのである。彼のいはゆる自釋の文のみでなく、引用文もまたそのまま彼の体驗を語つてゐる。『教行信證』全篇の大部分を占めるこれらの引文は、単に

大日本出版株式會社

20×10

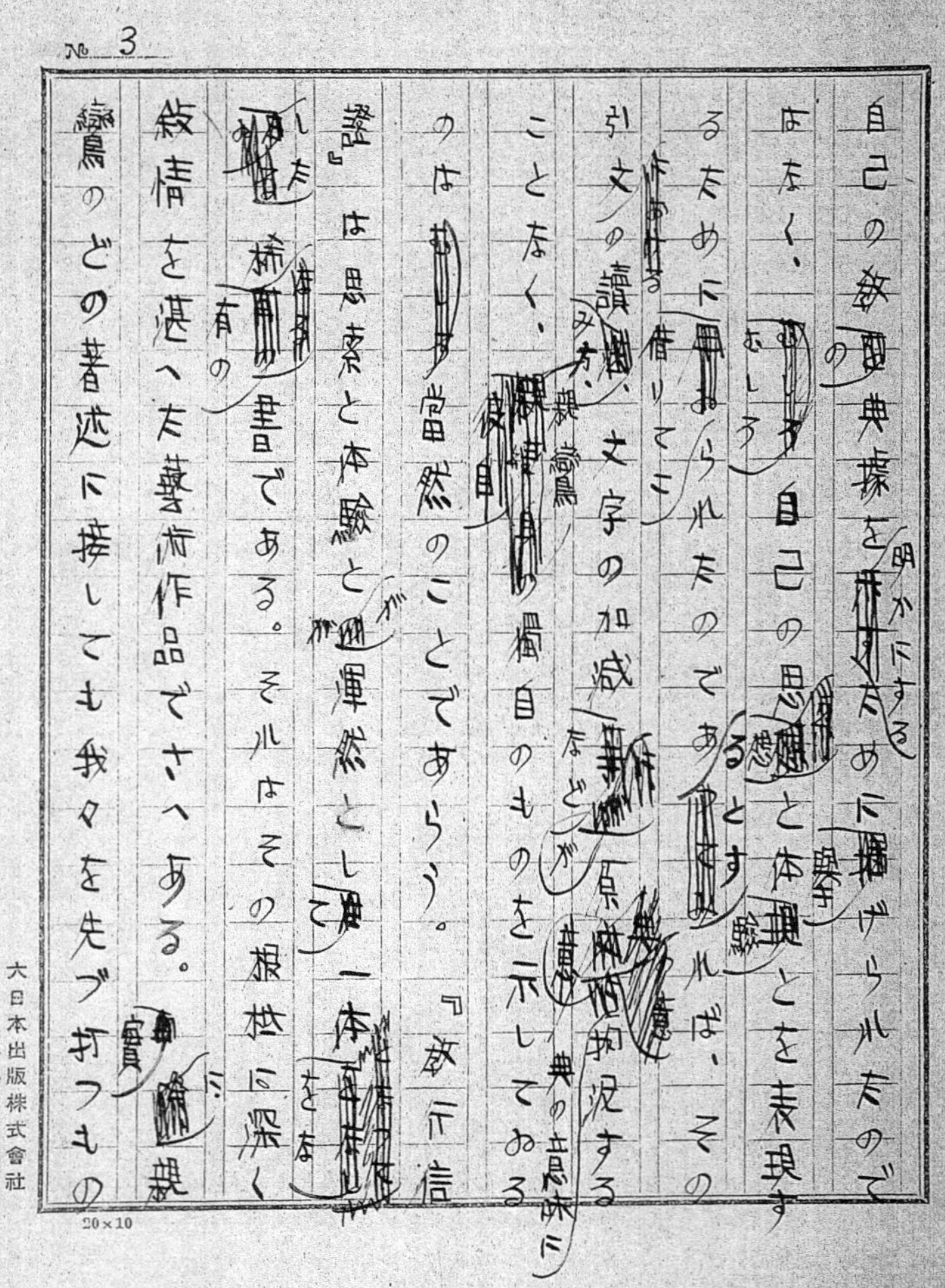
№ 3

自己の解釈典據を明かにするために掲げられたのではなく、むしろ自己の思想と体験とを表現するためにかりられたのであるとすれば、その引文の読み方、文字の加減などが原典の意味に拘泥することなく、独自のものを示しておるのはむしろ当然のことであらう。『教行信証』は思索と体験とが渾然として一体をなした独自の書である。それはその根抵に深く叙情を湛へた芸術作品でさへある。實験
續篇のどの著述に接しても我々を先づ打つもの

大日本出版株式會社

20×10

No. 4

はその叙情の不思議な魅力であり、そしてこれは彼の豊かな体験の深みから溢れ出たものにほかならない。

かやうにして種々なされるやうに、彼の教を体験の宗教として特色附けることは正しいであらう。しかしその意味は厳密に規定されることが必要である。宗教を単に体験的と解することは宗教から本質的に宗教的なものを除いて「美的なもの」にしてしまふ危険を有してゐる。實際、親鸞の教においての体験の意義を強調することからそれを

20×10　大日本出版株式會社

No. 5

単に「美的なもの」にしてしまつておる例は決して尠くはないのである。親鸞はすぐれて宗教的人間であつた。彼の体験もまたもとより本質的に宗教的である。ところで宗教的体験の特色は「内面性」にある。親鸞の体験の深さはその内面性の深さである。彼の抒情の深さといふものもかくの如き内面性の深さにほかならない。

大日本出版株式會社

20×10

No 1

第一章　人間性の自覺

一

親鸞の思想は深く人間性の自覺に根差してゐる。どこまでも生の事實に即いてゐるところに彼の本來の特色がある。彼にとつて生の自覺は法の自覺と密接に結びついてゐる。

大日本出版株式會社

20×10

No 2

二

人生の経験において我々の心を打つものは無常である。世の中のものは移り変つて、常のものとては何ひとつない。すべては時の流の中に現はれては過ぎてゆく。この事實が無常と呼ばれる。この事實を佛教では「諸行無常」といつておる。しかしこの事實はむしろ佛教以前のものであり、さしあたり我々の生の体験そ

大日本出版株式會社　20×10

№ 3

のものに屬してゐる。我々は人生の行路において或ひは災禍に見舞はれ、或ひは病氣に襲はれ、或ひは近親の死に會する、そして我々は無常を感じる。この無常感はひとを佛道に入らせる動機である。ひとは生の体驗において佛教の説くところが眞實であることを理解するのである。我々の無常感はもとより佛教の影響によって強められ、深められてきたであらう。しかし無常感そのものは我々の原始的な体驗に屬し、佛教にとって生の

大日本出版株式會社

20×10

No 4

その說の出てくる基礎經驗である。佛教は生の現實におけるこの基礎經驗から出てこれを思想にまで高めたのである。佛教が無常の体驗から出發したといふことは釋迦の出家の動機として傳へられる物語によつても知られるであらう。太子悉達多は老人、病者、死者を見て世間の無常を感じ出家するに至つたといはれておる。我々の生における原始的に經驗される無常感は佛教によつて根本教條まで高められた。

大日本出版株式會社 20×10

№ 5

かやうにして「一切の行は無常なり」とは佛教が最初に掲げる教條である。有爲法は造られたものを意味する。一切の有爲法はもろもろの因縁によつて造られたものとして生滅變化するものであり、うつりゆくものである故に行といはれる。もろもろの因縁によつて造られたすべてのものは生滅變化するもの、時間的に存在するもの、即ち無常のものである。無常は一切の有爲法のすがたである。このすがた、即ち有爲相は

大日本出版株式會社

20×10

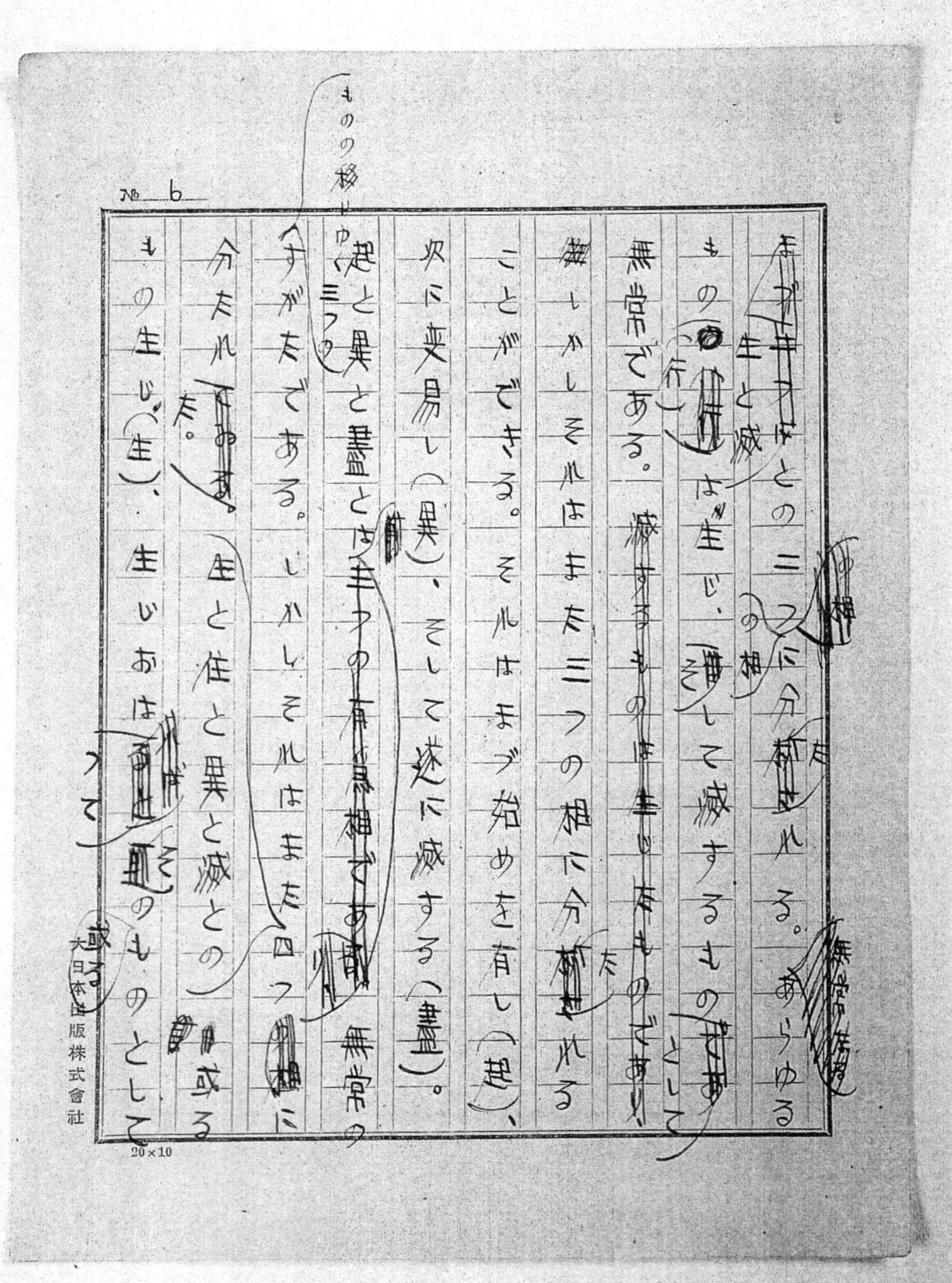

No. 6

まず生と滅との二つに分析される。あらゆるもの（行）は生じ、そして滅するものとして無常である。しかしそれはまた三つの相に分析されることができる。それはまず始めを有し（起）、次に変易し（異）、そして遂に滅する（尽）。起と異と尽とは、ものの移りゆく三つのすがたである。しかしそれはまた四つの相に分たれる。生と住と異と滅との或るもの生じ（生）、生じおはる（住）ものとして

大日本図書版株式會社

20×10

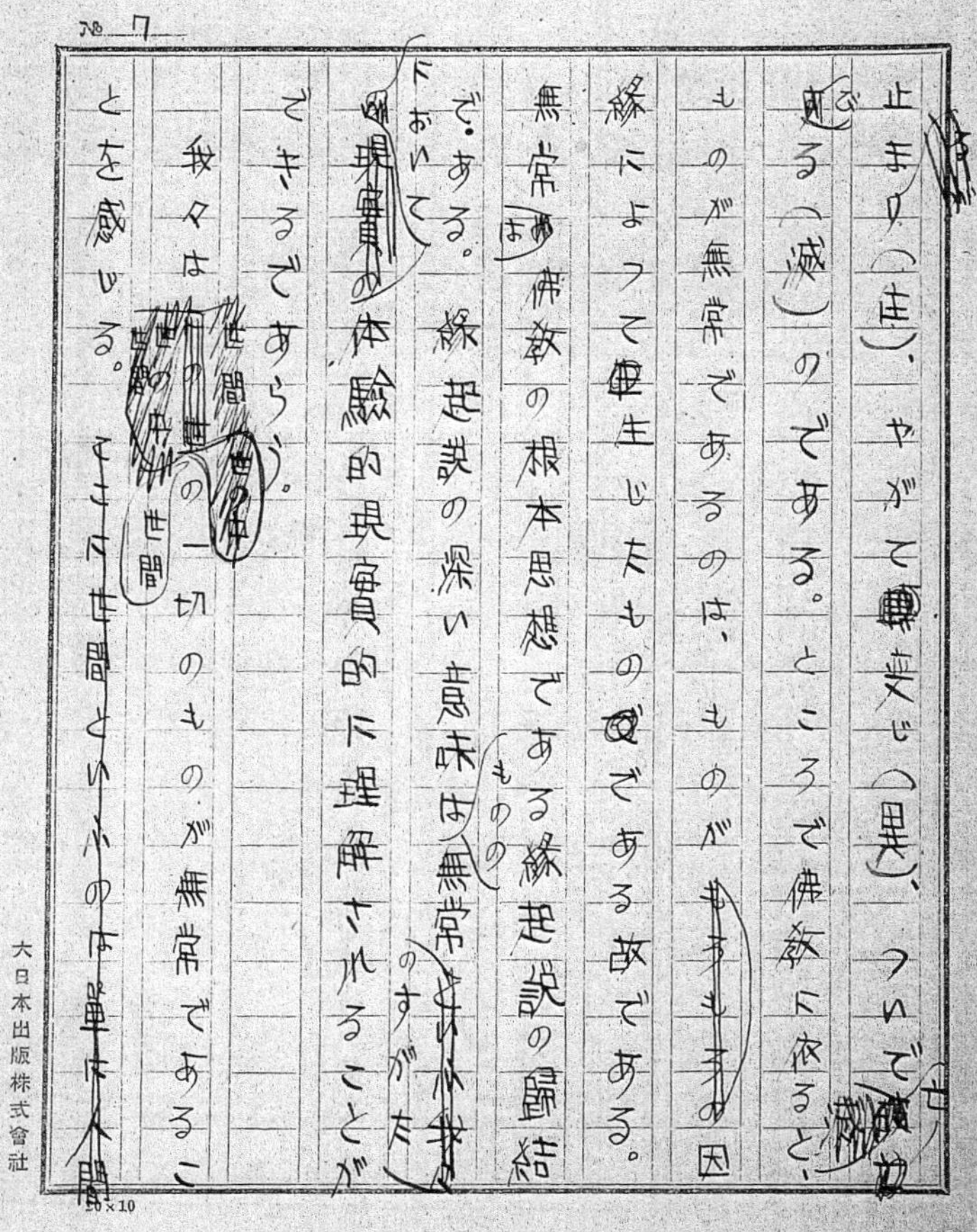

No. 7

止まり（住）、やがて変じ（異）、ついで滅びる（滅）のである。ところで仏教に依ると、ものが無常であるのは、ものがもともと因縁によって生じたものである故である。無常は仏教の根本思想である縁起説の帰結である。縁起説の深い意味はものの無常のすがたにおいて体験的現實的に理解されることができるであろう。

我々は世間の一切のものが無常であることを感じる。そして世間というのは単に人間

20×10　大日本出版株式會社

№ 8

~~のみぞは~~山も河も、草も木も、人も家も、無常ならぬものはない。「行く川のながれは絶えずして、しかももとの水にあらず。よどみに浮ぶうたかたは、かつ消えかつ結びて、久しくとどまることなし。世の中にある人と住家と、またかくの如し。玉敷の都の中に、棟を並べ甍を争へる、尊き卑しき人の住居は、代々を経てつきせぬものなれど、これをまことかと尋ぬれば、昔ありし家は稀なり。或は去年破れて今年は造り、あるは大家滅びて小

大日本出版株式會社

20×10

№ 9

家となる。住む人もこれにおなじ。處もかはらず、人もおほかれど、いにしへ見し人は、二三十人が中に、僅に一人二人なり。朝に死し、夕に生るるならひ、ただ水の泡にぞ似たりける。知らず、生れ死ぬる人、何方より來りて、何方へか去る。又知らず、假の宿、誰が爲に心をなやまし、何によりてか目を悦ばしむる。その主人と住家と、無常を爭ひ去るさま、いはば朝顏の露に異ならず。或は露おちて花殘れり。殘るといへども朝日に枯れぬ。

大日本出版株式會社

20×10

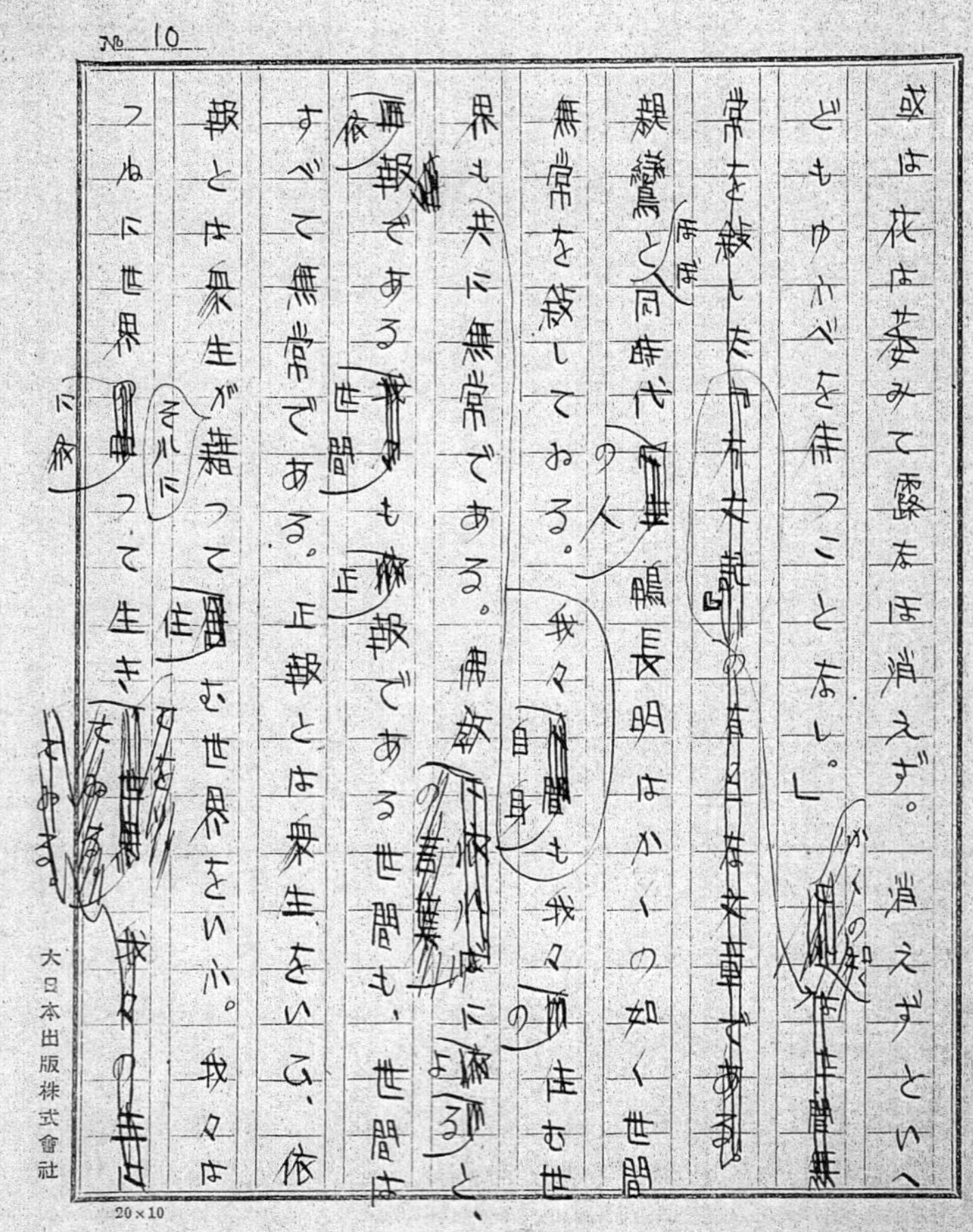

No 10

或は花は萎みて露なほ消えず。消えずといへどもゆふべを待つことなし。」

親鸞とほぼ同時代の人鴨長明はかくの如く世間無常を叙しておる。我々自身も我々の生む世界も共に無常である。佛教の言葉によると、正報である我々も依報である世間も、世間はすべて無常である。正報とは衆生をいふ、依報とは衆生が住む世界をいふ。我々はつねに世界に依って生きてゐる。我々の生

大日本出版株式會社

20×10

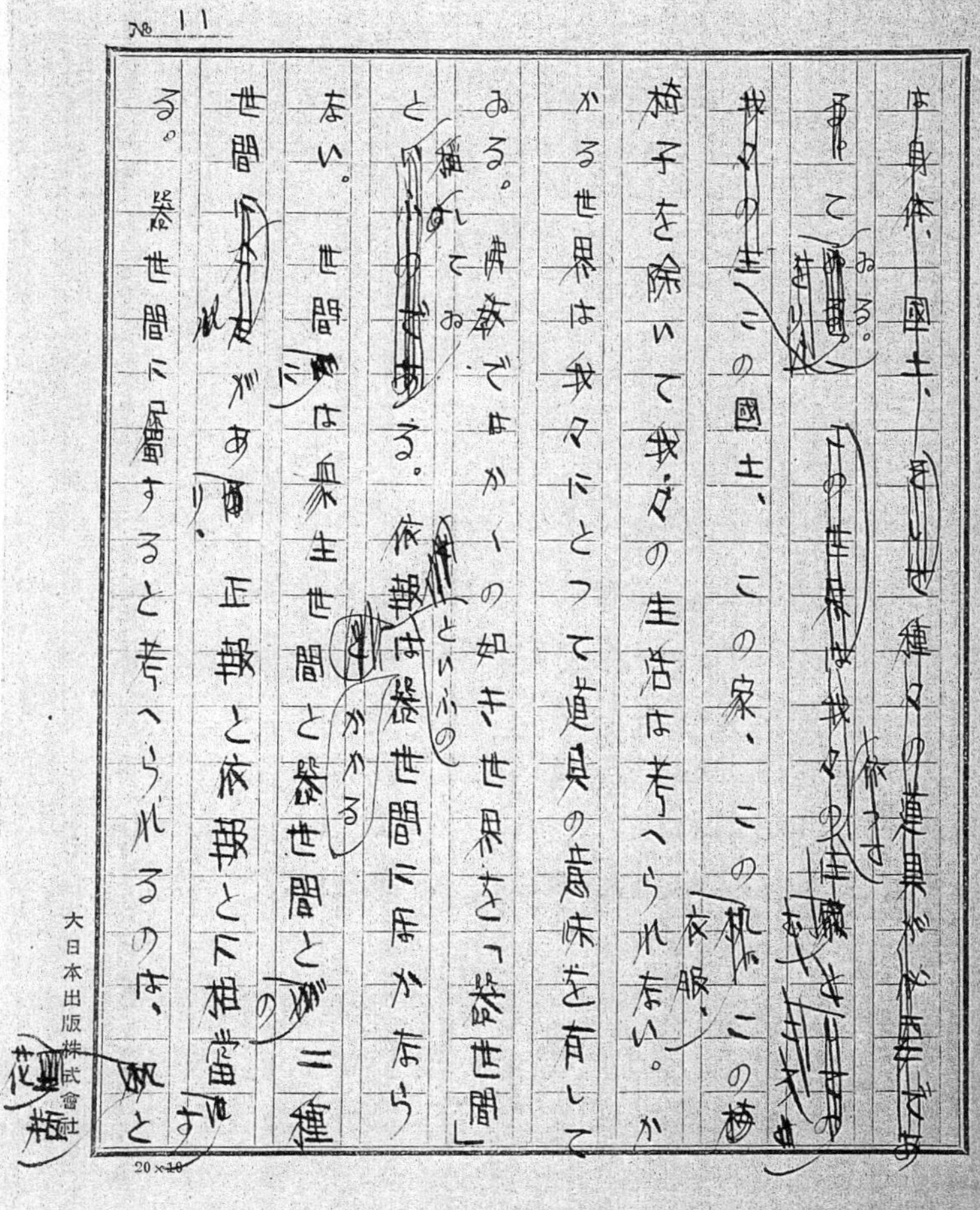
№ 11

は身体、国土、そして種々の道具が必要であ
る。
我々の主この国土、この家、この机、この椅
子を除いて我々の生活は考へられない。か
かる世界は我々にとつて道具の意味を有して
ゐる。仏教ではかくの如き世界を「器世間」
と称してゐる。依報といふのは器世間にほかなら
ない。世間には衆生世間と器世間との二種
の世間があり、正報と依報とに相当す
る。器世間に属すると考へられるのは、我と

20×10

大日本出版株式會社

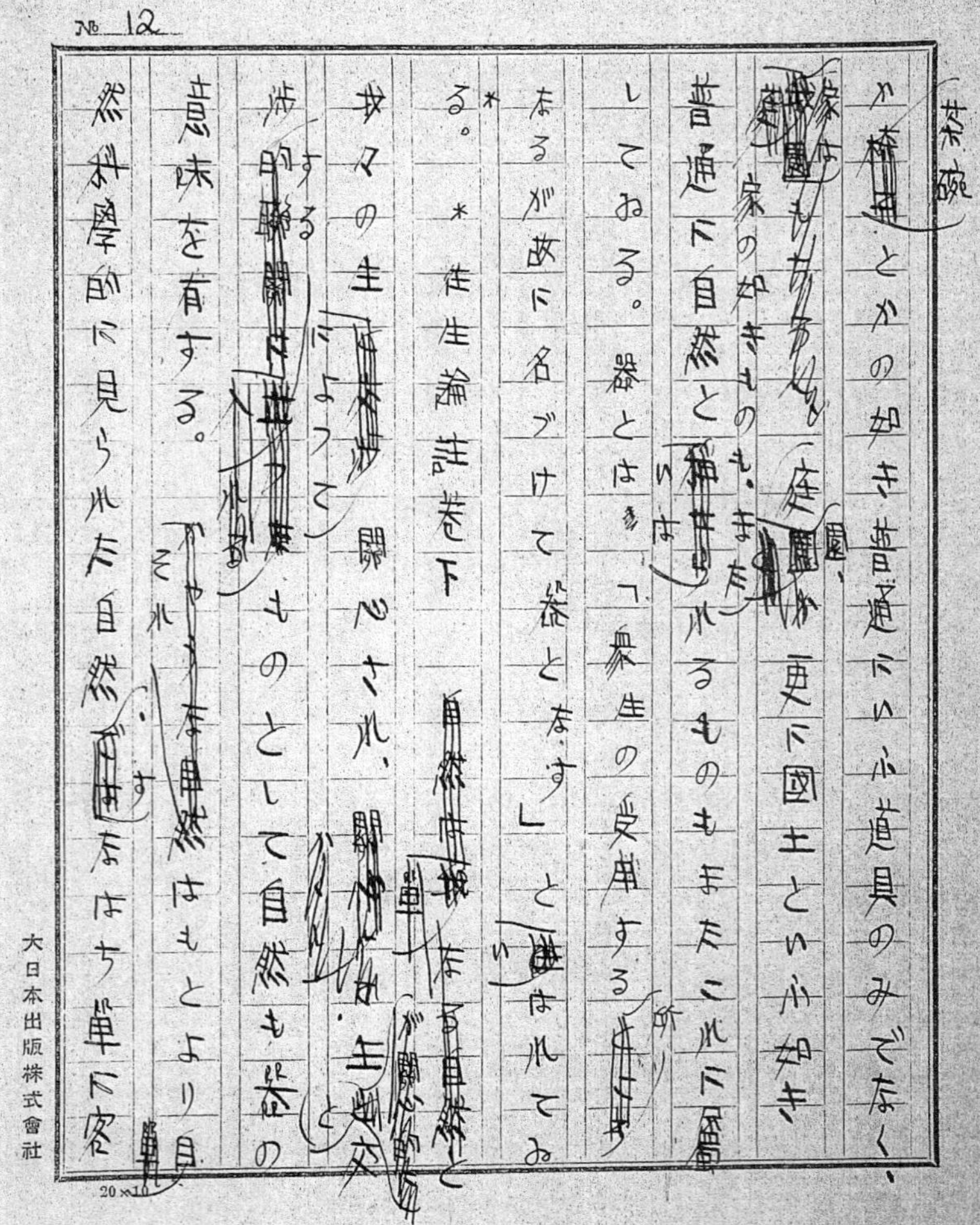

No 12
茶碗とかの如き普通にいふ道具のみでなく、家の如きものもまた、更に國土といふ如き普通に自然と考へられるものもまたこれに屬してゐる。器とは「衆生の受用する所」なるが故に名づけて器となす」と云はれてゐる。
＊往生論註巻下
我々の生によつて關心され、關心されるものとして自然も器の意味を有する。
それは科學的に見られた自然すなはち單に客
大日本出版株式會社
20×10

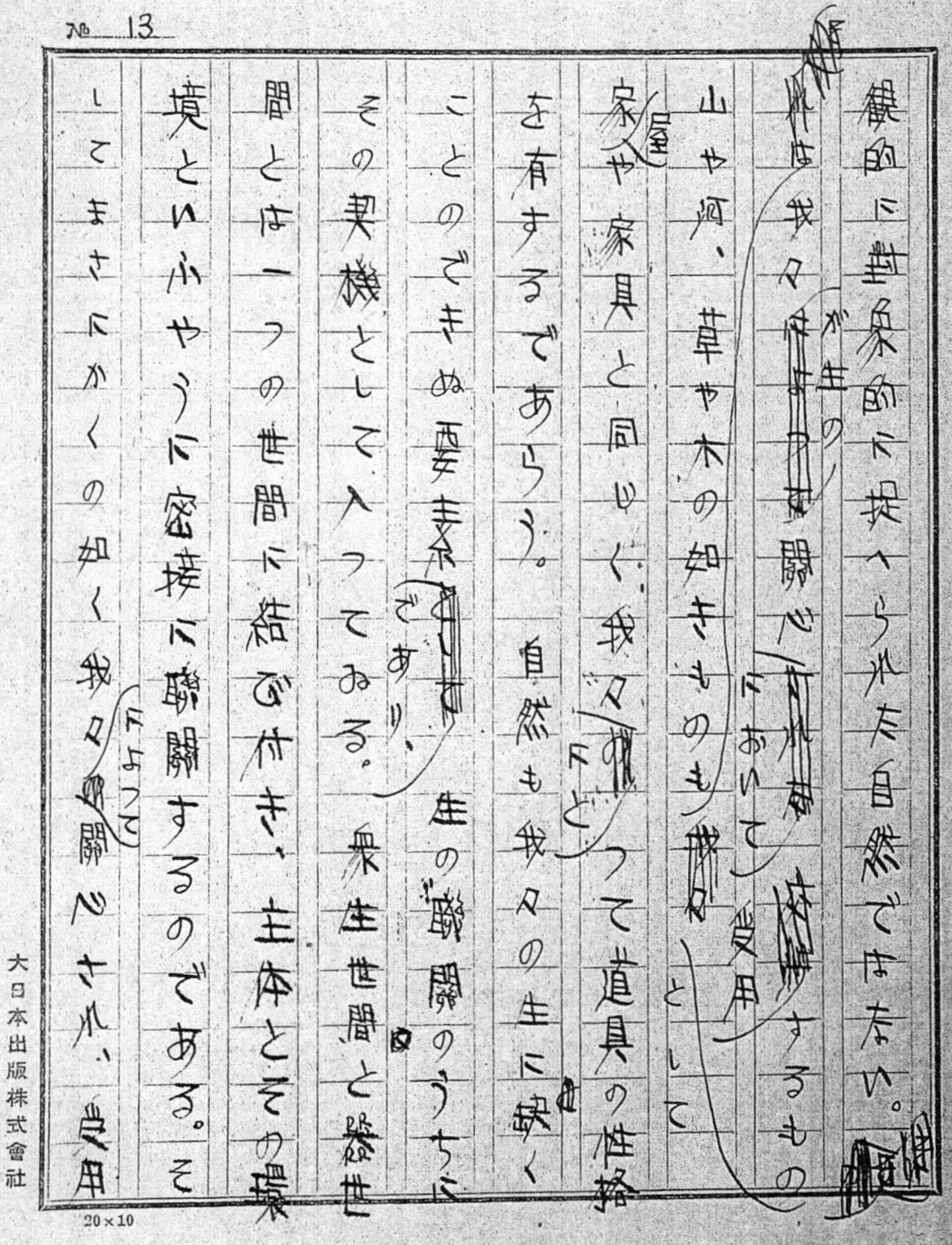

No. 13

觀的に對象的に捉へられた自然ではない。
我々が生の關心において交渉するもの
山や河、草や木の如きものも愛用として
家屋や家具と同じく我々などにとつて道具の性格
を有するであらう。自然も我々の生に缺く
ことのできぬ要素であり、生の戰鬪のうちに
その契機として入つてゐる。衆生世間と器世
間とは一つの世間に結び付き、主體とその環
境とはいふやうに密接に聯關するのである。そ
してまさにかくの如く我々によつて關心され、愛用

大日本出版株式會社　20×10

№ 14

されるものとして我々の住む世界のものは無常と考へられる。無常は単なる変化と同じではない。私が庭前に見る花は純粋に客観的に見る場合にも変化する。しかしかやうに見る場合、私はその変化において何ら無常を感じないであらう。どのやうな生滅変化も、単に客観的な自然必然的な過程として把握される限り、無常感を惹き起すものではない。庭前の花は単なる花としてではなく、愛らしい花、勝れる花、淋しい花として、要

20×10

大日本出版株式會社

№ 15

するに生の願望によって性格づけられた花として、その散りゆくのを見て我々は無常を感じるのである。単に必然的な変化は無常ではない。もとより単に偶然的なものもまた無常とは考へられない。我々はその生滅変化が必然的であるものにおいて無常を感じるのである。しかしそれは自然必然性ではなく、むしろ運命必然性である。自然必然性が単なる必然性であるに反して、必然的なものが同時に偶然的であり、偶然的なものが同時に必然的で

20×10

大日本出版株式會社

№ 16

あるところに、運命あるいは宿命といわれる
必然性がある。

大日本出版株式會社

20×10

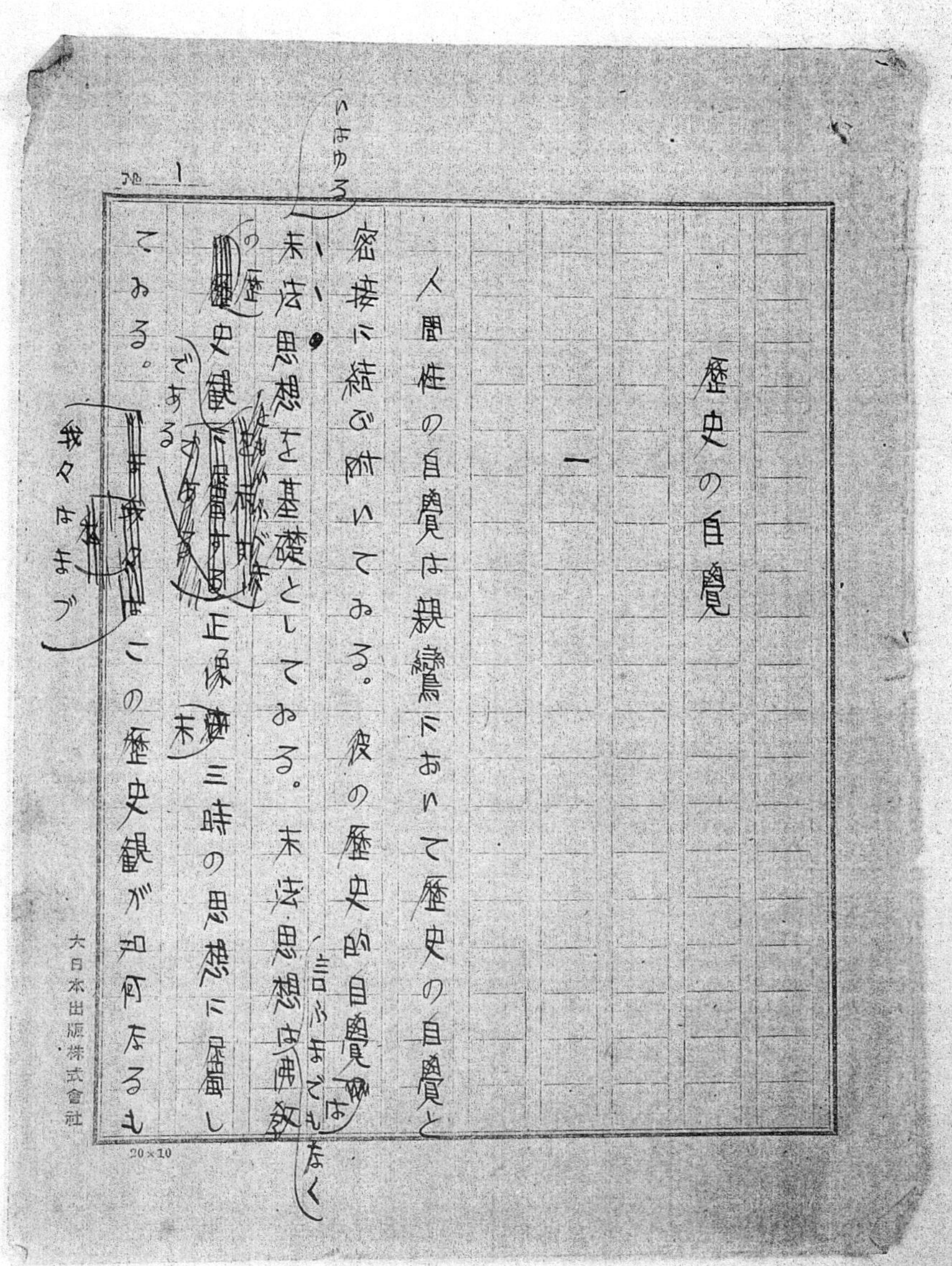
No. 1

歴史の自覚

一

人間性の自覚は親鸞において歴史の自覚と密接に結び附いてゐる。彼の歴史的自覚は言ふまでもなく末法思想を基礎としてゐる。末法思想は佛教の正像末三時の思想に屬し、いはゆる末法の歴史觀である。我々はまづこの歴史觀が如何なるも

大日本出版株式會社

20×10

No. 2

のであるかを見よう。

正像末の三時の思想は、仏滅後の歴史を正法、像法、末法の三つの時代に区分する歴史観である。この三時の時限に関しては、末法は正像の後一万年とすることは諸説の一致するところであるが、正像の二時については、或は正法五百年像法千年といひ、或は正法千年像法五百年といひ、或は正法五百年像法五百年といひ、或は正法千年像法千年といつて、その説は一定しないが、親鸞は正法五百年像法千年末法一万年の説を採つた。

『教行信証』化身土巻には道綽の『安楽

大日本出版株式會社　10×10

No 3　　1463

集』を引いて次の如く記されてゐる。「経の住滅を弁ぜば、いはく釈迦牟尼仏一代、正法五百年、像法一千年、末法一万年には衆生減じつき、諸経ことごとく滅せん。如来、痛焼の衆生を悲哀して、ことにこの経をとどめて、止住せんこと百年ならん。」　ここでは経に説き、三時を通じて残るものと滅びるものとが弁別される。　末法一万年において、諸経は悉く滅びるであらうが、この経、すなはちかかる法滅の後においても、『大無量寿経』は、この世に

20×10　大日本出版株式會社

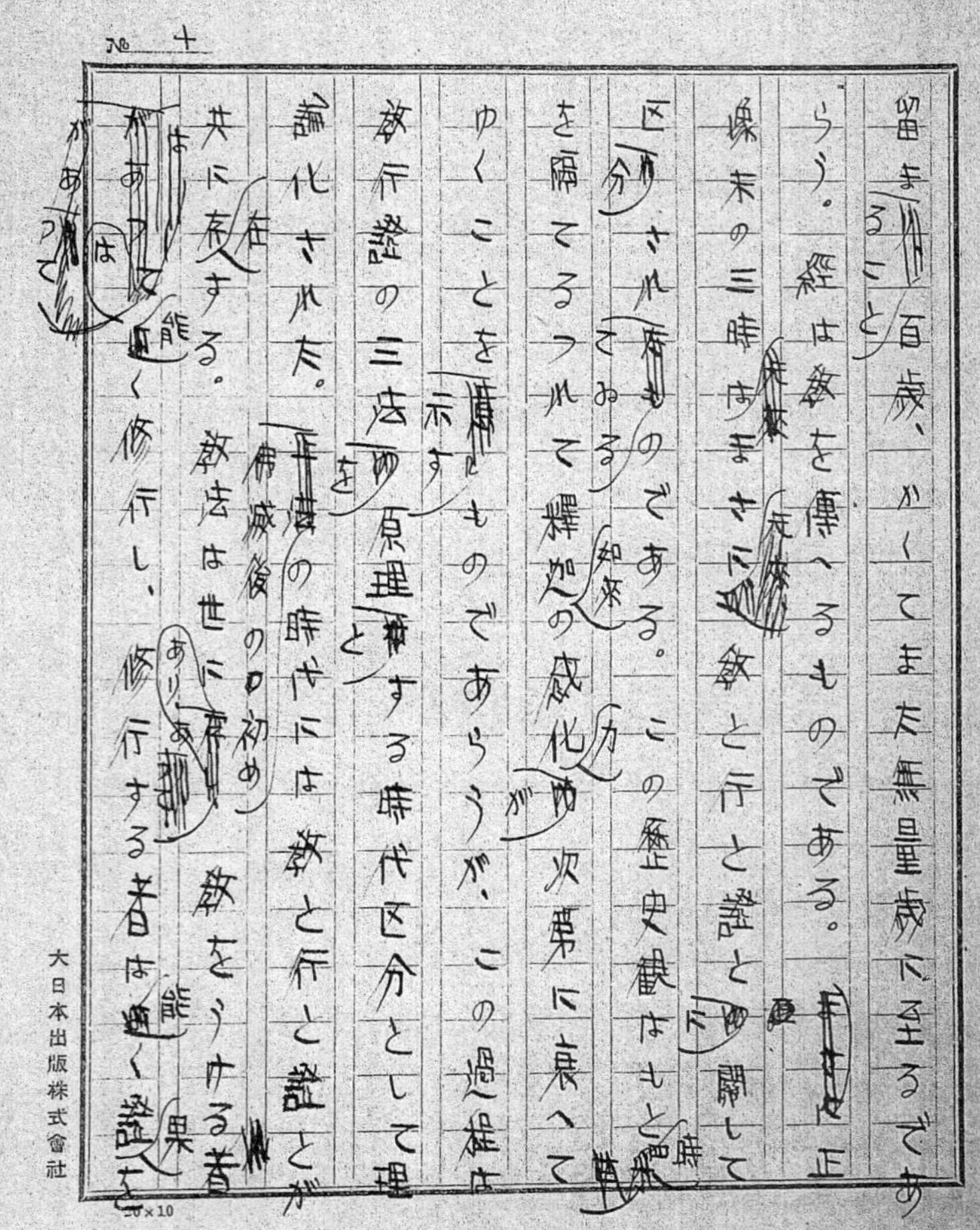
No 十

留まること百歳、かくてまた無量歳に至るであらう。経は教を傳へるものである。正像末の三時はまさに教と行と證とに關して区分されたものである。この歴史觀はもと釋迦を隔てるにつれて釋迦の感化力が次第に衰へてゆくことを示すものであらうが、この過程は教行證の三法を原理とする時代区分として理論化された。佛滅後の初めの時代には教と行と證とが共に存する。教法は世にありて教をうける者があつて能く修行し、修行する者は能く證果を

大日本出版株式會社

20×10

№ 5

得る。これを正法と名づける。正とは本は証のごとしといはれ、証があるといふことが第一の時代の特色である。次に像法といふのは、像とは似なりといはれ、正法の時に似て、この時代には教があり、行があって、おる。教法は世にとどまり、教をうける者は能く修行するが、しかし多くは証果を得ることができない。教行は存するが、証は存しない。これを像法と名づける。第三の末法の時においては、教法は世に垂れ、教をうける者が存しても、能

20×10 大日本出版株式會社

№ 6

く修行することができず、結果を得ることができない。ただ教のみあつて、行も證も共になくなる。末とは微なりといはれ、教があつてもないが如くであるから、末法と称せられるのである。これら三時を過ぎて教法すらない時期は「法滅」と呼ばれてゐる。かくの如く正像末の思想は教行證の三法を根據として時代の推移を考へる歴史観であることが知られる。

ところで親鸞は『教行信證』の同じ個所でまた『安楽集』に據つて、

大日本出版株式會社

20×10

No 7

「大集月藏經」の説を採り上げてゐる。佛滅後の時代を五百年づつに区分する「大集月藏經にのたまはく、佛滅度ののちの第一の五百年には、わがもろもろの弟子、慧を學すること堅固なることをえん。第二の五百年には、定を學すること堅固なることをえん。第三の五百年には、多聞讀誦を學すること堅固なることをえん。第四の五百年には、塔寺を造立し、福を修し、懺悔すること堅固なることをえん。第五の五百年には、白法隱滯して

大日本出版株式會社　20×10

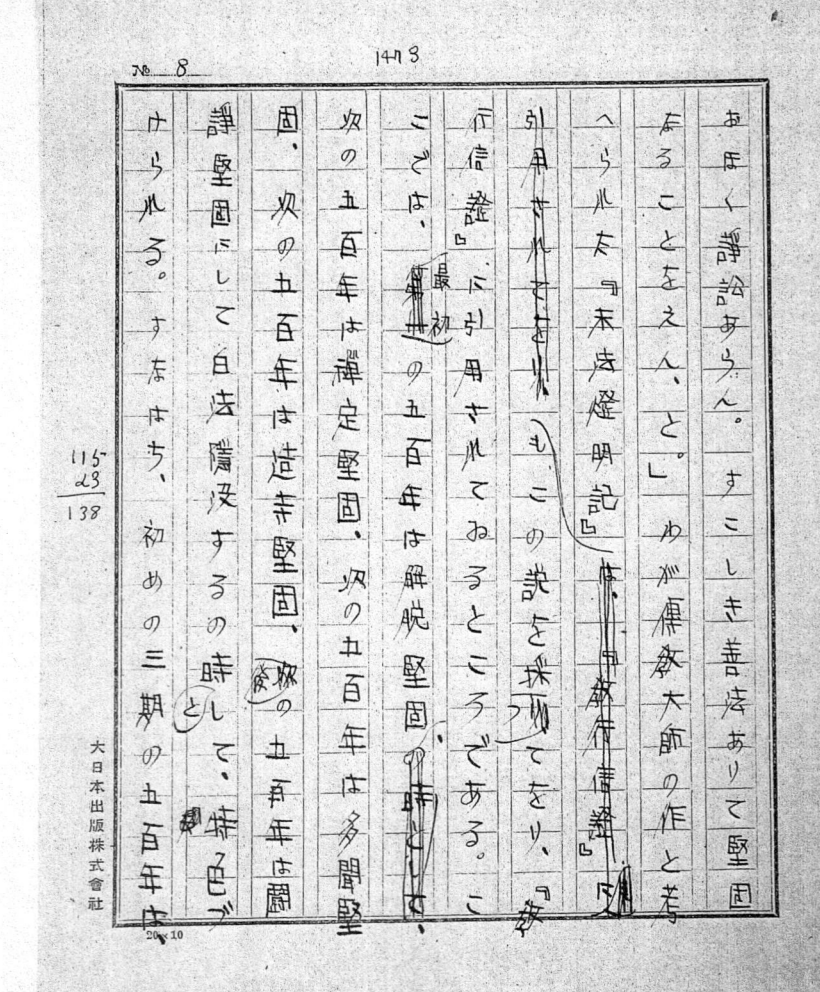

No. 8　　1478

おほく諍訟あらん。すこしき善法ありて堅固なることをえん、と。」わが傳教大師の作と考へられた『末法燈明記』もこの説を採用してをり、『教行信證』に引用されておるところである。ここでは、最初の五百年は解脱堅固の時として、次の五百年は禪定堅固、次の五百年は多聞堅固、次の五百年は造寺堅固、次の五百年は闘諍堅固にして白法隱没するの時として、特色づけられる。すなはち、初めの三期の五百年は、

115
23
138

大日本出版株式會社　20×10

収眠して破と定と諍の三期の堅固時であ
り、　　　　の五百年は正法、次の二
五百年は像法一千年に当り、これら三期の五
百年の後には末法に属し、中略と諍堅固とい
堅固以降は末法に属し、中略と諍堅固とい
ふのは、ただから、あらひ、
ることなく、あらそひたたかひ盛んな
とを意味するのである。
ところで正像末の史観の意義を
は、『安楽集』の著者にとっても、『末法燈

大日本出版株式会社

20×10

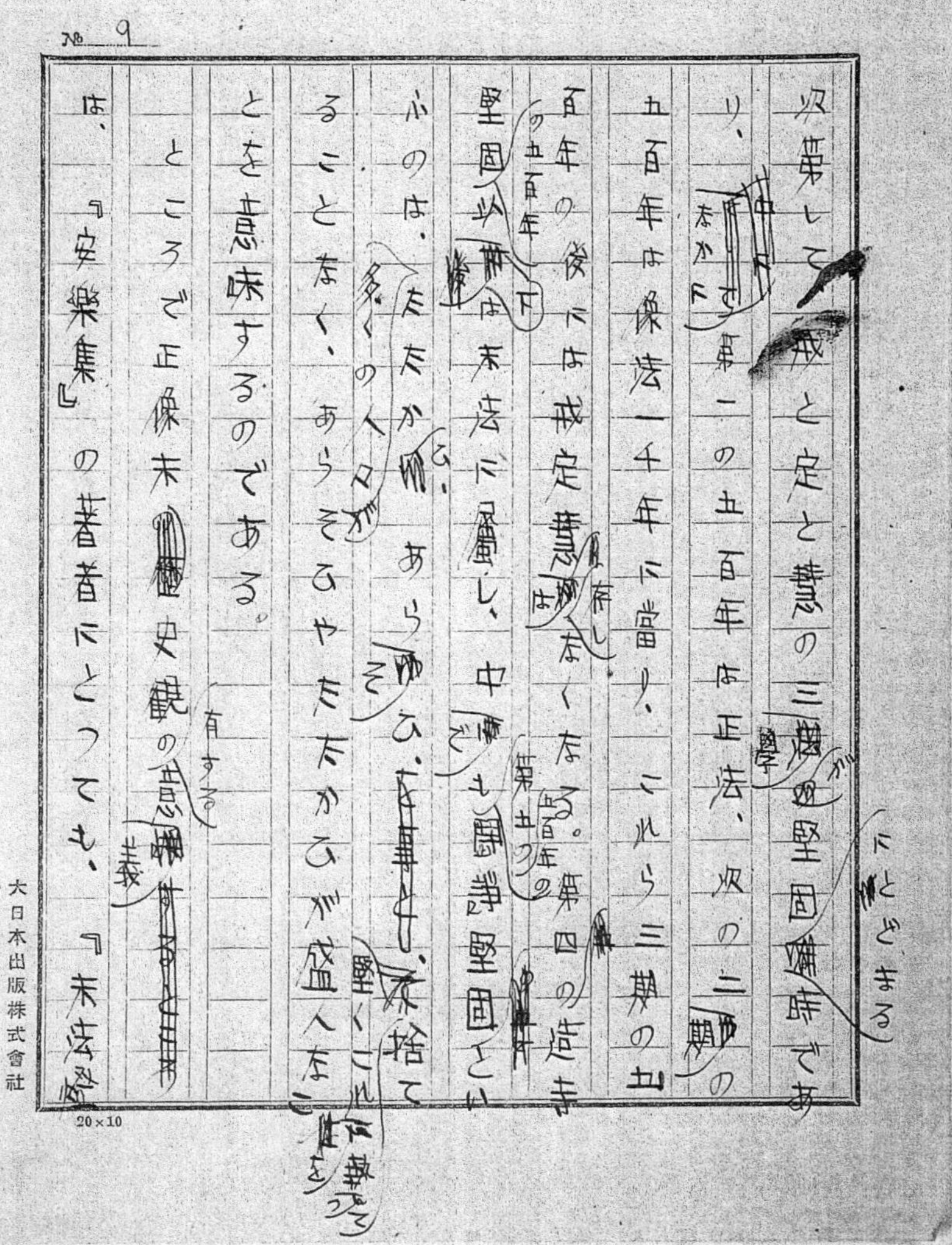

1461

№ 10

明記』の著者にとつても、この史観、この教、すなはち三時教を根據として、自己の屬する時代、この現在がいかなるものであるかを、いな、この現在がまさに末法に屬することを理解するに存した。かくて道綽は、右に記した如く五期の五百年を区分した後、「今の時の衆生をはかるに、すなはち佛、世をさりてのちの第四の五百年にあたれり」といつて、その時代がまさに末法に入つてゐることを記してゐる。また『末法燈明記』の著者は、正法五百年像法一千年

大日本出版株式會社

20×10

№ 11

の後は末法に属すると述べたる後、
「問ふ、もししからば、今の世は、まさしく
いづれの時にかあたれるや。答ふ、滅後の年
代、おほくの説ありといへども、しばらく両
説をあぐ。一には法上師等、周異記によりて
いはく、佛、第五の主、穆王満五十三年壬申
にあたりて、入滅したまふ。もしこの説によ
らば、その壬申より、わが延暦二十年辛巳に
いたるまで、一千七百五十歳なり。二には費
長房等、魯の春秋によらば、佛、周の第二十

20×10

大日本出版株式會社

No 12

の年、匡王班四年壬子にあたりて入滅したまふ。もしこの説によらば、その壬子よりわが延暦二十年辛巳にいたるまで一千四百十歳なり。かかるがゆへに今の時のごときはこれ最末の時なり。かの時の行事すでに末法に同ぜり。」と論じてゐる。そして親鸞は第一の説に依って現在（元仁元年）を算定していふ、「三時教を按ずれば、如来般涅槃の時代をかんがふるに、周の第五の主穆王五十三年壬申にあたれり。その壬申よりわ

大日本出版株式会社 20×10

No 13

だ元仁元年甲申に至るまで、二千一百八十三歳なり。また賢劫経、仁王経、涅槃経等の説によるに、すでにもて末法に入りて六百八十三歳なり。」仏滅の年については今日においても種々の異説がある。右の年数計算が正確であるか否かは、これまた我々にとって重要な問題ではない。正像末史観は単に客観的に見られた歴史の時代区分として把握されたのではなく、主体的に把握されたのである。従って問題は

20×10

大日本出版株式會社

№ 14

本来どこまでも自己の現在であつた過去のである。現在が問題になることから、我々は過去の歴史が如何にあつたかを知らうとする。しかも現在が真に問題になるのは、何を為すべきかが、従つて未来が問題になつてくることによつてである。現在の意識は現在が未来であるといふ意識である。死を現在に自覚し、いかにこれに処すべきかといふ自覚が人生の全体を自覚する可能性を与へる如く、現在は未来であるといふ自覚が歴史の全体を自

20×10

No 15

覺する可能性を與へるのである。

現在が末法の時であるといふ意識は親鸞にとつて單に超越的に、正像末の三時の教説によつて、與へられたものではない。それは彼の時代の歴史の現實そのものの中から生じたものである。彼の時代は政治的に動揺が極めて激しく、戦乱の打ち續いた時代であつた。彼の心を痛ませたのは、何よりも僧侶

大日本出版株式會社

20×10

№ 150

正像末史觀の重心は末法にある。それは末法史觀にほかならない。親鸞の『正像末法和讃』を見ると、その五十八首の悉くが末法に關係して、正法像法をそれ自身として歌ったものは一つもない。末法は未來に屬するのではなく、まさに現在である。この現在の關心において過去の正法時及び像法時も初めて關心の中に入ってくるのである。現在がまさに末法時であるというところから淨土は未來に考へられることになる。

大日本出版株式會社

20×10

彼はどこまでも深く現在の現實の自覺の上に立つた。徒らに過去の理想的時代を追ふことは彼のことではなかつた。

釋迦如來かくれましまして
二千餘年になりたまふ
正像の二時はおはりにき
如來の遺弟悲泣せよ

釋尊はすでに入滅した、現在の我々はもはや釋尊に遺され捨てられてしまつたのであると彼は嘆き悲しむのである。徒らに過

まを追ふべきではない。まだ徒らに未来を
憧れるべきではない。遠い未来に出現すべし
と傳へられた彌勒に頼ることもやめねば
ならぬ。

五十六億七千萬
彌勒菩薩はとしをへん
まことの信をうるひとは
このたびさとりをひらくべし

現在のこの現實が問題である。釋迦はすでに
死し、彌勒は未だ現はれない。今の時はいは

大日本出版株式會社
20×10

№ 15 d

ば無佛の時である。過去の理想も未來の理想も現在において自証されない限り意味を有しない。現在の現實の自覺における唯一の眞實は現在がまさに末法の時であるといふことである。

20×10

大日本出版株式會社

No. 16

宗教界もまた決して平穏ではなかった。承元
の法難には親鸞も連累した。この事
件において彼の師法然は土佐に流され、彼自身は越後
に流された。いはゆる「闘諍堅固」は彼にと
って切実な体験であった。僧侶の倫理的頽
廃であった。何よりも彼の心を痛めたのは
末法の意識が時代の歴史的現実は、もはや世は末
であるといふことを感ぜさせずにはおか
なかったであらう。末法思想は鎌倉時代の宗
教の著しい特色をなしてゐる。それはこの時

大日本出版株式會社　20×10

No. 17

代における宗教改革の運動、新宗教の誕生に
とつて共通の思想的背景となつてゐる。
法然や親鸞のみならず、日蓮は言ふまでもなく、栄西や
道元の如きも末法思想を懐い
てゐた。法然上人の反對者であつた明惠上人
や解脱上人の如きですら末法思想を持つて
ゐた。ただ、末法時をいかに見るか、また如
何にこれに處すべきかに就いては、これらの
人々の見解は一樣ではなかつた。

時代の歴史的現實の深い体驗は親鸞に自

20×10

大日本出版株式會社

No. 18

己の現在が救ひ難き悪世であることを認識させた。しかも彼のこの本願を最もよく説明してくれるものは正像末の歴史観である。正像末三時の教説は歴史の現在の真實において真理性の證明を與へられてゐる。この歴史観は歴史の過程をいかに描いてゐるか。『末法燈明記』には次の如く記してある。「問ふ、もし、しからば千五百年のうちの行事いかんぞや。答ふ、大術經によるに、佛涅槃ののち、はじめの五百年には大

20×10

大日本出版株式會社

No 19

迦葉等の七賢聖僧、次第に正法をたもちて滅せず、五百年ののち正法滅盡せんと。六百年にいたりて九十五種の外道きほひおこらん。馬鳴、世にいでてもろもろの外道を伏せん。七百年の中に、龍樹、世にいでて邪見の幢を摧かん。八百年において、比丘縱逸にして纔に一二道果をうるものあらん。九百年にいたりて、奴を比丘とし婢を尼とせん。一千年の中に不淨觀を聞かん、瞋恚して欲せじ。千一百年に僧尼嫁娶せん、僧毘尼を毀謗せん。

大日本出版株式會社

20×10

№ 20

千二百年に諸僧尼ともに子息あらん。十三百年に袈裟変じて白からん。十四百年に四部の弟子みな猟師のごとし、三寳物を賣らん。遂にはく、十五百年に拘睒彌國に二人の僧ありてたがひに是非を起してつひに相殺害せん。よりて教法龍宮に蔵まる。涅槃の十八および二十巻にまたこの文あり。これらの経文に準ずるに、十五百年ののち戒定慧あることなし。」諸種の経文は釈迦の死後、やがて正法が滅び、戒を持する者がなくなるであろう

20×10

大日本出版株式會社

正法五百年は大迦葉等の七賢僧の時代であり、それは小乘教の時代である。馬鳴及び龍樹によって代表される次の像法時代は大乘教特に自力教の時代である。八百年以後の記述は大乘教が次第に衰へて、やがて末法の時代に至ることを述べてゐる。

大日本出版株式會社
20×10

No. 21

と詰ってゐる。かくて「たとへば猟師の身に法衣をきるがごとし」といひ、或は「妻を蓄へ子を挟む」といひ、また或は「おのれが手に兒のひぢをひき、しかもともに遊行して酒家より酒家にいたらん」といってゐる。これらの言葉において親鸞は彼の時代、その宗教界に對する厳しい批評を認めざるを得なかった。經典の言葉は末法時において預言的な真理性を有してゐる。彼は自己の本體を顧みて、この真理性に驚き、

20×10

大日本出版株式會社

No. 22　　　　1484

正直に現実を見るとき、

かつこの真理性を畏れずにはあられなかった

であろう。「たとひ末法の中に持戒の者あ

らば、すでにこれ怪異なり。市に虎あらんが

ごとし。これたれか信ずべきや。」と「末法燈明記」いはざる

を得ないであろう。

・もとより親鸞は末法の教説において時代に

対する単に客観的な批判を見出したのではな

い。彼は決して単なる理論家、傍観者ではなかっ

た。末法思想は彼においてあくまでも主体的に把握された。

歴史を単に客観的に見てゆくことからは、

20×10

大日本出版株式會社

№ 23

そもそも末法思想の如きものは生れないであらう。嚴密的に見てゆけば、歴史における進歩といひ退歩といつても、要するに相對的であり、進歩と退歩とは單に程度上のことで、進歩の反面には退歩があり、また退歩の反面には進歩があると云ふことができる。末法思想は死の思想の如きものである。それは歴史に關する死の思想である。死は主体的に捉へられるとき初めてその問題性を残りなく現はすが如く、末法思想も主体的に捉へられるとき初めてその固有の性格を顯はにする

大日本出版株式會社

20×10

のである。正像末の歴史観は親鸞にとって宗教的な歴史叙述の基礎として取り上げられたのではない。「釈迦如来かくれましまして二千余年になりたまふ　正像の二時はおはりにき　如来の遺弟悲泣せよ」と親鸞は『正像末和讃』にいってゐる。単なる批判ではなくて悲泣である。救い難い現実が身にしみて歎き悲しまれるのである。

次に親鸞にとって正像末の教説は、単に時代に対する批判であるのみではなく、むしろ

大日本出版株式會社　20×10

No 25

何よりも自己自身に對する厳しい批判を意味した。批判されてゐるのは自己の外部、自己の周圍ではなく、却つて自己自身である。彼「浄土眞宗に歸すれども　眞實の心はありがたし　虚假不實のわが身にて　清浄の心もさらになし。」と彼はかなしみなげくのである。自己を「底下の凡愚」と自覺した彼は十六首からなる自己『愚禿悲歎述懐』を作つたが、我々はこれが『正像末和讃』の一部分であることに注意しなければ

20×10　大日本出版株式會社

№ 26

ばならぬ。すなはち彼は時代において自己を自覺し、自己において時代を自覺したのである。

大日本出版株式會社

20×10

No 27

ところで自己を時代において自覺するとい
ふことは、自己の罪を時代の責任に轉嫁する
ことによつて自己の罪を辯解することでは
ない。時代はまさに末法である。このことは
また時代の惡に對する辯解ではない。時代を
末法として把握することは、歴史的現象を
教法の
その超越的な根據から理解することであ
り、そしてこのことは時代の惡を超越的な
根據から理解することであり、そしてこの
ことは時代の惡をいよいよ深く自覺するこ

大日本出版株式會社

20×10

No. 28

とである。かくてまた自己を時代において自覚することは、自己の罪を末法の教説から、従ってまたその超越的根拠から理解することであり、かくして自己の罪をいよいよ深く自覚することである。いかにしても罪の離れ難いことを考へれば考へるほど、その罪が決してかりそめのものでなく、何か超越的な根拠を有することを思はずにはおられない。この超越的根拠を示すものが末法の思想である。

大日本出版株式會社

20×10

No. 29

諸種の経文は〝末世においては正法が滅んで戒を持するものがないことを述べてゐる。すでに正法が滅び、戒法がなくなってゐる以上、この時代にはもはや「破戒」といふこともあらない。なぜなら戒法があって破る戒といふことがあるのであって、破るべき戒法がなければ破戒のあらう筈はないのである。従ってこの時代の特徴は破戒ではなく、まして持戒ではなく、却って「無戒」である。『末法燈明記』には次の如くいはれて

大日本出版株式會社

20×10

No 30

ゐる。「しかればすなはち末法のなかにおいては、ただ言教のみありてしかも行証なけん。もし戒法あらば破戒あるべし。すでに戒法なし、いづれの戒を破るによりてかしかも破戒あらんや。破戒なほなし、いかにいはんや持戒をや。かるがゆへに大集にいはく、仏涅槃ののち無戒くにゝみたんと。」像法の季、末法の時代は無戒の時代である、いはゆる無戒名字の比丘、鬚髪を剃って身に袈裟を着けてゐるが、すなはち戒を持することのない名ばかりの僧侶になる。僧侶であって肉食妻

20×10 大日本出版株式會社

№31

帯するものが現はれるであらう。しかしこれを単純に破戒と見て非難攻撃することは時代の變遷がいかなるものであるかを知らないものである。破戒と無戒とは同じでないことを考へなければならぬ。

一方無戒は破戒以下である。破戒者は戒法の存在することを知つてをり、戒法の尊敬すべきことを知つてをりさへするであらう。かくして彼は時には懺悔することもあるであらう。しかるに無戒者は戒法の存在すら認識

大日本出版株式會社
20×10

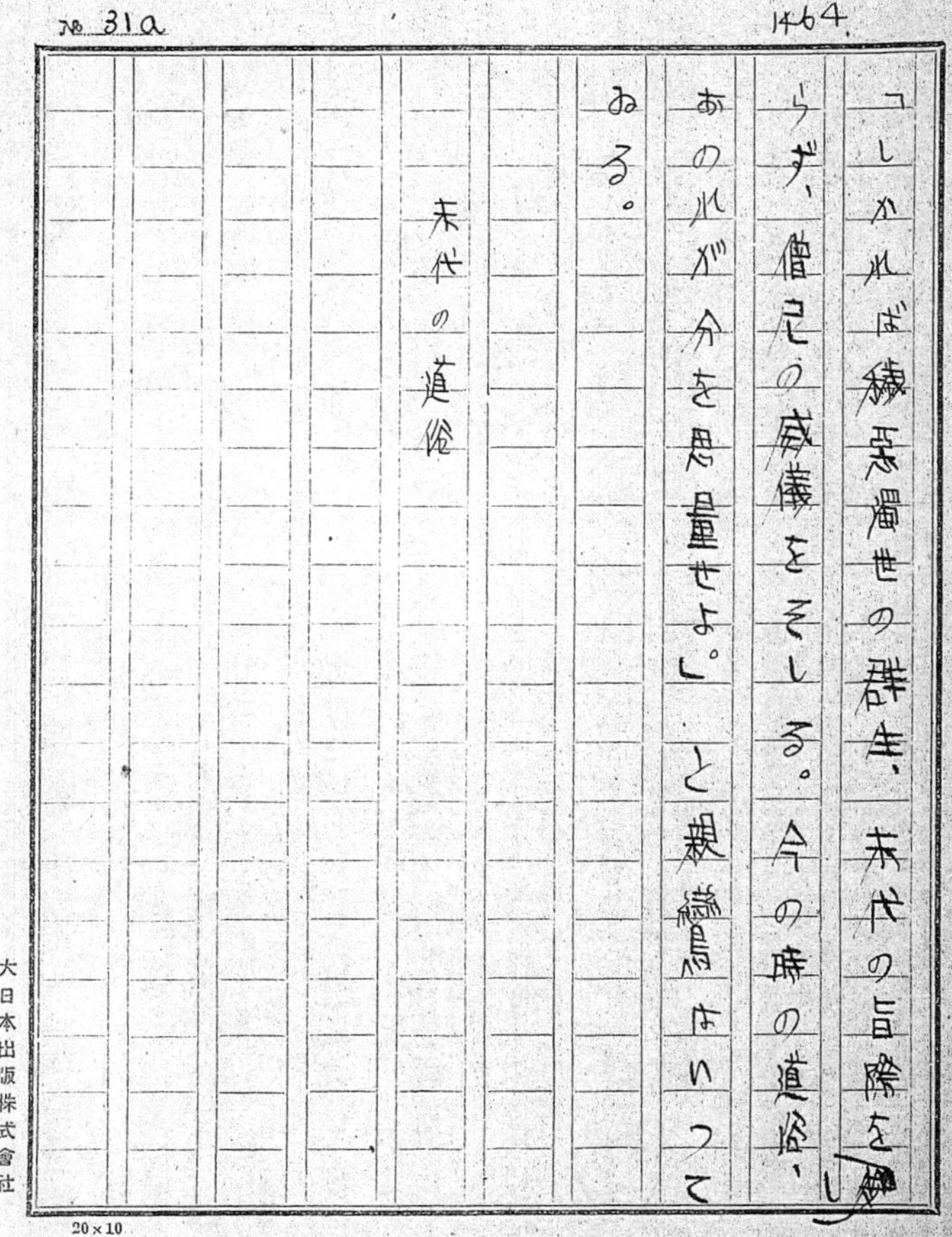

№ 31a　　　　　　　　1464.

「しかれば穢悪濁世の群生、末代の旨際をしらず、僧尼の威儀をそしる。今の時の道俗、おのれが分を思量せよ」と親鸞はいってゐる。

末代の道俗

20×10

大日本出版株式會社

No. 32

しない。彼は僧然として無慚無愧の生活をしてゐる。無我者は無自覚者である。親鸞は「非僧非俗」と称し「愚禿」と名乗った自己の身において無我名字の比丘を見た。しかし彼は肉食妻帯を時代の故に当然のこととして、これを弁護しようとはしなかったであらう。むしろ彼はこれを慚愧に堪へぬこととして、たえず[illegible]ない。そして非僧非俗の親鸞はみづから「愚禿」と名乗ったのである。彼は「愚かなる中の極愚、狂かなる中

大日本出版株式會社 20×10

No 33

の極狂、塵禿の有情、底下の最澄」といった傳教大師の言葉に深い共鳴を感じた。無我は破我以下である。このことがまづ自覚されねばならぬ。親鸞は例へば肉食妻帯を時代の故に當然であるとして辯護しようとはしなつたであらう。むしろ彼はこれを慚愧に堪へぬことと考へたに相違ない。しかるに無我は無我としては無自覚である。かかる無自覚の状態は自覚的にならなければならぬ。無我が無自覚である場合、無我は破我でないと

大日本出版株式會社

20×10

No. 34

いふ理由でこれを弁護することは、禽獣の生活を人間の生活よりも上であるとすることに等しいであらう。無我はいかにして自覚的になるのであるか。無我の根據を自覚することによつてである。しかるにこの根據は正像末の歴史觀にほかならない。無我といふ状態の成立の根據は末法時であるといふことである。しかるに末法の自覚は必然的に正法時の自覚を喚び起す。これによつて正像末の歴史觀が成立する。そして正法時の回想は自己が

大日本出版株式會社　20×10

末法に屬する悲しさをいよいよ深く自覺させるのである。無我は破我以下であるといふこと、破我の極限であるといふことが自覺される。しかも正法時を回想するにしてもそしていかにこれに合致しようとするにしても、自己が末法に屬することはいかにもなし難い。「正法の時機とおもへども、底下の凡愚となれる身は清淨眞實のこころなし　發菩提心いかがせん」といふ和讃は、この意味を詠じたものであるであらう。

大日本出版株式會社

No. 36

無戒が破戒以下であることが自覚されねばならぬ。

しかし他面、無戒は破戒と同じではない。末法時の特徴は破戒でなくて無戒であり、破戒はむしろ像法時の特徴である。正法、像法、末法は、持戒、破戒、無戒として其の特徴を規定することができるであらう。然し無戒は破戒でないといふことにおいて、末法時は正法時に類似してゐる。このことは末法時においては、持戒及び破戒の時期で

大日本出版株式會社

20×10

№ 31

ある正法像法とは全く異る他の教法がなければならぬことを意味する。このとき教法と考へられるものは正法時、従つてまた像法時とは全く別の、むしろ逆のものでなければならぬ。末法が無我であるといふことは、この時代においてかくの如き他の教法が現はれねばならぬことを意味する。無我の末法は教法のかくの如き転換を要求する。無我の時はまた無我として、従来の教法をその歴史的意義を喪失してしまつたことさ書

大日本出版株式會社

No. 38

味するのである。かくして自力教から他力教への、聖道教から浄土教への轉換は、無戒時といふものによつて歴史的に必然的である。もし単に持戒と破戒とのみであるならば、かかる轉換の必然性は考へられない。そのときには破戒はただ持戒へ、従來の正法への復歸であるべきのみであらう。聖道門の自力教から絶對他力の浄土教への轉換は無戒時において末法の歴史的自覺に基いて行はれ、これによつてこの轉換は徹底され純化され

大日本出版株式會社
20×10

たのである。『教行信証』化身土巻における三願轉入の自督に續いて正像末の歷史觀が敍述されてゐるといふことは、この歷史觀に基く自覺が三願轉入の根據であることを示すものと考へなければならぬ。三願轉入にいふ三願において、第十九願すなはち修諸功德の願は自己の力の修する諸善萬行によつて往生せんとするものとして排斥の時である正法時に、第二十願は念佛といふ他力で、しかし自力の念佛によつて往生せん

大日本出版株式會社

No. 40

とするものとして正因と果因との中間にある像因果に、また第十八願は絶對他力として果因果に相應するといふことができるであらう。

三願轉入については次の章において論じたいと思ふ。ここではまづ果因果の基盤である無我といふことに關聯して親鸞の思想のひとつの特色を明かにしておかねばならぬ。無我といふことは固有の意味においては僧侶についてはそれ、元來無我者であるべき僧侶であつて我を持することが

大日本出版株式會社

20×10

No. 41

ないといふことを意味してゐる。もし僧侶が無我であるならば、彼等はいはゆる「名字の比丘」であり、本質的には在俗者と同じでなければならぬ。かくして浄土門の教は僧俗一致の教法である。この教法の前においては僧侶と在俗者とは本来平等である。單に僧俗の差別のみではない、老少の差別、男女の差別はもとより、賢者と愚者との差別も、善人と惡人との差別も、すべて意義を有しなくなる。宗教の前においてはあらゆ

大日本出版株式會社
20×10

No. 42

る者が平等である。位も死に對しては貴賤貧富を論ぜず、すべての人間が平等であるやうに。この平等はもとより宗教的な平等であつて、外面的な社會的平等ではない。宗教の上においては社會的差別はもとより道徳的差別も意義を失ふところに宗教の超越性がある。無我といふことの本質はかくの如き平等性に存しておる。かくの如き平等性は人間を「群衆」にしてしまふものではない。念佛は各人のしのぎといはれるやう

大日本出版株式會社　20×10

№ 42a

「往生は一人々々のしのぎなり。」蓮如上人

『御一代記聞書』

大日本出版株式會社

20×10

No 43

に、宗教はめいめいの問題である。この平等性は各人の罪の意識において成立するのである。自己の真實の姿を深く見詰めた者にとって誰が自己は他よりも善人であるといひ得るであらう。かく考へることはまだ自覚が足りないためである。自己の罪の自覚において超越的なもの、すなはち末法の教法に觸れないためである。「末代の旨際を知り」、「おのれが分を思量せよ」と親鸞はいふ。末代のいはれを知り、自己の分限を思

大日本出版株式會社 20×10

No. 44

なはかる者は、自己を極重の悪人として自覚せざるを得ないであらう。末代の品際を知るといふのは、客観的に現代が末法の時であることを知るといふことではない。正像末の歴史観は客観的な歴史的知識の要約でもなく、また歴史を体系化するための原理でもない。末法の自覚は自己の罪の自覚において主体的に超越的なものに触れることを意味してゐる。このときには何人も自己を底下の凡愚として自覚せざるを得ないであらう。弥陀

20×10

大日本出版株式會社

No 45

の本願はかくの如き我々の救済を約束してお
る。如来の救済の事実はまさにかくの如き
悪人である。これを「悪人正機」と称して
ゐる。悪人正機の説の根拠は末法思想であ
る。

20×10

大日本出版株式會社

しからば何故に教は行はれないのであるか。

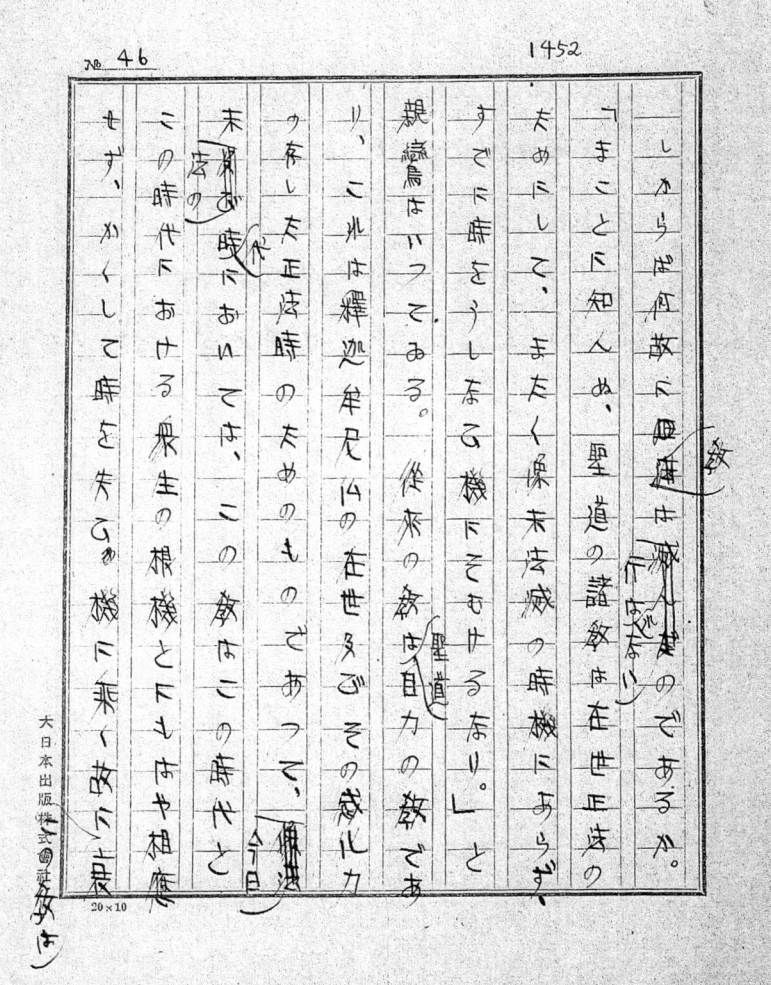

「まことに知んぬ、聖道の諸教は在世正法のためにして、まったく像末法滅の時機にあらず、すでに時をうしなゐ機にそむけるなり。」と親鸞はいってゐる。従来の聖道の教は自力の教であり、これは釈迦牟尼仏の在世及びその感化力の存した正法時のためのものであって、今日末法の時代においては、この教はこの時代とこの時代における衆生の根機とにもはや相応せず、かくして時を失ゐ機に乖く教は

歯せざるを得ないのである。これに反して浄土他力の教はまさに「時機相應の法」である。それは末法といふ時機とこの時代における衆生の根機とに相應する教である。この時代と人間とのために佛は限りない愛をもって彌陀の本願の教を留めおいたのである。「當來の世に經道滅盡せんに、われ慈悲哀愍をもつて特にこの經を留めて止住すること百歳ならしめん。それ衆生ありてこの經にあふものは、こころの所願にしたがふてみな得度すべし。」

大日本出版株式會社
20×10

とはれてゐる。道綽は『安楽集』に「当今は末法にして、これ五濁悪世なり、ただ浄土の一門のみありて通入すべき路なり」といつてゐる。もし機と教と時とが一致しないならば、修め難く、入り難い。「末法のなかにおいてはただ言教のみありてしかも行証なけん。」といふのは、その法が時機不相應の聖道の教であるためであり、かかる時代こそ浄土の教のいよいよ盛になるべきときである。「ひそかにおもんみれば、聖道の

大日本出版株式會社　20×10

48a

道綽に依れば、聖道の修行は、第一に大聖を去ること遥遠なるが故に、第二には理深く解微なるが故に、成就しがたいのである。

『安楽集』上三十八丁

三木 清 用箋

諸教は行證久しく廢れ・淨土の眞宗は證道いま盛なり」と親鸞は記してゐる。

ところで淨土他力の教が末法時に相應する教であるとすれば、そのことはまさにこの教を相對的なものにすることになりはしないであらうか。實際、聖道の諸教は、それが單に在世正法の時にのみ相應して、像末法滅の時には相應しないといふ故をもつて、單に相對的なものと見られ、方便の教に過ぎないと考へられたのである。親鸞は教の歴史

大日本出版株式會社
20×10

No. 49a

像末五濁の世となりて
釈迦の遺教かくれしむ
弥陀の悲願ひろまりて
念仏往生さかりなり

『正像末和讃』の首めには次の讃歌が掲げられてある。

弥陀の本願信ずべし
本願信ずるひとはみな
摂取不捨の利益にて
無上覚をばさとるなり

大日本出版株式會社

20×10

No 496

この一首は康元二年二月九日夜、夢告に「成る」ものである、と親鸞はみづから記してゐる。時に彼は八十五歳であつたが、この「夢告の和讃」を感得したことが『正像末和讃』一帖の製作の縁由となつたのである。このことは末法の自覚と浄土教の信仰とが彼において如何に密接に結び附いてゐたかを示すものであらう。末法の自覚は罪の自覚であり、罪の自覚は弥陀の本願力による救済の自覚であつた。

20×10

大日本出版株式會社

No. 49C

無明長夜の燈炬なり
智眼くらしとかなしむな
生死大海の船筏なり
罪障おもしとなげかざれ
と彼は讃詠するのである。

末法意識と浄土思想における未来主義

大日本出版株式會社

20×10

№ 50

性を強調した。これは歴史主義であり、歴史主義は一個の相対主義ではないか。他力の教がもし相対的なものであるとすれば、それはもはや眞實の教であることができぬ。真理は、眞實の教は絶対性を有するのでなければならぬ。他力教の絶対性は如何に示されてゐるのであるか。そしてその絶対性はその歴史性と如何にして矛盾することなく、却って一致するのであらうか。

親鸞は他力教の絶対性をまづ、それが釋

大日本出版株式會社

20×10

No 51　　106

119

「出世の本懐」

の本懐であることを示すことによって明かにしようとした。釈迦出世の本意を知れとは親鸞における内面の叫びであった。釈迦如来がこの世に現はれたのは、『法華経』の「方便品」の中にいふ如く「一大事因縁」に依るのでなければならぬ。かくして『教行信証』教巻において親鸞は、「それ真實の教を顕はさば、すなはち大無量寿経これなり」と掲げ、進んで「なにをもてか、出世の大事なりと、しることをうるとならば」といって、

No 52　　501

「如來、無蓋の大悲をもて三界を矜哀したまふ。世に出興するゆゑは、釋迦如來の出世の本懷は一に大無量壽經、すなはち彌陀の本願の法門を説くにあつたことを述べてゐる。「如來、世に興出したまふゆゑは、ただ彌陀の本願海をとかんとなり。五濁惡時の群生海、如來如實の言を信ずべし。」と『正信偈』には頌述してゐる。釋迦一代の説法はその種類極めて多く、八萬四千の法門があるといはれるが、これら多種多樣の説法もつゐ

大日本出版株式會社

20×10

140

№53

いに大無量壽経を説くためのものであり、彌陀の本願の救済にとって他のすべては假のもの、方便のものに過ぎないのである。釋迦の出世の大事は、限りない慈悲をもって衆生を救はんがために彌陀の慈悲の教を説くためであったのである。この教のみが眞實の教である。しかもこの絶對的眞理の開示は我々において歴史的なものとして受取られなければならぬ。「如來、無蓋の大悲をもって三界を矜哀したまふ。世に出興する

「如來興世の正説」である。

ゆゑは、道教を光闡して群萌をすくひ、めぐむに真實の利をもてせんとおぼしてなり。無量億劫にもまうあひがたく、みたてまつりがたきこと、なをし霊瑞華のときありてときにいましいづるがごとし。」と『大無量壽経』にはいはれてある。親鸞は「如来興世の本意には本願真實ひらきてぞ難値難見とときたまふ猶霊瑞華としめしける」と讃歎した。彌陀の本願の教の絶対性は、それが無時間的であることを意味しない。この

大日本出版株式會社　20×10

1452

No 55

「まことに知んぬ、聖道の諸教は在世正法のためにして、まつたく像末法滅の時機にあらず。すでに時をうしなひ機にそむけるなり。」

教は歴史的に釈迦によって開顕されたのであり、我々におけるこれが信受も歴史的に決定さるべきものである。人身を受けるといふことはあり難く、また仏法を聞くといふことはあひ難い。いまこの受け難い人身を受け、この聞き難い法を聞いたとすれば、速かにこれを信受しなければならぬ。

第二に、この教の絶対性はその永遠性によって知られる。「浄土真宗は在世正法像末法滅濁悪の群萌、ひとしく悲引したま

大日本出版株式會社

20×10

No. 56

つて、像法、末法といふ機根の劣つた時代には相應しない教であ

ふきやし」と親鸞はいつてゐる。すなはち自
力の教はただ釋迦在世及び滅後五百年間の衆生の
機根のすぐれた時代のみに相應する教であるのに反
して、他力の教は在世正法、像法末法及び法
滅の時代に亘つて、煩惱に擬され惡業に繋がれる人々を一樣に大慈悲をもつて救濟し給
ふ教である。現在、この末法の時代においては、
聖道の教は時を失し機に乖くとして、
淨土 前者がただ在世正法の時代に限られて
ゐるのに反して、後者は在世正法像法末法

大日本出版株式會社

20×10

法滅の時代に亘つて、それ故にすべての時代に、通ずるのである。聖者が一定の時代に局限されてゐるのに反して、覚者は時代にかかはることなく永遠に通用するのである。『大無量寿經』には、「當來の世に、經道滅盡せんに、われ慈悲哀愍をもつて特にこの經を留めて止住すること百歳ならしめん」とあるが、百歳といふのはいつまでもといふ意である。かやうにして浄土門の教は永遠性を有するものとして絶對性を有する。しかしかやうな永遠性は非歴史的ではない。この教は特に末法時代に相應する教である。すなはち末法時代においては、聖道の教が「時を失ひ機に乖く」のに反して、浄土門の教はまさにこの時代においてこそ「時機純熟の眞教」なのである。かくして一面において特殊的に末法の時代に相應すると同時に他面において普遍的にあらゆる時代に通ずるといふところに、この教の眞に具体的な絶對性が見られるのである。　特殊的であると同

20×10　大日本出版株式會社

№ 59

時に普遍的であり、時間的であると同時に超時間的であるところに、真の絶対性があるのである。

しかるに第三に、この教のかかる絶対性、すなはち歴史を離れるのではなく却って歴史の中において歴史を貫く絶対性は、その傳統性において認められる。親鸞はこの傳統をいはゆる七祖、すなはち印度の龍樹、天親、支那の曇鸞、道綽、善導、日本の源信、源空の七人の祖師において見た。彼は『高僧和

大日本出版株式會社

20×10

№ 60

讃。偈を作つてこれら七祖を讃詠したのである。釈迦の出世の本懐の為である弥陀の本願の教は處と時とを隔てたこれらの高僧によつて次第に開發されてきたのである。この傳統はこの法の絶對性を示すものである。親鸞はこの傳統の中に自己の生命を投げ込んだ。彼は一宗の開祖となつたが、自身は何等新しい宗派を立てる意図も自覚も有しなかつた。「故聖人のおほせには、親鸞は弟子一人ももたずとこそおほせられ候ひつれ、そ

20×10

大日本出版株式會社

60a

傳統の尊重

『正信偈』は

「ただこの高僧の説を信ずべし」

といふ句をもつて結ばれてゐる。

私自身のうちにおいて一念即多念、多念即一念の真實の称名が相続せられるに先立ち、既に歴史そのものが一つの念仏の主体であり、浄土教の祖師たちにおいて脈目的に念々(時代々々)不断の念仏を現実に行じて来てゐることが知られる。従つて私の内に真実の一念多念の

60b

相即する念仏の大行が行じ得られるのも、實に私がこの歴史的傳承に生きることによる。

親鸞の信楽はかかる浄土教の歴史的傳承において成就する。かかる歴史的傳承は本願力として捉へられる。本願力は他力の概念の核心。

三木清用箋

のゆへは、如來の教法を十分衆生にときき かしむるときは、ただ如來の御代官をまうしつるばかりなり、さらに親鸞めづらしき法をもひろめず、如來の教法をわれも信じひとにもをしへきかしむるばかりなり、そのほかはなにををしへて弟子といはんぞとおほせられつるなり。」と蓮如は書いてゐる。親鸞にとつてはただ傳統が問題であつた。しかもこの傳統は彼にとつて生死を賭けた絶對的なものであつたのである。『歎異鈔』には次の知

大日本出版株式會社
20×10

く記してある。「親鸞にをきては、ただ念仏して、彌陀にたすけられまいらすべしと、よきひとのおほせをかうふりて、信ずるほかに別の子細なきなり。念仏はまことに浄土にむまるるたねにてやはんべるらん、また地獄におつる業にてやはんべるらん、總じてもて存知せざるなり。たとひ法然上人にすかされまいらせて、念佛して地獄におちたりとも、さらに後悔すべからずさふらふ。そのゆへは、自餘の行もはげみて、佛になるべかりける身

No 63

が、念佛をまうして、地獄におちてさふらはばこそ、すかされたてまつりてといふ後悔もさふらはめ、いづれの行もおよびがたき身なれば、とても地獄は一定すみかぞかし。彌陀の本願まことにおはしまさば、釋尊の説教虚言なるべからず。佛説まことにおはしまさば、善導の御釋虚言したまふべからず。善導の御釋まことならば、法然のおほせそらごとならんや。法然のおほせまことならば、親鸞がまうすむね、またもてむなしかるべからずさふ

大日本出版株式會社

20×10

救済と信仰

信仰と邂逅

らぬ歟。詮ずるところ愚身が信心におきては
かくのごとし。このうへは念仏をとりて信じ
たてまつらんとも、またすてんとも、面々の御
はからひなりと云云」

右の如くにして、正像末の歴史観は浄土教史観とまさに表裏をなしてゐることが知られる。正像末史観は、佛滅後、時を經るにつれて時代が悪化してゆくことを述べたもので、上古に理想的状態をおき降るに從つて堕落してゆくと考へるものであり、形式

大日本出版株式會社
20×10

No 65

的に見れば、これは仏教以外にもよくある思想で珍しいものではない。それは歴史は時と共に進歩すると見る歴史観とは相反する方向をとるものであり、前者が単純なオプティミズムであるのに対して後者は単純なペシミズムであると考へられるであらう。もとよりかかる単純なペシミズムは親鸞のものではない。彼にとっては正法像法末法と降るに従って時代が悪化してゆくといふことは、同時に、他の面から見れば、浄土教が次第に

真實の教である

大日本出版株式會社

20×10

開顯されることであつた。

しかしながら、歴史は淨土教の開顯の一史であるとするこの史觀は、もとより單なる進歩主義乃至進化主義ではない。なぜならまづ第一に、この淨土教史觀はその逆の面としてつねに正像末史觀を含んでゐる。兩者は不可分の關係に立つてゐる。親鸞は絶えず末法のあさましさを悲しみ、自己の罪の深さを歎いた。末世の濁惡であるといふ深刻な自覺が逆にいよいよ彌陀の救濟を仰ぎ、その眞實を

大日本出版株式會社 20×10

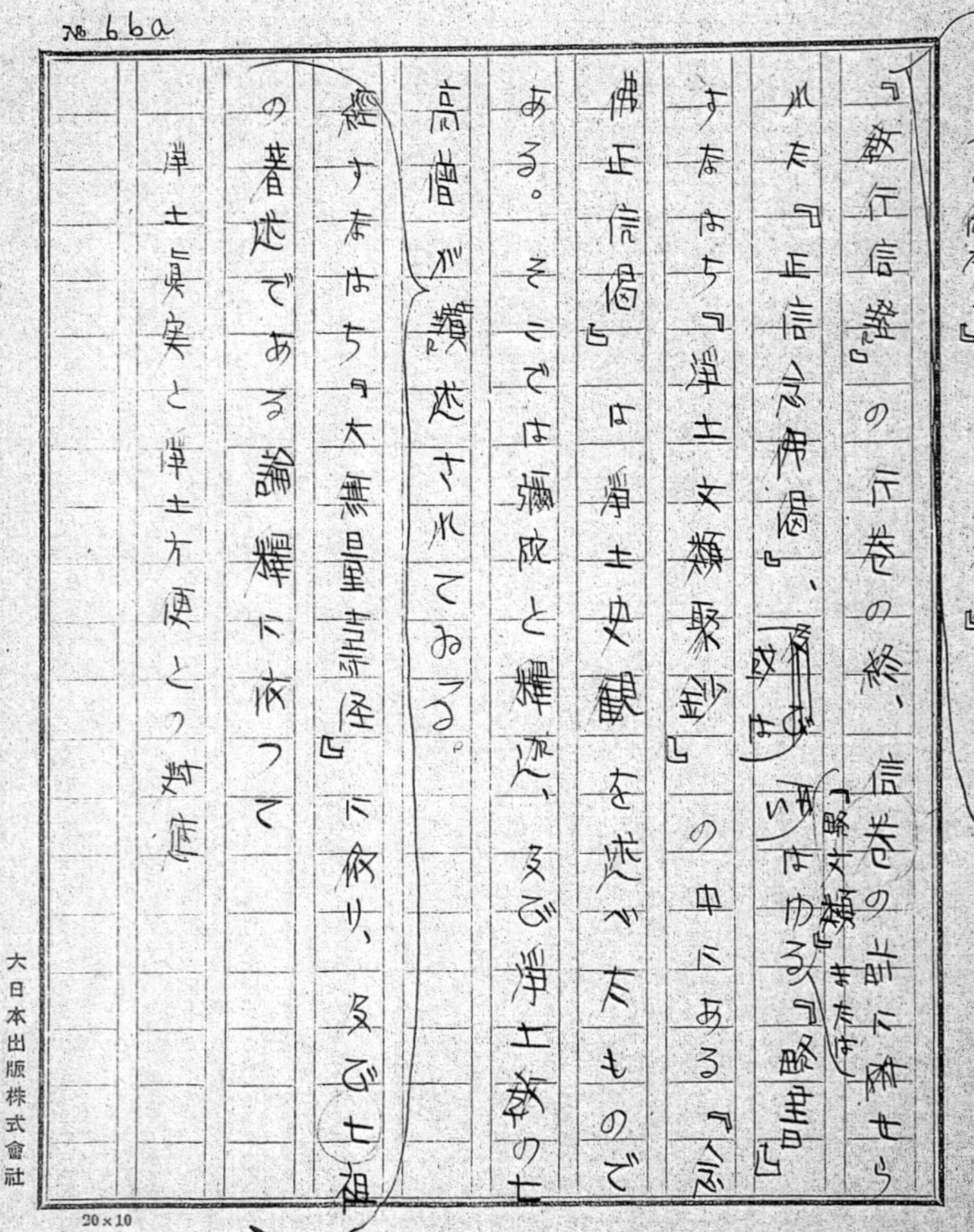

No. 66a

いはゆる『御本書』または『御本典』すなはち

『教行信證』の行巻の終、信巻の前に附せら
れた『正信念佛偈』、或いは『略文類』またはいはゆる『略書』
すなはち『浄土文類聚鈔』の中にある『念
佛正信偈』は浄土史觀を述べたもので
ある。そこでは彌陀と釋迦、及び浄土教の七
高僧が讃述されてゐる。
經すなはち『大無量壽經』に依り、及び七祖
の著述である論釋に依つて
浄土眞実と浄土方便との對應

20×10

大日本出版株式會社

No. 67

信じたのである。この一點から見れば、他の諸點においては本質的な差異があるが、彼の一史觀はキリスト教における終末觀に類似してゐる。

第二に、それは單に未發展のものが次第に發展してゆくといふ進化の過程ではない。淨土教はもちろん歷史において次第に開顯されたのではあるが、この過程の初めにおいてそれは既に開顯されてゐたのであり、從つて開顯の過程は自己から出て自己へ還つ

20×10

大日本出版株式會社

No. 68

てくる運動である。それは我の歴史的な自己運動ともいふべく、この点においてヘーゲルにおける概念の発展と類似してゐる。しかもこの運動はつねにその根柢において彌陀の本願といふ絶対的なものに接してゐるのである。

第三に、しかしながら我のこの展開はヘーゲルにおける概念の自己運動とも本質的に異つてゐる。なぜなら我の展開は親鸞において同時に祖師たちの伝統の継承の問題であつたの

大日本出版株式會社 20×10

彼にとつてそれは単に法の問題でなくて人の問題であつた。浄土教史観はいはゞ七祖史観とも呼ぶことができるであらう。浄土真宗では、龍樹、天親、曇鸞、道綽、善導、源信、源空の七祖を正依の祖師とし、更に菩提流支、懐感禅師、法照禅師、少康禅師の四師を傍依の祖師としてゐる。菩提流支の名は『高僧和讃』曇鸞章に、懐感は同じく源信章に、法照少康の二人は同じく善導章に出てゐる。これら四師を措いて、浄土教史観は七祖史観と

大日本出版株式會社

20×10

名づけることができる。そこでは単に対法が問題でなく人間が問題であった。それは単なる哲学ではなく宗教であるからである。人は、ヘーゲルの「歴史哲学」においての如く、理念の展開の道具に過ぎぬのではない。人において法が見られると同時に法において人が見られるのである。なぜならこの法は実存にかかわり、各人の救済が問題であるからである。右に云いた重要點の文がこれを明かにしてゐる。法と人とは二つであって二つで

大日本出版株式會社

No. 70a

もとよりこの事件の中心をなすものは彌陀である。しかもこの彌陀の本願の教をこの世に示したのは釋迦であり、そこに釋迦出世の歴史的意義がある。釋迦なしには彌陀なく、彌陀なしには釋迦はない。從って本典及び略書の兩偈が先づ彌陀及び釋迦について述べ、ついで七高僧について述べておるのは當然である。ここに人と法とは二つでない。

大日本出版株式會社

20×10

はない。要請にとつて伝統は単に客観的なものでなく、これを深く自己のうちに体験し尽すべきものであつた。相承は己證と並び随いて匹敵することができぬ。これによつて彼はあのづから伝統のうちに新しいものを作り出し、みづから一宗の祖として新しい伝統の出発点となつたのである。

大日本出版株式會社

20×10

No. 1

第二章　歴史の自覺

人間の現實を見詰めた親鸞はこれを歴史的現實として深く認識した。人間的現實は本質的に歴史的現實である。歴史は人間の最も深い、

大日本出版株式會社

20×10

No. 1

第二章　歴史の自覺

人間的現實は本質的に歴史的現實である。人間の現實を深く見詰めた親鸞はこれを歴史的現實として認識した。歴史は人間の最も深い現實である。

大日本出版株式會社

20×10

歴史の自覺

一

人間性の自覺は親鸞において歴史の自覺と密接に結び附いてゐる。歴史の自覺によつて人間性の自覺は現實化されると共に深化された。この彼の歴史的自覺はとりわけ末法思想を基礎とするのである。末法思想は佛教史観

大日本出版株式會社

20×10

No 2

ともいふべき正像末三時の教に屬してゐる。そこで我々はまづこの史觀が如何なるものであるかを見なければならぬ。

正像末史觀は佛滅後の歷史を正法、像法、末法の三つの時代に区分する。この三時の際限について、末法の時代は正法像法の後一萬年とすることは諸説の一致するところであるが、正法像法の二時代については、或ひは正法五百年像法千年といひ、或ひは正法千年像法五百年といひ、或ひは正法五百年像法五百

大日本出版株式會社
20×10

No. 3

年といふ。或ひは正法千年像法千年といつて
一定しないが、親鸞は道綽の傳統に從つて正
法五百年像法一千年末法一萬年の説を採つ
た。『教行信證』は道綽の『安樂集』を引い
て記してゐる。「經の住滅を辨ぜば、いはく
釋迦牟尼佛一代、正法五百年、像法一千年、
末法一萬年には衆生減じ盡き、諸經ことごと
く滅せん。如來、痛燒の衆生を悲哀して、特
にこの經を留めて、止住せんこと百年な
らん。」（化巻本 三十四） 正像末の三時は何に基いて区

20×10　大日本出版株式會社

No. 4

別されるのであらうか。元來この史観は釋迦如來の滅後、時を隔てるにつれてその感化力が次第に衰へてゆくことを示すものであるが、慈恩はこの過程を教行證の三法を基礎として原理的に区分してみ~~代区分とする理論化されたものである。~~佛滅後の初めの時代には教と行と證とが共に存在する。教法は世にあり、教を聞く者は能く修行し、修行する者は能く證果を得る。これを正法と名付ける。正はいはば證の意味であって、~~それ、~~證があるといふことがこの時代の特徴

20×10

大日本出版株式會社

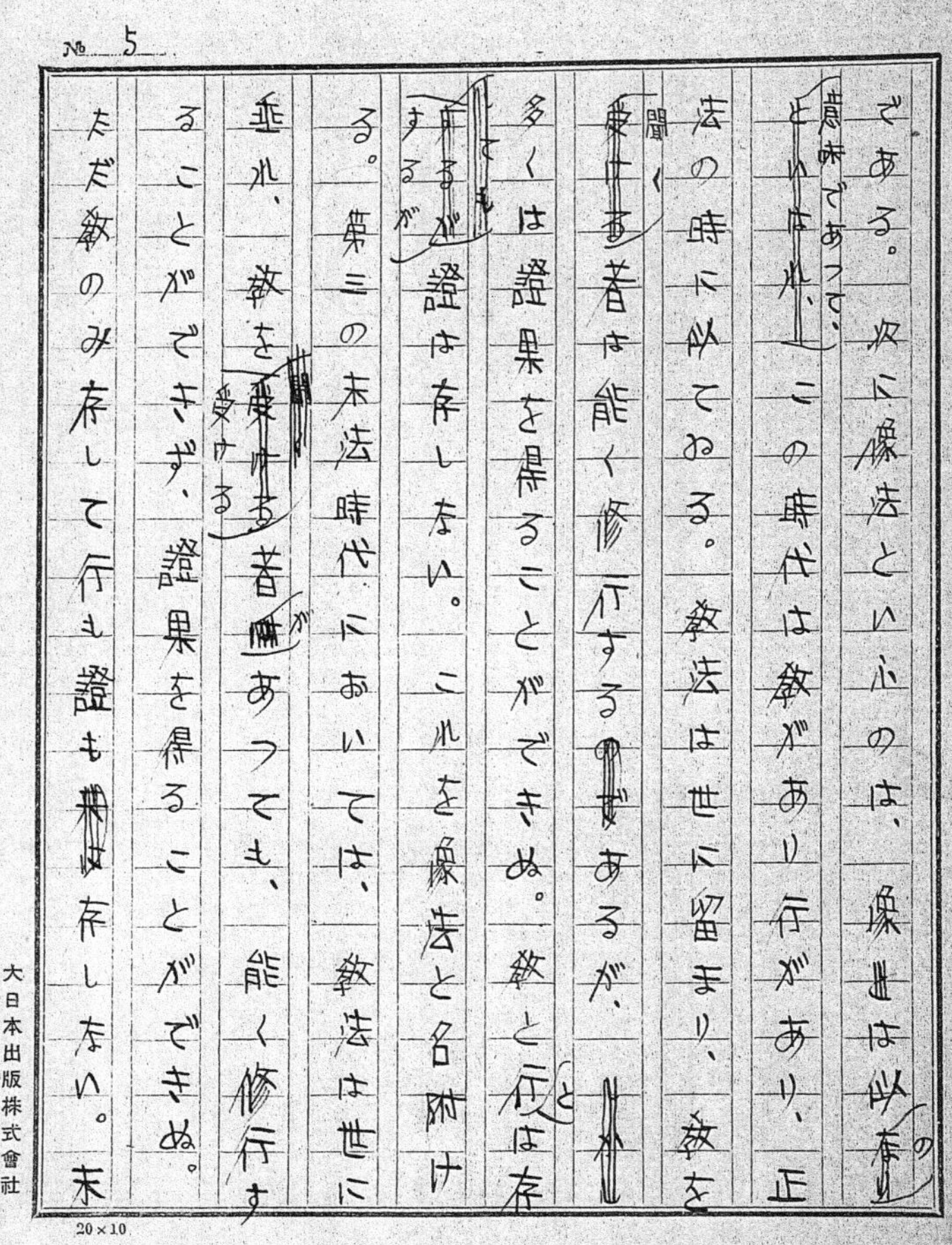

№ 5

である。次に像法といふのは、像法は似の
意味であつて、この時代は教があり行があり、正
法の時に似てゐる。教法は世に留まり、教を
聞く者は能く修行するものがあるが、
多くは證果を得ることができぬ。教と行とは存
しても證は存しない。これを像法と名附け
る。第三の末法時代においては、教法は世に
垂れ、教を聞く者があつても、能く修行す
ることができず、證果を得ることができぬ。
ただ教のみ存して行も證も存しない。末

大日本出版株式會社

20×10

No. 6

せは教の意味であって、教があってもないが如
くであるから、末法と稱せられるのである。
かくて末法一萬年において諸經ことごとく隱
没するとき、如來はかかる末代
の衆生を哀れみ、特に『この經』即ち『大無
量壽經』を世に留めて百歲、從って無量歲に
至らしめ給ふのである。
親鸞はまた『安樂集』に依って、佛滅後の
時代を五百年づつに区分する『大集月藏經』
の說を同じ個所（化巻本三十四）で採り上げてゐる。「大

20×10　大日本出版株式會社

集月藏に云く、佛滅度の後の第一の五百年には、わがもろもろの弟子、慧を學することと堅固なることをえん。第二の五百年には、定を學することと堅固なることをえん。第三の五百年には、多聞讀誦を學することと堅固なることをえん。第四の五百年には、塔寺を造立し、福を修し、懺悔することと堅固なることをえん。第五の五百年には、白法隱滯して多く諍訟あらん。すこしき善法ありて堅固なることをえん、と。」わが傳教大師の作と

大日本出版株式會社

20×10

№ 8

考へられた『末法燈明記』もこの説を採ってをり、また『教行信證』三十七（化巻本）に引用するところであって、即ちこの書においては、初の五百年は解脱堅固、次の五百年は禅定堅固、次の五百年は多聞堅固、次の五百年は造寺堅固、後の五百年は闘諍堅固にして白法隠没するの時として、特色附けられてをる。これに依れば、初の三期の五百年は、次第して、戒と定と慧の堅固にとどまる時であり、そのうち第一の五百年は正法、次の二期の五百年は像法一千年

20×10 大日本出版株式會社

に當り、これら三期の五百年の後には戒定慧の三學はもはや存しなくなる。第四

20×10

大日本出版株式會社

三願轉入

親鸞は自己の宗教的生を回顧して次のやうに書いてゐる。

「ここをもて愚禿釋の鸞、論主の解義をあふぎ、宗師の勸化によりて、ひさしく萬行諸善の假門をいでて、ながく雙樹林下の往生をはなる。善本德本の眞門に迴入して、ひとへに難思往生の心をおこしき。しか

三木清用紙

2

1444

るに今ことに方便の真門をいでて、選択の願海に転入せり。速に難思往生の心をはなれて、難思議往生を遂げんとおもふ。果遂の誓ひ、まことに由あるかな。」

これは『教行信証』化巻に見ゆる有名な三願転入の有名な文である。

この文は、単純に理解すれば、親鸞は最後の段階において初めて諸善万行を修めたが、やがて論主や宗師の導きによって、あらゆる善の、これを離れて、本なる

三木清用紙

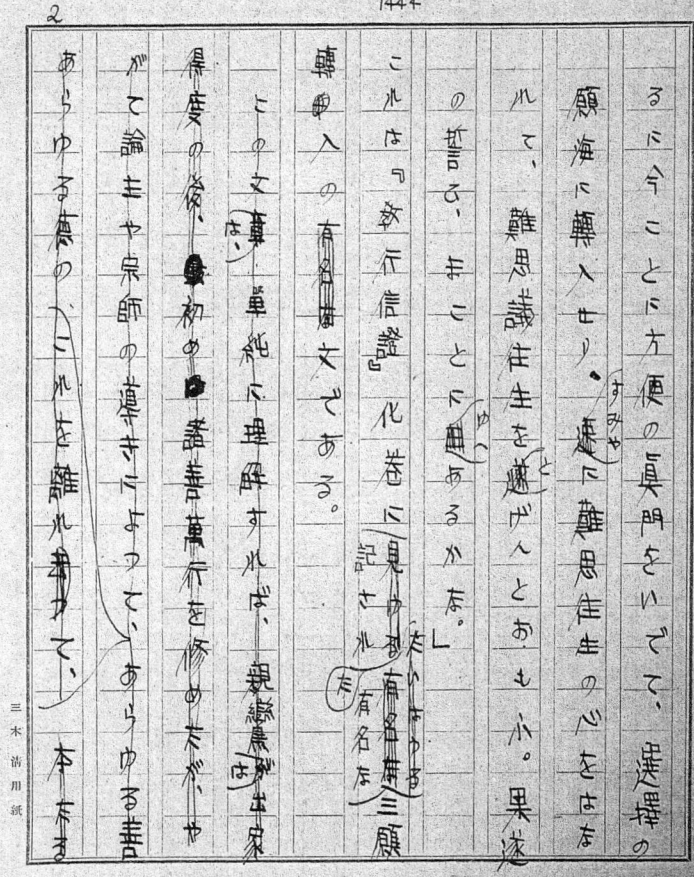

3

この文が、率直に理解する限り、親鸞の信仰生活の歴程の告白であることは、明かである。それは歴史的事實の敍述である。そしてこの歴史は、初め「萬行諸善の假門」、次に「善本徳本の眞門」、遂に「選擇の願海」といふ、三つの過程を示してゐる。ところでこの文を親鸞の信仰の歴史を語るものと見れば、かかる三つの轉化が親鸞の生涯のいかなる年代に當るかが問題になるであらう。わけても「今ことに方便の眞門を出でて」といふその「今」が、しかるにこの轉化については種々の異説がある。或る若

三木清用紙

4

はこの今、即ち親鸞が「選択の願海に転入」した時をもって、彼が二十九歳で法然を師として吉水に入室した時であるし、或る者はそれ以前にあるとし、或る者は吉水入室以後にあるとし、或る者は『教行信証』製作の当時にあるとする。しかしこの種の解釈にはいづれも無理があるところから、右のいはゆる三願転入の文を歴史的事実とは関係なく純粋に論理的に解釈しようとする者がある。言ひ換へれば、右の三願転入の文を純粋に論理的に理解しようとするのである。

三木清用紙

5

三願轉入の深い論理があること、それに永遠なる法理があることは、我々もまたやがて明かにしようとするところである。しかしながらその故をもつて、これを純粋に法理的に解釋しようとすることは誤りである。この文章は率直に受取る者にとつては疑ひもなく親鸞の宗教的生の歴程を記したものであり、歴史的事實の告白である。彌陀の本願は單なる理、抽象的な真理ではない。それは生ける真理として自己を證しするのである。この證

三木清用紙

6

しは、この眞理が我々の生の現實に深く相應するといふこと、この現實を最もよく解き明かすといふことによつて知られる。法と機、眞理と現實、永遠なるものと歴史的なるものとの一致、この不思議な一致こそ我々をして彌陀の本願をいよいよ仰信せしめるものである。自己の信仰の經路を想ひ廻らすとき、親鸞はそれが不思議にも彌陀の三願によつて言ひ當てられてゐることを驚き且つ喜ぶのである。かやうにして彼は化身土巻において第

三木清用紙

従って三願を客觀的に年代的に讀み取らうとすることは無意味

7

十九願と二十願とについて釋意しつつきた彼は、自己の宗教的生の歴程について告白するのである。三願轉入は単なる論理ではない。この論理が深く現實の中にあることを自己において見出したものが右の文である。かくして超越的なる眞理は内面化されて見出されるのである。

しかしながらこの文はいはゆる客觀的な歴史記述ではない。それはまた宗教的告白である。宗教的告白は一面懺悔であると共に

三木清用紙

8. 1451　　1442

讃歎である。このことは三願転入の文と関連
がってその前には、
「かなしきかな垢障の凡愚、無際よりこのか
た助正間雑し、定散心雑するがゆへに出離そ
の期なし。みづから流転輪廻をはかるに、
微塵劫を超過すれども仏願力に帰しがたく、
大信海に入りがたし。まことに傷嗟すべし、
ふかく悲歎すべし。」
と悲しい。そして三願転入の文に直につゞいで
懺悔
「ここにひさしく願海に入りて、ふかく仏恩

三木清用紙

を知れり。至徳を報謝せんがために真宗の簡要を摭うて、恒常に不可思議の徳海を称念す。いよいよこれを喜愛し、ことにこれを頂戴するなり。」

と自督仰信してゐる。かくの如き告白、自己の内面的生活の記述について機械的な年代の排列の順序を決定しようとすることは、無意味であり、少くとも無理である。それは年代的解釈を許さない。体験と論理との二つになつた文において年代を穿さくすることは無意味である。それは「体験と真実」として一層深い「歴史」に属してゐる。だからとてそれは歴史的意味をもたないのではなく、単に論理的意味を有

10

するに過ぎぬのではない。それはどこまでも歴史的意味をもつてゐる。年代的といふことと歴史的といふこととは同じではない。三願轉入は歴史的事實である故に、それは時間的秩序をもつてゐる。しかしかかる歴史的時間は暦の上で決定される客觀的な年代的順序とは次元を異にしてゐる。親鸞は右の文において自己の辿りついた信仰の立場から、自己の經驗して來た内面的生活の歴程を回顧して敍述した。この回顧、即ち歴史敍述は、信仰の最も高い立場か

三木清用紙

11

らより低い立場に對する反省であり、従って同時にこれに對する批判である。しかしこの批判は單なる否定ではなくて同時に攝取であることが明かになるであらう。そして回顧として歴史的であり、批判として論理的である。現實の歴史は本願の法理において客觀性、單なる年代記的歴史以上の客觀性を與へられ、本願の法理は歴史のなかにおいて現實性を開示されたのである。單なる論理を超えた、かかる客觀性の故に自己の歴史は告白するに

三木箚用紙

12

値するのであつて、いはゆる三願轉入の自督は感傷とは全く性質を異にしてゐる。またかかる現實性の故に本願の法理は仰信せらるべきものであるのである。

三木清用紙

13　1285

さて三願とは何をいふのであるか。右の文に依れば「萬行諸善の假門」であり、これが第一の段階である。これは『大無量壽經』における第十九願に當る。その文に曰ふ、「たとひわれ佛を得たらんに、十方の衆生、菩提心をおこし、もろもろの功德を修し、心を至し發願して、わが國に生ぜんとおもはん。壽終のときに臨んで、たとひ大衆と圍繞して、その人の前に現ぜずば、正覺をとらじ。」

三木清用紙

14

この文に依つてこの第十九願は「修諸功徳の願」と名づけられてをり、「萬行諸善」といふはこれを指してゐる。彌陀の本願は生の現實に徹入する。この願、詳しく言へば、道心をおこし、これを成就させるためにもろもろの善行を修め、かくして至心をもつて發願し、その修めるところの善行をもつて我が浄土に往生しようとする衆生があるとき、その人の臨終に際し觀音勢至等の大衆とともにその人の前に現はれて來迎しないならば、われは正覺を開

—そこでこの願は臨終現前の願、現前導生の願、來迎引接の願とも名づけられる—

三木清用紙

15

かないであらうといふ。彌陀の誓ひは、現實にかくの如き人間の存在することを果してゐる。本願はつねに歴史的現實（機）に相應するところの衆生濟度の愛の願ひである。ひとは邪道を離れて佛門に入る。そのとき彼が先づ爲さうとすることは何であるか。もろもろの善を行ひ、もろもろの功徳を積むことである。かやうに善を行ひ、功徳を積むのでなければ淨土往生は不可能であると考へる故である。彼は自己の修める萬善萬行によ

三木清用紙

16

これ以外に理義はあり得ないものの如くである。

って、それが原因となり、その結果として浄土往生が遂げられると考へる。これは理義明白である。これよりも明白な理義はない。かくして彼の發願は極めて真面目である。彼は自己の力のあらん限り善行を修め、功徳を積まうとする。彼の努力は極めて真面目である。しかし彼が真面目であればあるだけ、彼が努力すればするだけ、彼は自己の虚しさ、自己の偽りを感ぜざるを得ない。外から見れば一點の非の打ちどころのない生活に

三木清用紙

17　1281

も、内に含みるとき虚偽が潜んでゐることが自覚せられる。他人の不幸を憐れんで物を施しをする者に、自己の優越を誇り、他人の不幸を喜ぶ心が裏にないか。心において一度も窃盗をしたことのない者、姦淫をしたことのない者がない。道徳を守ることが単に名利のために過ぎないといふことはないか。外においてどれほど善を行はうとしても、悪心は絶えず裏から潜んでくる。かくして、

「しかるに濁世の群萌、穢悪の含識、いま

三木清用紙

18　1283

い九十五種の邪道を出でて、半満権実の法門にいると雖へども、真なるものは甚だもて難く、実なるものは甚だもて稀なり。偽なるものは甚だもて多く、虚なるものは甚だもて滋し。」

と批判せられるのである。

もとよりかくの如き種類の人間にも弥陀は手をのべる。「既にして悲願います、修諸功徳の願と名づく。」これが第十九願である。

ここに挙げられる往生は「双樹林下往生」と呼

三木清用紙

19

ばれてゐる。雙樹は沙羅雙樹であつて、釋迦は拘尸那城外の沙羅雙樹の下で涅槃に入つたと傳へられる。雙樹林下往生といふのは自力修善の人々の往生をいふのである。しかしこの願の本旨は臨終現前とか來迎引接とかにあるのであらうか。そこに更に何かより深い意味があるのではなからうか。我々の思惟し得る限りにおいては、みづからあらゆる善行を勵み、これを差し向けて淨土に往生しようとすることは、理の當然であつて、それが究

三木清用紙

20

そこに超越的なものはない。

極のものである。これ以外に往生の道はない筈である。しかしながら、もしさうであるとすれば、果して我々は實際に善を修めてゐるのであるか。深く省みれば省みるほど自己の無力を歎ぜざるを得ないであらう。もとより或る者は自己が何等背徳の行爲のないことを考へて滿足してゐるであらう。この自己滿足は、しかるに、眞に往生をおもふ心がないことから來てゐる。それはあさはかな現實肯定にもとづいてゐる。そしてこれは現實に

三木清用箋

彼は果して眞に修行を修めてゐるのであるか。

21

ついての認識の不足にもとづいてゐる。これに對して、外からは一點非の打ちどころのないやうに見える生活をしながら、しかも絶えず不安に襲はれ、絶望せざるを得ないのは、淨土往生の願ひの切なることによるのである。従って修道功德の願は、自力の觀念を放棄せしめんがためのものである。自己の無力に對する自覺は往生淨土のねがひが眞面目であればあるほど強い。それ故に眞實なるものはこのねがひのみである。それ故に觀[illegible]

三木清用紙

22

は第十九願を「至心発願の願と名づくべきなり」といふのである。この願の真意はまさにここに存するといふべきである。第十九願の趣旨が至心発願にある限り、これは究極的なものでなくなり、次のより高い段階に廻入せざるを得ない。

三木清用紙

23　　1402　　1401

自分の行ふ善によつて往生を求めて絶望した者は如何にすべきであるか。ここに彌陀は手をさしのべ給ふ。ここに願がある。第二十願がそれである。曰く、

「すでにして悲願います、植諸徳本の願となづく。」

「たとひわれ佛をえたらんに、十方の衆生、わが名號をききて、念をわが國にかけて、もろもろの徳本を植ゑて、心を至し廻向して、わが國に生ぜんとおもはん、果遂せず

三木清用紙

24

ば、正覚をとらじ」

先の三願轉入の文において「善本徳本の眞門に廻入し」とあるのは、この願に相應する。

この願の文に從って、それは「係念定生の願」とも「不果遂者の願」ともなづけられる。

三木清用紙

No. 1

第四章　宗教的眞理

親鸞がこころをつくして求めたのは「眞實」であつた。彼の著作を繙く者は至る處においてその注目すべき詞葉に出會ふ。『教行信證』といふ外題で知られる彼の主著の內題は『顯淨土眞實教行證文類』と揭げられてゐる。そしてその前四巻は「顯淨土眞實教文類」「顯淨土眞實行文類」「顯淨土眞實信文類」

20×10　大日本出版株式會社

№ 2

「顯淨土眞實證文類」といふやうに、一々眞實といふ言葉が[illegible]附けられてゐる。すなはち、眞實の教、眞實の行、眞實の信、眞實の證を顯はすことが彼の生涯の活動の目的であつた。まことに眞實といふ言葉は親鸞の人間、彼の体驗、彼の思想の態度、その内容と方法を最もよく現はすものである。彼が明かにした眞實の教と行と信と證とがいかなるものであり、また相互にいかなる關係にあるかについては、私の研究の全体を通

大日本出版株式會社

20×10

№ 3

じて次第に述べられるであらう。ここではまづ一般に眞實といふものが何を意味するかについて、その一般的性格を論じておかねばならぬ。

宗教は眞實でなければならない。それは單なる空想であつたり迷信であつたりしてはならぬ。宗教においても、科學や哲學においてと同じく、眞理が問題である。ただ宗教的眞理は科學的眞理や哲學的眞理とその性質、その次元を異にするのである。もとより宗教の

大日本出版株式會社

20×10

真理も真理として客観的でなければならぬ。客観性はあらゆる真理の基本的な意義である。

親鸞の宗教はしばしば体験の宗教と称せられてゐる。かく見ることは或る意味においては正しい。宗教的体験の本質は内面性であり、親鸞の宗教は仏教のうち恐らく最も内面的であることを特徴としてゐる。しかし体験はそれ自身としては主観的なもの、心理的なものを意味してゐる。従って体験の宗教といふことは主観主義、心理主義に陥ることとなり、

大日本出版株式會社

20×10

№ 5　106

経は佛説の言葉である。

宗教は真理であるといふ根本的な認識を失はせることになり易いのである。真理は決して単に体験的なもの、心理的なもの、主観的なものであり得ない。もとより宗教的真理の客観性は、物理的客観性ではない。その客観性は、経において与へられてゐる。信仰といふものは単に主観的なもの、心理的なものではなく、経の言葉といふ超越的なものに関係してゐる。「それ真実の教をあらはさば、すなはち大無量寿経これなり」と親鸞はいつてゐ

大日本出版株式會社

20×10

No. 6

経と言葉とはそれ自身として絶対性を有しない。

る。経は釈尊の説いた言葉であり、その真理性は釈尊の自証に基くのである。しかし釈尊は歴史的人物であるとすれば、その言葉はいかにして真の客観性、真の超越性を有するであらうか。釈尊の自証といつても、それはいかにして真の客観性、真の超越性を有するであらうか。仏教における聖道門は釈尊を理想とする。それは釈尊によつて自証された法を自己自身において自証しようと努力する。かくしてそれは宗教であるよりも道徳

大日本出版株式會社

20×10

No 7　　　115

乃至哲學に類[illegible]のである。（であること）聖道門は釋尊を理想とする自力自証の宗教として、そこに真の超越性は存しない。しかるに浄土門は釋尊を超越した教である。親鸞は『大無量壽経』（真実の教である）について、「如來の本願をとくを經の宗教とす。すなはち佛の名號をもて經の体とするなり。」といってある。彌陀の（如來）本願や名號は釋尊を超越するものである。真に超越的なものとしての言葉は釋尊の言葉ではなくて名號である。

大日本出版株式會社

20×10

No 8

名号は最も純なる言葉、いはば言葉の言葉である。この言葉こそ真に超越的なものである。念仏は言葉、称名でなければならぬ。これによつて念仏は如来から授けられたものであることを証し、その超越性を顕はすのである。本願と名号とは一つのものである。経は本願を説くことを宗致とし、仏の名号を体とする故をもつて真に超越的な言葉であるのである。かくの如き経として『大無量寿経』は真実の教であるのである。

20×10

大日本出版株式會社

No 9

しかしこの超越的眞理は單に超越的なものとして止まる限り眞實の教であり得ない。眞理は現實の中において現實的に働くものとして眞理なのである。宗教的眞理は、哲學者のいふが如き、あらゆる現實を超越してそれ自身のうちに安らふ普遍妥當性の如きものであることができぬ。それはそれ自身のうちに現實への關係を含まなければならぬ。彌陀の本願はかくの如き現實への關係において普遍性を含んでゐる。それは「十方衆生」の普遍性

大日本出版株式會社
20×10

No 10

である。すなはち本十八、十九、二十の三つの重要な願文はいづれも「十方衆生」といふ語を含んでゐる。十方衆生といふ現實の普遍の性への關係は、本願において、後天的に附け加はつてくるのではなく、却つてもともと本願のうちに内在するのである。從つて本願の普遍性は單に經驗的普遍性ではなく、先天的な超越的な普遍性である。普遍性は眞理の基本的な表現であるが、單に經驗的な普遍性は眞の普遍性であることができぬ。しかし

大日本出版株式會社 20×10

また單に超越的な普遍性は現實との關係を缺いて眞の普遍性の意義を有しない。本願の普遍性はかくの如き抽象的な普遍性ではなく、十方衆生の普遍性をそれ自身のうちに含んで、現實的普遍性への傾動をそれ自身のうちに含んでゐる。

しかしながら十方衆生の普遍性もなほ抽象的である。宗教においてはどこまでも自己が救はれるといふことが問題である。理論の體系も論理の透徹も、その教法が自己を救ふも

大日本出版株式會社
20×10

No. 12

のであるか否かといふ切實な問の前には、何等の權威も有しない。自己は十方衆生のうちに含まれると考へられる。しかし單にかく考へられる自己は類概念のひとつの種としての自己に過ぎず、生きた眞に現實的な自己ではない。十方衆生はそれ自身としては類概念である。宗教的眞理は實存的眞理、言ひ換へると、生ける、この現實の自己を救ふ眞理でなければならぬ。親鸞が求めた教法はまさにかくの如き實存的眞理であつたのである。

20×10

大日本出版株式會社

No. 13

『末燈鈔』に収められた慶信の師親鸞への消息の中には、「摂取不捨も信も念仏も、人のためとおぼえられず候」とある。

大日本出版株式會社

20×10

No. 13

「彌陀の五劫思惟の願をよくよく案ずれば、ひとへに親鸞一人がためなりけり。」と『歎異鈔』にいはれてゐる。彼は教を單にその普遍性において見たのではない――それは單に理論的な態度に過ぎない――彼はこれを絶えず自己の身にあてて考へたのである。『教行信證』において種々の經論を引いて諄々として教法を説き去り説き來る親鸞は、諸所において突如と轉換としていはゆる自督の文を記してゐる。この劇的な轉換の意味は重要であ

大日本出版株式會社
20×10

る。この自督の文は雷撃の如く我々の心を打つ。今や彼は自己にかへつて宗教的普遍的な教法を自己の身にあてて考へるのである。自督とは自己の領解するところをいふ。教法の眞理性は自己において身證されるのでなければならぬ。教は誰のためでもない、自己一人のためである。かくして「十方の衆生」のための教は「親鸞一人」のための教である。普遍性は特殊性に轉換する。かかる轉換をなしおはることによつて普遍性もまた眞の普

№ 15

遍性になるのである。今や特殊性に轉換した普遍性は具實的に普遍性を獲得してゆく。教をみづから信じ夫自己は他人を教へて信じさせる。いはゆる自信教人信の過程において十方衆生の普遍性が實現されてゆく。このとき十方衆生はもはや類概念の如き抽象的な普遍ではなく、自己のうちに特殊性をそのまま包む具体的な普遍となる。それは同朋同行によつて地上に建設されてゆく佛國にほかならない。

20×10

大日本出版株式會社

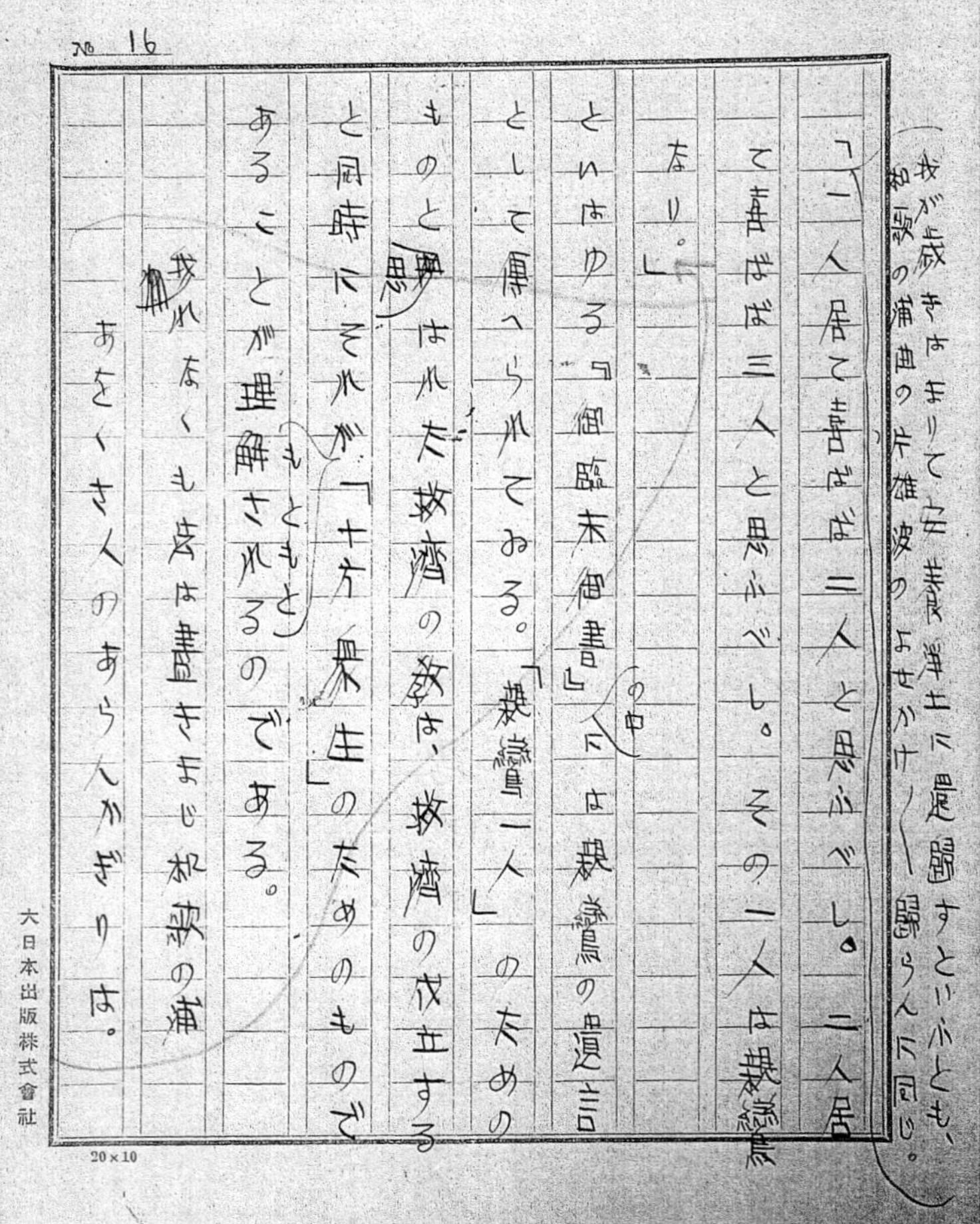

No 16

（我が歳きはまりて安養浄土に還帰すといふとも、和歌の浦曲の片雄波のよせかけよせかけ帰らん下同じ。）

「一人居て喜ばは二人と思ふべし。二人居て喜ばは三人と思ふべし。その一人は親鸞なり。」

といはゆる『御臨末御書』の中には親鸞の遺言として傳へられてゐる。「親鸞一人」のためのものと思はれた救済の教は、救済の成立すると同時にそれがもともと「十方衆生」のためのものであることが理解されるのである。

我れなくも法は盡きまじ和歌の浦
あをくさ人のあらんかぎりは。

20×10

大日本出版株式會社

№ 17

ところで本願は言ふまでもなく彌陀の本願である。經に依れば、この佛は佛と成る前には法藏菩薩といひ、世自在王佛のもとにおいて無上殊勝の四十八の願を建て、それに相應する行を限りなく長い間修め、願が成就して佛と成つて阿彌陀佛と稱した。本願は彌陀の本願として特殊のものである。しかしながらこの佛は單に自己のみが成佛することを志願したのではなく、弘く世と共に救はれんことを誓つたのである。彌陀の本願はこの佛

大日本出版株式會社
20×10

No. 1

社會的生活

浄土眞宗における眞俗二諦論は異説の多い教義である。いま親鸞の著作に出典を求めると『教行信証』化巻に『末法燈明記』から次の如く引かれてゐる。「それ一如に範衛してもて化をながすは法王、四海に光宅してもて風に乗ずるは仁王なり。しかればすなはち

20×10　大日本出版株式會社

№ 2

仁王法王たがひに顯はれて物を開し、真諦俗諦はたがひによりて教をひろむ。」法王すなはち大法の王と仁王すなはち仁德のある帝王とは相對し、真諦と俗諦との区別に相應するものである。故に真諦は佛法を、俗諦は王法をいふのであり、王法は世間法であり、故にまた世間の法が俗諦であり、出世間の法が真諦である。右の文は真諦俗諦相依の意義を顯はしたものと解される。

大日本出版株式會社

20×10

No 3

真諦俗諦の語がかくの如く『教行信證』化巻において時代を勘決して正像末法の區際を開示するにあたつて、『末法燈明記』の文に依つて現はれてゐることは、注目を要するであらう。すなはち真俗二諦の教義はその根源において時代の自覺に從ひ、歴史的意識に基いて理解さるべきものなのである。

末法思想に關係して、それ故に

既に述べた如く、末法時の特徴は無戒といふことである。そこには道俗の本質的な区

20×10

大日本出版株式會社

№ 4

別はなくなる。賢愚、善悪、凡聖、若少、男女の区別も意義をなくする。それは聖道自力の教とは異る絶対的な教が出現すべきことを意味してゐる。この教は信心を根本とする教である。「彌陀の本願には、老少善悪のひとをえらばず、ただ信心を要とするとしるべし。そのゆへは罪悪深重、煩悩熾盛の衆生をたすけんがための願にてまします。しかれば本願を信ぜんには、他の善も要にあらず、念仏にまさるべき善なきゆへに、悪をもおそるべから

20×10　大日本出版株式會社

ず、彌陀の本願をさまたぐるほどの惡なきがゆへにと。」『歎異鈔』にはいはれてゐる。すなはち眞諦あるひは佛法、出世間の法は「信心爲本」である。往生のためには他の善は要なく、念佛で足りるとすれば、すべての念佛者は、僧俗を分たず、貴賤貧富を論ぜず、平等でなければならぬ。末法時における無我は、諸善萬行を廢してただ念佛のみが眞實であるといふことの徴表である。無我といふことは諸善萬行の

No 5a

「問ていはく、聖人の申す念仏と、在家のものの申す念佛と、勝劣いかむ。答へていはく、聖人の念仏と、世間者の念仏と、功徳ひとしくして、またまたかはりめあるべからず。」と法然は書いてゐる。

大日本出版株式會社

20×10

力を奪ふものであり、そして積極的には念佛一行の絶對性、念佛の同一性、平等性を與はすものである。念佛はあらゆる人において同一であり平等である。念佛の行者はたがひに「御同朋御同行」である。かゝる御同朋同行主義は浄土眞宗の本質的な特徴であり、そしてそこに信者の社會的生活における態度の根本がなければならぬ。かかる兄弟主義の根據は全く「同一念佛無別道故」である。しかも念佛がすべての人におい

大日本出版株式會社
20×10

曇鸞の『往生論註』下には「同一に念仏して別の道無きが故に遠く通ずるにそれ四海のうちみな兄弟とするなり」と示されてゐる。

大日本出版株式會社

20×10

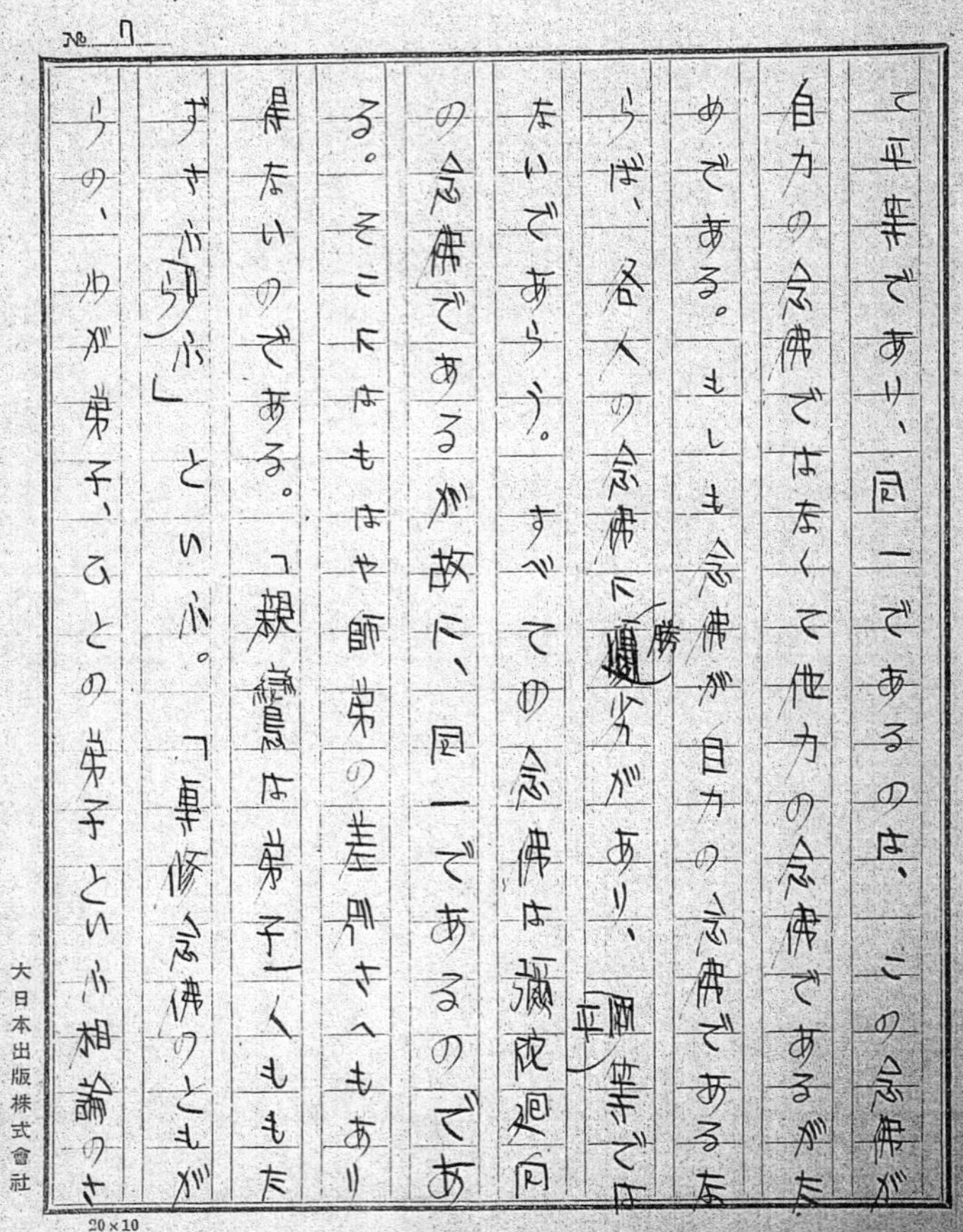
No. 7

て平等であり、同一であるのは、この念佛が自力の念佛ではなくて他力の念佛であるがためである。もしも念佛が自力の念佛であるならば、各人の念佛に勝劣があり、平等ではないであらう。すべての念佛は彌陀廻向の念佛であるが故に、同一であるのである。そこにはもはや師弟の差別さへもあり得ないのである。「親鸞は弟子一人ももたずさふらふ」といふ。「専修念佛のともがらの、わが弟子、ひとの弟子といふ相論のさ

20×10　大日本出版株式會社

ふらふらんこと、もてのほかの子細なり。親鸞は弟子一人ももたずさふらふ。そのゆへはわがはからひにて、ひとに念仏をまうさせさふらはばこそ、弟子にてもさふらはめ、ひとへに彌陀の御もよほしにあづかりて、念仏もうしさふらふひとを、わが弟子とまうすこと、きはめたる荒凉のことなり。」と『歎異抄』は記してゐる。同朋同行主義は念仏は彌陀廻向のものであるといふところにその超越的根據をもつてゐる。そこには我はなく我が

No. 9

83

子もなく、ただ教法のみが人を尊厳ならしめるのであつて、互に「御同朋御同行」として相敬ふのである。かかる同胞思想は、念仏の行者は同じ縁につながるものであるといふ意識によつて深められるであらう。「ああ弘誓の強縁は多生にもまうあひがたく、眞實の浄信は億劫にもえがたし、たまたま行信をえばとほく宿縁をよろこべ。」と『教行信証』總序にはいはれてゐる。彼の法を聞くといふことは重縁によるのであり、

大日本出版株式會社

20×10

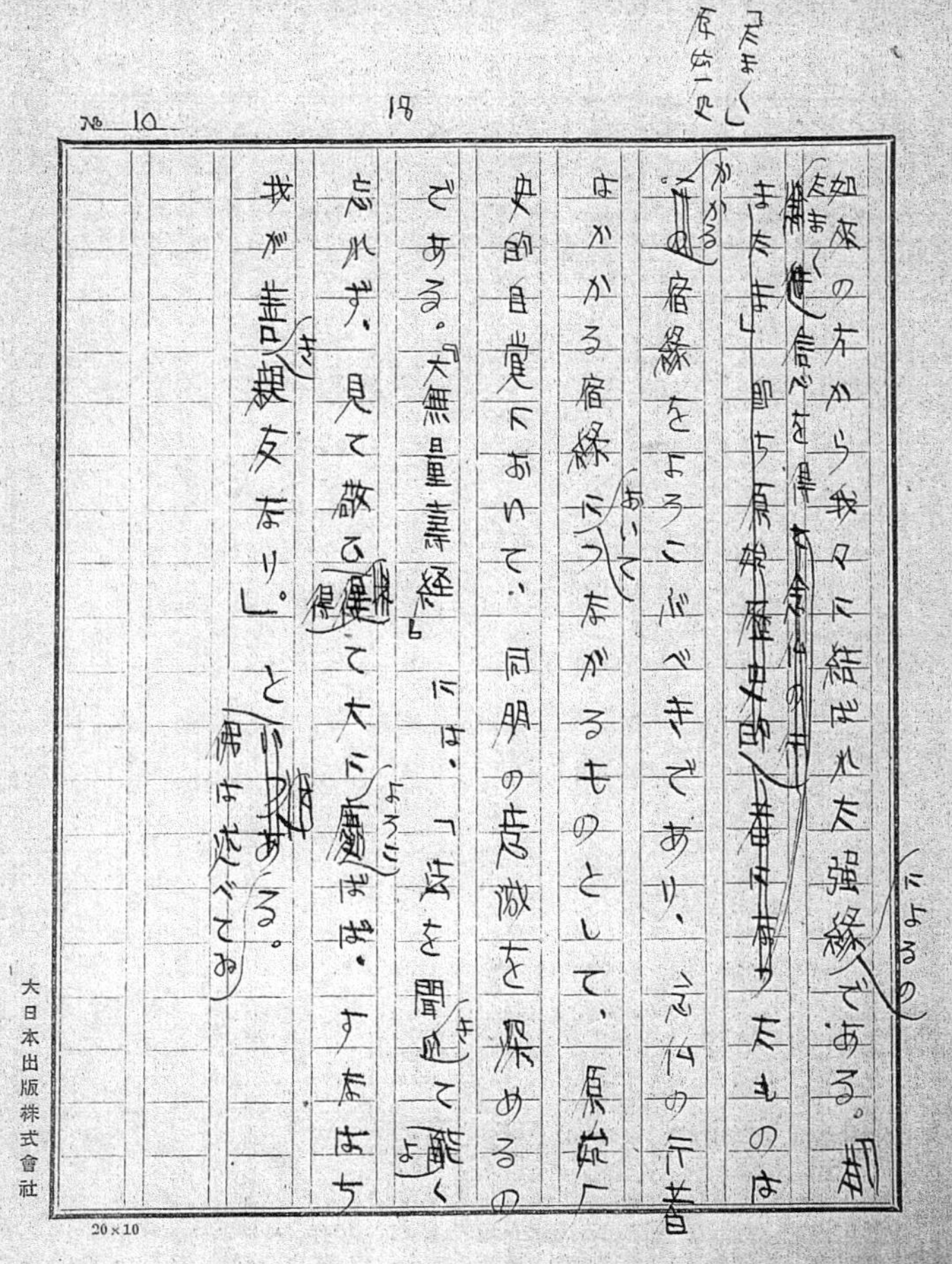

No 10　　18

如来の方から我々に結ばれた強縁である。爾

難信を得

またま即ち原始歴史的たものは

その宿縁をよろこぶべきであり、念仏の行者

はかかる宿縁につながるものとして、原始

史的自覚において、同朋の意識を深めるの

である。『大無量寿経』には、「法を聞きて能く

忘れず、見て敬ひ得て大に慶ばば、すなはち

我が善き親友なり」と仰せられてある。

大日本出版株式會社

20×10

No 11

ところで無我といふ時代の特徴は、單に出世間の法のみではなく、同時に世間の法が重んぜられねばならぬことを意味する。世間の生活から遊離することなくして佛法を行ずるといふことに無我といふことの積極的意義がある。淨土門の教が易行道であるといふことは、それが出世間の法として行ひ易いことを意味するのみではなく、却って生活と信仰とが分離することなく、生活が念佛であり、念佛が生活であるべきことを意味す

大日本出版株式會社
20×10

るのである。法然はいふ。

「現世をすぐべき様は、念仏の申されん様にすぐべし。念仏のさまたげになりぬべくば、なになりともよろづをいとひすてて、これをとどむべし。いはく、ひじりで申されずば、めをまうけて申べし。妻をまうけて申されずば、ひじりにて申すべし。住所にて申されずば、流行して申すべし。流行して申されずば、家に居て申すべし。自力の衣食にて申されずば、他人にたすけられて申べし。他人にたす

大日本出版株式會社
20×10

No. 13

けられて申されずば、自力の衣食にて申べし。一人して申されずば、同朋とともに申べし。共行して申されずば、一人籠居て申すべし。」と法然はいつてゐる。

大日本出版株式會社

20×10

No. 14

さて世間の法即ち俗諦は、浄土真宗の宗乗学者に依れば、「信心為本」あるひは信心正因、称名報恩に対して「王法為本」である。或ひは信心正因、称名報恩に対して、王法為本、仁義為先といはれてゐる。この語は宗祖の法孫蓮如上人の『御文章』に「王法をもて本とし、仁義をさきとして世間通途の儀に順じて』といふ言葉に出づるものである。同じく『御文章』には「ことにほかには王法をもておもてとし、内心には他力の信心をふかく

大日本出版株式會社

20×10

№ 15

なくはへて、世間の仁義をもて本とすべし」といふ、また「それ國にあらば守護方、ところにあらば地頭方にをいて、われは佛法をあがめ信心をえたる身なりといふて、疎略の儀ゆめゆめあるべからず。いよいよ公事をもはらにすべきものなり。かくのごとくこころえたる人をさして、信心發得して後生をねがふ念佛行者のふるまひの本とぞいふべし。これすなはち佛法王法をむねとまもれる人となづくべきものなり」と云々、また『御一代記

これすなはち當家にさだむるところのおきてなり。
の趣もなきなりとこころうべきもの

大日本出版株式會社

20×10

聞書』には「王法は額にあてよ、佛法は内心に深く蓄よ」ともいつてゐる。宗祖親鸞においてはかやうな定式は見出されない。『御消息集』には次の如く書かれてゐる。「念佛まふさん人々は、わが御身の料はおぼしめさずとも、朝家の御ため、國民のため、念佛をまふしあはせたまひさふらはば、めでたふさふらふべし。往生を不定におぼしめさん人は、まづわが身の往生をおぼしめして、御念佛さふらふべし。わが御身の往生一定とおぼしめ

大日本出版株式會社
20×10

№ 17

さん人は、佛の御恩をおぼしめさん人に、御報恩のために、御念佛こころにいれてまふして、世のなか安穏なれ、佛法ひろまれとおぼしめすべしとぞおぼえさふらふ。」

この言葉は普通に解釋されてゐる如く王法爲本の思想を現はすものと見ることができるであらう。しからば仁義爲先については如何であるか。仁義の思想は言ふまでもなく儒教に出づるものであつて、わが國においても儒教の流傳と共に國民道德の基本となつたのである。し

20×10

大日本出版株式會社

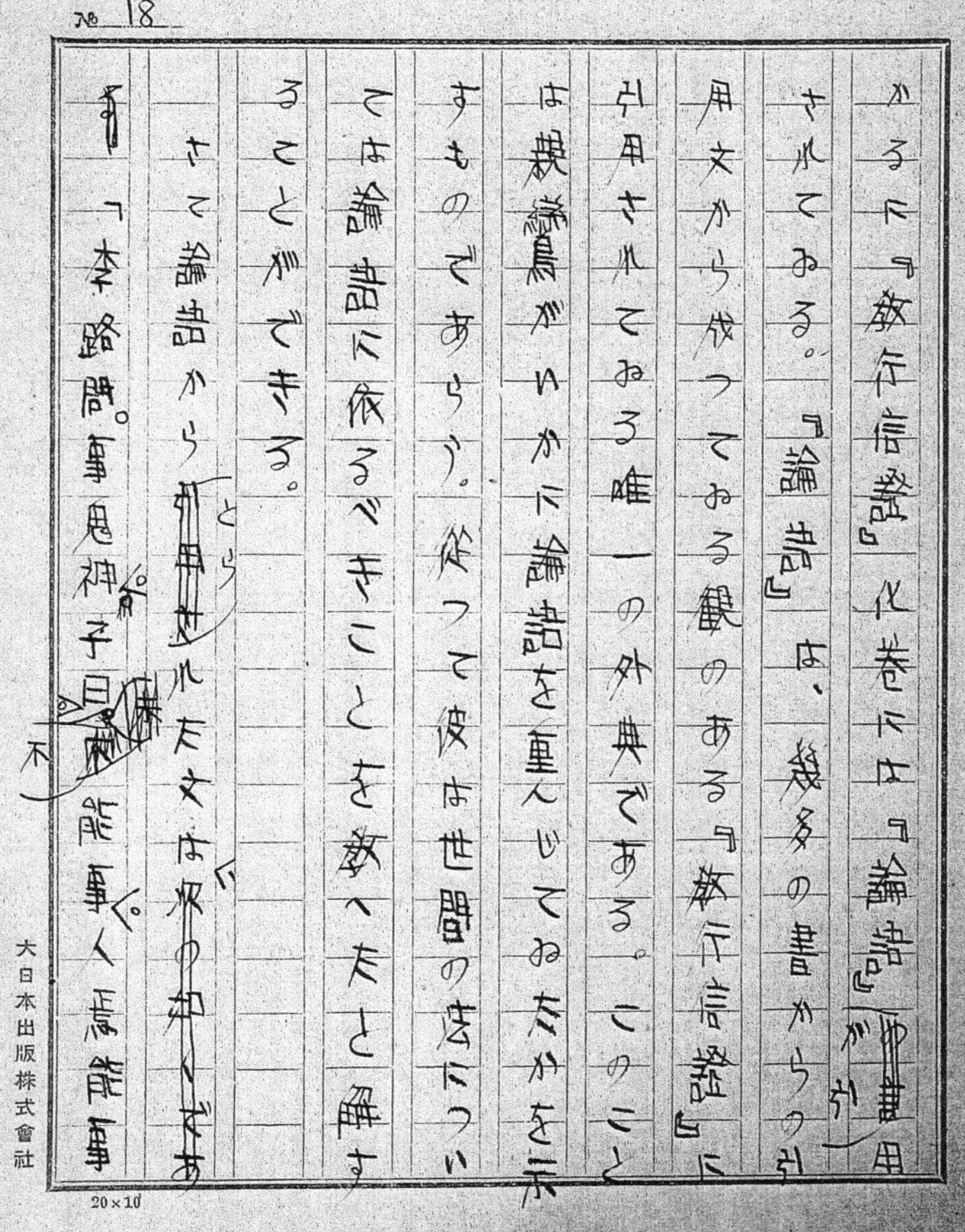

№18

かるに『教行信證』化巻には『論語』が引用されてゐる。『論語』は、幾多の書からの引用文から成つてゐる書のある『教行信證』に引用されてゐる唯一の外典である。このことは親鸞がいかに論語を重んじてゐたかを示すものであらう。従つて彼は世間の法については論語に依るべきことを教へたと解することができる。

さて論語からとられた文は次の如くである。「季路問。事鬼神。子曰、未能事人、焉能事

20×10

大日本出版株式會社

先進
第十一

No 19

鬼神」であり、「李路とはく、鬼神につかへんかと。子の曰く、つかふることあたはず、人にいづくんぞよく鬼神につかへんやと。」と讀ませてゐる。しかるに論語先進篇ではこの文は「李路問事鬼神。子曰。未能事人。焉能事鬼」であり、「李路、鬼神につかふるを問ふ。子曰く、未だ人に事ふること能はず、いづくんぞよく鬼につかへん。」と讀ませ、未だ人間に對してさへつかへることのできない者がどうして鬼神につかへることがで

20×10　大日本出版株式會社

No. 20

きようかといふ意味に解せられる。しかるに
親鸞は「鬼」とあるのを「鬼神」とし、「未
能」の二字を「不能」と改め、且つ「不能事
人、焉能事鬼神」「未能事人。焉能事鬼神。」を
と讀みかへさせてゐる。これによつて、季路
が鬼神につかふべきであるかと尋ねたのに
對し、孔子は、つかへることができない、人
間は鬼神以上のものであるから、人間より低
い鬼神につかへ得るものではないと答
へた、と解するのである。この引用に先立つ

20×10

大日本出版株式會社

No. 21

そ彼は種々の文を挙げて鬼神を貶しめてゐるのである。彼は當時の佛教がこの世の吉凶禍福に心を迷はし、卜占祭祀を事とし、迷信に陥つてゐることを慨嘆して、殊に批判を向けた。『愚禿悲歎述懐』には「五濁増のしるしには　この世の道俗ことごとく　外儀は佛教のすがたにて　内心外道を歸敬せり」といひ、また「かなしきかなやこのごろの　和國の道俗みなともに　佛教の威儀をもととして　天地の鬼神を尊敬す」とあ

大日本出版株式會社

20×10

いっておる。そこで親鸞は諸の経典を根拠として真實の教と虚偽の教とを分別し決著して外教邪偽の異執を教誡する。『涅槃経』には「佛に歸依せん者は遂にまたその餘のもろもろの天神に歸依せざれ」といひ、『般舟三昧經』には「みづから佛に歸命し、法に歸命し、比丘僧に歸命せよ。餘道に事ふることをえざれ、天を拜することをえざれ、鬼神をまつることをえざれ、吉良日を視ることをえざれ。」といって、佛教徒の歸依すべきはただ佛と法と僧との

№ 23

三寶であり、專ら佛道につかへて、天を拝したり、鬼神をまつつたり、日の吉凶をトしたりするが如きことをしてはならぬと教へてゐる。かかる迷信は佛教の否定するところである。念仏者は鬼神を畏れることを要しない。「念佛者は無礙の一道なり。そのいはれいかんとならば、信心の行者には天神地祇も敬伏し、魔界外道も障礙することなし。罪惡も業報も感ずることあたはず、諸善もおよぶことなきゆへに、無礙の一道なり云々」と『歎

大日本出版株式會社

20×10

異録』には記されてゐる。迷信は何に依って生ずるのであるか。『華嚴經』には「占相をはなれて、正見を修習せしめ、決定してふかく罪福の因縁を信ずべし。」とある。迷信の生ずるのは正見を缺き、罪福の因縁を信じない故である。罪福の因縁を信じない者は、自己の幸不幸を天や鬼神や星辰の力によるものと考へ、かくして天を拝したり、鬼を祠ったり、星を占ったりする。しかし彼等は果して眞に超越的なものに歸依してゐるのであらう

大日本出版株式會社　20×10

No. 24a　　　　1507

『倶舎論』には「衆人、所逼を怖れて多く諸山の園苑、及び叢林、祠樹、制多等に帰依す」とあるが、迷信の起原は我々の生の「所逼」、災害、無常等の生の窮迫を怖れて、現在の救楽を求めるところから邪神淫祠が生ずるのである。

大日本出版株式會社

20×10

No 25　　1573

か。彼等が天や鬼神を畏れるのは自己のこの世における感性的な幸福を求めるためである。彼等は我愛、我慢のこころを離れず、我に執着しておる。『起信論』には「外道の所有の三昧はみな見愛我慢の心をはなれず」といつておる。かくして迷信の根拠は我愛我慢のこころであり、我を超越した天や鬼を拝しておる者は實は我を拝しておるのである。それらの天神や鬼神が擬人的に表象されるのも當然である。

大日本出版株式會社

20×10

偶像崇拝や屍物崇拝は人間が人間以下の邪神や自然物の奴隷となることであり、全くの邪道である。かやうな邪道が盛んになるといふことも末法時の悲しさである。『首楞厳経』にいふ「わが滅後ののち、末法の中にこの魔民おほからん、この鬼神おほからん、この妖邪おほからん。世間に熾盛にして善知識と称して、もろもろの衆生をして愛見の坑におとさしめん、菩提の路を失し、詑惑無識にして恐らくは心を失せしめん。所過の処には、その家

大日本出版株式會社　20×10

№ 26

耗散して、愛見の魔となりて、如来の種を失せん。」

　ところで親鸞は拝天、祠鬼、占星等の迷信について論ずるに当り、特に『弁正論』を引いて、道家の思想を批判してゐる。道家の思想は多く迷信を生ぜしめたからである。これに対して右の『論語』からの引用は鬼神に事へることの非なるを述べたものであり、親鸞が儒教のヒューマニズムを重んじたことが知られる。

大日本出版株式會社

20×10

佛教と外教とはどこまでも区別されねばならぬ。道家の如きは虚無恬淡を説いて一見佛教の根本思想と等しいやうであるが、これに對して甄鸞は『辯正論』を引いて批判を加へてゐる。儒教の説くところは正しいにしても、「ただこれ世間の善」であるにすぎない。佛教は絶對的である。この絶對的眞理に對してその餘の教はすべて邪教である。『涅槃經』には道に九十六種があつて、ただ佛の一道のみが正道であり、他の九十五種は

No 28　891

みな外道であると述べてゐる。「九十五種みな世を汚す、ただ佛の一道のみひとり清閑なり」と善導はいつてゐる。佛教とその他の教との價値の差別は絶對的である。我々は先づこのことを知らねばならぬ。佛教は絶對的眞理であり、世の教の眞理は相對的價値を有するに過ぎぬ。しかも、相對的眞理はその相對的價値においていかに高まるにしても、またそのすべてを加へ合はせても、絶對的眞理となることはできない。

大日本出版株式會社

20×10

№ 29

我々にとって何よりも必要なことは先づこの絶対的真理を把捉することである。しかもこれはただ超越によって捉へられることができる。信とはかくの如き超越を意味してゐる。相対的真理から絶対的真理へは非連続的である。これに反して絶対的真理から相対的真理へは連続的である。前者は後者の根拠としてこれを含むことができる。曇鸞は信巻において『浄土論註』から次の文を引いてゐる。「もし諸仏菩薩、世間出世間の善

20×10

大日本出版株式會社

道を説きて、衆生を教化することましまさずば、あに仁義禮智信あることを知らんや。かくのごとき世間の一切善法みな断じ、出世間の一切賢聖みな滅しなん。」すなはち世間の法たる仁義禮智信の五常もまた佛道におさまるのである。佛法があるによって世間の道も出てくるのである。

大日本出版株式會社　20×10

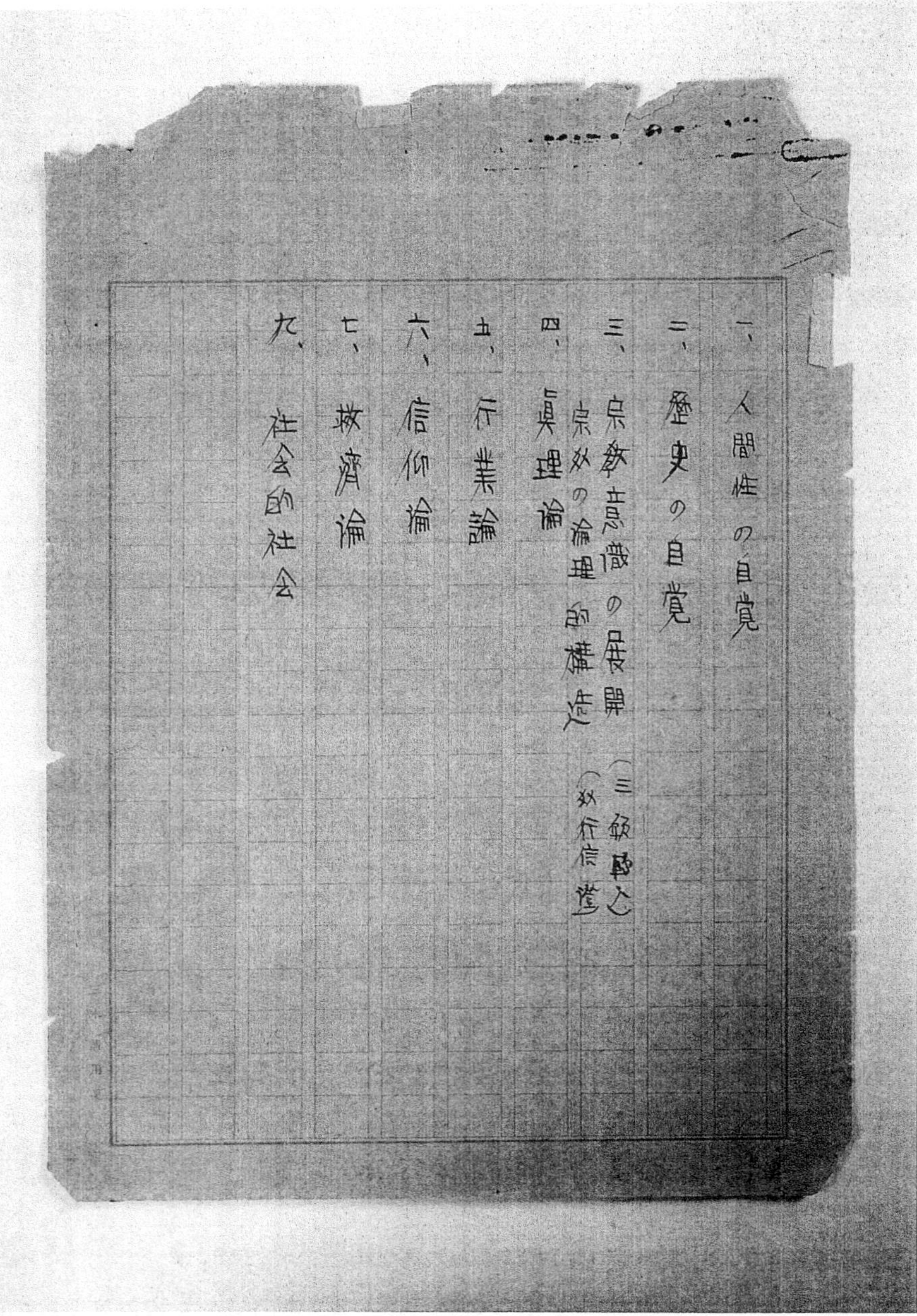

一、人間性の自覚
二、歴史の自覚
三、宗教意識の展開　（三願転入）
宗教の論理的構造　（教行信証）
四、真理論
五、行業論
六、信仰論
七、救済論
九、社会的社会

罪悪意識

1.『教経』

2. 厭離穢土、欣求浄土

生死甚難厭 仏法復難欣

『玄義分』

無常……超現世的

↑

罪悪……現在的

↑

疑心

無常＝厭欣……超現在的ー現世的

3. 機の深信

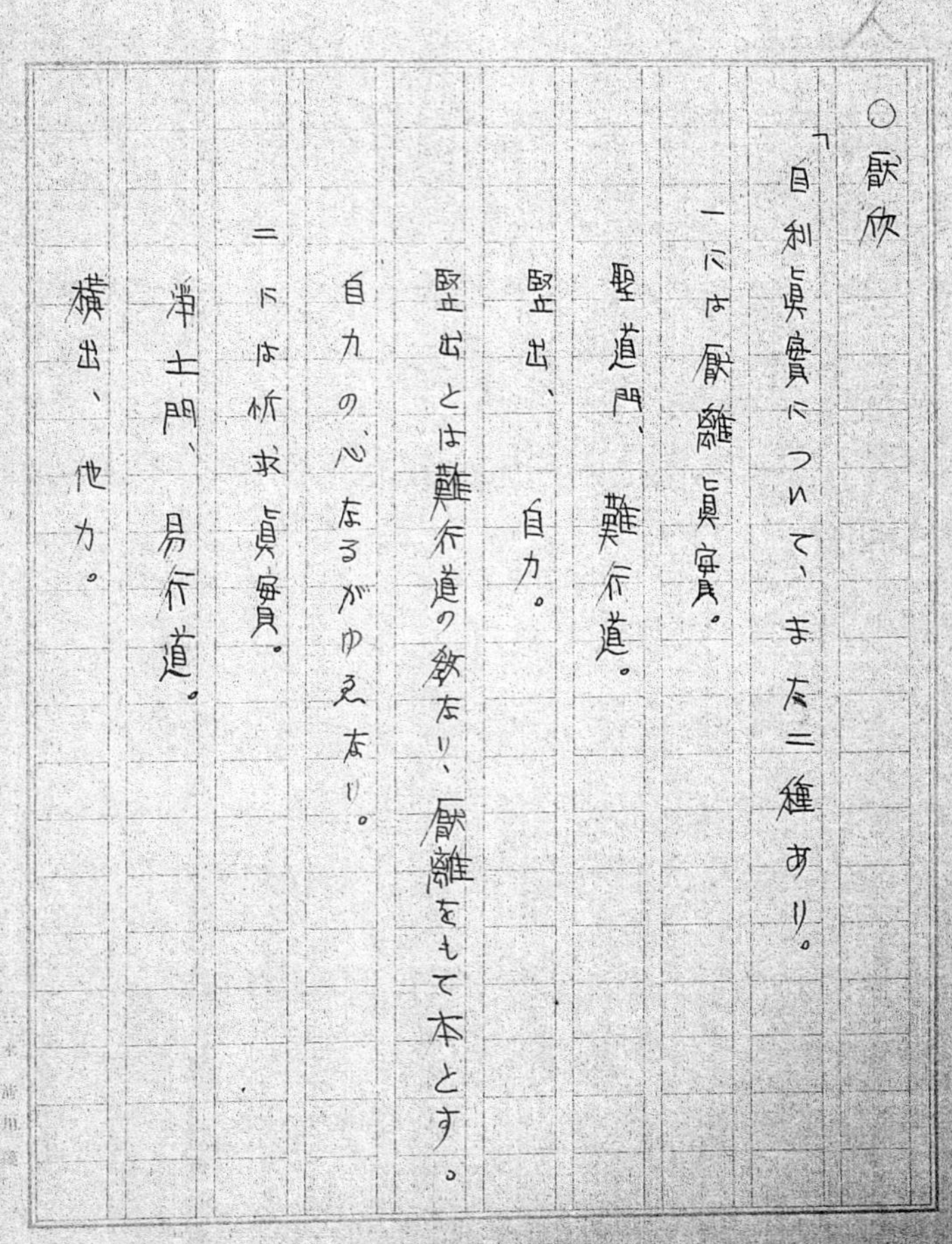

○厭欣

「自利真実について、また二種あり。

一には厭離真実。

竪道門、難行道。

竪出、自力。

竪出とは難行道の教なり、厭離をもて本とす。

自力の心なるがゆえなり。

二には祈求真実。

浄土門、易行道。

横出、他力。

2

横出とは易行道なり、欣求をもて本とす。なにをもてのゆゑに、願力によりて生死を厭捨せしむるがゆゑなりと。

『愚禿鈔』下　文集 251-2

「歸去来魔郷不可停　曠劫来流転六道盡皆逕到處無餘楽唯聞愁歎聲畢此生平後入彼涅槃城。

『定善義』證巻一〇三

「不得外現賢善精進之相内懐虚假貪瞋

3

邪偽奸詐百端悪性難侵事同蛇蝎雖起三業
名為雑毒之善亦名虚仮之行不名
真実業也」　『散善義』
至誠之釈　信巻六一七

三木清用箋

人

1、

佛性論
（何の本質論考察）

一、イ、本有（本具）佛性　三因佛性 ─ 正因佛性／了因佛性／縁因佛性

理行佛性 ─ 理佛性／行佛性　性得の機

ロ、罪悪生死の凡夫

機の依所

2、現実的考察

善悪の性の差別あり、

3、信仰内容としての考察、

信心佛性 ─ 縁因、了因佛性、

行因佛性、

正定聚を摂持す。

機の浅度

信後にも罪悪なきにあらず。

信心正因

佛性の開顕は浄土に於てである。

教 III.

2

△信心佛性

「信心よろこぶそのひとを
如來とひとしとときたまふ
大信心は佛性なり
佛性すなはち如來なり」

また『唯信鈔文意』には、

「この一切有情の心に、方便法身の誓願を信樂するがゆへに、この信心すなはち佛性なり。この佛性すなはち法性なり。法性すなはち法身なり。」

文集125.

3

同箇所に、

「佛性すなはち如来なり。この如来、微塵世界にみちみちたまへり。すなはち一切群生海のこころなり。草木國土ことごとく成佛すとけり。」

『教行信證』七四一以下　信巻信楽釈

『涅槃経』を引いて、四無量心、大信心、一子地を佛性とす——一行佛性を

強調

4

行巻一乗海釈

『涅槃経』を引いて「一切衆生悉有仏性」といふ。　四四四頁

「無因おほへるを以ての故に見ることを得ることあたはず」

『真仏土巻　一一五頁（ハ）における『涅槃経』の仏性論

仏性者猶如虚空非過去非未来非現在……

我言仏性未来。……衆生仏性雖現在無不可言無。

三木清用箋

5　集文16

△佛性ノ開顯ノ未來。

眞佛土巻　一二三五に曰く、

「惑染の衆生ここにして性をみることあたはず。

煩悩に覆はるるが故に。―かるが故に知んぬ、

安樂佛國にいたれば、即ちかならず佛性を

あらはす。」

和讃に曰く、　如來すなはち涅槃なり

涅槃を佛性となづけたり

凡地にしてはさとられず

安養にいたりて證すべし

6

疎59.

△罪悪生死

罪業もとよりかたちなし
妄想顛倒のなせるなり
心性もとよりきよけれど
この世はまことのひとぞなき

信巻三心釈に　七二五頁
「一切の群生海、無始よりこのかた乃至今日今時
にいたるまで、穢悪汚染にして清浄の心なく、
虚仮諂偽にして真実の心なし」

7

△佛性ハ単ニ内在的ナラズ

唯心の浄土、自性の彌陀

（己心の彌陀）

信巻別序　五四八頁

「しかるに末代の道俗、近世の宗師、自性唯心にしづみて、浄土の真證を貶す。定散の自心に迷うて、金剛の真信にくらし。」

8

△彼土㝵証、指方立相

↔此土入聖

於安養浄刹入聖證果名浄土門

化身土巻　一三六五

三木清用箋

○菩提心

信巻 七八四

無上菩提心―願作仏心―度衆生心

信巻 七九一

廻向之名義―おのれが所集の一切の功徳をもて、一切衆生に施與したまひて、共に

仏道にむかはしめたまふなり。

『論註』 同文

菩提心は縁慮心、事心にして第一義心、理

心にあらず

信巻 八三九

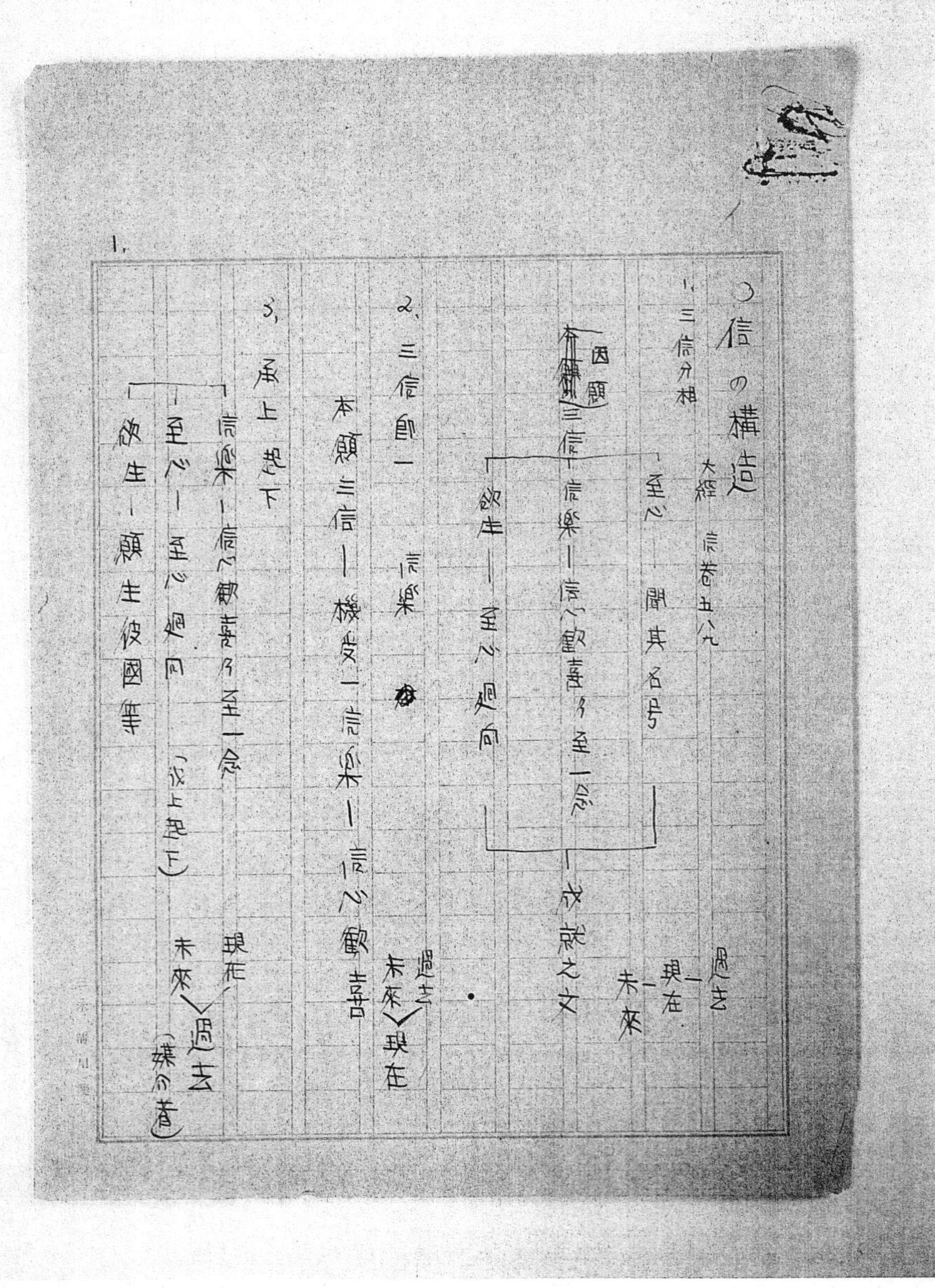

1.

○信の構造　大経 信巻五八九

1. 三信分相

至心 ─ 聞其名号 ─ 過去 ─ 現在 ─ 未来

因願／本願三信 ─ 信楽 ─ 信心歓喜乃至一念 ─ 衣説之文

欲生 ─ 至心廻向

2. 三信即一　信楽

本願三信 ─ 機受 ─ 信楽 ─ 信心歓喜　過去〈未来 現在

3. 承上起下

信楽 ─ 信心歓喜乃至一念　現在

至心 ─ 至心廻向（承上起下）　未来〈過去

欲生 ─ 願生彼国（嫌貪）

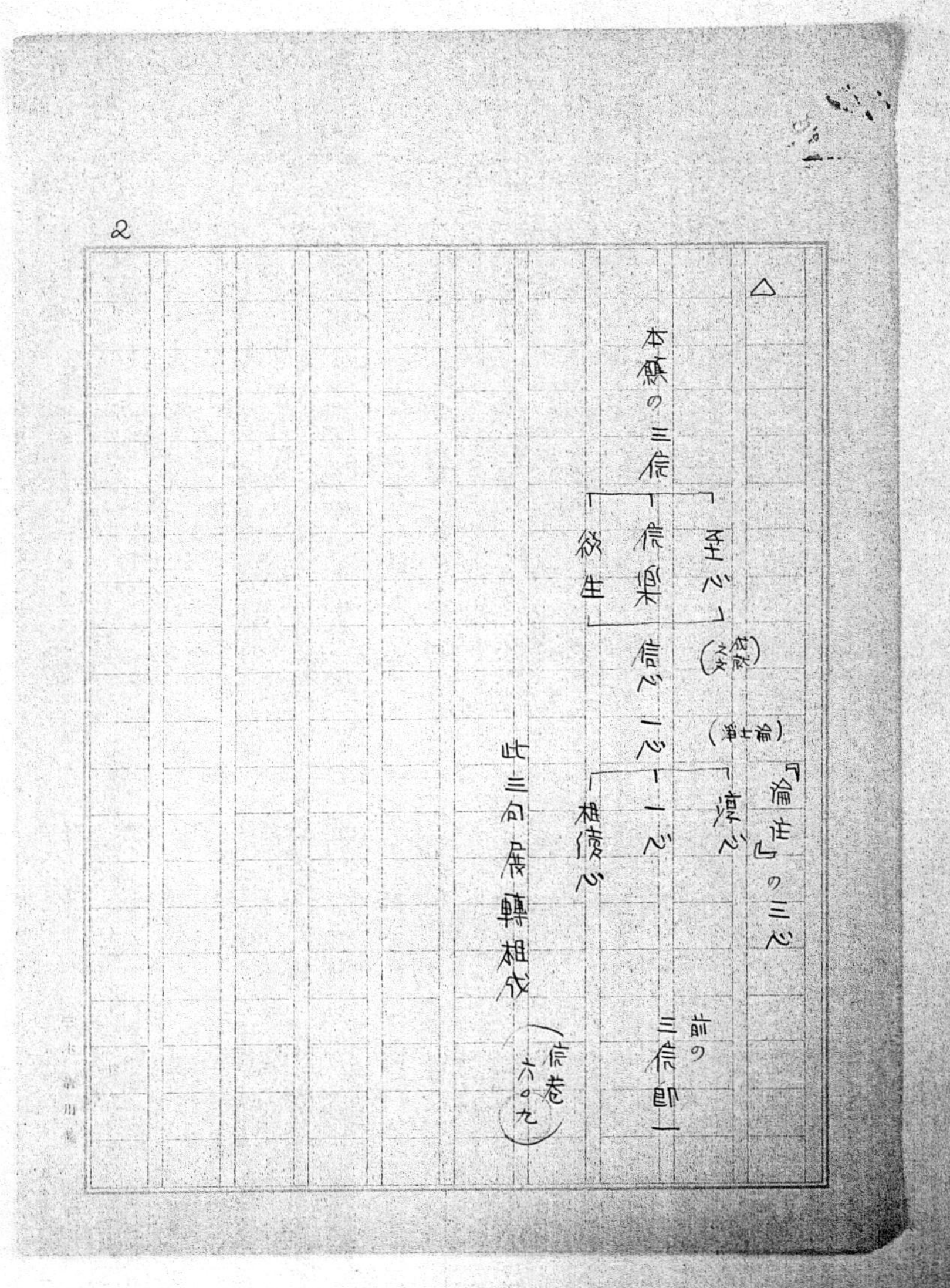

2

△

『論註』の三心（論註上巻）　　前の三信卽一

本願の三信「至心」「信楽」「欲生」（[illegible]）信心　一心「淳心」「一心」「相続心」

此三句展轉相成（信巻 六〇九）

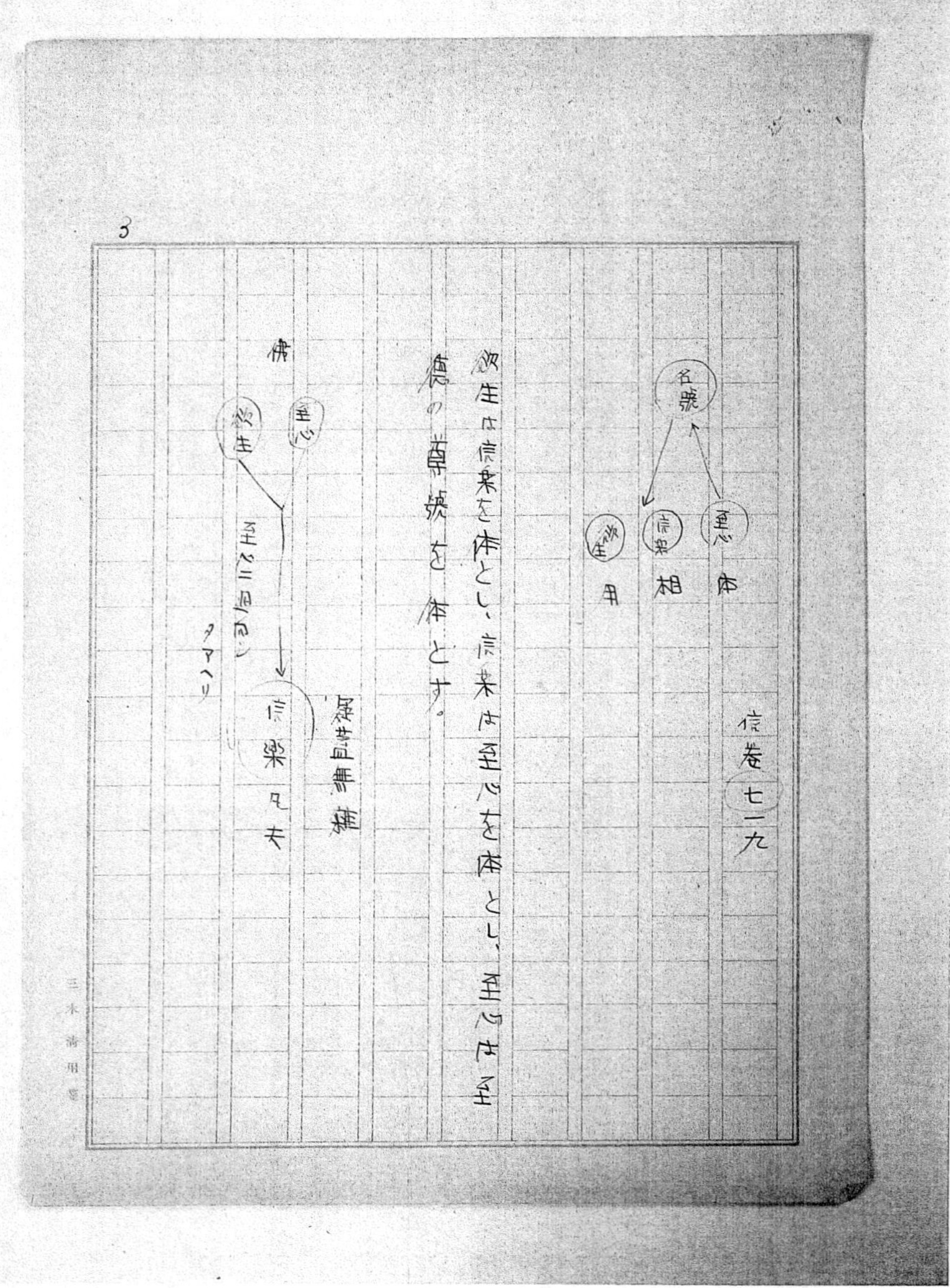

3

信巻七一九

至心　体
信楽　相
往生　用
名号

往生は信楽を体とし、信楽は至心を体とし、至心は至徳の尊号を体とす。

疑蓋無雑

信楽凡夫

至心に回向
タマヘリ

至心
往生
本

三木清用箋

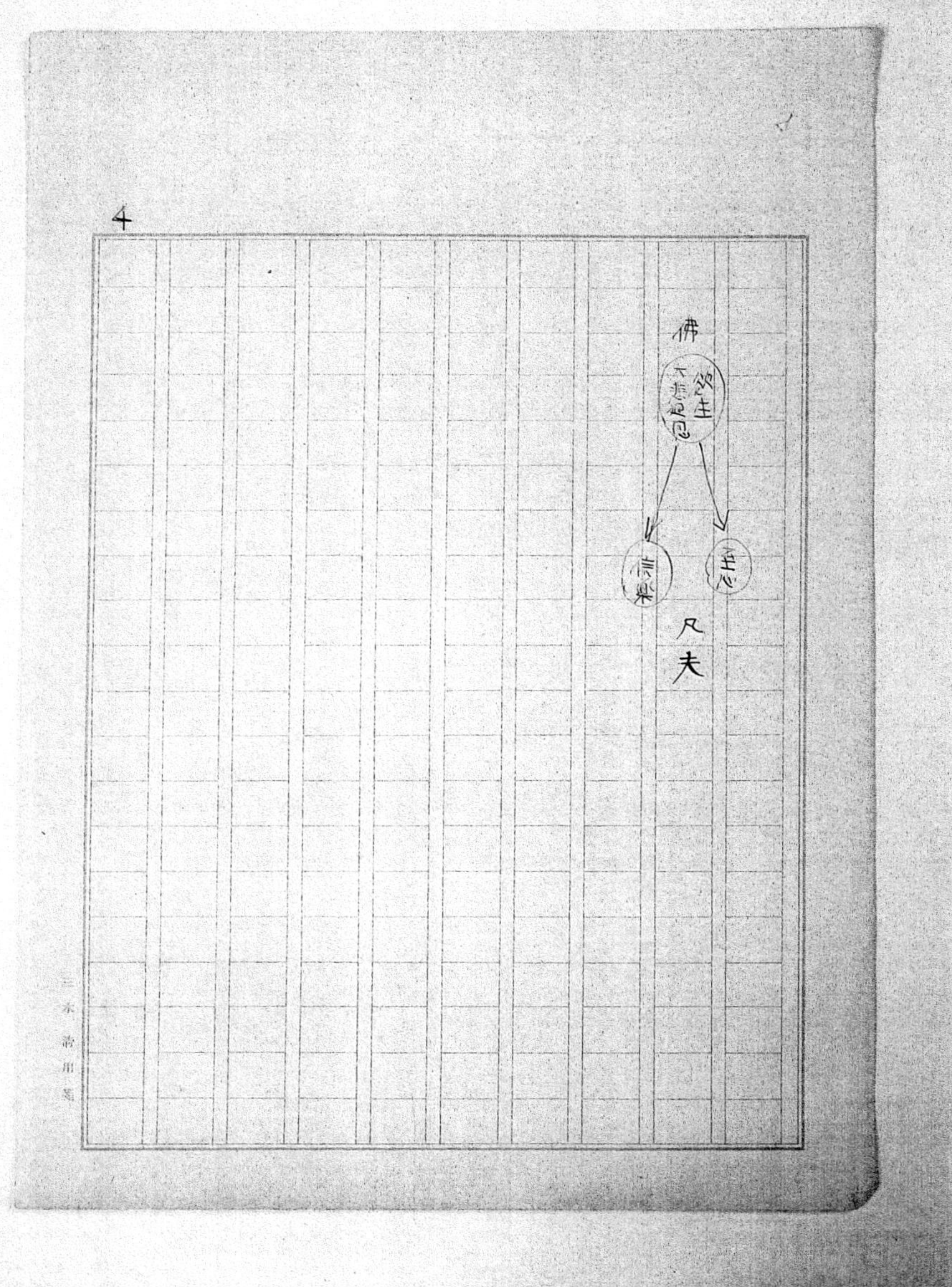
4
佛
欲生
至心
凡夫

信

1、　二義アリ

○信の一念

信巻八〇〇頁

「一念といふは、これ信楽開發の時剋の極促をあらはし、廣大難思の慶心をあらはすなり」。即得往生

信巻　一〇八頁

「一念といふは、信心に二心なきがゆゑに一念といふ。これを一心となづく。一心はすなはち清浄報土の真因なり。」

信

2

時熟の極促

キェルケゴール的瞬間、永遠。

無内容ならず——廣大難思の慶心

一念は時間的の意味ならず。

『論註』　宗巻七七一

三木清用箋

信

1,

○聞信

信巻 八〇八頁

然経言聞者衆生聞仏願生起本末無有疑心是曰聞也、言信心者則本願力廻向之信心也

信心は聞思の信にして修慧の信にあらず、即ち所聞の法が能聞の信となりたるものなり

三木 謹用箋

2

ロゴス一語るに對する聞く。

△信一信不具足

「信にまた二種あり。一には聞より生ず。二には思より生ず。この人の信心は、聞よりしてしかも生じて思より生ぜず。この故になづけて信不具足とす。また二種あり。一には道ありと信ず。二には得者を信ず。この人の信心はただ道ありと信じて、すべて得道の人ありと信ぜず。これを名けて信不具足とすといへり」

信巻七四八　涅槃経の文

○金剛の信心と攝取不捨　癸六九四

「攝取の光とまうすは、無礙光佛の御こころのうちにをさめとりたまふゆゑに、金剛の信心とまをすなり」（『唯信鈔文意』）

「この信心の人を眞の佛弟子といへり。この人を正念に住する人とす。この人は、攝取してすてたまはざれば、金剛心を得たる人とまをすなり。」

（『末燈鈔』）

「眞實信心のさだまると申すも、金剛の信心のさだまると申すも、攝取不捨のゆゑにまをすなり。」

（『末燈鈔』）

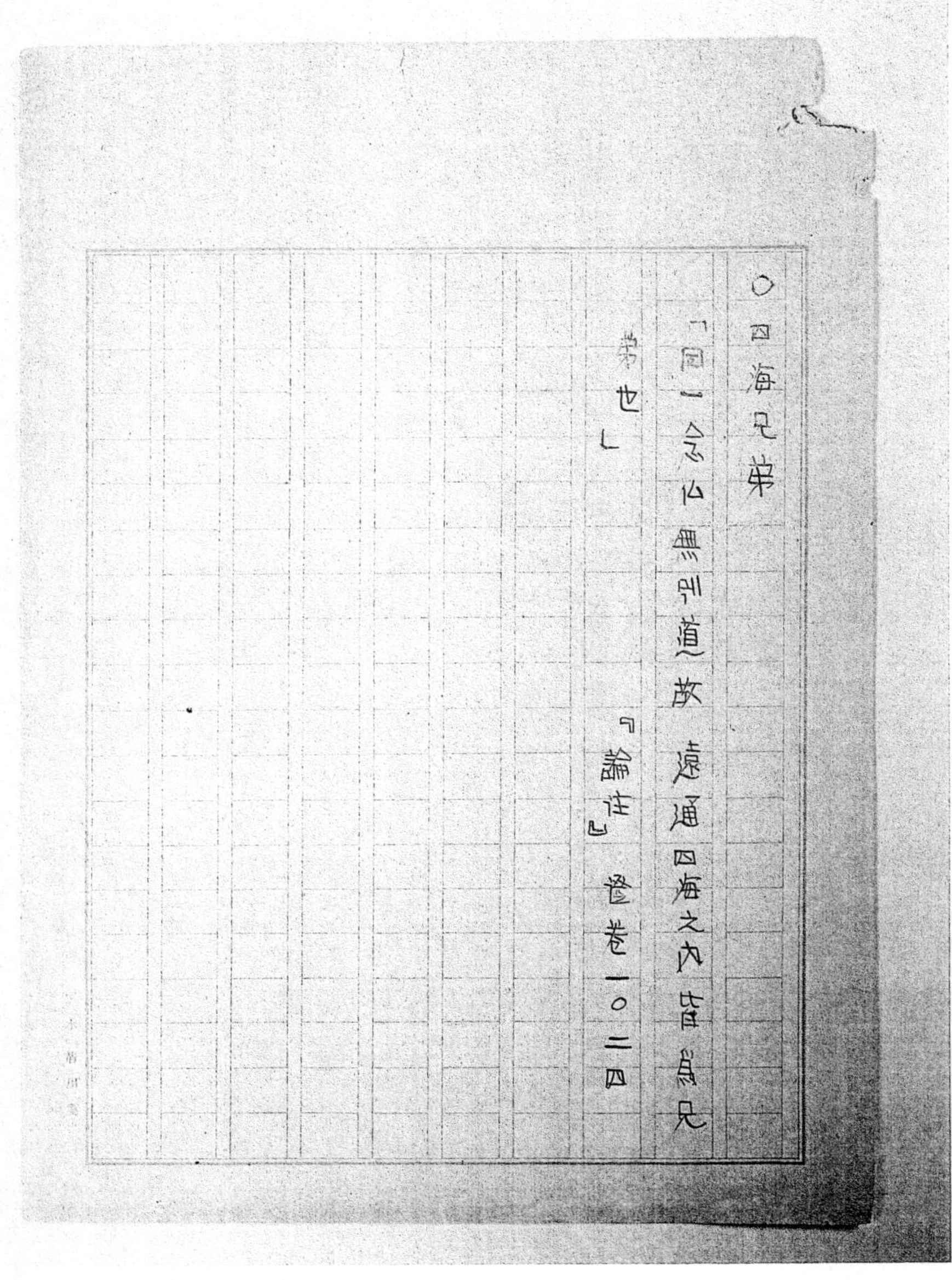

○四海兄弟

「同一念仏無別道故遠通四海之内皆為兄弟也」

『論註』證巻一〇二四

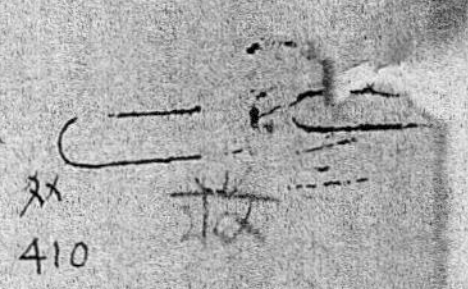

○安心のすがた。確実性の感情

「しかれば大悲の願船に乗じて光明の廣海に浮びぬれば、至徳の風しづかに、衆禍のなみ轉ず。」

「超世の悲願ききしより
我等（われら）は生死の凡夫かは
有漏の穢身はかはらねど
心は浄土に住み遊ぶ」

帖外和讃 97頁

三木清用紙

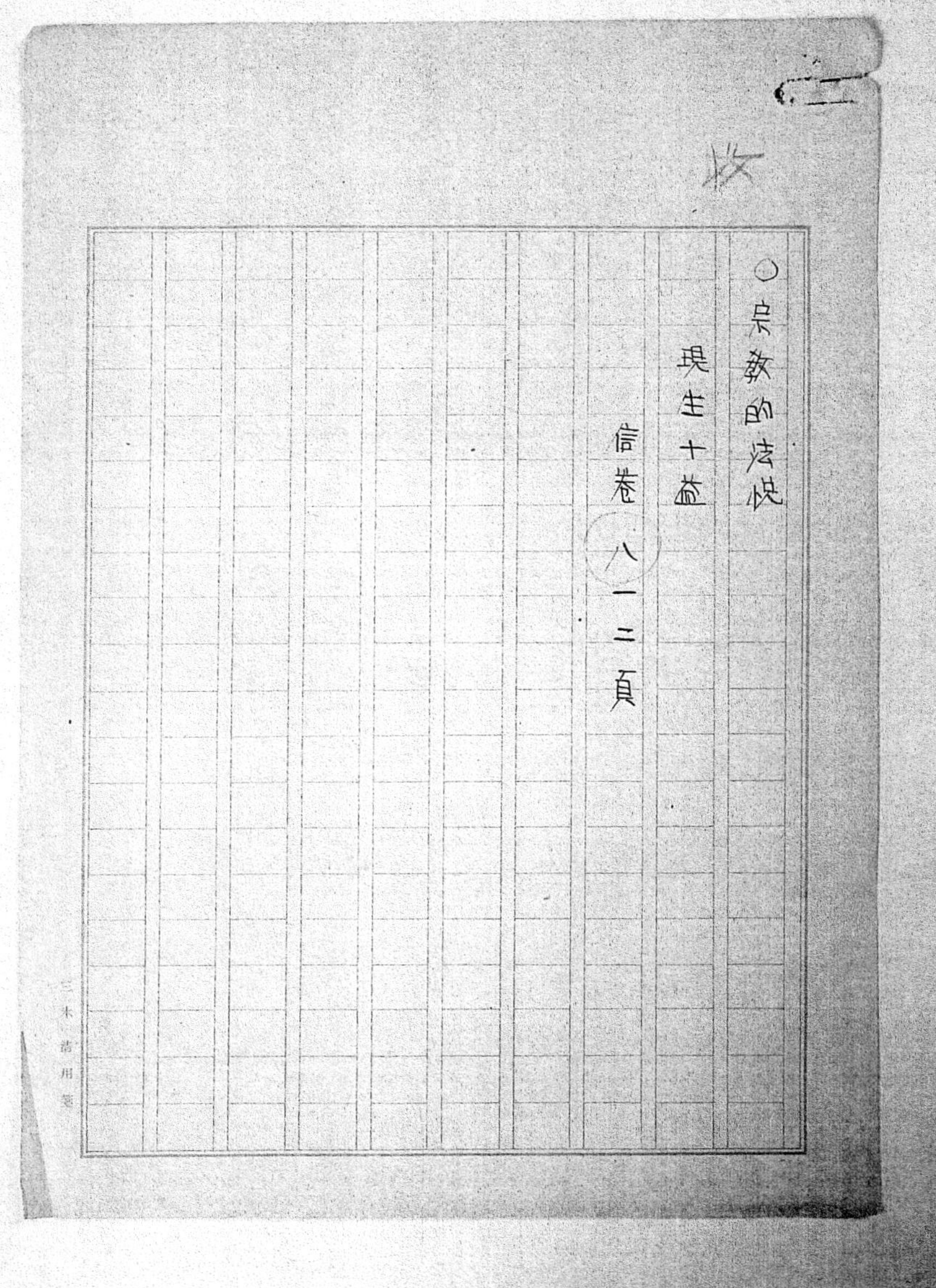

○宗教的法悦

現生十益

信巻八一二頁

三木清用箋

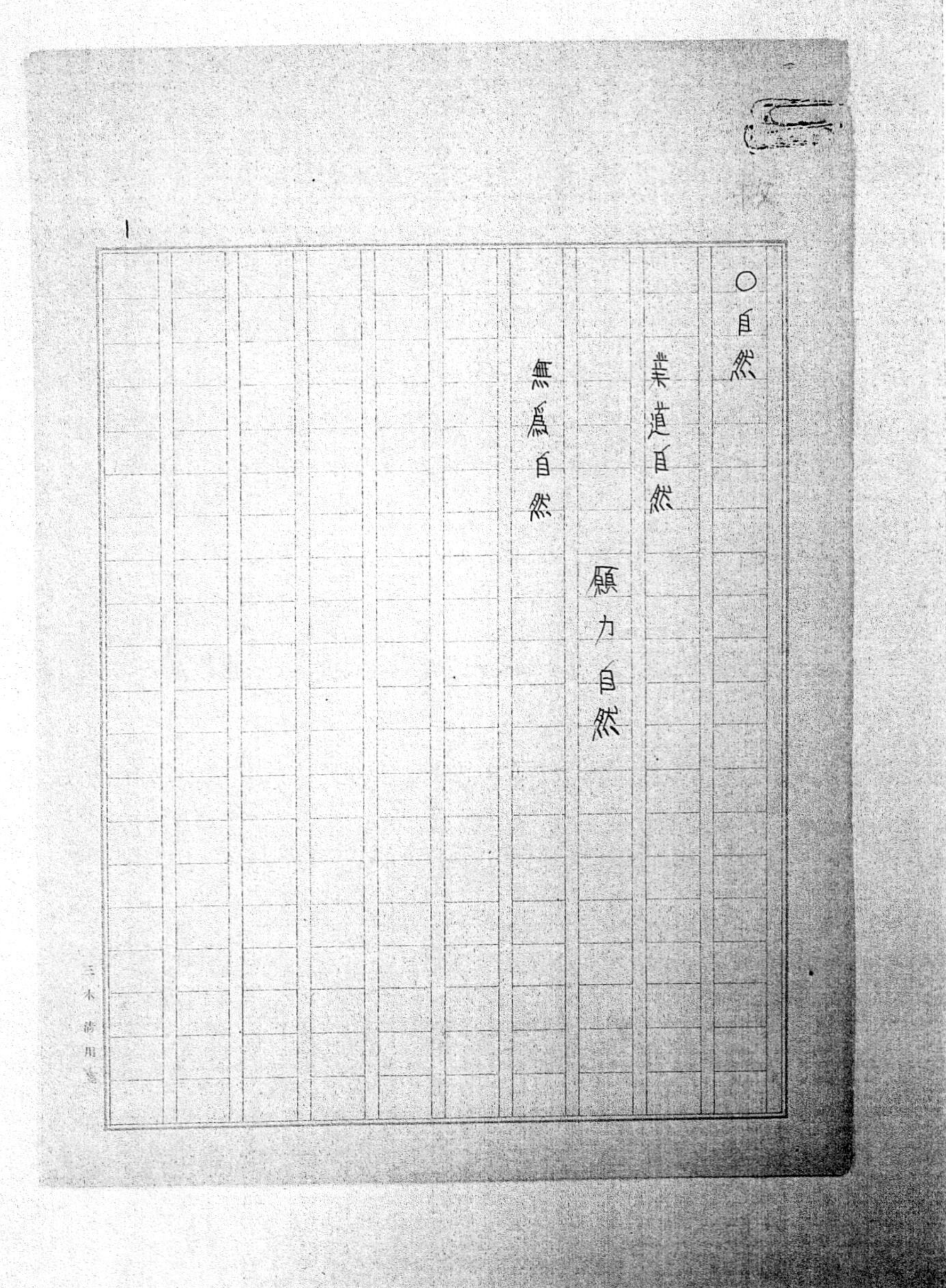

○自然

業道自然

願力自然

無為自然

1

三木清用箋

○「業道自然」

「善悪自然にして行ひを追うて生ずるところなり、窈窈冥冥として別離ひさしく長し、道路おなじからずして会ひみること期なし」

「天道自然にして蹉跌するを得ず、かるがゆゑに自然の三塗無量の苦悩あり。その中に展転して世劫を累ねて出づる期あることなく、解脱を得がたし。」

無量寿経

№

34

○願力自然

「必ず超絶して去ることを得て、安養国に往生せよ。横に五悪趣を截りて、悪趣自然に閉ぢ、道に昇ること窮極なからん。往きやすくして人なし。その国逆違せず。自然の牽くところなり」

無量寿経

尊号真像銘文　文集 79-80

信は願より生ずれば

念仏成仏自然なり

大日本出版株式會社

20×10

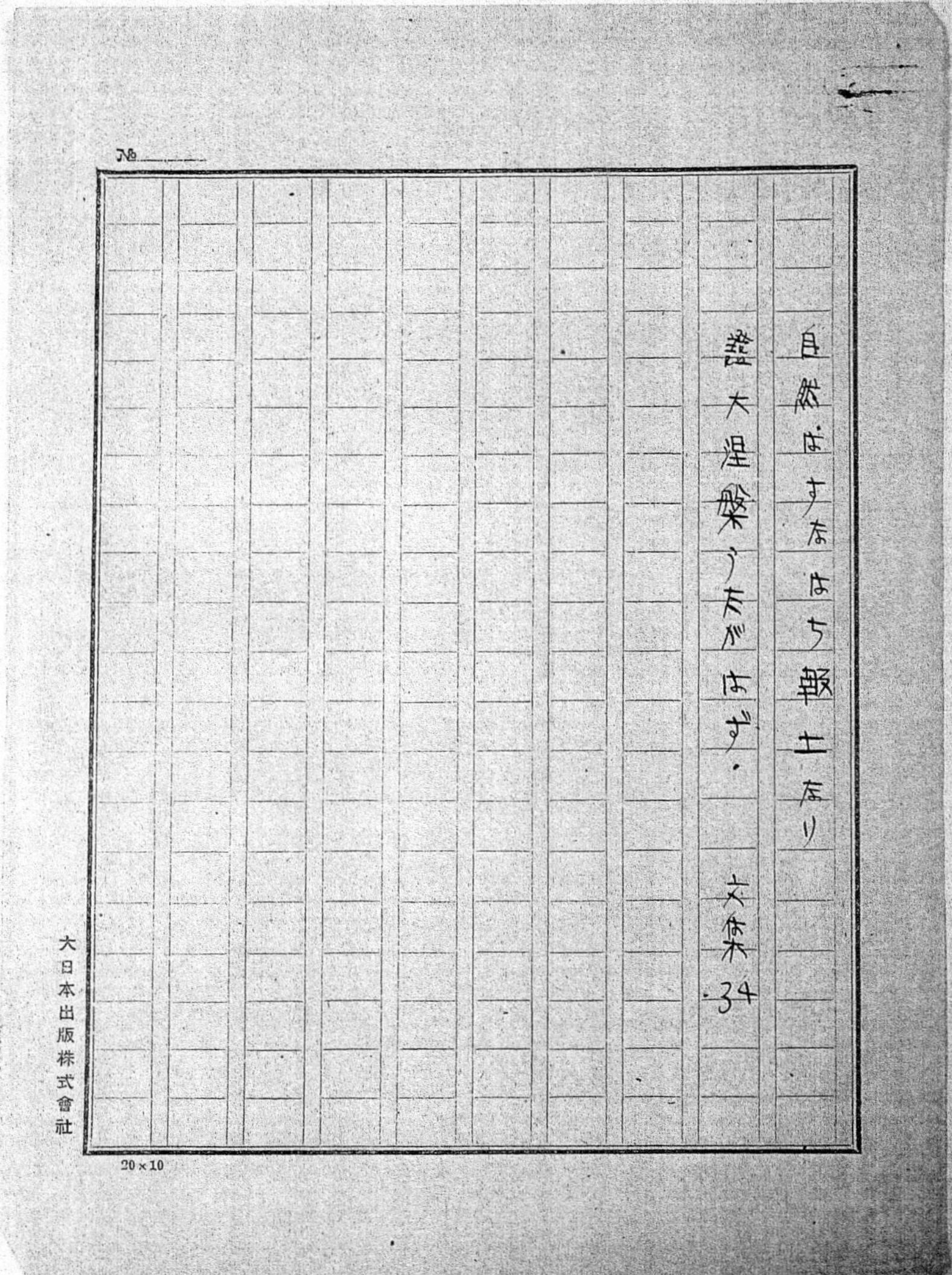
№

自然はすなはち報土なり

證大涅槃うたがはず。

文恭

34

20×10

大日本出版株式會社

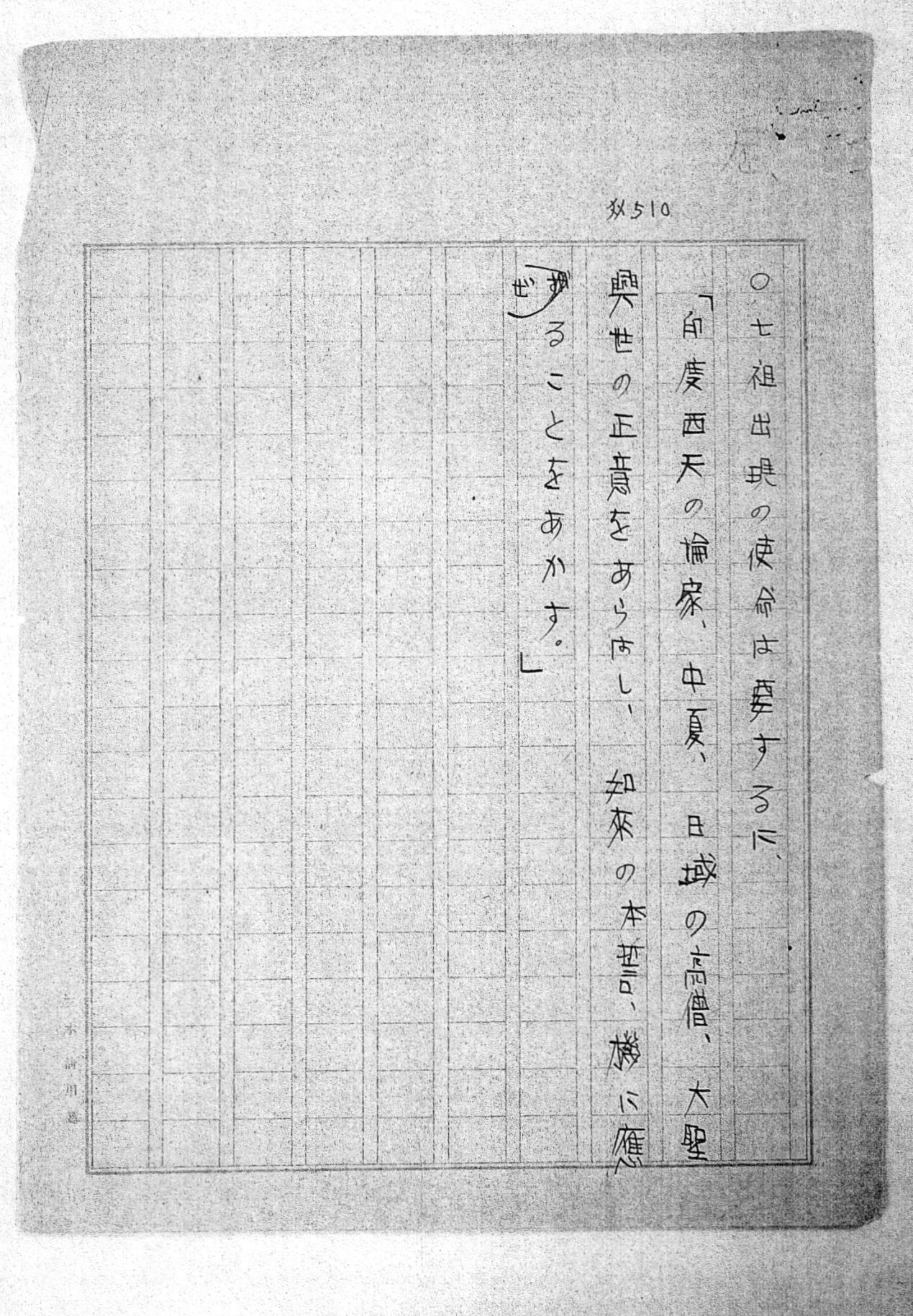

秋510

○七祖出現の使命は要するに、
「印度西天の論家、中夏、日域の高僧、大聖
興世の正意をあらわし、如来の本誓、機に應
ずることをあかす。」

1.

○真實

「一切群生海、無始よりこのかた乃至今日今時にいたるまで、穢悪汚染にして清浄の心なく、虚假諂偽にして真實の心なし。」

「たまたま浄信を獲ば、この心顛倒せず、この心虚偽ならず、ここをもて極悪深重の衆生、大慶喜心を得て、もろもろの聖尊の重愛を獲るなり。」

2

「眞心を開闡するは、大聖矜哀の善巧より顯彰せり。」

「眞實といふは卽ちこれ如來なり。如來は卽ちこれ眞實なり。眞實は卽ちこれ虛空なり。虛空は卽ちこれ眞實なり。眞實は卽ちこれ佛性なり。佛性は卽ちこれ眞實なり。」

信巻『涅槃經』の文

三木清用箋

3

「煩悩具足の凡夫、火宅無常の世界は、よろづのこと、みなもてそらごとたはごと、まことあることなきに、ただ念仏のみぞまことにておはします」

『歎異鈔』　文集二〇九

三木清用箋

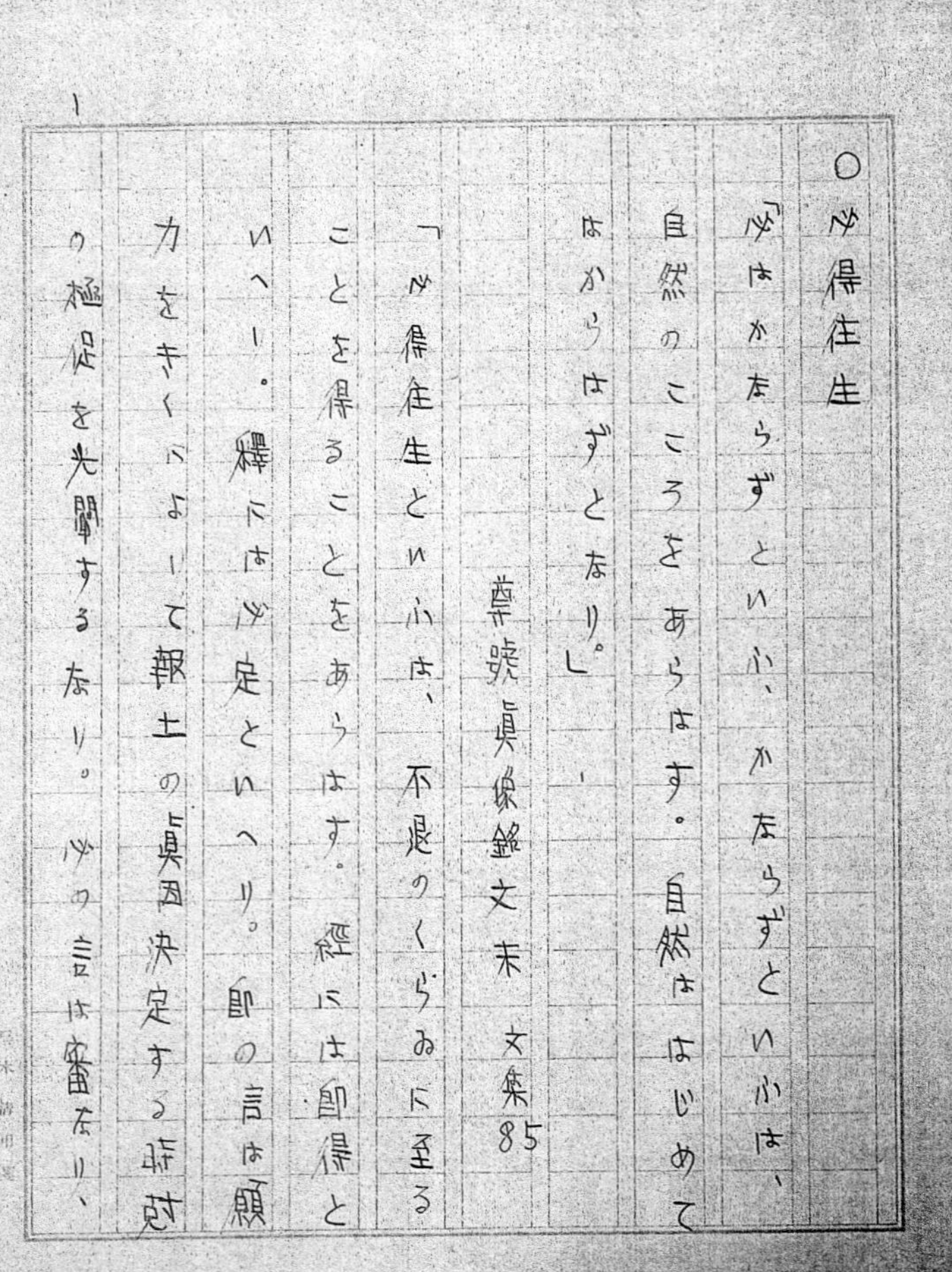

○必得往生

「必はかならずといふ、かならずといふは、
自然のこころをあらはす。自然ははじめて
はからはずとなり」

尊号真像銘文末　文集85

「必得往生といふは、不退のくらゐに至る
ことを得ることをあらはす。経には即得と
いへり。釈には必定といへり。即の言は願
力をきくによりて報土の真因決定する時剋
の極促を光闡するなり。必の言は審なり、

2

然なり、分極なり、金剛心成就のかほばせなり。」　行巻 三一四頁

『大經』願成就の文　即得往生住不退轉

龍樹『易行品』　即時入必定

現生正定聚の義

善導の六字釋

「言南無者即是歸命亦是發願廻向之義言阿彌陀佛者即是其行以斯義故必得往生。」　『玄義分』　行巻二九三引

1.

○超越

横出　要門自力教　迂遠な根機各別の果を得る
　　　漸教

横超　憶念本願　離自力之心

　　頓中之頓　眞中之眞　乗中之一乗

　　　　　　化巻　一三六七

超ー頓信頓證
出ー漸信漸證

　他力の本願を信じて自力の計らひを離れるのである、この時、如来の廣大なる功德智慧は、すべて我等の功德智慧となりて、佛凡一体の妙趣を得るのである。

竪超竪出に對す。

「超といふは迂に對し、廻に對するのことばなり。」

信巻　八四二

2

横超釋

一念須臾頃速疾超證無上正眞道　故曰横超

也　信巻　八四二

竪超 自身是仏 自身成仏　自力なり。　竪出 自力のなかの漸教 歴劫修行なり。

横超 如来の誓願 他力なり　横出 他力のなかの自力なり 定散諸行なり

『愚禿鈔』　下　文集　二五一

横超 ― 願力廻向之信楽、願作仏心

横ノ大菩提心　横超ノ金剛心

信巻　七八四

横超は願力自然　信巻　八四六

木 詩用箋

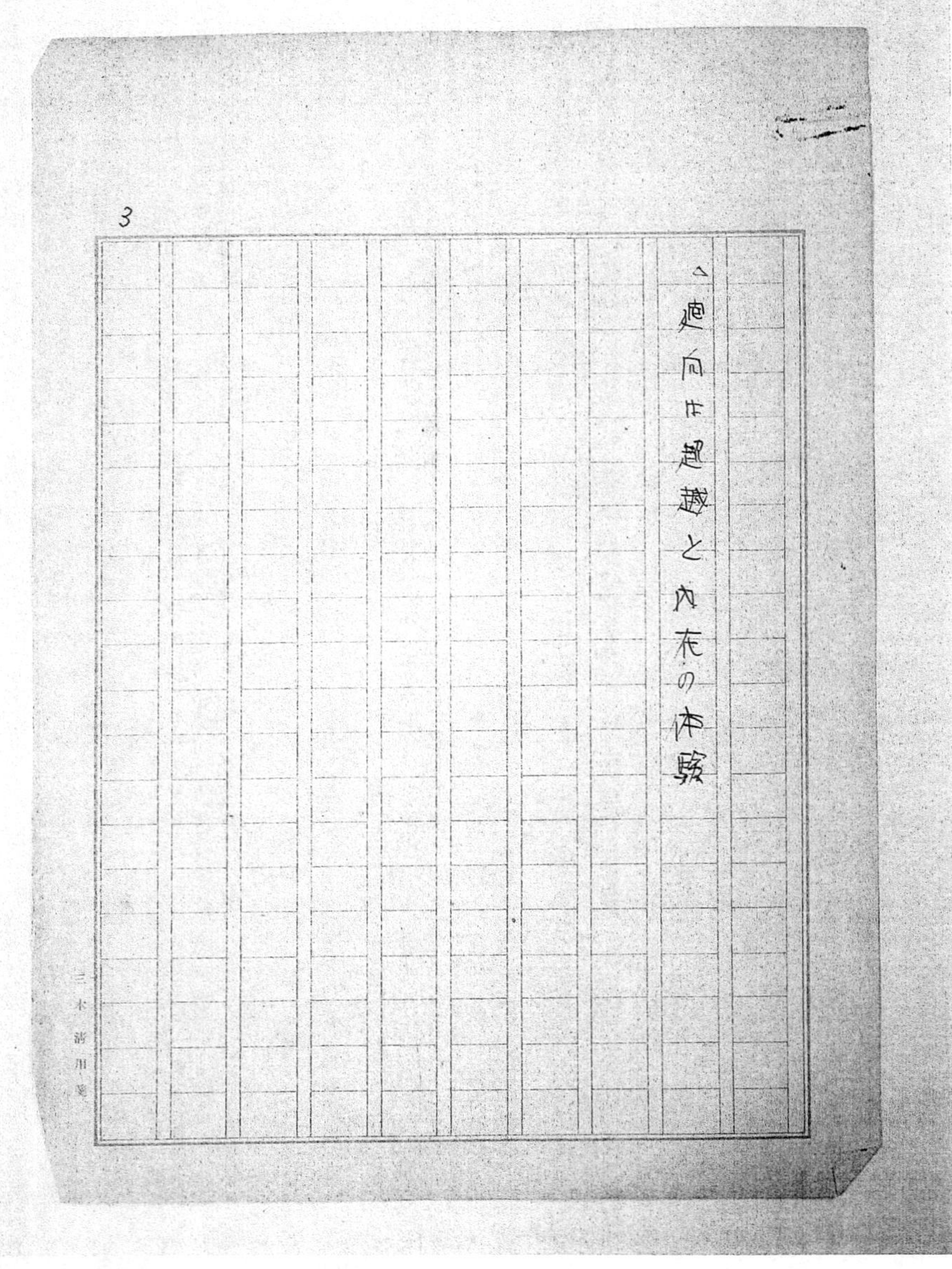
3
△廻向は超越と内在の体験
三木清用箋

○信心と滅罪

三在釈　『論註』信巻九七〇

在心、在縁、在決定

心—信心歓喜

縁—聞其名号

決定—即得往生住不退転

△五逆、謗法

「唯除五逆誹謗正法といふは、唯除は、ただのぞくといふことばなり。五逆のつみびとをきらひ

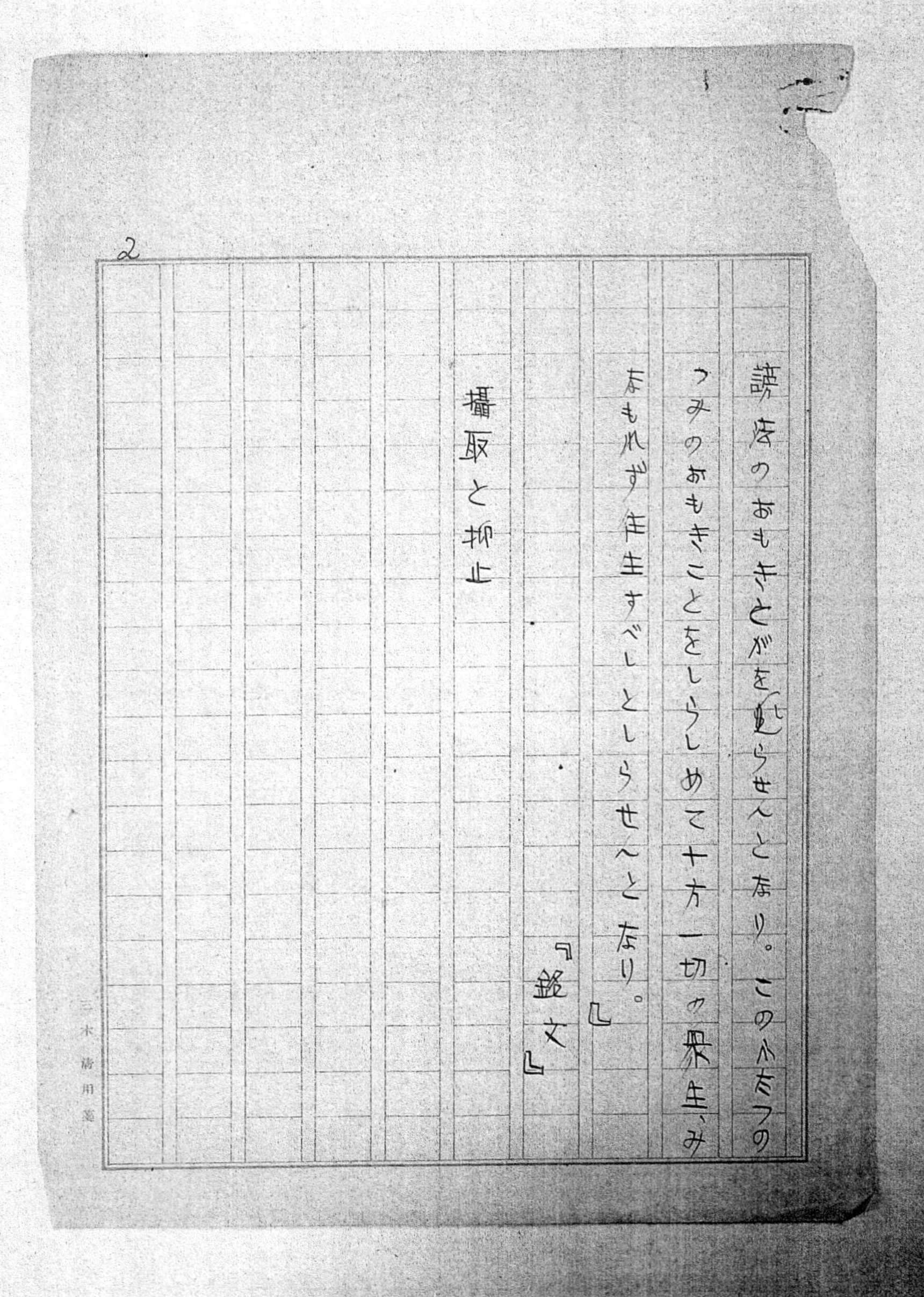

2

謗法のおもきとがをしらせんとなり。このふたつのつみのおもきことをしらしめて十方一切の衆生、みなもれず往生すべしとしらせんとなり。」

『銘文』

攝取と抑止

三木清用箋

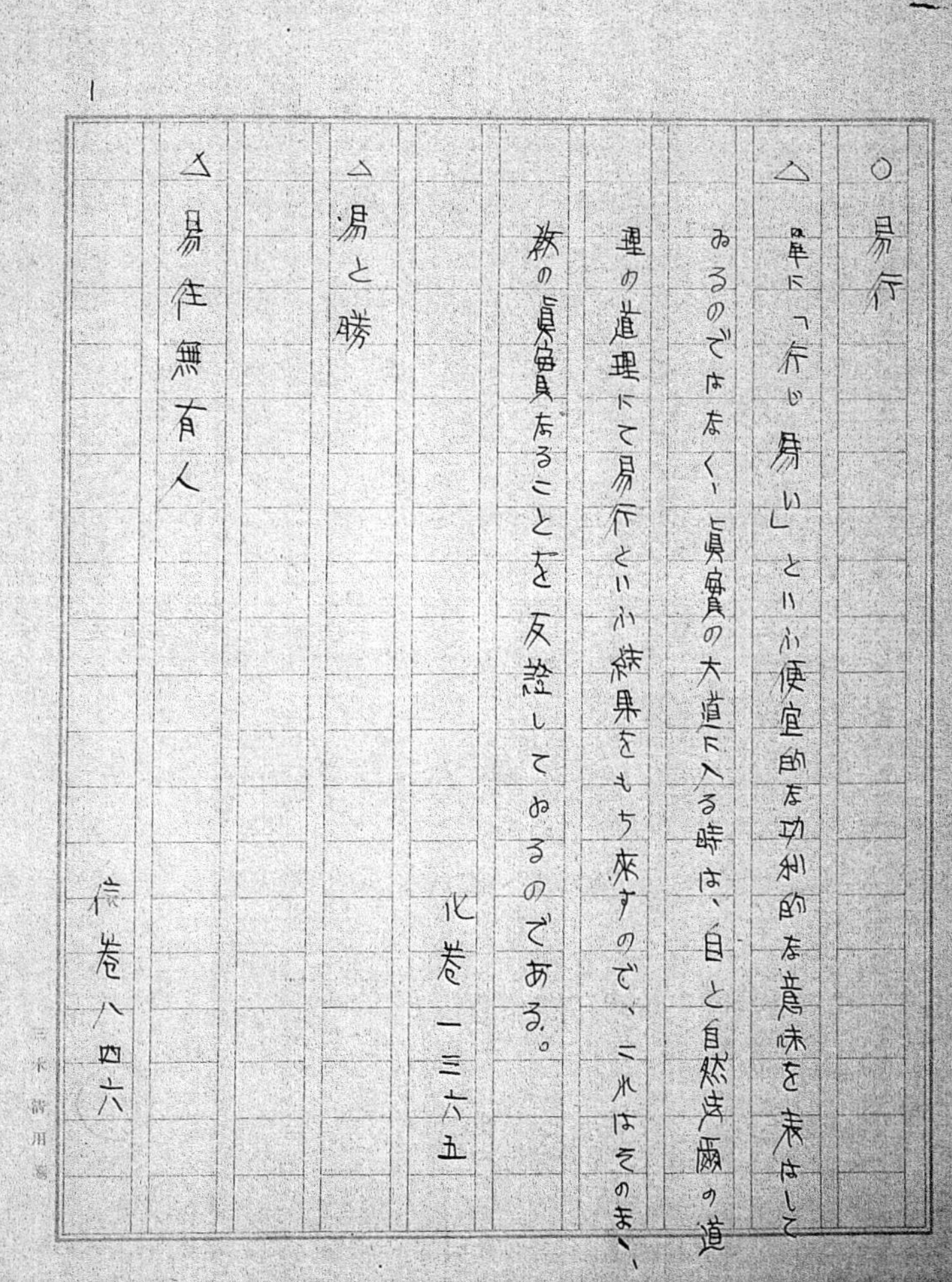

○易行

△単に「行じ易い」といふ便宜的な功利的な意味を表はして
ゐるのではなく、眞實の大道に入る時は、自と自然法爾の道
理の道理にて易行といふ結果をもち來すので、これはそのまゝ、
教の眞實なることを反證してゐるのである。

化巻　一三六五

△易と勝

△易往無有人

信巻　八四六

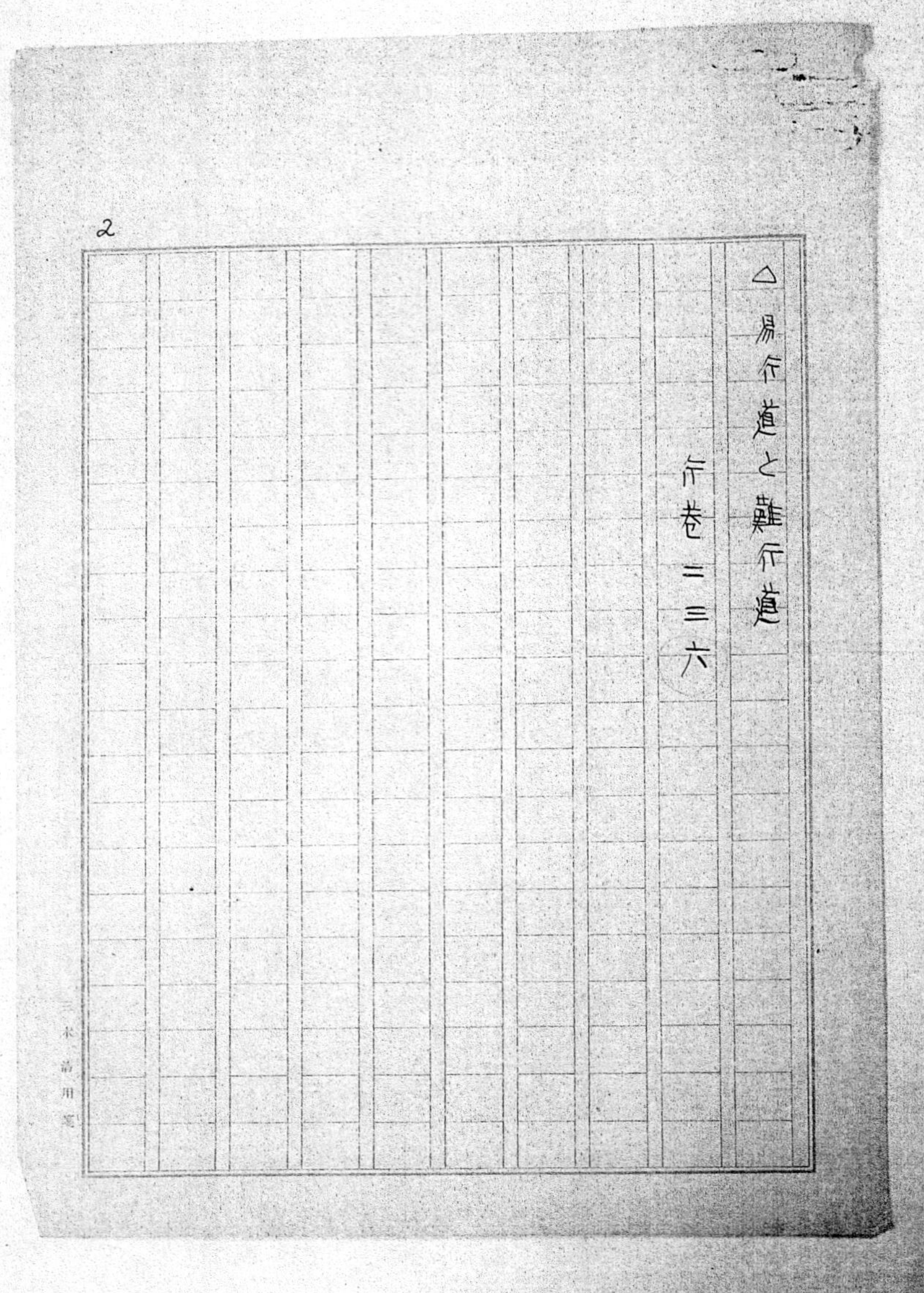

2

○易行道と難行道

行巻三三六

一三

○往生

△功利的なるべからず、

「若し人、無上菩提心を發せずして、ただかの國土の受樂無間なるを聞きて、樂のための故に、生ぜんと願ぜば、またまさに往生を得ざるべきなり。この故に自身住持の樂を求めず、一切衆生の苦を抜かんと欲するが故にといへり」

曇鸞。

三木清用箋

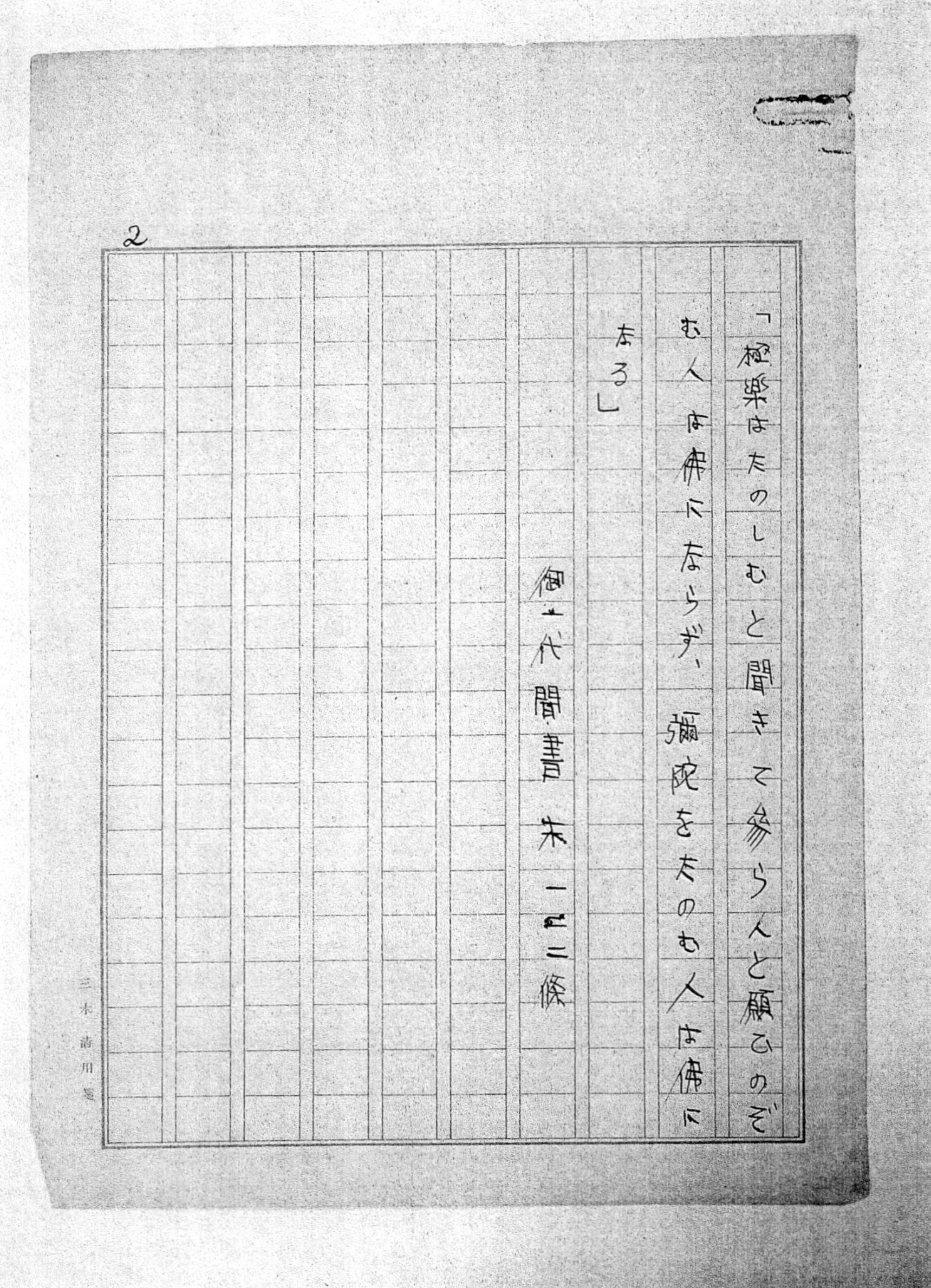

2

「極楽はたのしむと聞きて参らんと願ひのぞむ人は仏にならず、彌陀をたのむ人は仏になる」

御一代聞書　末　一三二條

三木清用箋

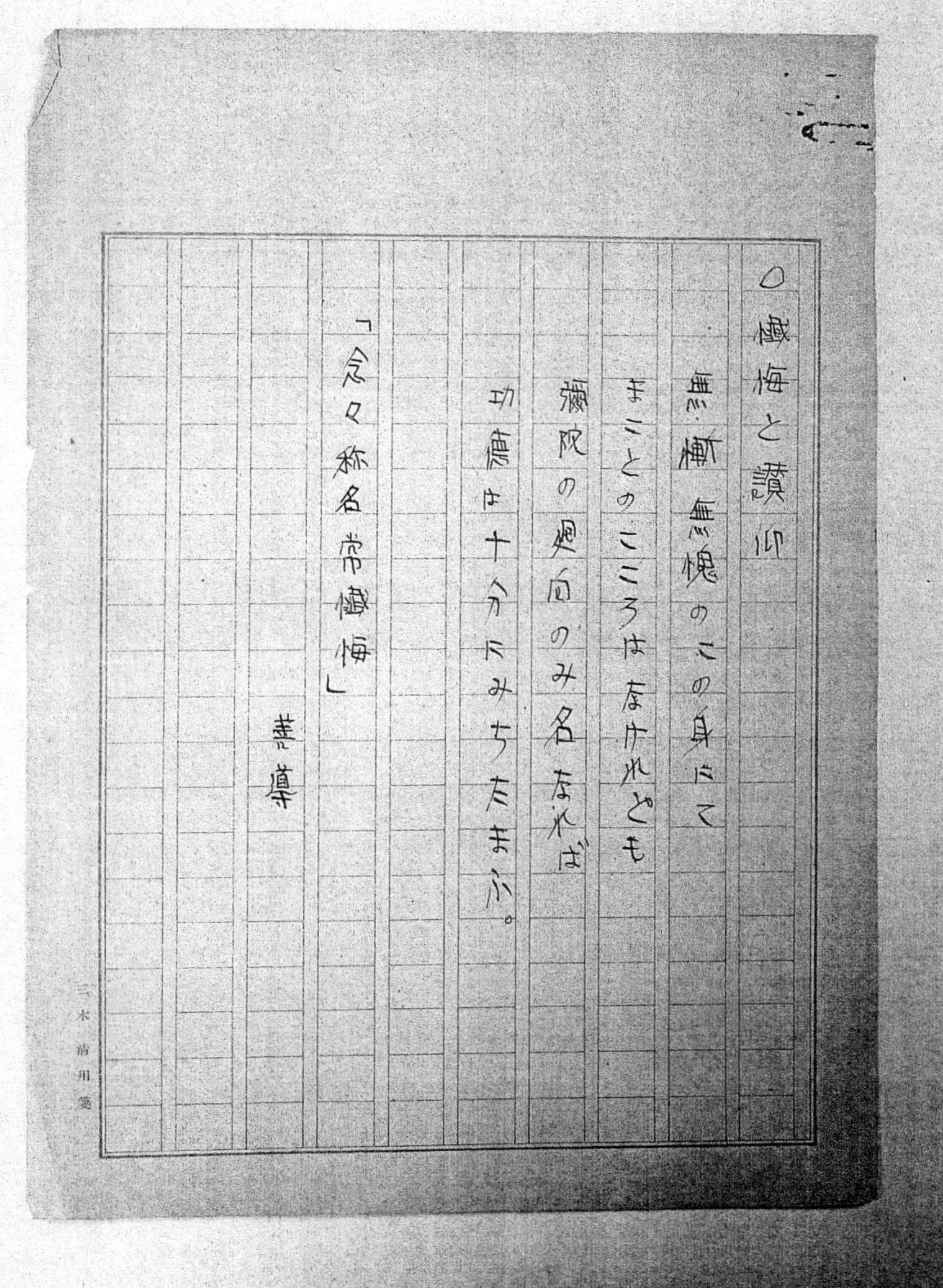

○懺悔と讃仰

無慚無愧のこの身にて
まことのこころはなけれども
弥陀の廻向の御名なれば
功徳は十方にみちたまふ。

「念々称名常懺悔」

善導

三木清用箋

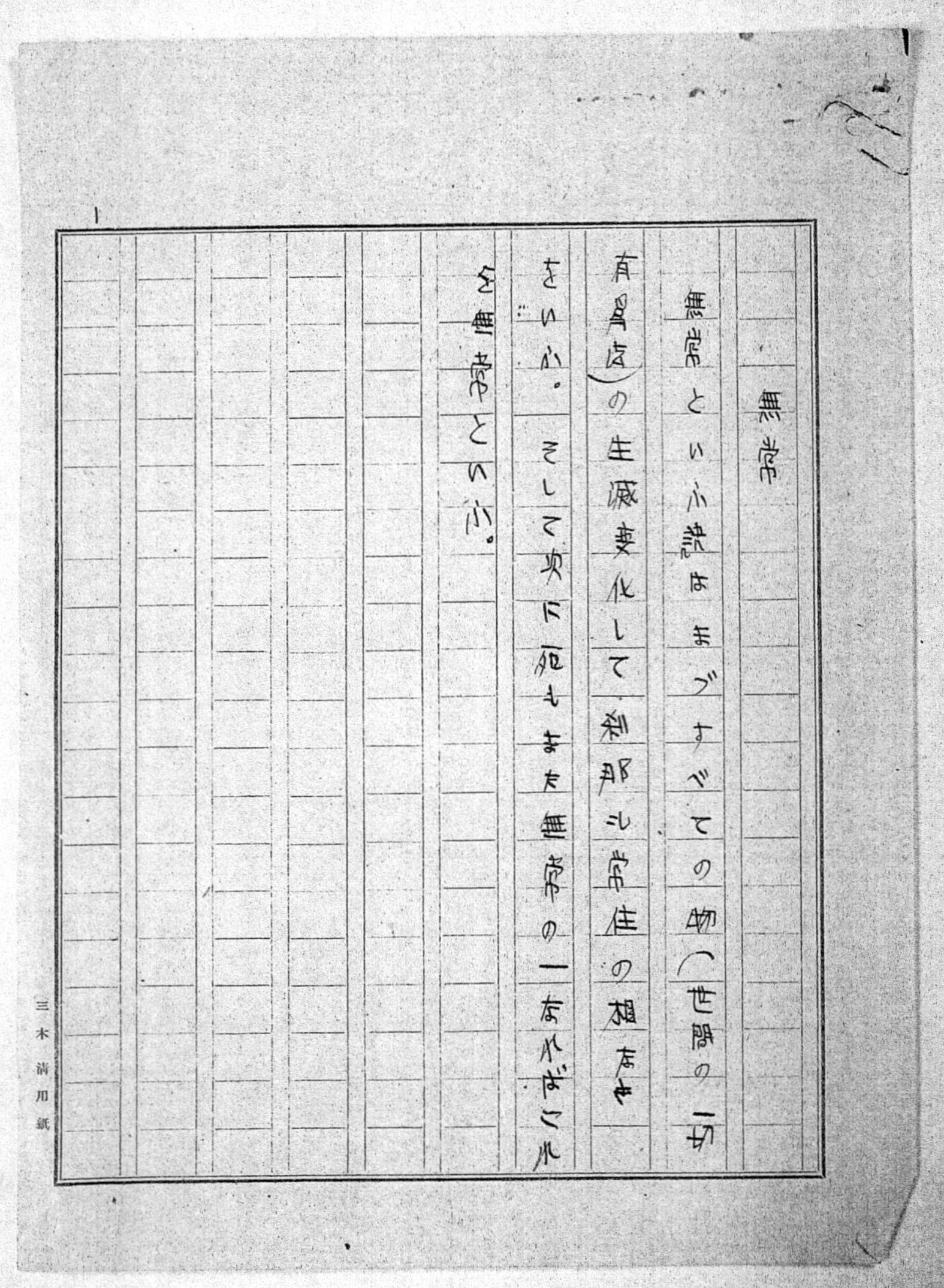

無常

無常といふ語はまづすべての物（世間の一切有為法）の生滅変化して刹那も常住の相なきをいふ。そして次に死もまた無常の一なれば之れを無常といふ。

三木清用紙

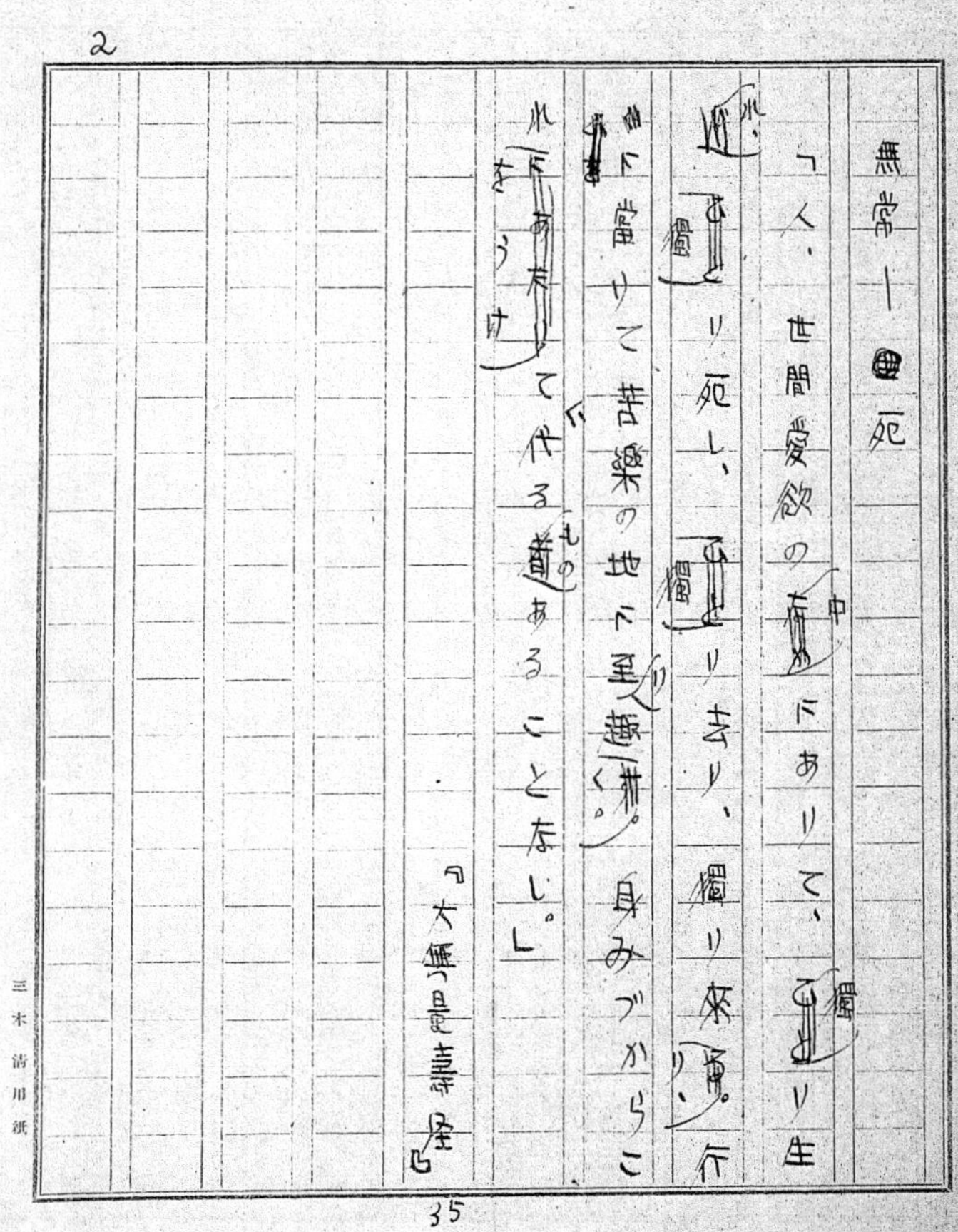

2

無常―死

「人、世間愛欲の中にありて、獨り生れ獨り死し、獨り去り獨り來る。行に當りて苦樂の地に至り趣く。身みづからこれを當く、代る者あることなし。」『大無量壽経』

35

三木清用紙

3

無常（死）―― 発菩提心

「ソレ、オモンミレハ、人間ハタヽ電光朝露ノユメマボロシノアヒタノタノシミゾカシ、タトヒマタ、榮華榮耀ニフケリテ、オモフサマノコトナリトイフトモ、ソレハタヽ五十年乃至百年ノウチノコトナリ、モシタヽイマモ无常ノカセキタリテサソヒナハ、イカナル病苦ニアヒテカムナシクナリナンヤ、マコトニ死セントキハ、カネテタノミヲキツル妻子モ財寶モワカ身ニハヒトツモアヒソフコトアル

三木満用紙

4

ヘカラス、サレハ死出ノ山路ノスヱ、三塗ノ大河ヲハ、タヽヒトリコソユキナンスレ、コレニヨリテタヽフカクネカフヘキハ後生ナリ、マタタノムヘキハ彌陀如来ナリ、信心決定シテ、マイルヘキハ安養ノ浄土ナリトオモフヘキナリ。」

三木清用紙

48.6 (242,6)

善導の『往生禮讃』における日没無常偈

訳にて、

「人間忽忽として衆務を営み、年命の日夜に去れることを覚らず。燈の風の中に滅びなんこと期し難きが如し。忙忙たる六道定趣なし。未だ解脱して苦海を出ることを得ず。いかんしてか安然として驚懼せざる。各聞け、強健有力の時に、自策自励して常住を求めよ。」

三木清用紙

釋迦彌陀は慈悲の父母
種々に善巧方便し
われらが・無上の信心を
發起せしめたまひけり

2

る。
教ある仏は法〔の本質〕は〔永〕遠の真理である。それは
時間を超えた、超越的なものである。しかる
にそれが我々人々にとって意味のあるもので
あるためには、それが救済の力として働き得
るためには、歴〔史〕の世界の中へ降りて来なけ
ればならないであらう。永遠の真理は時間の〔歴史〕
うちに啓示されねばならぬ。そこに親鸞の存
在の意味がある。親鸞がこの世に現はれたの〔「出世の本懐」〕
は、何を意味するか。その使命は〔何〕どこに存す

三木清用紙

No.

時間、空間

同時代性の問題

消滅、瞬間、流れにあらず。(非續性なし)

現在即永遠

未來像の缺乏

穢れと罪　超越、一　決断、行爲、

論理的秩序の缺乏

時間を量る、

20×10=200

布教研究所原稿用紙

No.

遠近法なし

多元的中心

次元なし——論理的秩序の缺乏

隨筆的思考、

東洋的象徴主義——虚無主義

個人主義——合理主義

布教研究所原稿用紙

20×10=200

書信

務台理作宛 1923（大正 12）年 1 月 8 日絵はがき

新年お目出度う存じます。
お端書を有難うござい
ました。御無事で何よりと思
ひます。私も元気でおります。
年の暮からバーデン・バーデンと
云ふ近くの温泉場まで行
って田辺先生と山内得立
さんと落合って来ました。
こちらではもう学校が始
まりました。[illegible]で却て
寂しい気がします。一月八日
清。

Verlag J. Velten, Karlsruhe

Deutsches Reich 50 Fünfzig Mark

via Amerika.

京都帝國大學
文學部
哲學研究室
務臺理作様

Herrn Dr. Mutai.
Kioto,
Japan.

HEIDELBERG, von der Neuenheimer Landstraße gesehen

川村雄宛 1929（昭和 4）年 12 月 26 日はがき

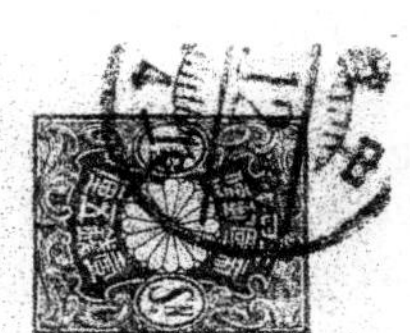

西田幾多郎宛　一九三〇（昭和五年）九月一五日　封書

東京市外野方町
新井三三六　三木清

京都市左京區
田中飛鳥井町三二
西田幾多郎様

お手紙拝誦まことに忝く存じ
ました。先生の御健在を何より
もお慶び申し上げます。鎌倉の
円覚寺には私も学生時代暫
らく過したことがございます。
私は達者で暮してをります。
禅堂に参籠したやうなすがすがし
い気持で、毎日思索し読書
いたしてをります。今は沈黙を
守つてゐたく思ひます。Man
irrt solange man strebt. 凡
ての不幸にも拘らず自分はやは
り一歩前進した█のだと思
ひます。徐ろに思想を練り気
力を養つて来るべき日を待
つてをります。

いつしかに
世は秋となる
静けさよ
生くるをねがはず
死をも欲りせず

九月十五日　清

西田先生

石川県西田幾多郎記念哲学館所蔵

武田麟太郎宛 1934（昭和 9）年 6 月 27 日速達はがき

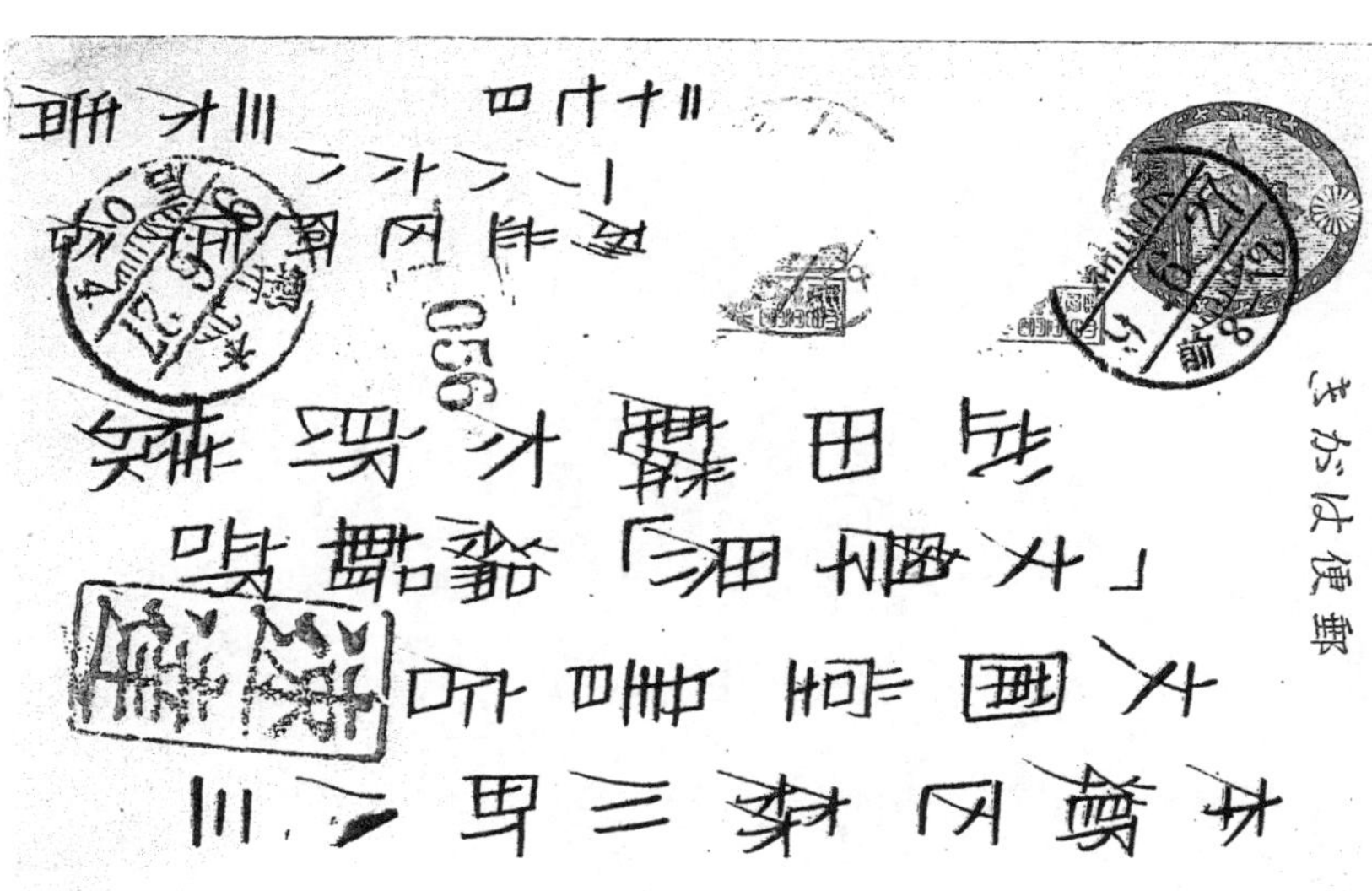

務台理作宛 1935（昭和 10）年 4 月 15 日はがき

小西茂也宛 1938（昭和 13）年 4 月 14 日はがき

拝啓 先日は失礼しました。
ファイヒンゲルは決りました
か、まだ未定ならば安田徳男君
に頼んではどうか。その他安
田君はマッハでもジンメル
でも書けると思ひます。
何か一つ振当てては如何
かと思ひます。
杉並区高円寺四ノ五三九
三木清
四月十四日

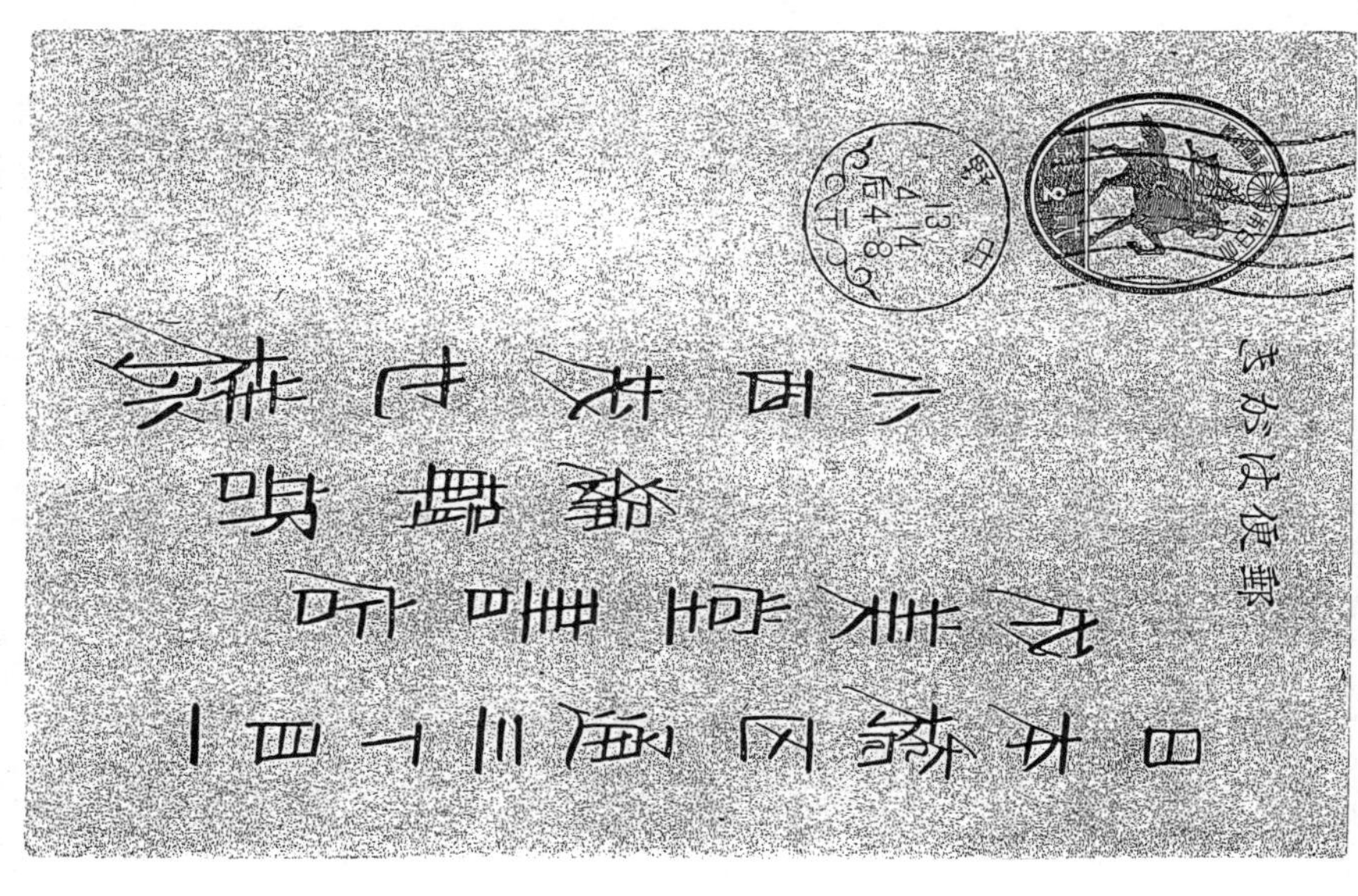
郵便はがき

日本橋区通三丁目一
成美堂書店
編輯部
小西茂也様

務台理作宛 1939（昭和 14）年 6 月 16 日はがき

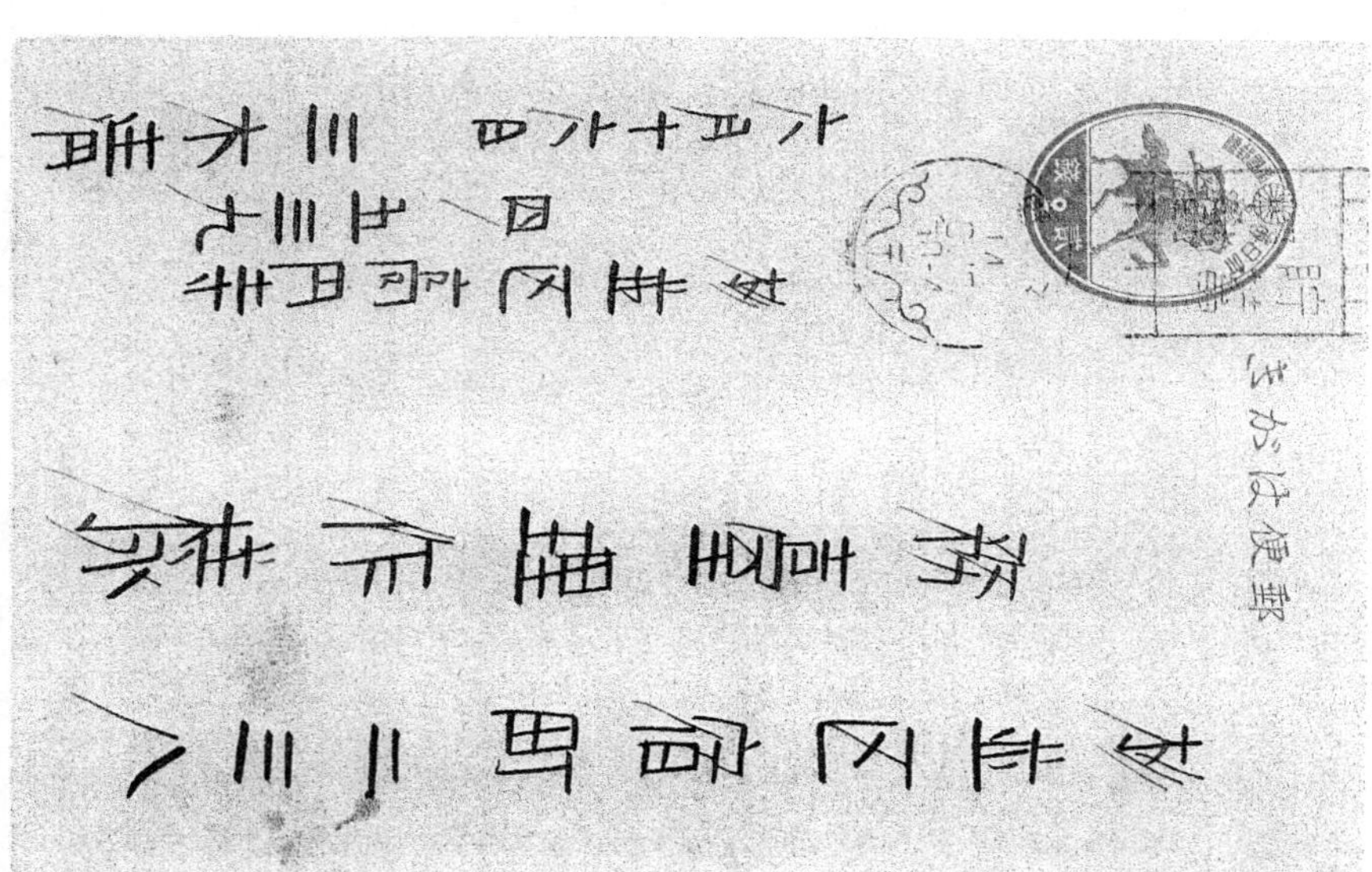

兵庫縣揖保郡
揖西村小神
三木清助様

私も七月末満洲から帰るつもり
ですが、帰途都合よろしけれ
ば郷里へ立寄りたいと思って
をります。
母上お大事になって下さいます
よろしくお願ひします。

八月二日　清

父上様

小西茂也宛 1940（昭和 15）年 10 月 8 日はがき

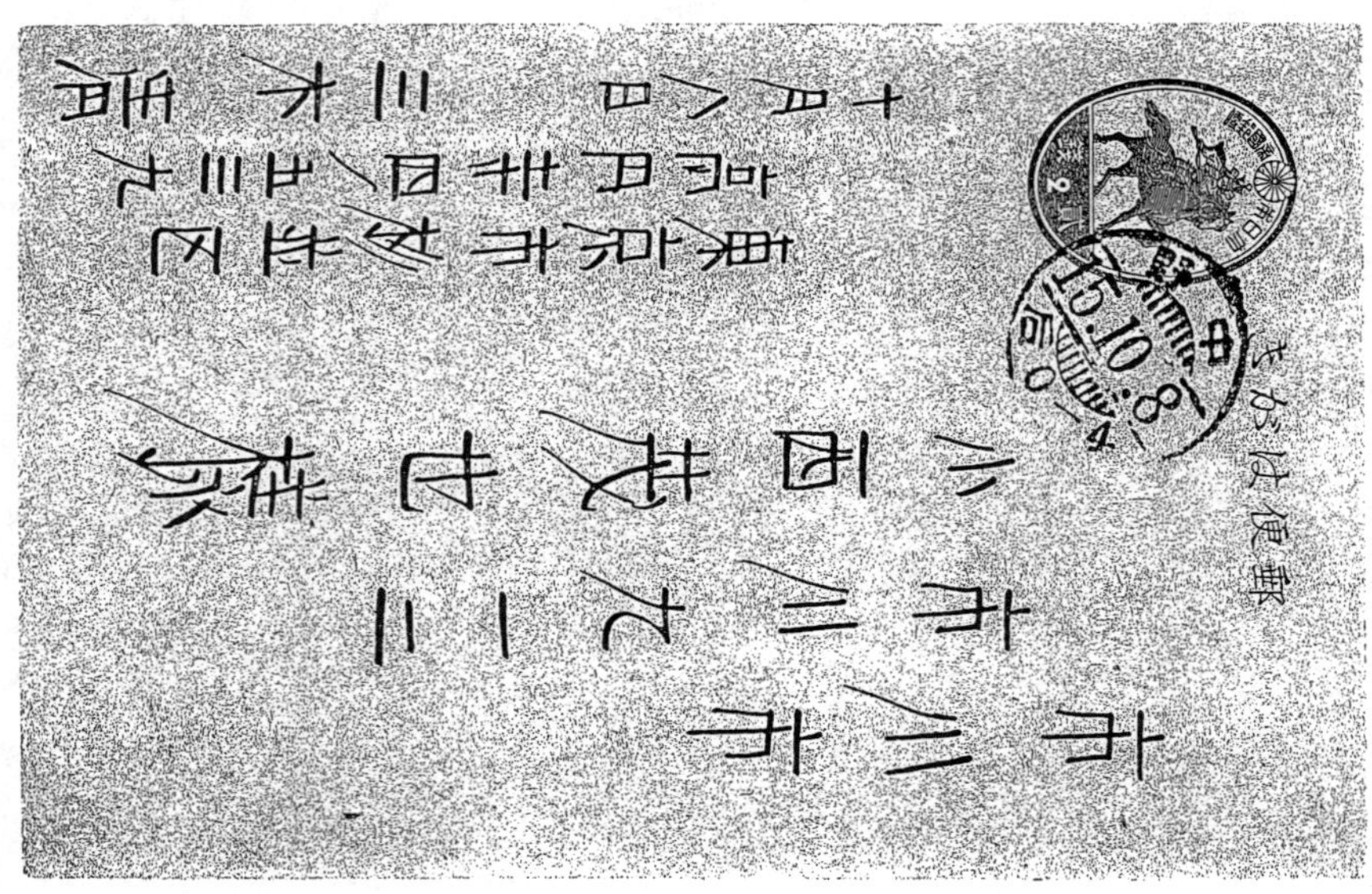

六月十一日附のお手紙拝見しました。また中山、長谷川、織田氏等の寄せ書き戴きました。お元気で御活動の御様子、何より嬉しく存じます。

お送り下さいました二冊の本、確かに受取りました。この時世としてはよく出来た本と喜んでをります。いろいろお世話になりましたことを厚く御禮申し上げます。殊に「知識哲學」の方は、あんなに度々お足を運ばせておきながら、結局に無理が出来ませんでしたのを遺憾に思ってをります。いづれ續論を書いて大々的に増訂いたし、堂々たる本にしたいと考へてをります。本が読まれることは有難いですが、今年の所得税はたいへんらしく、税金を払ふために更に新しい本を出さねばならぬといふやうな身分です。これも徴用と同じく名譽の負担といふべきでせうか。

出版界は多事多端の様子、御健闘を祈ります。こんな時世においてもやはり内容のしつかりしたものを出してゆくのが結局好いことと考へます。小山書店に大いに期待してゐます。

こちらは別に変化ありません。おかげで元気にやつてをりますから、御安心下さい。これまで通り、書くことよりも読むことに勤めてをります。もつと読むつもりです。そのうちに何か書きたくなるだらうかと思ひます。今度陣中新聞「南十字星」が雑誌の形になりましたので、短いものを連載し始めました。少し續けるつもりです。ともかく現地第一主義で、内地向けの原稿を書くのはいつのことになりますか。書く気持が出来れば、「南十字星」にも送稿いたしませう。

小山君元気ですか。よろしく。その他寄せ書きの諸君、岩波の連中にもお会いでしたらよろしく。御健康を祈ります。

八月三日　　　清

野田宇太郎様

野田宇太郎文学資料館所蔵

野田宇太郎宛(2)1942（昭和17）年10月書簡

東京市麹町区
飯田町二ノ十一
小山書店
野田宇太郎様

比島派遣
渡一六〇〇部隊十一
三木清

その後お変りありませんか。お送り下さいました雑誌まさに落手いたしました。厚く御礼申し上げます。諸氏の寄せ書もたいへん面白く拝見しました。私元気で、毎日同じやうな日を送ってゐます。もう十月にもなつて、何だか心せはしく感じるやうになりました。中山氏にもよろしくお傳へ下さい。

ナチブ山　田中佐一郎

野田宇太郎文学資料館所蔵

野田宇太郎宛(3)1942（昭和17）年12月書簡

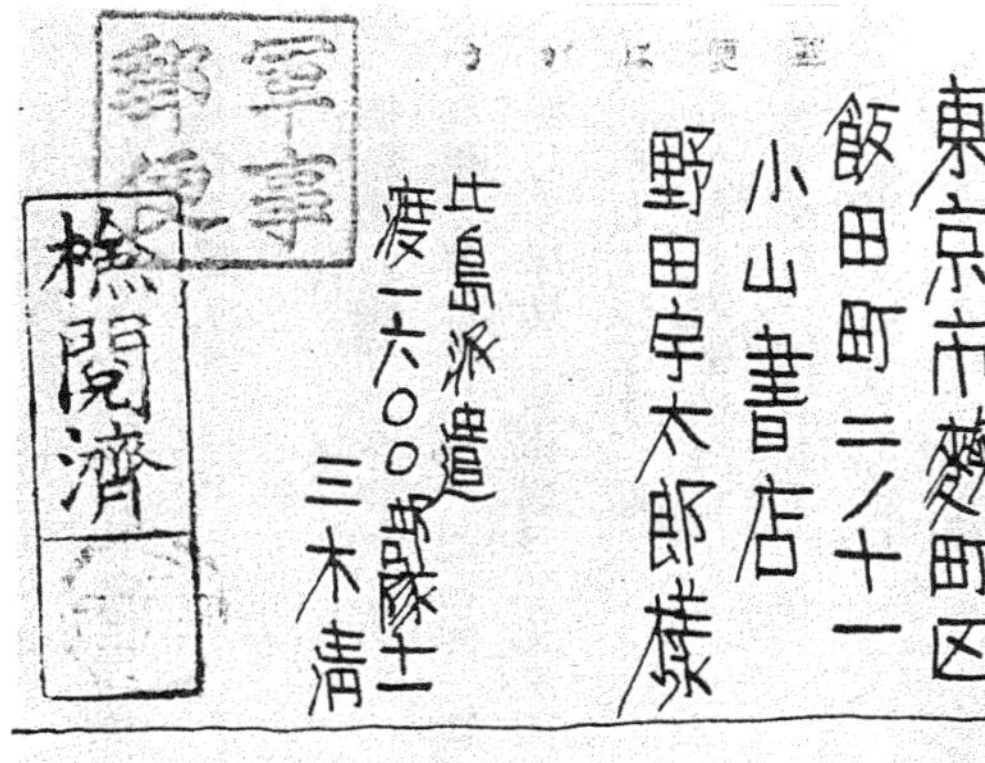

軍事郵便

検閲済

東京市麹町区
飯田町二ノ十一
小山書店
野田宇太郎様

比島派遣
渡一六〇〇部隊十一
三木清

「早春」お送り下され
有難う存じました。
楽しく讀んでゐます。
大兄も詩集を出版な
さるとか、およろこび
申し上げます。御成功
を祈ります。私相変
らず元気ですが、散
文的な生活をしてゐ
ます。正月はそちらで
迎へることになる見込
です。新しい仕事のこ
となどがしきりに頭に
浮んできます。小山君
によろしく。

野田宇太郎文学資料館所蔵

野田宇太郎宛 (4)1943（昭和 18）年 9 月 26 日書簡

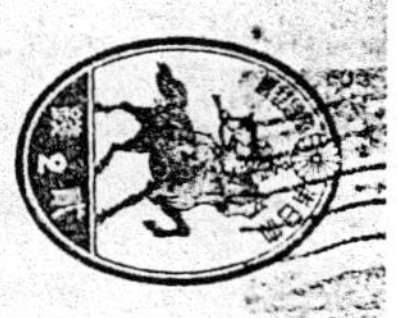

野田宇太郎文学資料館所蔵

野田宇太郎宛（5）一九四四（昭和一九）年一月八日 書簡

新年おめでたう存じます。

お手紙拝見しました。御無沙汰しましたが、いつも御壮健で御活動の様子にて、およろこび申し上げます。私も元気でゐます。ただ女房が腹膜炎でもう七十日ばかり本郷千駄木町の日本医大病院に入院加療いたしてをりますが、いまだに捗々しくなく、心配してゐます。私も毎日病院通ひですが、時節柄不自由で困ります。右の次第で、お申越しの原稿、できれば貴意に沿ひたいと思ひますが、もう少し様子を見ないと確答申し上げかねる次第であります。御諒承願ひます。

出版界多事の折柄、御健康を祈ります。

十九年一月八日　清

野田様

麹町区三番町一
第一書房
野田宇太郎様

東京都杉並區高圓寺四丁目五三九番地
三木清

昭和十九年一月八日

野田宇太郎文学資料館所蔵

野田宇太郎宛（6）一九四四（昭和一九）年三月一八日 書簡

先日は有難う存じました。
お手紙拝見。万事好都合に行って
ゐる由、結構に存じます。大いに活
躍のほど期待いたしてをります。
こちらの病人、しきりに希望しま
すし、醫者も賛成しましたので、
去る十一日ひとまず退院いたし、自
宅で養生することにしました。その
後却って幾分具合が好いやう
です。私も従ってこの頃はたいてい
在宅いたしてをります。病人の
食糧には弱ってゐます。牛乳の
こと、できましたら、よろしくお願
ひいたします。
いづれ近く拝晤の節に。

十九年三月十八　清

野田学兄

都下吉祥寺二五〇七
野田宇太郎様

日本評論社内
現代哲學辭典編輯部

杉並区高円寺
四ノ五三九
三木清
三月十八

野田宇太郎文学資料館所蔵

『谷川徹三への手紙』より

1921（大正 10）年 4 月 5 日絵はがき

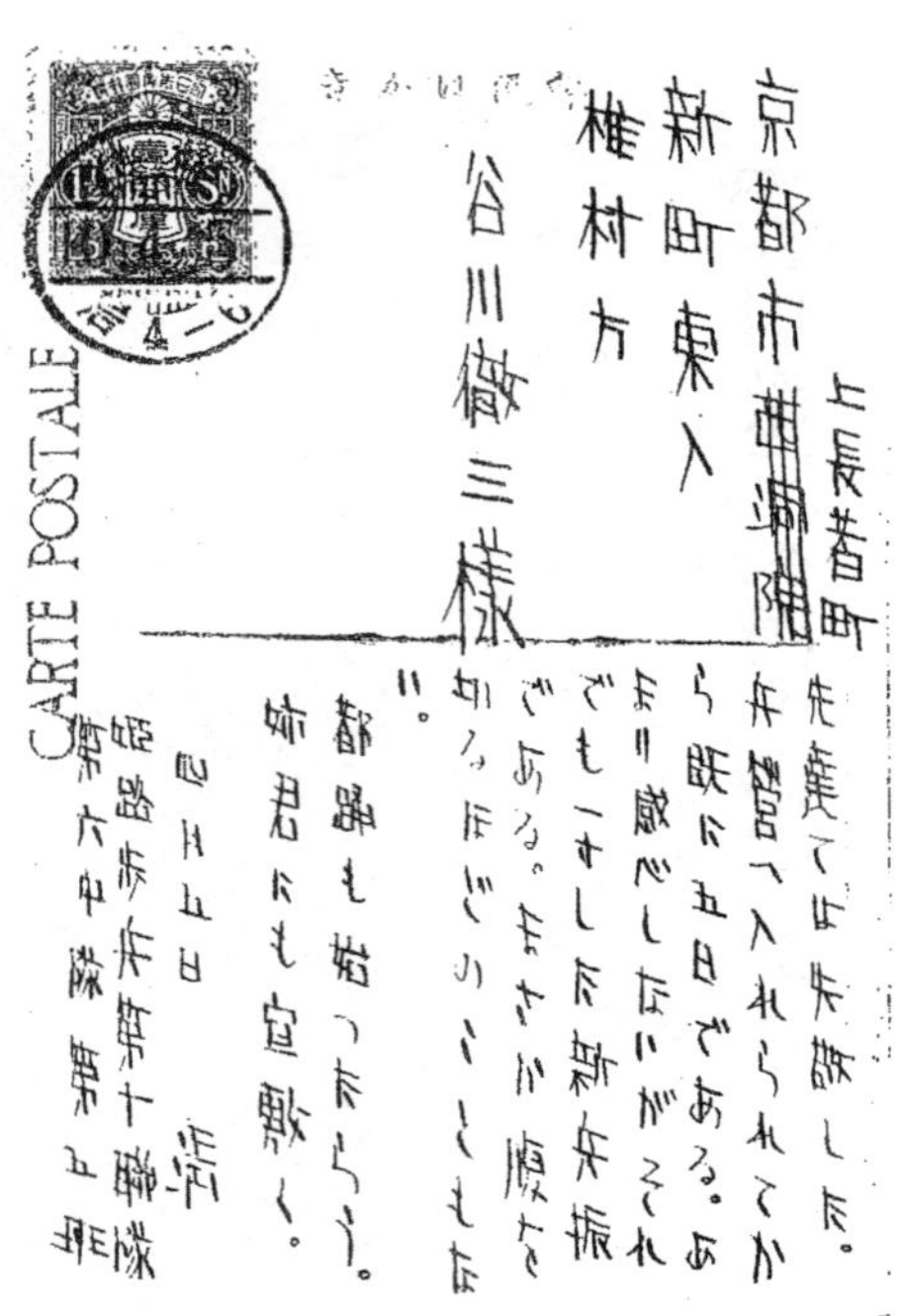

京都市西洞院上長者町
新町東入
椎村方
谷川徹三様

先達ては失敬した。
兵営へ入れられてか
ら既に五日である。あ
まり感心しないがそれ
でも一寸した新兵振
である。まさか痩せた
如なほどかのこともな
い。
都踊も始つたらう。
姉君にも宜敷く。

四月五日 守

姫路歩兵第十聯隊
第六中隊 第五班

姫路城内腹切丸と[illegible]の井戸

1921（大正10）年4月16日はがき

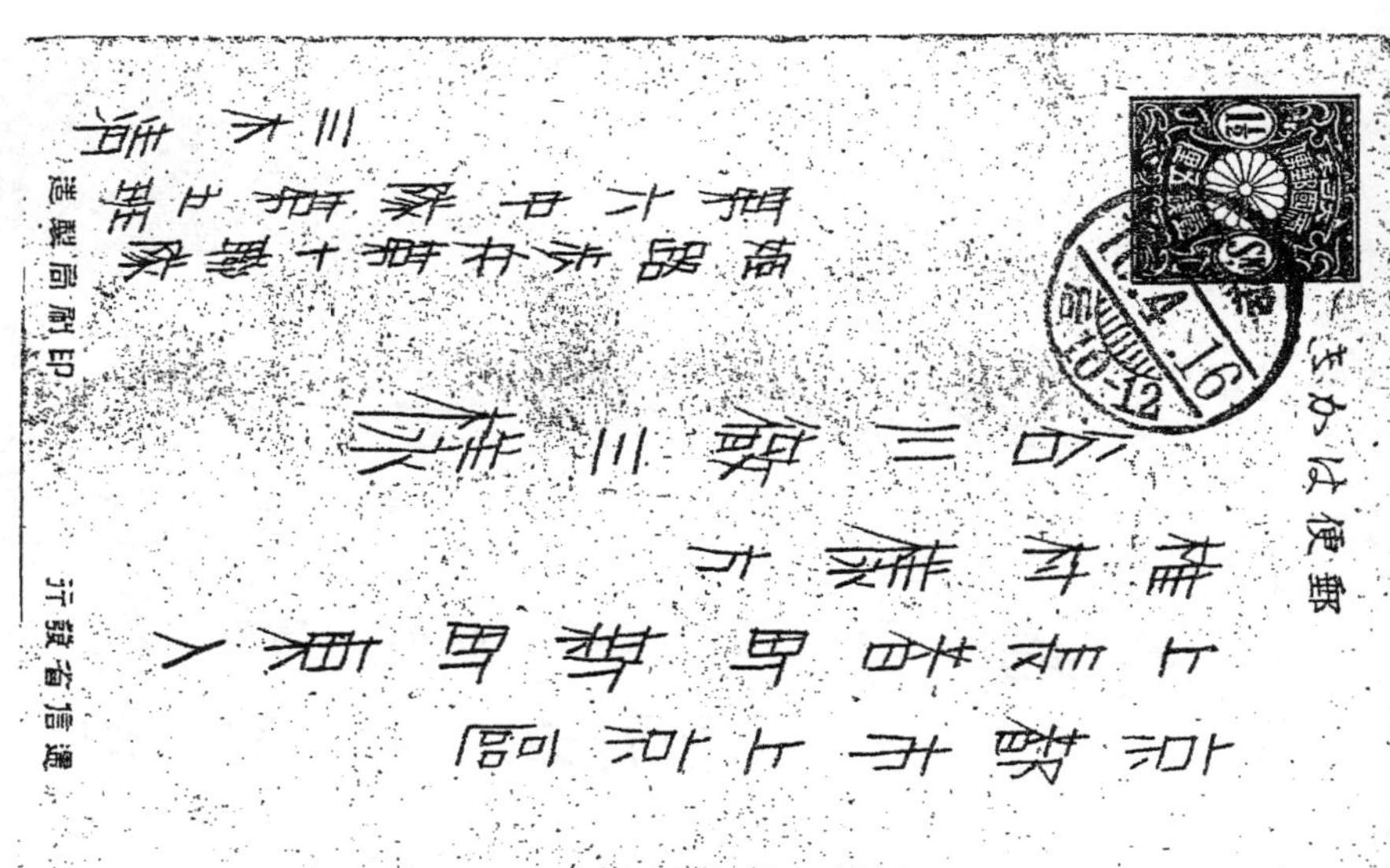

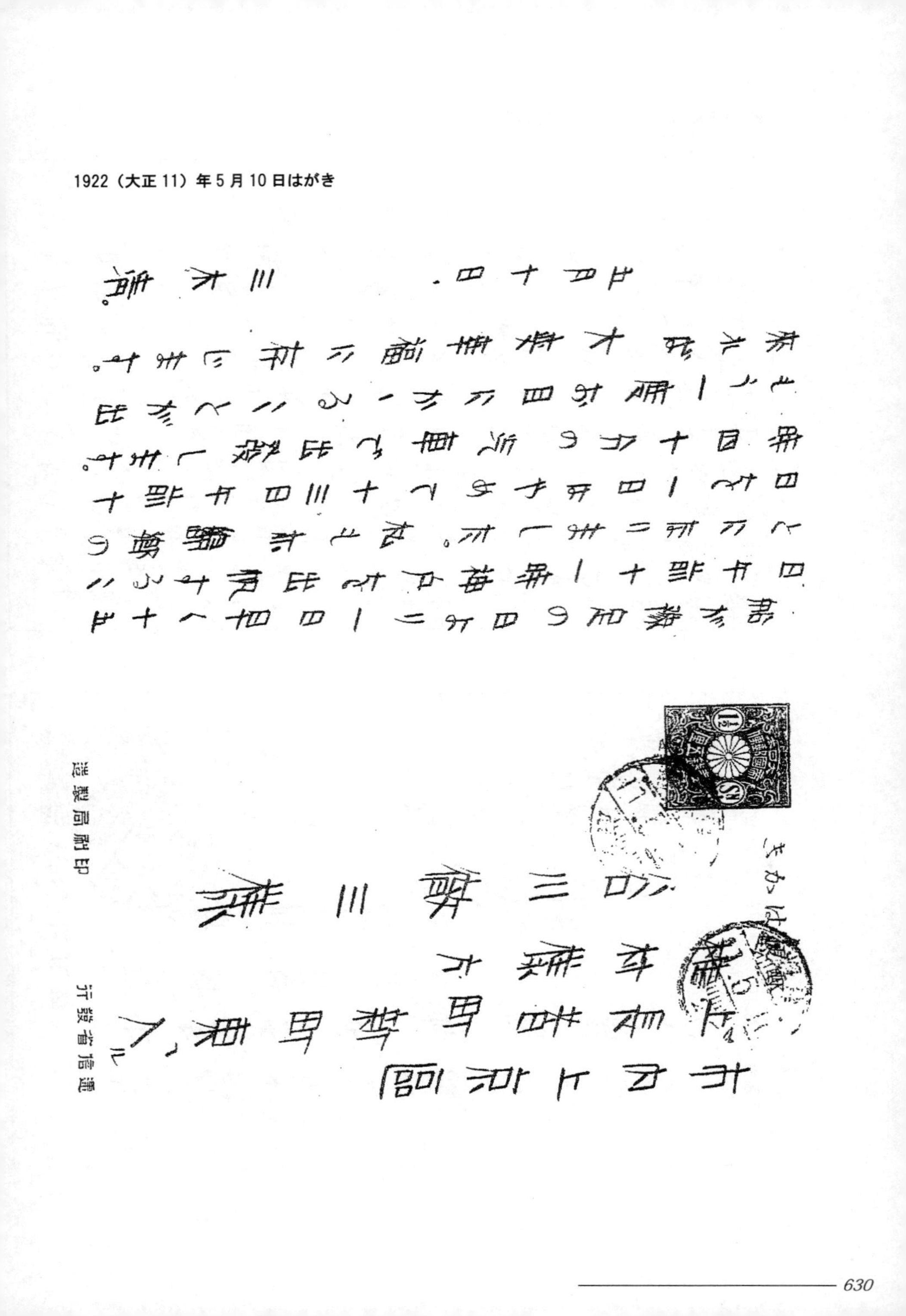

1922（大正 11）年 5 月 10 日はがき

遞信省發行

印刷局製造

1922（大正 11）年 5 月 31 日絵はがき

POST CARD

CORRESPONDENCE

先達ては失礼いた
しました。昨日シンガ
ポールに着いて、色
彩に富んだ土人の風
俗、服装などがすノが
に魅せられました。
植物園、郊外の景色
なども素晴らしい
ものです。
五月卅一日、青。

Mr. J. Tanikawa.
Kioto,
Japan.

京都市
同志社大學
講師
谷川徹三様

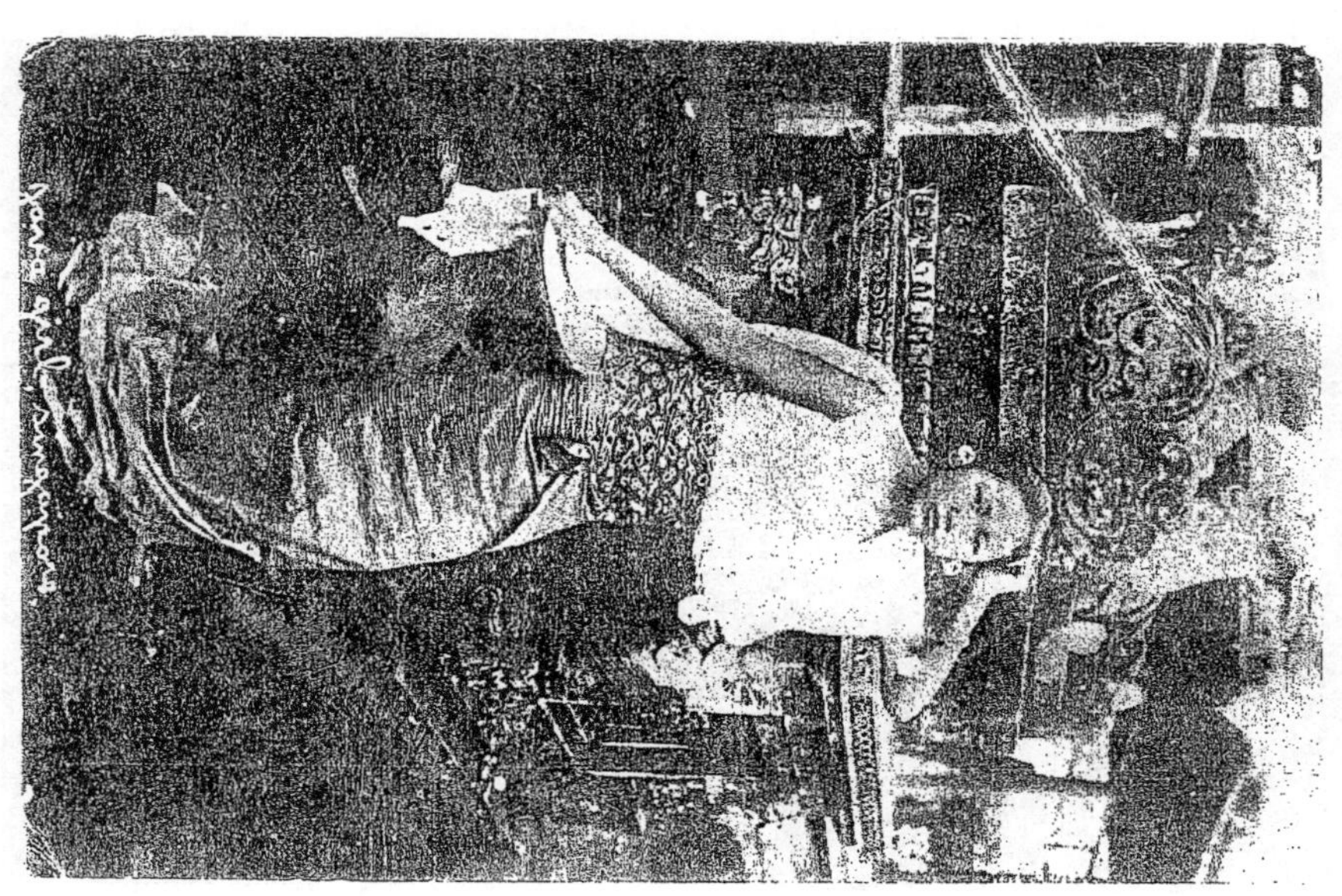

1922（大正 11）年 8 月 25 日絵はがき

via Amerika.

Herrn T. Tanikawa.

京都市
同志社大學
講師
谷川徹三様

Kioto,
Japan.

3760

小さい旅をしてストゥットガルトへ来ました。思ったより好い処なので喜んでゐます。明日美術館をみて夕方ハイデルベルヒへ帰ります。

この間阿部さんに逢って半日話し込みました。私はその中に下宿を変へます。宛名は、

bei Prof. Lemme,
Heidelberg,
Bergstr. 24.

八月廿五日
清。

1926（大正15）年2月12日はがき

1926（大正15）年2月16日はがき

昨日は失礼。
その後左の通り承諾の返事を貰
ました。
一、本多謙三。経済哲学。
一、高木貞二。心理学。
右。
市内浄土寺西田町八八
乃木方
三木清。
二月十六日。

郵便はかき

市内上京区
田中関田町二八
谷川徹三様

1926（大正 15）年 6 月 17 日はがき

一九二七（昭和二）年二月二二日 封書

京都市外 淀町 池ノ上
谷川徹三様
岩波書店坂口氏持参

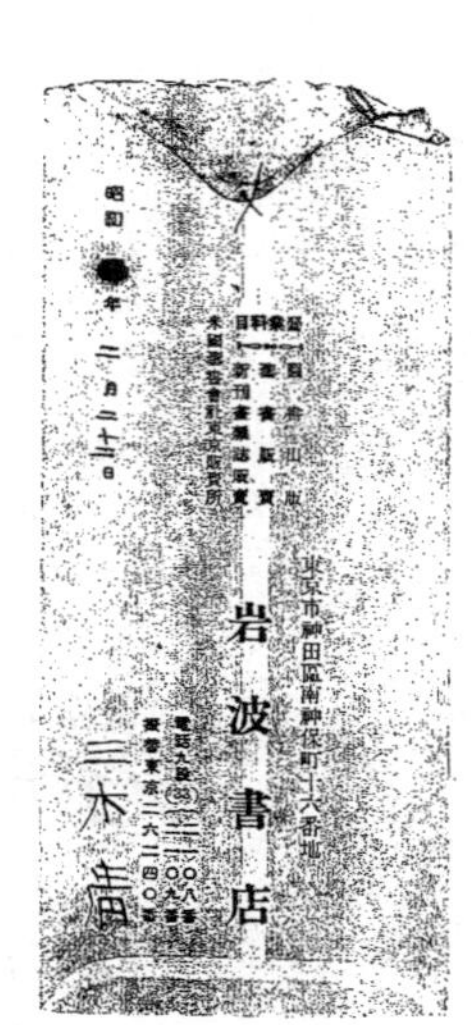

昭和　年　二月二二日
東京市神田区南神保町十六番地
岩波書店
三木清

No. ……　　　　昭和　年　月　日

その後は失礼。
講座の第二冊、原稿が足りなくて全く困ってゐます。三四十枚だけでも結構ですから、是非お頼みします。二十五六日頃までゝよろしい。

清。

谷川君

（岩波用箋）

六月八日、東京。

谷川徹三兄

お手紙を有難う。その後は心ならずも御無沙汰してゐた。京都を出るとき一度お會ひししてゆつくり話さうと思つたが、雑事に取紛れてつひにその機會を得ず、まことに殘念だつた。お元氣な様子で嬉しく思ふ。東京は住心地がよい。少し忙しくて困るけれど、勇氣を振ひ起して勉強したいものだ。

「思想」に君の論文が載る由、大に期待してゐる。私の唯物史觀覺書は、その第二として、「唯物史觀と唯物論」を書かうと考へてゐる。その前にそれの準備として意識の問題を少し論じておく必要があるので今その方に取掛つてゐる。八月號に間に合はせるつもりだが、それまでにうまく纒るか如何か。

續哲學叢書のこと、この秋から是非出したいと岩波で急いでゐるから、君の「藝術哲學」、はやく仕上げて貰ひたい。なるべく一齊に出さうといふのだ。私はこの夏を全部使つて、「歴史哲學」に没頭してやり上げようと思つてゐる。この件よろしく賴む。叢書の次序、別紙の通り決定したとか、岩波から云つて來た。御參考までにお送りする。

相良や林にも度々會ふ。「思想」來年一月より大改革を行はうといふ議がある。御意見をこの際岩波にまで是非申し出て欲しい。

月末歸國の途次京都へ立寄るつもりだ。その際には是非お逢ひしたい。日が決れば、改めてお知らせする。

清。

京都市外淀町
池ノ上
谷川徹三様

東京市本郷區森川町
菊富士ホテル
三木清

1927（昭和2）年7月2日はがき

その後は失礼。
唯今京都にゐる。一寸お會
ひしたいから、出來れば、明
三日午後三時頃、四條菊
水まで出掛けてくれないか。
七月二日、　三木清。

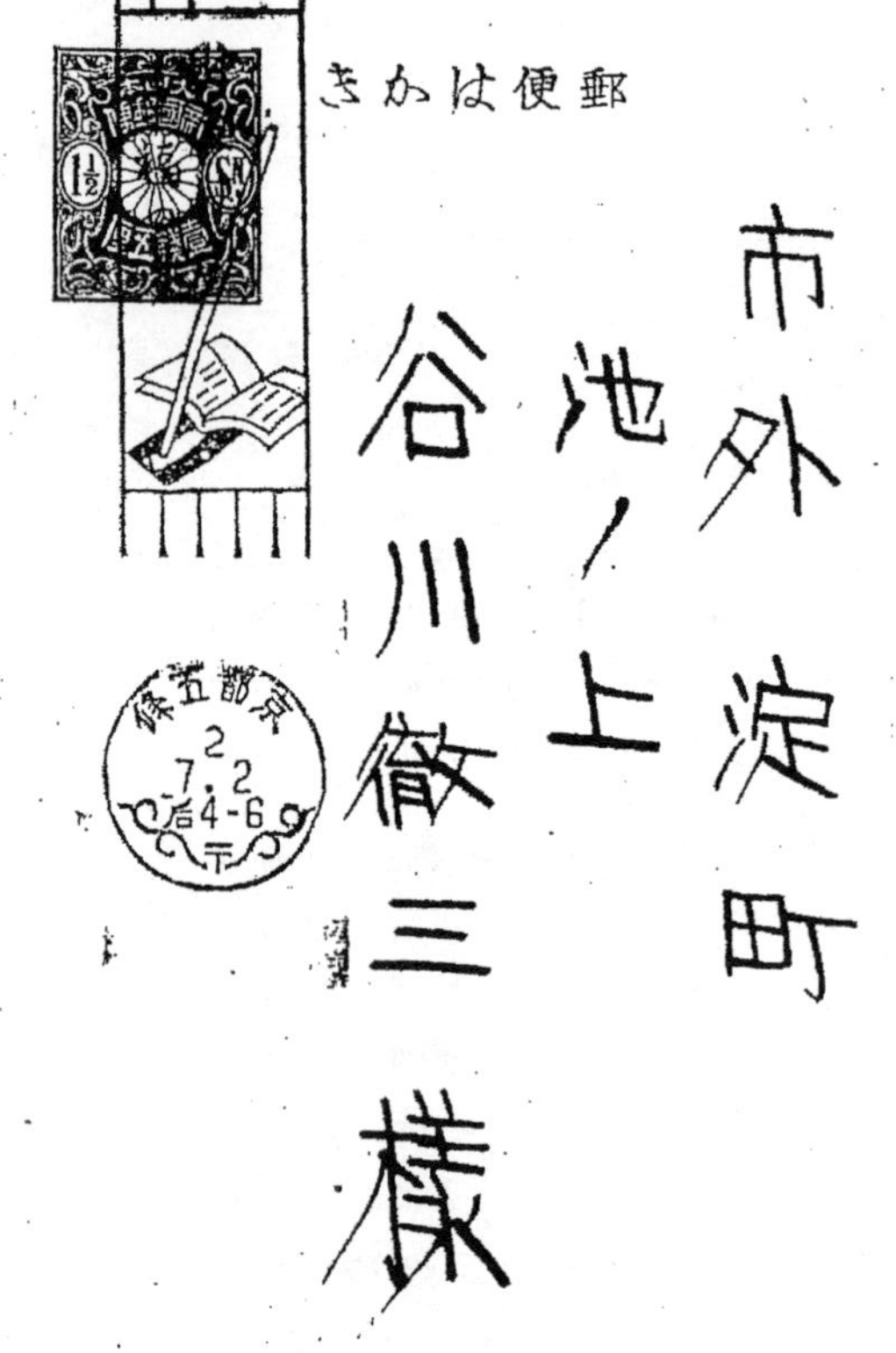

十二月十日、東京。

谷川徹三様

その後は失礼。この間は逢へなくてまことに残念だつた。

今度の講座については色々お骨折りを有難う。第一回発表相当に反響があり喜んでゐる。

さて早速で恐縮だが、第一号のために君の原稿を得たく思ふ。第一号は特にいいものを作る必要があるので、分けて君の御尽力を希望する。君の分は全体で弐百枚の割当てになつてゐるが、そのうちに五六十枚だけでも、来月五六日頃までに書き上げてほしい。是非お願ひする。

この頃講座のために忙殺されてゐる。新年帰国の途次お逢ひしてゆつくり話したい。

右要用のみ。

三木清

京都市外淀町
池ノ上
谷川徹三様

三木清
東京市神田區南神保町十六番地
岩波書店

市外阿佐ケ谷
小山六〇
谷川徹三様

〆

昭和　年四月十四日

圖書出版
書販賣
新刊書籍雜誌販賣

東京市神田區南神保町十六番地
岩波書店
電話九段(33)一二〇八番　一二〇九番
振替東京二六二四〇番

三木清

先日は失礼。
君の時間は別紙(1)の通り。授業は
来週より開始。
四月十七日(火曜)午後三時より教
授会あり、君の出席を希望する。
同日午後二時頃本郷のホテルへ来
てくれゝば一緒に出掛けてもよい。
清。
谷川君

法政大學 大學部 專門部第一部 授業時間表

谷川先生

時＼曜	月	火	水	木	金	土
第一次（八時—十時）			西洋哲学史概説（古代中世）			
第二次（十時—十二時）				哲学演習		近世哲学
第三次（一時—三時）				哲学特殊研究		
第四次（三時—五時）						

一九二九（昭和四）年一月一〇日 封書

市外阿佐ケ谷
小山六〇
谷川徹三様

〆

市内本郷区菊坂町
菊富士ホテル 三木清

新年お目出度う。

城戸氏の希望もあり、来学年の哲学科講義の編成について、この土曜日の午後一時半より法政大学に来て、下相談会を開きたく思ひますから、お繰合せの上御出席お願ひします。

一月十日、 三木清

谷川徹三様

東京市外杉並町
阿佐ケ谷小山六〇
谷川徹三様

〆

東京市外中野町
仲町六六〇　三木清

その後御無沙汰してゐるが、御機嫌如何。

私は去る八日出て来た。相変らず元気でゐるから御安心願ひたい。君にも色々心配して貰つて、深く感謝してゐる。今後とも何分よろしくお願ひする。

また御著書三冊戴いて有難う。ゆつくり読ませて貰つて、色々と啓発されたいと思ふ。

静養のため暫く伊香保へ来てゐる。暫らく忘れてゐた自然の深さと静かさとが心のうちに甦つて来て嬉しい。今度は腰を据えて大いに勉強するつもりでゐる。

明日帰京するつもり。いづれ近いうちにお目にかかつて何かとお話したいと思つてゐる。

十一月十四日　清。

谷川徹三様

市外阿佐ケ谷
小山六〇
谷川徹三様

市外中野町中野六六〇
三木清

先日は失礼。その節お話しの「思想」一月号の原稿、森君へ書くやうにたのんであったが、取掛ってみると思ひの外大きくなりさうであり、且つそれと相關聯する諸問題をこの際全面的に、徹底的に論究してみたく、それでその一部分を切り離して發表することは好ましくないので、折角ではあるが、こんどは「思想」への寄稿もお断りしたい。そのうち必ずこの償ひをしたいと思ってゐる。甚だ迷惑をかけてすまないけれども、右の事情御諒察の上、なほ森君へもよろしく。この旨今森君へも速達で知らせておいた。

取急ぎ。

十一月二十八日、　清

谷川兄

一九三〇（昭和五）年一二月二四日　封書

で後任講師の名をもつてゐたのも、要するにその點を心配してでのことであるらしい。私自身としても、若し復職が出來ないとすれば、さしあたり困ることでもあり、また若しさう決れば、何とか道を考へねばならぬことでもあるので、この際、戸坂の問題と共に私の問題のために君が一層進んで盡力して下さるやうに特にお願ひしておきたいと思ふ。

体が恢復すればお逢ひしたいと思つ

3

てゐるが、右この際お願ひする。

十二月廿四日、　清。

谷川徹三樣

4

一九三一（昭和六）年一月二八日　封書

先日は失礼。
本日學生の代表者五六名が來たが、
僕は、凡ては君及び松本、城戸両氏に
委せてあるからと云つて、返しておい
た。色々御迷惑をかけてすまないけ
れども、何分よろしくお取計ひ願ひ
ます。

僕も大分元氣を恢復したので、また
仕事にかからうと思つてゐる。一月廿八日、清。
谷川兄

（千介特製）

市外阿佐ヶ谷
小山六〇
谷川徹三様

〆

市外中野町宮前二四
三木清

一九三一、三、二一。中野。

谷川徹三様

前略、學年末に際し、従来色々お世話になつてゐた貴兄、戸坂、大室の両君と一夕粗餐を共にし、談笑したいと思ひます。

来る二十四日、午後六時半、末はつ（神田東紺屋町）。までお出掛け願ひます。若し萬一御都合悪しければ他の日に期したいと思ひますから、お手数ながら速達便にてお知らせ下さい。

頓首。

市外阿佐ヶ谷
小山六〇
谷川徹三様

〆

市外中野町宮前二四
三木清

一九三一（昭和六）年五月一七日　封書

一九三一・六・二一。午前。

今井徳三郎

先夜は失礼。

新聞雑誌三四の論文、「思想」[illegible]

[illegible]

一九三一（昭和六）年一一月五日　封書

1932（昭和7）年5月19日はがき

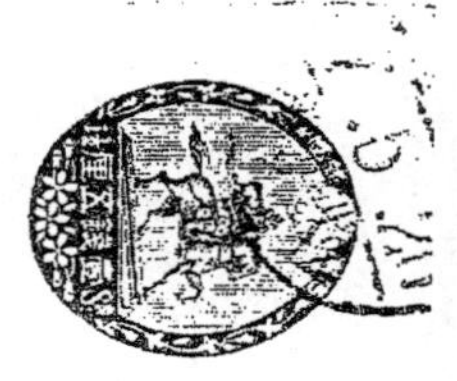

一九三二（昭和七）年七月二三日　封書

先夜は失礼。

此の間一寸お話しておいたが、僕の「歴史哲學」に對する本多君初め二三の批評に答へ、僕の云ひ足りなかつたことを補ふため一文を草し、「思想」の次の号に是非載せていたゞきたいと思ふから、どうか紙面を都合しておいて下さるやうお願ひしたい。拙文は三十枚以内に纏める、二段組にして下さい。原稿は來月十四日までには書き上げるつもり、御都合下されば幸甚です。

右一寸お願ひまで。

七月二十三日　清

谷川君

外杉並町
[illegible]五七
谷川徹三様

[illegible]　三木清

一九三二（昭和七）年一〇月二一日　封書

お手紙拝見。一度三宅氏に會つて、どういふことをするのか、きいた上で確答したいから、月曜三時から四時までの間に岩波の方へ來て貰うか、うちの方なれば火曜に訪ねて貰うか、とにかくそのやうに三宅氏にお傳へ下さらないでせうか。お手數かけてすみません。もしまた私から直接返事してよいならば、三宅氏のアドレス一寸知らせて下さい。

十月二十一日　清

谷川兄

市外杉並町
田端五七
谷川徹三様

三木清

一九三三（昭和八）年二月二十七日　封書

拝啓
今日お話しのこと、あとでよく
考へてみると、今度無理をして
三人一単位づつの人を入れる
とあとでどうも困ることになり
はしないかとも思はれるので、
この點についてもどうかよろしく
御考慮お願ひます。
右一寸。

二月二十七日、　清

谷川兄

杉並区東田町一丁目
五七
谷川徹三様

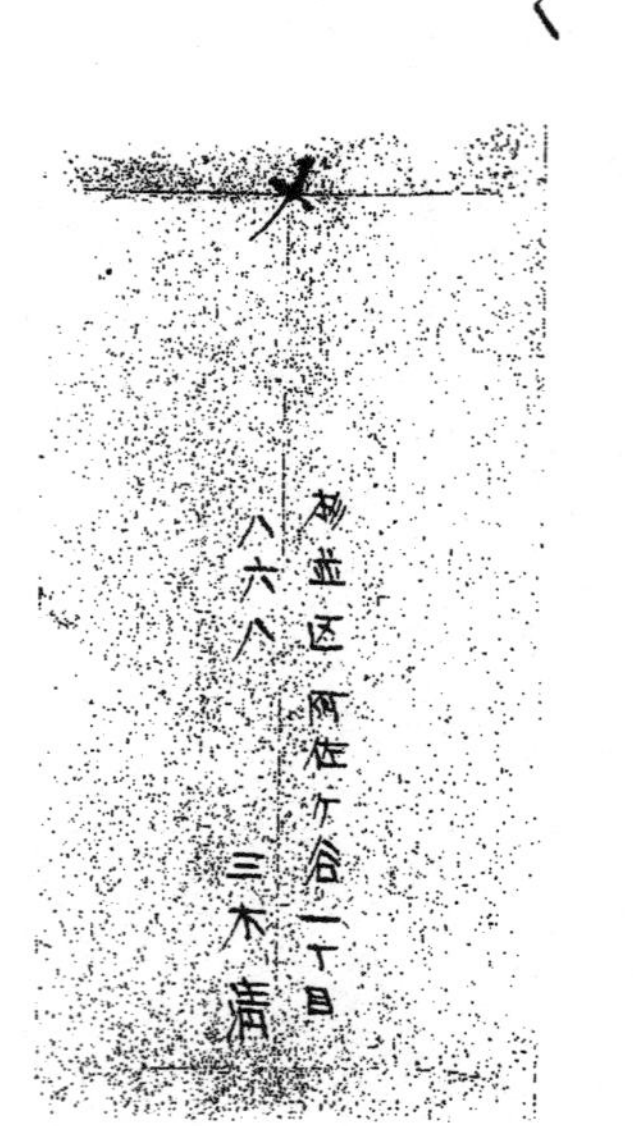

杉並区阿佐ケ谷一丁目
八六八
三木清

1933（昭和8）年11月15日はがき

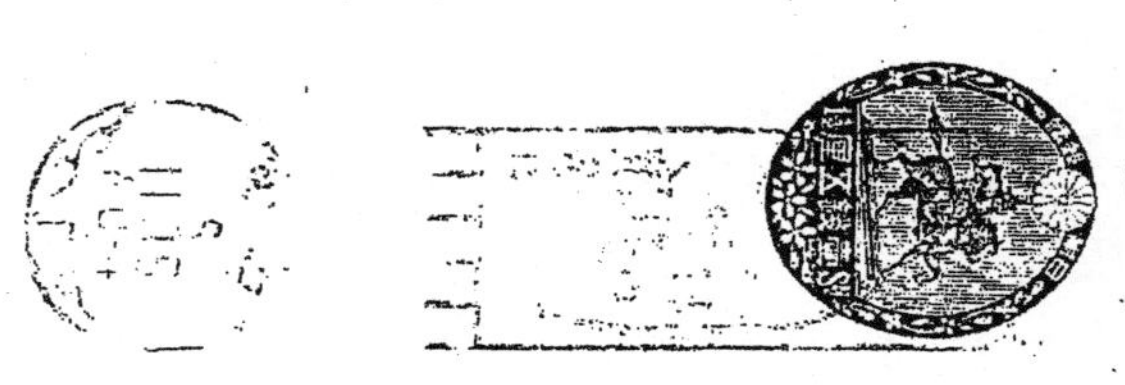

郵便はかき

1935（昭和10）年3月23日はがき

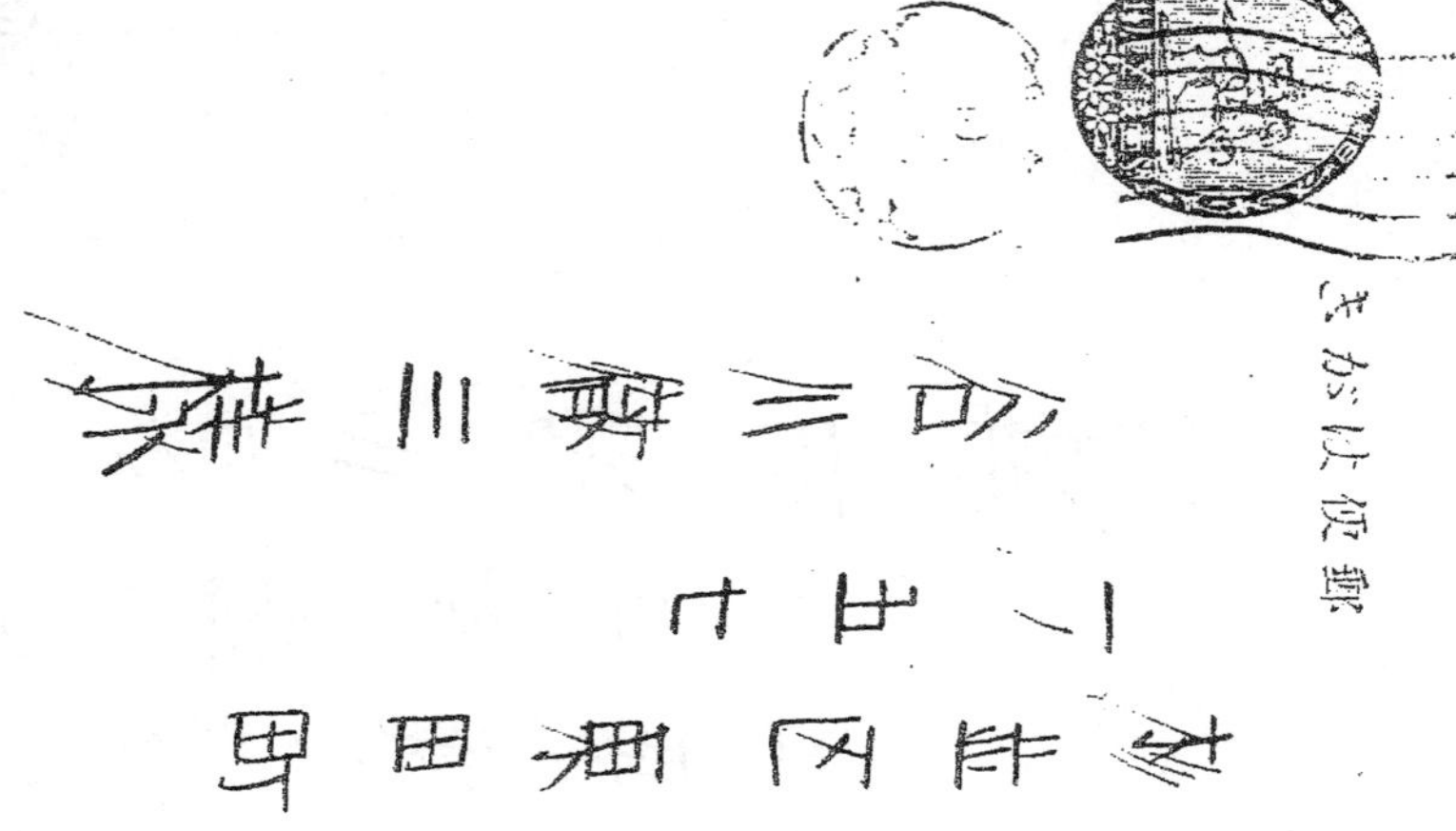

1936（昭和11）年11月9日はがき

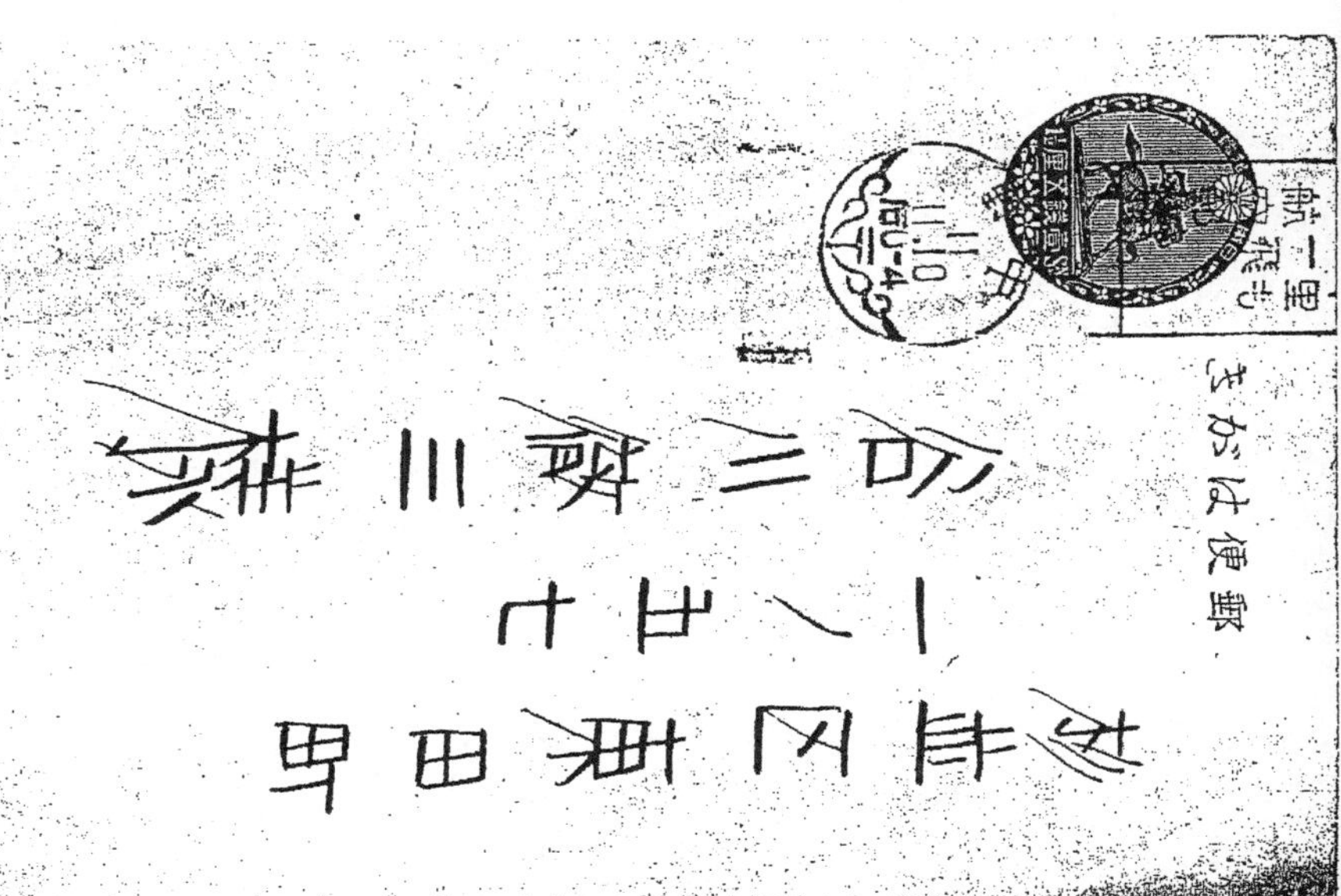

三木清　未公表書簡　「谷川徹三への手紙」

2012年4月15日　発行

編著　　谷川徹三を勉強する会

発行　　谷川徹三を勉強する会

代表　杉江重剛

〒479－0829 常滑市本町3－153

三木清研究資料集成

第1巻　解説

室井　美千博

本巻には、『三木清全集』（全二十巻・岩波書店・以下『全集』と略記）に未収録の初期の創作、論文・随筆、書信を収録したが、『全集』に収録されている「親鸞」も加えている。

龍野中学校時代の回覧雑誌について、三木清は「語られざる哲学」で「私は私の周圍にいくつかの廻覧雑誌を次から次へともつて行つた。文學好きの仲間が作つてゐた「サブライナ」の後を承けて私が中心となつた「海妖」が最初に生れた。四年級の者でこしらへたクラスの雑誌が次男であつた。私達の學友區で出した「南風」が三男であつた。斑氣な次男が先づ死んで、剛情な長男が次に斃れ、意氣地のない三男は神經衰弱にかかつて活動を中絶した。」（『全集』第十八巻四四頁）と書いている。「読書遍歴」でいう「私も一二小説めいたものを書いたことがある」（『全集』第一巻）という程度のものではない。「宿命兒（小説）」と「勝利者（劇）」は『海妖・第八号』に綴じられているが、「第八号」は五年生の年、大正二（一九一三）年八月のものであろう。現存が知られている回覧雑誌はこの一冊のみであるが、この頃の文学熱の高さが知られるところである。

活字化された論文・随筆については、雑誌・新聞掲載の評論が多いのはもとよりのことであるが、幅広く論陣を張っているとはいえ、婦人雑誌への寄稿の多さは一つの大きな特徴であり、すでに指摘されている

（宮島光志「三木清と戦時下の出版文化——全集未収の婦人論と哲学辞典の改訂をめぐって——」『福井大学医学部研究雑誌』第十二巻第一・第二合併号・平成二十三（二〇一一）年）ように、このような婦人雑誌における婦人や子供へのまなざしには留意しておきたい。

二つの「東亜新秩序の歴史哲学的考察」は掲載誌の発行年月日順に収録したが、もとになった講座は、『論叢』の大同学院（満州国中堅官僚の研修機関）のものが昭和十五（一九四〇）年八月三日から十月三日までの満州滞在期間中であり、『太平洋問題の再検討』の太平洋協会（日本の国策調査・研究機関）のそれは昭和十五年十一月四日から一ヶ月の間に行われた講習会中のものである。

「沙翁に学ぶもの」は『帝国大学新聞』（昭和八（一九三三）年五月二九日付）に同様の記事がある。また、「人間性の真実」（普及版『ドストイエフスキイ全集』推薦の辞）は、「『ドストイエフスキー全集』推薦の辞」として『全集』（第十七巻）に収録されているが、それはこの前半部のみである。なお、「文学界消息欄」は「年譜」（『全集』）に記載されているが、それは引用としての記載であるので、あらためてここに収録した。

＊　＊　＊

書信については、もともとそれらは私信であり、公表について相応の配慮が必要であるが、人と思想の記録として貴重である。それゆえ新たに見出された『全集』未収録の書信はここに収録したが、まだ公表されていない書信がかなりあり、そしてそれらが失われていく可能性が大きいことを思わざるを得ない。

谷川徹三（明治二十八（一八九五）年～平成元（一九八九）年）は三木清のよき理解者であったといえよう。書信もかなりまとまって残されているが、ただ、ここに収められた書信は昭和十一（一九三六）年十一月十日付が最後となっている。以後の書信がなかったとは考えにくいが、どうであろうか。

務台理作（明治二十三〔一八九〇〕年～昭和四十九〔一九七四〕年）は、小学校・師範学校教員などを経て、大正四〔一九一五〕年京都帝国大学哲学科入学、大正七〔一九一八〕年卒業している。三木とは年齢はやや離れているが、卒業年次の近い先輩である。台北帝国大学教授、東京文理科大学（後の東京教育大学）教授、同大学長などを歴任した。

川村雄（生没年不詳）は、朝日新聞記者であり、戦後『週刊朝日』、『朝日評論』の編集長を務めた。また、三木清が陸軍報道班員としてフィリピンに派遣されていた昭和十七〔一九四二〕年には特派員としてマニラに滞在していた（『科学朝日』昭和十七年八月号）。なお、この川村雄宛はがきは消印の「年」の部分が欠落しているが、料額印面の図柄が「分銅」（昭和五年まで）の一銭五厘のはがきであること、住所が高円寺（昭和四〔一九二九〕年四月から昭和五〔一九三〇〕年三月・昭和十〔一九三五〕年九月以降）であることなどから、昭和四年のものと考えられる。ただ、料額が一銭五厘であるのは昭和十二〔一九三七〕年三月末までであり、昭和十年あるいは昭和十一〔一九三六〕年に古いはがきが使用された可能性は皆無ではないが、いずれにしてもこれらの時期には書面にあるような「座談会」は見出せない。

西田幾多郎（明治三〔一八七〇〕年～昭和二十〔一九四五〕年）宛書簡は、封筒と用箋が一体となった「封緘はがき」が使用されている。日本共産党への資金提供の嫌疑で勾留中のものであり、差し出し住所が豊多摩拘置所である。また、後付けの日付（九月十五日）と消印の日付（十月一日）との違いがさらにそれを感じさせるものとなっている。西田幾多郎宛書簡・はがきは、現在、確認し得る限りではこの一通のみである。

武田麟太郎（明治三十七〔一九〇四〕年～昭和二十一〔一九四六〕年）は作家であり、昭和八〔一九三三〕年に林房雄・川端康成・小林秀雄らと『文學界』を文化公論社より創刊し、翌昭和九〔一九三四〕年二月号をもって休刊したが、六月に版元を文圃堂書店にして復刊し、武田は七月号、九月号の編集を担当している。

小西茂也〔明治四十二（一九〇九）年～昭和三十（一九五五）年〕は河出書房にも勤務した、バルザックやモーパッサンの翻訳などで知られるフランス文学者である。昭和八（一九三三）年に成美堂書店は河出書房に改称、この年の三木清のはがきは、『二〇世紀思想』（全十一巻・昭和十三（一九三八）年～十四（一九三九）年）に関するものであろう。坂田徳男（後述）はその『Ⅱ 実用主義』に「エルンスト・マッハ」を書いている。

父・三木清助〔明治七（一八七四）年～昭和三十一（一九五六）年〕宛書簡は、満州国政府の招聘により二ヶ月ばかり滞在した、その滞在中のものである。この満州滞在中に、前述の「東亜新秩序の歴史哲学的意義」を講じているが、この時期のこととして、『全集』第二十巻二七八頁二七〇の雨宮庸藏宛絵はがきと二七九頁二七一の同じく雨宮庸藏宛はがきとが、昭和七（一九三二）年のものとして収録されているが、それらは昭和十五（一九四〇）年のものである。その消印は「7」年となっているが、宛名が「國民學術協會」であること（昭和七年には設立されていない）、差し出しが「新京市」である（二七一のはがき上辺には「滿州帝國郵政明信片」と印刷されてもいる）ことからして、それは満州国の「康徳」七年すなわち昭和十五年であり、この満州滞在中のものである。

野田宇太郎〔明治四十二（一九〇九）年～昭和五十九（一九八四）年〕は詩人、文藝評論家であり、「文学散歩」の著述で知られている。文芸誌『文藝』の編集長も務めたが、折しも三木の死に遭い『文藝』（昭和二十（一九四五）年十一月号）で三木清追悼を特集したのは野田宇太郎であった（野田宇太郎『灰の季節』「朝霧のうた」昭和三十三（一九五八）年）。また、これら書簡・はがきは、野田宇太郎の出身地である小郡市の野田宇太郎文学資料館に収蔵されているが、原武哲氏によって「江口渙・三木清書簡の紹介」（人間関係学部編『福岡女学院大学紀要』第四号　平成十五（二〇〇三）年）として翻刻され、論及されている。

なお、ほぼ最後の書信ともいえる、そして西田哲学を根本的に理解し直し、西田哲学と対質せんという思いを記した書簡を受け取った坂田徳男（明治三十一（一八九八）年〜昭和五十九（一九八四）年）は「三木清君について」（『帝塚山大学論集』昭和五十二（一九七七）年）の附記に次のように語っている。

「竜野中学以来の友人であった三木君とは、全集の書簡篇（第十九巻）にのせたほかにも書信の往来は数多くあり、それらの手紙は一通もらさず書庫の箱の中に保存しております。（中略）さきの全集にも、手もとにあったそのごく一部を寄せたのみでした。いずれ然るべき機会に、適当な人の手によって編まれることを願っております。」

しかしながら、数多くあったはずの「それらの手紙」を一通も見出すことができず、ここに収録できなかったことは残念というほかはない。

＊　＊　＊

「親鸞」は、活字化されて『全集』に収録されており、『全集』収録に際して、それが未定稿であったがゆえに編集者の桝田啓三郎氏によって詳細に厳密な検討が加えられたが、なお残された問題があった。

先ず一つは、原稿ナンバーに「a—d」が付された短文をどこに組み込むかという問題である。『全集』（第十八巻）では、たとえば「歴史の自覚」の原稿「15a—d」が原稿の「17」の途中に組み込まれているが、本巻では一枚の原稿に組み込むことは不可能であり、また、原稿「a—d」の位置を検討した結果として、すべて原稿ナンバー順に原稿を並べている。この「歴史の自覚」の原稿「15a—d」でいえば、それは親鸞における正像末史観すなわち末法史観を述べたものであり、原稿14—15の「現在は末法であるという自覚が歴史の全體を自覺する可能性を與へるのである」に続くと考えられ、また、「歴史の自覚」の「31a」は『全集』では原稿36に組み込まれているが、これは30—31の「僧侶であつて肉食妻帯するものが現はれるであろう。しかしこれを單純に破戒見て非難攻撃することは時代のいかなるものであるかを知らないものである」の援用であり、この文に続けて置かれるべきものであろうからである。あえて「親鸞」原稿を収録する所以である。

二つには原稿の欄外に多くの数字が記されており、それは桝田啓三郎氏の推定のように「引用された原典」のページナンバーであるが、それらの「原典」は何であるかである。そしてそのほとんどは別表（三木清「親鸞」引用・注記出典表）に示すように、山辺習学・赤沼智善『教行信証講義』である。三木清が参照していたのは、法政大学三木文庫に所蔵されている昭和十三（一九三八）年十一月刊の第一書房版であろう。

この『教行信証講義』が三木清の親鸞理解の基礎となっていたことは、たとえば「歴史の自覚」の「原稿33」でいう「親鸞は例えば肉食妻帯を時代の故に當然であるとして辯護しようとはしなかったであろう」が、『教行信証講義』の「聞く所によれば、西派某法主、一派の學者を集めて聖人の肉食妻帯の意義を諮問せられると多くの人は夫々の見解を述べ、（中略）然るに碩徳の聞えある老僧は黙然としてをる。法主は其の人の名を呼んで『意見を述べよ』といふ。老僧答へて『恐れながら我が聖人は、肉食妻帯を持つて慚愧に堪へぬことと御思召されたことと存じまする云々。』」（二四八四頁）を受けていると考えられるところにも見られよう。

また、この山辺習学・赤沼智善『教行信証講義』は、田邊元『懺悔道としての哲学』、武内義範『教行信証の哲学』などにおいて参照され、西田幾多郎にも読まれていたという（名和達宣「西田幾多郎と『教行信証』」『現代と親鸞』第三十一号　平成二十七（二〇一五）年　親鸞仏教センター）。してみれば、それはほぼ同じ時期に親鸞に取り組んだ近代の哲学者の親鸞理解に関わる、注目すべき書物であるといえよう。

（むろい　みちひろ・三木清研究会事務局長）

三木清「親鸞」引用・注記出典表（本文）

	ページ	原稿番号	標記	出典	原稿用紙
人間愚禿の心	331	5	欄外　文集40	B	③
	332	6	欄外　小部集229	C	③
	336	10	欄外　文集57	B	③
	346	20	欄外　1625	A(化身土)	③
	347	21	欄外　61	A(解題)	③
			欄外　文集233	B	
	349	23	欄外　894	A(信)	③
	357	31	欄外　教141	A(教)	③
			欄外　教459	A(行)	
			欄外　文集242 愚禿抄	B	
	358	時期相應	欄外　教1452	A(化身土)	③
		時期相應	欄外　教1461	A(化身土)	
		時期相應	欄外　教1463	A(化身土)	
	359	32	欄外　教481	A(行)	③
			聖典　342	D	
	361	34	文集　191	B	③
歴史の自覚	385	3	欄外　1463	A(化身土)	②
	390	8	欄外　1473	A(化身土)	②
	392	10	欄外　1461	A(化身土)	②
	408	21	欄外　1500	A(化身土)	②
	409	22	欄外　1484	A(化身土)	②
	411	24	欄外　42	B	②
	419	31a	欄外　1464	A(化身土)	②
	435	46	欄外　1452	A(化身土)	②
	436	47	欄外　31	不明	②
	437	48	欄外　1463	A(化身土)	②
			欄外　1474	A(化身土)	
	439	49	欄外　1623	A(化身土)	②
	444	51	欄外　106	A(教)	②
			欄外　119	A(教)	
	445	52	欄外　501	A(行)	②
	446	53	欄外　140	A(教)	②
	447	54	欄外　121	A(教)	②
	448	55	欄外　1452	A(化身土)	②
	450	57	欄外　31	不明	②
	451	58	欄外　141	A(教)	②
	456	61	欄外　16	不明	②
	465	69	欄外　319	A(行)	②

	ページ	原稿番号	標記	出典	原稿用紙
三願転入	481	2	欄外　1444	A(化身土)	③
	487	8	欄外　1442	A(化身土)	③
			欄外　1451	A(化身土)	
	492	13	欄外　1285	A(化身土)	③
	496	17	欄外　1281	A(化身土)	③
	497	18	欄外　1283	A(化身土)	③
	502	23	欄外　1401	A(化身土)	③
			欄外　1402	A(化身土)	
宗教的真理	508	5	欄外　106	A(教)	②
	510	7	欄外　115	A(教)	②
	518	14	欄外　245	A(行)	②
社会的生活	527	5a	欄外　338	E	②
	529	6a	欄外　93	不明	②
	532	9	欄外　83	A(総序)	②
	533	10	欄外　18	不明	②
	535	12	欄外　545	E	②
	539	16	欄外　171	B	②
	545	22	欄外　1507−1510	A(化身土)	②
	547	24	欄外　1562	A(化身土)	②
	548	24a	欄外　1507	A(化身土)	②
	549	25	欄外　1573	A(化身土)	②
	550	25	欄外　1563	A(化身土)	②
	552	27	欄外　1612	A(化身土)	②
			欄外　1612	A(化身土)	
	553	28	欄外　891	A(信)	②
	555	30	欄外　970	A(信)	②

【出　典】
A　山邊習學・赤沼智善『教行信證講義』　第一書房　1938.11
B　『親鸞聖人文集』　有朋堂文庫　1928.9
C　梅原眞隆『親鸞聖人小部集』　眞宗典籍刊行会　1943.2
D　島地大等『聖典』　明治書院　1919.9
E　黒田真洞、望月信亨『法然上人全集』　宗粋社　1906.7.
F　『眞宗寶典』・天（漢文之部）　眞宗寶典出版所　1889.11

【用　紙】
①　三木清用箋
②　大日本出版株式会社
③　三木清用紙

三木清「親鸞」引用・注記出典表（断片）

	ページ	原稿番号	標記	出典	原稿用紙
厭欣	559	2	文集　251-2	B	①
			證巻　一〇三三	A（證）	
	560	3	信巻　六一七	A（信）	①
佛性論	562	2	欄外　文集17	B	①
	563	3	欄外　文集125	B	①
			七四一以下	A（信）	
	564	4	四四四頁	A（行）	①
			眞佛土巻　一一五八	A（真仏土）	
	565	5	眞佛土巻　一二三五	A（真仏土）	①
			欄外　文集16	B	
	566	6	欄外　文集59	B	①
			七二五頁	A（信）	
	567	7	信巻別序　五四八頁	A（信）	①
	568	8	化身土巻　一三六五	A（化身土）	①
菩提心	569		信巻　七九一	A（信）	①
			『論注』同出	A（信）	
			信巻　八三九	A（信）	
信の構造	570	1	信巻　五八九	A（信）	①
	571	2	信巻　六〇九	A（信）	①
	572	3	信巻　七一九	A（信）	①
信の一念	574	1	信巻　八〇〇頁	A（信）	①
			信巻　八〇八頁	A（信）	
	575	2	信巻　九七一	A（信）	①
聞信	576	1	信巻　八〇八	A（信）	①
	577	2	信巻　七四八	A（信）	①
	578	金剛の信心と	教　六九四	A（信）	①
	579	四海兄弟	證巻　一〇二四	A（證）	①
	580	安心のすがた	欄外　教410	A（行）	③
			帖外和讃　97頁	不明	
	581	宗教的法悦	信巻　八一二頁	A（信）	①
自然	583	「業道自然」	欄外　35	F	②
			欄外　42	F	
	584	願力自然	欄外　34	F	②
			文集　79-80	B	
	585		文集　34	B	②
	586	七祖出現の	欄外　510	A（行）	①
真実	589	3	文集　二〇九	B	①
必得往生	590	1	文集　85	B	①
	591	2	行巻　三一四頁	A（行）	①
			行巻　二九三引	A（行）	

	ページ	原稿番号	標記	出典	原稿用紙
超越	592	1	化巻　一三六七	A（化身土）	①
			信巻　八四二	A（信）	
	593	2	信巻　八四二	A（信）	①
			文集　二五一	B	
			信巻　七八四	A（信）	
			信巻　八四六	A（信）	
信心と滅罪	595	1	信巻　九七〇	A（信）	①
易行	597	1	化巻　一三六五	A（化身土）	①
			信巻　八四六	A（信）	
	598	2	行巻　二三六	A（行）	①
往生	600	2	御一代聞書末　一二二條	D	①
無常	603	2	『大無量壽経』35	F	③
	604	3	欄外　御文46	不明	③
	606	善導の『往生禮讃』	欄外　486　(242,6)	F	③

【参考】

	ページ	原稿番号	標記	出典	原稿用紙
歴史の自覚	389–390	7–8	「大集月蔵経—ことをえん、と」	A　p1461–1462	②
	393–394	11–12	「問ふ、—同ぜり」	A　p1475	②
	394–395	12–13	「三時教を—六百八十三歳なり」	A　p1465	②
	404–406	18–20	「問ふ、—戒定慧あることなし」	A　p1474–1475	②
	408	21	「たとえば猟師の身に—ごとし」	A　p1494	②
			「妻を蓄え子を挟む」	A　p1499	
	417	30	「しかれば—くにに　みたんと」	A　p1475	②
	421	33	親鸞は例えば—相違ない	A　p1484	②
信の構造	572	3	三心の図	A　p720	①
	573	4	三心の図	A　p722	①

※最後の原稿2枚のうち、「時間、空間」の1枚は、親鸞論のためのものとも思われるが、もう1枚の西田哲学批判の覚書であろう「遠近法なし」とつながる内容をもっており、いずれも貴重な覚書である。

【出　典】	A	山邊習學・赤沼智善『教行信證講義』	第一書房	1938.11
	B	『親鸞聖人文集』	有朋堂文庫	1928.9
	C	梅原眞隆『親鸞聖人小部集』	眞宗典籍刊行会	1943.2
	D	島地大等『聖典』	明治書院	1919.9
	E	黒田真洞、望月信亨『法然上人全集』	宗粋社	1906.7.
	F	『眞宗寶典』・天（漢文之部）	眞宗寶典出版所	1889.11
【用　紙】	①	三木清用箋		
	②	大日本出版株式会社		
	③	三木清用紙		

※この度の『三木清研究資料集成』刊行にあたり、当時の貴重な資料の収録にご協力、またその掲載に際しご快諾賜りました関係者各位に心より御礼申し上げます。

クレス出版

三木清研究資料集成

第1巻　三木清全集未収録論文・随筆

2018年10月25日　発行

編　　津田雅夫

編・解説　室井美千博・宮島光志

発行者　椛沢英二

発行所　株式会社 クレス出版

東京都中央区日本橋小伝馬町 14-5-704

☎ 03-3808-1821　FAX 03-3808-1822

印刷　株式会社 栄光

製本　東和製本 株式会社

乱丁・落丁本はお取り替えいたします。

ISBN 978-4-87733-962-3　C3310　¥20000E

三木清研究資料集成
全6巻

津田雅夫 編　室井美千博・宮島光志 編・解説

A5判／上製函入／クロス装／C3310／2018年10月25日刊行　※すべて税別
揃定価113,000円　ISBN 978-4-87733-968-5

第1巻　三木清全集未収録論文・随筆
定価20,000円　ISBN 978-4-87733-962-3
遺稿「親鸞」、戯曲、小説など、三木の貴重な直筆原稿、書信　他

第2巻　翻訳家としての三木清 ― 翻訳作品集成
定価14,000円　ISBN 978-4-87733-963-0
西洋哲学の翻訳家として業績を残した作品12本収録　断ち切り

第3巻　論壇での軌跡 ― 座談・対談（1）
定価23,000円　ISBN 978-4-87733-964-7
西田幾多郎との対談の他、1939年7月までの座談・対談

第4巻　論壇での軌跡 ― 座談・対談（2）・講演
定価22,000円　ISBN 978-4-87733-965-4
小林秀雄との対談の他、1939年8月以降の座談・対談、講演

第5巻　思想家・評論家としての三木清 ― 時代との格闘
定価18,000円　ISBN 978-4-87733-966-1
戸坂潤「三木清論」他、言論人としての三木への論評、三木イズムへの批判

第6巻　三木清の人と思想 ― 回想・記録
定価16,000円　ISBN 978-4-87733-967-8
遺稿「親鸞」をめぐる論評、同時代の知識人による回想　他

〒103-0001　東京都中央区日本橋小伝馬町14-5　メローナ日本橋
TEL 03-3808-1821　FAX 03-3808-1822　http://www.kress-jp.com/　クレス出版